戦中と戦後の間

1936-1957

丸山真男

みすず書房

I　目　次

目次

I　戦中

II 戦後

I 戦中

1936

政治学に於ける国家の概念

一、はしがき

——政治的思惟の歴史的性格——

「何故に論理的思惟は数学の領域に於てのみあの様に確かな結果に到達するのであらうか。畢竟この領域では、数字や線でなく人間を比較しようとする場合の様に真理と利益とが衝突することがないからである。」この自問自答に於てホッブスは「人間を比較」する学問——近代的表現を以てすれば社会科学の宿命的性格を既に洞察してゐる。[1] 我々が自然を観察の対象とするとき、我々は自然の中に在りそれ以外には存在しえないに拘らず、尚我々は対象をば我々の外にあるものとして没価値的に考察する。ここに於ては観察の主体と客体とは分離されうるし又分離されねばならぬ。処が一度我々の研究対象が社会に向けられると事態は全く異つて来る。我々は社会の中に生れ、その中に死すといふだけでなく、その社会は「我々」によつて構成されてゐる。社会に於て我々は常に主体であり同時に客体である。だから我々が社会を思惟するとき、そこにはもはや観察の主体と客体の分離はありえない。かくて観察の所産は必然的に研究者を通じて彼の所属する社会に錨づけられることになる。この事実を我々は仮に、カール・マンハイムに従つて思惟の存在被拘束性（Seinsverbundenheit）と呼ばう。

しかし我々の思惟を拘束する存在乃至社会的実在は決して静止的な「社会一般」ではない。それは生成し発展し消滅する具体的な社会である。従つて先づ第一にそれは歴史性を担つてゐる。さうして思惟の帰属する社会の歴史性は当然に思惟そのものに歴史的な刻印を押すのである。第二に（しかし第一の事と関連して）社会は単に個人の直接的な統一体ではない。社会は対立し抗争し反撥する諸社会層の弁証法的な統一であり、かかるものとしてのみ具体的である。従つて社会的思惟も抽象的統一としての社会全体に帰属することは出来ない。常に特定の社会層を担ひ手とする事によつて現実性をうる。我々は仮にこのことを社会的思惟のイデオロギー的性格と名付ける。かくて歴史性とイデオロギー性とは社会科学の本質的な性格である。

しかし又、社会科学が皆同じ程度にかかる性格を具有してゐるのではない。そのある部門――主として技術的性質の濃厚な学問――に於てはそれは殆んど自然科学と同様に希薄である。処が我々の取扱はんとする政治学に於てはどうであらうか。それこそは恐らく歴史性とイデオロギー性を最も露骨に発現する領域ではないか。何故だらうか。政治の性質が然らしめるのだ。政治は行政（Verwaltung）

と比較するとその特質が明瞭になる。行政は既存の法規と命令に基づいて為される全く合理化された行為であり従つて常に再生産性を帯びる。(2) 故にそれは即自的には無色である。しかるに政治は本質的に創造であり形成である。そこには再生産といふことはありえない。しかもその創造は「無よりの創造」ではなくして与へられた社会的歴史的現実よりのそれであり、従つてまた恣意的な方向への創造ではなくして歴史的に規定された方向へのそれである。故に政治は即自的にも党派的である。かかる性質の行為を対象とする科学が如何にして純粋観照的たりえようぞ。これが存在と価値とを峻別し、抽象的普遍化によつて客観性を獲得しようとする近代的な思惟態度に於て政治が蔑視され、政治学の科学性が或は否定され或は懐疑される所以である。またこれが社会学的国家論者をして、「政治的教義は国民の阿片であり麻睡剤である。迷信・魔法・調伏・異端・訴追――かうした全てのものが諸々の政治的イデオロギーの半宗教的世界に存在してゐる。かかる偶像・魔術・幽霊に関する知識はただ『啓蒙』でのみありうる。従つて科学としての政治学は……仮面を剝ぎ幻想を白日下に暴す作用をする」(3) と痛言せしめる所以でもある。しかし先づ第一に私は政治的思惟が結局はあらゆる社会的思惟に付着してゐる存在被拘束性をば只最も濃厚に帯びてゐるからとて、その科学性に疑問を投げようとは思はない。何故なら社会的思惟に於て本質上不可分な主体と客体とを引き離し、一方、研究者をば社会的地盤を無視した「意識一般」に迄高め、他方対象の歴史性を抽象的普遍化により抹殺する思惟方法自体が一定の歴史的産物であり、現今その限界を露呈しつつあるものにほかならぬからである。寧ろ私は政治的思惟の不可避的な歴史的制約を率直に承認することから出発する。「公正であることを私は約束しうる。しかし不偏不党であることを私は約束しえない」とゲーテは言つた。党派的であることは必ずしも不公正を意味しない。否、現代の様な政治《ポリチジールング》化の時代には一切の政治的決定を避けることそれ自体が一つの政治的なポーズなのである。無論、研究者の立場がその認識を不当に歪曲する事はある。しかし、この誤謬は認識主体の社会的地盤を無視する事によつてでなく、逆にあらゆる社会的思惟の（従つて自己も含めた）イデオロギー性の認識に徹底することによつて最大限度に回避されるのである。

第二に私は政治学を暴露学、解毒学とのみは解しない。たしかにザロモンの指摘する通り政治的教義はデマゴギーに満ちてゐる。その限りに於て政治理論を社会的存在と結びつける説明は必然に暴露的たらざるをえない。しかし真実の意識的な隠蔽といふ点からのみ政治的思惟を観察するのは無理がある。思惟のイデオロギー的性格は決して利害心理を以て尽きるものではない。社会層がその存在構造に照応した思惟形式を担ふときは寧ろ利害心理の介入する余地は少ないのである。利害心理は没落期の社会層が自己の存在連関と必然的関係に立たない思惟様式を採用すべく迫られたときに最も露骨に侵入する。この場合にこそ理論は隠蔽もしくは修飾として登場するのである。（かうした実例は後述する。）

かくて政治的思惟の歴史的性格はその科学性に矛盾するものではないこと、またその立場被制約性とは必ずしも意識的歪曲を意味しないことが一先づ明かにされた。最後に注意して置きたいのは政治的思惟とその社会的担ひ手《トレーガー》との関係は機械的固定的に考へてはならない事である。政治理論（乃至はその基礎としての思惟様式）の存在被拘束性とは、一定の政治理論乃至思惟様式は何等かの歴史的な社会層と常に結びついてのみ現実性をうることをいふのであつて、決してそれが一つの社会層と運命を共にすることを意味するものではない。一方に於て同一の社会層が歴史的発展と共に、新らしい理念を導き入れると共に、他方に於て一定の政治的思惟乃至理念は歴史的に種々異つた、時には相反撥する社会層に順次にその担ひ手を見出して行くのである。[4] 例へば自然法学説は始めは封建貴族の、ついで絶対君主の、最後には市民層の理論的武器となつた。有機体説についても同じ様な事がいはれる。故にラートブルフが「利益が理念《イデー》を採用するその瞬間からそれはこのイデーの論理に身を委ねる。イデーはもはや己れ自らの法則に従つて発展し、時にはそのイデーを御用とした利益に反するに至る[5]」と言ふのは上記した所と対立する見解ではない。ただ私としてはその「イデーの論理」の発展はそれが新たな社会層にその担ひ手を見出したときにのみ可能であることを付加へるにとどめる。

（1） G. Salomon, Allgemeine Staatslehre, 1931, S. 105 より引用。
（2） K. Mannheim, Ideologie und Utopie, 1929, S. 74 参照。
（3） G. Salomon, a. a. O., S. 157.
（4） この注意はとくに重要である。例へばファシズムのイデオローグたちは自由主義民主主義を排撃するときに屢〻その上に「ブルジョワ的」といふ形容詞を冠する。しかし今日は市民階級自体がもはや自由主義の担ひ手たることをやめて「全体主義」の陣営に赴いてゐる時代である。十九世紀に於てブルジョワ的自由主義を語るのはよい。二十世紀に於てなほそれを語るのは無知に非ずんば偽瞞である。

(5) G. Salomon, a. a. O., S. 116 より引用。

二、市民社会と個人主義的国家観

前節に於てわれわれは「社会科学的なまた社会哲学的な思惟は、例へば個々の理論が論理的自己運動に於て次々と変遷するといふ如き観念形成《イデーンビルドゥング》より観念形成への連続ではなく、寧ろ社会の運動の歴史そのものが継続的な潮流をなし、それから思惟の諸体系が浮び上りそれを通じて諸体系が相互に関聯する(6)」ものであるといふ認識を得た。次には、近世の社会科学的思惟の全発展の基礎となり現代なほ我々の思惟を規定しつつある最も広大な社会的実在――市民社会《ビュルゲルリッヘ・ゲゼルシャフト》――の主人が如何なる国家観を担つて登場してきたかを考察しよう。しかしさうした国家観の基礎には一定の思惟様式乃至世界観が存するのを常とする。国家観とその社会的基礎との関聯はかかる「思惟様式」を媒介として観察するとき最も明瞭となる。従つてまづ近世的思惟様式と市民社会の構造との照応関係を知ることが当面の課題となる。その照応関係の理解を容易にするため、いま暫く市民社会の基礎構造を理念型《イデアルティプス》に於て捉へて見よう。

一六四八年と一七八九年の革命に於て、封建社会を排除して華々しく登場した近世市民社会はヘーゲルがいみじくも喝破した如く欲望の体系（System der Bedürfnisse）である。そこでは人間活動の一切の規準が「個人の労働並びに一切の他人の労働及び欲望の満足によつて、欲望を媒介し、かつ個人を満足せしめること」(7)に置かれる。従つて市民社会は何よりもまず経済社会である。この社会に於てこそ「物質的生活の生産方法が社会的政治的及び精神的生活過程一般を制約する」(8)ことが最も顕著である。しからば市民社会に於ける「欲望の満足及び媒介」は如何にして行はれるか。商品生産によつてである。商品生産社会の基本的特質は私有財産と分業である。ここでは生産は直接に社会成員によつて意欲された社会関係としてではなく、一応生産手段の所有者の私事として現はれる。各人はひとへに個人的欲望のために生産する。しかるにその生産は社会的生産としてのみ、それが社会的欲望を充足する限りに於てのみ意義を持つ。かくて彼等の生産物の社会的必要性は交換によつて確認される。市場に於ける交換契約によつて始めて原子的に分裂した私的生産者は社会的全体にまで総括される。まさしくここでは「社会」は個人の契約によつて成立つのだ。従つてこの社会に於ては結合を可能ならしめる社会的規制は決定的な重要性を持つ訳である。さうしてこの規制は本来私的意欲の下にのみ生産する個人の内に意識的基礎づけを見出す事が出来ないから、それは外的な力によつて支へられねばならない。国家権力はかかる使命を帯びて登場する。(9)

ところで交換が成立するには生産者は相互にその商品の完全な支配者たることを確認せねばならぬ。

彼は「自由」でなければならぬ。他方商品は等価と等価の交換といふ法則に基づいて「平等」に市場に現はれねばならぬ。従つて市民社会では人も商品も純化される。人は特権・身分・環境さういつた全ての個人的特性を洗ひ落し、ただ冷かな理性を具へた経済人《ホモ・エコノミクス》、平均人《ロム・モアイアン》たることが要請される。商品もその生産労働に付着した人格的技術的特質を抹殺され抽象的な平均労働の所産として「大量」的に取扱はれる。具体を抽象へ、特殊を普遍へ、質を量へ、かうした合理主義的還元によつて本来無政府的な市民社会の経済活動に見透しが可能になるのである。

単純商品生産が資本制生産に、更にマニュファクチュア生産が機械生産に進展することによつて上の様な特質は愈〻顕著となる。「合理的な資本主義的経営は資本計算を伴つた経営、換言せばその収益を近代簿記の技術と……貸借対照表の調製により計数的に統制する営利経営である。(10)」簿記！　それこそ数量化・形式化・抽象化等の市民社会の必然的な傾向乃至要請の集中的な表現である。

(6)　H. Freyer, Einleitung in die Soziologie, 1931, S. 33.

(7)　F. Hegel, Grundlinien der Philosophie des Rechts.
　レオン・デュギー『法と国家』堀氏邦訳（岩波文庫）一一〇頁による。

(8)　K. Marx, Zur Kritik der politischen Ökonomie, Vorwort.

(9)　市民国家が「弱き」国家であるといふ見解は広く行はれてゐるが、皮相である。寧ろ権力国家《マハトシュタート》こそは、「万人の万人に対する利害の闘争場」（ヘーゲル）たる市民社会の必然的な要請である。ただ市民社会の勃興時代にはそれはいはば潜在的な力となつてゐるに過ぎない。なほ H. Heller, Staatslehre, S. 113 参照せよ。

(10)　M. Weber, Wirtschaftsgeschichte, 2. Aufl. 1924, S. 238.

かかる構造連関に照応した思惟様式は云はずと知れた合理主義的実証主義である。見透しうること(Berechenbarkeit)があらゆる社会的思惟の究極目標となる。十八世紀末のアンシクロペヂストが「予見せんがために見る。準備せんがために予見する」(voir pour prévoir, prévoir pour pourvoir)を旗幟とし、コントが「実証的社会学の一般的精神が不可避的に充さねばならぬ根本的条件は合理的予見である」と言つたのは勃興期市民層の意図の典型的表現である。[11] さうして「この近代の資本主義的市民層と密接な社会学的結合を保つて登場した思惟様式によつて最初に駆逐されたのは質的なものであつた」[12] ことも当然である。かくて数学乃至幾何学が科学の模範となり質的差異は量的差異に転化されることによつて一般法則の下に包摂される。「意識一般」が対象の抽象的普遍化方法によつて把握した理論のみが「純粋」であり普遍妥当性を主張しうるものとされるのである。

上述の様な市民社会の基礎構造とそれに照応した思惟様式の上に法・政治・学芸等の市民的文化形象が開花する。「発達せる交易経済の高度なまた益々上昇する分業には、単に経済的労働のみならず可能な全ての就中政治的法律的諸関係の、予見性を目標とした合理化といふ事が必然的に結びついてゐる。」[13](傍点筆者) だからマックス・ウェーバーは正当にも資本主義の前提の一として「合理的な即ち見透しうる法」を挙げてゐる。[14] 市民層はかかる法制への要望に基づいて始めに形式的訓練を経た官僚群を擁する絶対王政の成立を援助し、後に更に近代的立憲国家をもつてこれに代へた。人間ではなく法が支配する処に最良の統治組織がある――といふカントの言葉はまた市民層一般の確信でもあつた。[15]「法の支配」が市民的活動の直接的な要請であつたにとどまらず、一方には法、他方にはその前に「平等」な個人といふ法治国の理念自体が、上述した商品生産社会の構造のいはば図式化にほかならない。さうして所謂個人主義的国家観もまたここに胚胎するのである。

(11)　むろん実証主義はかうした意図との直接的な聯関を漸次に脱却した。それは実証主義の論理的完成の過程であると共に、またその実践的無力化の過程でもあつた。

(12)　K. Mannheim, a. a. O., S. 137.

(13)　H. Heller, a. a. O., S. 111.

(14)　M. Weber, a. a. O., S. 240.

(15)　法治国理念は最初は単なる要請であつたが、後に「我々はもはや自然人たると構成人たるを問わず、人《ペルゾーン》の支配の下には生活してゐない。規範の精神的な力の支配の下に生活してゐるのである――これらの力が言葉の厳密な意味で『支配』する」(クラッベ)といふ様に現実国家の説明に転化した。かくすることによつてそれは、具体的な支配関係を非人格化によつて隠蔽するといふ機能を営むに至つた。

ここに個人主義的国家観といふのは、あらゆる社会的拘束から脱却した自由平等な個人――それは当然に抽象的存在であつて肉体性を欠いてゐる――を最後的な実在と看做し、一切の社会関係をばその個人の相互関係から説明し、その相互作用の円滑を確保する唯一の保証を国家主権に求める如き国家理論を総称する。故に個人主義を名乗らずとも、或は個人主義が明白に排撃されてゐても、もしその基本的な思惟構成がこの様なものであればその理論はやはりこの国家観の範疇に属する。この国家観の特質はそれによつて否定された国家観との対比に於て最も明瞭になる。それは即ち中世的な国家観であつて、それは個人ではなく社会的団体――教会・ギルド・村落共同体――等から出発し、かうした団体の階序《ヒエラルシー》の頂上に国家を置く。だからそこでは国家は直接個人に接触せずに必ず団体が両者の媒介となる。(いはゆる仲介勢力――pouvoirs intermédiaires――)、さうして国家はかかる諸団体の団体 (a community of communities) とされる。[16] ところが個人主義的国家観はまさにこの仲介勢力の否定をその核心とする。ここでは一切の社会的団体はその自主性を奪はれ、一方には原子的な個人に、他方には法・国民《ナシオン》乃至普遍意思《ヴォロンテ・ジェネラール》など種々の名で呼ばれる国家主権に吸収されてしまふ。だからこの国家観の個人主義的色彩の裏面には強度の普遍主義的色彩が秘められてゐるのである。フランス革命は純粋かつ典型的な市民革命として思想的にもまたかくの如き国家観によつて純粋に貫かれてゐる。一七八九年の人権宣言や一七九一年の憲法は公民に自然権を確保し圧政に対する抵抗権をすら認める反面に於て、国家主権の絶対性の規定、[17] 法律至上主義、[18] 命令委任《マンダ・アンペラチーフ》の禁止[19]等に於て強い普遍的性格を露呈してゐる。従つてこの様にして誕生した近代国家は当然に「万人の万人に対する闘争の対抗力、法の前の平等による全個人の対立よりの統一」[20]として万能国家たるべく宿命づけられてゐるのである。さればこそ個人の自然権と国家主権の絶対性――この二元の調和は十九世紀を通じて公法学の最大難問であつた。デュギーはこの問題を個人主義理論に内在するヂレンマと為した。[21] しかしこの

「ヂレンマ」は究極的には、「自由独立」な個人の私的生産が実は社会的生産であるといふ市民社会の基礎構造の忠実な反映にほかならぬのである。

フランス革命にあらはれた国家思想が上述の個人主義的国家観の最も純粋な表現であるとすれば、各国の市民層が担つた国家観は、その国の市民社会発展の特異性に従つてこれと多少のニュアンスを示した。英国は国内の封建的対立を最も早く解消したために既に十七世紀に於て市民国家への転身を遂げ、大陸に於て和蘭を、植民地に於て仏蘭西を駆逐してからは比類なき優勢を持して世界市場に君臨した。事実に於てはイギリス市民層の世界的活躍も海軍力の絶対的優越によつてのみ可能にされたにも拘らず、この背後の黙然たるにらみは市民層の意識に上らなかつた。さうしてこの様な経済的＝技術的に優越した地盤の上に立つてイギリス市民社会はいはば自主的に発展したのであつた。かうした事情はイギリス市民層をこの上もなく自負的たらしめ、従つて国家的後見に対する最も敏感な反撥者たらしめた。レッセ・フェール主義はここに於て完全な理論づけが与へられたのみでなく、最も長く貿易政策を現実に支配した。国家論に於てもイギリスのそれは個人権の確保に重点が置かれ、ために屢〻国家敵視的な色彩を帯びる。かうした傾向は永く英国の社会的思惟を支配し、多元的国家論とかギルド社会主義とか、絶対的な国家主権に反対する理論は概ねここを母国とする。屢〻市民層は反国家主義であるとされるのはこの様なイギリス市民層の伝統的傾向を一般化した主張である。しかしイギリス市民層と雖も決して国家を否定はしないし、また市民社会の性質上否定しえない。「国家は悪である」といふフォルメルには「必要な」といふ形容詞を入れることを忘れないのである。またラッサールの所謂「夜警観[22]」が市民的国家観の適切な表現であるがためには、一面には国家権力の制限が（普通はこの方面のみが見られる）、しかし他面には国家の必然性が同時に意味されねばならない。人間が皆聖者にならない限り、市民層は夜警なくしてどうして安眠しえよう。イギリス市民社会も市民社会一般と等しく国家権力に究極的に依存する。ただイギリス市民社会の発展の特異性がその国家観に個人主義的性格を濃厚ならしめたまでである。

仏蘭西を中軸として英国といはば対蹠の地位にあるのが独逸である。この国はナポレオン戦争によつて漸く中世的惰眠を破られ、資本は民族国家の建設過程と密接な利害共同の上に立つて進展した。独逸帝国の建設は独逸資本主義の飛躍的発展への道を開いたが、その発展は先進国家との激烈な競争によつてのみ可能であつた。さうして間もなく世界は帝国主義段階に踏み入つた。この様な訳で独逸市民層は始めから国家権力に対抗する力に乏しく、寧ろそれにすがつて世界市場に登場した。かかる独逸資本主義発展の特質はこの国の市民的国家観、従つて一般の学的思惟に決定的に影響した。だから独逸では国家敵視的な自由主義は始めから市民層を担ひ手とすることができず、寧ろそれは無政府主義に通じて早くから市民社会の敵対的イデオロギーとして現はれた。しかし市民社会の発展とともに個人権の確立はやはり必然的に要請されてくる。しかも他方には絶対君主は依然磐石の様な国家権力を持してゐる。かうした事情からラーバント、イェリネック等一連の法学的国家論には、先に述べた様な個人主義的国家観に本来内在する二元的対立の調和の要求と、専制的国家権力と市民的自由権の調和の要求とが奇怪な錯綜を見せてゐる。むろんそれらは大体に於て近代的思惟様式に支配されてゐるが、それは決して徹底してゐるとはいへず、ナチス治下の学者がなす様に、これら大戦前の独逸国法学を典型的な実証主義乃至は自由主義と同視することは到底できない。[23]（この同視には一定の政治的理由がある。）仮へ「カントよりイェーリング及びイェリネックに至る十九世紀の独逸公法理論は大部分権力行使に対する単なる弁疏に過ぎず、法理論の装ひの下に国家の特に……君主の絶対制の再建を目的とした[24]」といふデュギーの断罪は酷に失するとはいへ、独逸国家論が国家主義的性格を終始保持したことは疑ふべくもない。かくて上述の個人主義的国家観は英国の国家論に於ては個人の上に、独逸に於ては国家主権の上にアクセントが置かれてゐたといふ事が出来よう。

　かうしたアクセントの差は市民社会の歴史的発展と共に一般的にも生じて来る。今迄述べたのが横のニュアンスならこれは縦のニュアンスである。市民階級が第三階級であり、絶対君主及びそれに随伴する貴族僧侶の体制《レジーム》に対して抗争してゐる時期に於ては、それが担ふ国家論は一般に遠心的でありひたすら個人権の確立が求められるのは当然である。自然法学説はこの第一期の国家観の典型的表現である。ついで市民層は国家権力を支配し、一方旧体制《アンシャン・レジーム》の代表者に対抗してどこまでも新興イデオロギーを貫徹すると共に、他方市民層と必然的に登場を同じくする無産層の進撃を防衛する時代が来る。この時期に於てはもはや個人権の一方的強調は背後に退き、国家乃至社会と個人との調和均衡が当面の問題となる。社会学はまさにかかる使命を帯びて登場する。この時代は市民社会が最も安定しその諸原則が比較的純粋に貫かれた時代であるから、その構造に照応した思惟様式——合理主義的実証主義——も極盛に達する。と同時に市民的国家観に内在する矛盾も、この時代の理論は最も正直に反映する。十九世紀公法理論がかかるものであることは一言した。スペンサーの有機体説も社会的全体の優位と個人権の確立といふ要請を同時に満足せんとする点でやはりかうした時代的性格を担つてゐる。(25)

最後は市民社会が無産層の量的質的発展によつてその安定を脅かされる時代である。これは対外的には帝国主義時代である。市民社会のいはば潜在力であつた権力国家はここに顕現してくる。市民階級は内外両方面の必要から国家権力と益々密接な抱合関係に入る。市民的国家観の振子は勢ひ国家主権の側にぐつと傾く。所が市民社会の不安と動揺が一層激しくなると、「見透しうる」事を以て市民層に仕へてきた合理主義実証主義はもはや市民層を満足せしめなくなる。非合理的な、神秘的な分子が市民層のイデオロギーに流れ込んで来る。他方個人主義的国家観に内在してゐた万能国家の思想は急激に発展する。さうして個人主義的国家観の思惟様式たる合理主義が市民層に見捨てられると共に、万能国家思想は個人主義的国家観から脱却し、中世的浪曼的国家観を身にまとふことによつてその母体の否定態に転化する。これがファシズム国家観である。その解明は後節に譲るとして、ここではその全体国家乃至権力国家といふモメントは個人主義的国家観と如何に表見的に異ならうとも実は後者の発展したものに外ならぬといふ事を示唆するにとどめる。

この最後の時代は市民社会の構造にも思惟形式にも純粋性が失はれ、社会関係に於ても学的思惟に於ても錯綜混乱する時代であるから節を改めて説くことにする。

（16）E. Barker, Political Thought in England from 1848 to 1914, p. 227.

（17）「主権は唯一・不可分・不可譲渡的かつ永遠なり。主権は国民《ナシオン》に属す。人民の如何なる集団乃至如何なる個人も自己に主権の行使を帰せしむるを得ず」一七九一年九月三日の憲法。

（18）「フランスに於ては法に優越する何らの権威なし。王は法によつてのみ統治し法の名に於てのみ服従を要求し得」同上。

（19）「県より選出せられたる代議士は特に一個の県の代表には非ずして、全国民の代表たるべきなり。従つて彼等に何等の指令を与ふるを得ず」同上。

（20）G. Salomon, a. a. O., S. 59.

（21）デュギー『法と国家』堀氏邦訳（岩波文庫）四一—二頁。

（22）ラッサール『労働者綱領』小泉氏邦訳（岩波文庫）五三頁。

（23）例へば K. Larenz, Rechts= und Staatsphilosophie der Gegenwart, 2. Aufl. 1935, S. 13–17 或は O. Koellreuter, Der nationale Rechtsstaat, 1932, S. 9 等を見よ。

（24）デュギー前掲書七頁。

（25）スペンサー有機体説の矛盾については、例へば E. Barker, op. cit., p. 109 なほ稍ゝ異つた観点から W. Wundt, Die Nationen und ihre Philosophie (Krönersausgabe), S. 61–3.

三、市民的国家観の転回

一八七〇年乃至九〇年の間に於て世界資本主義は金融資本の段階に踏み入った。この新しい段階は二つの特徴によってそれ以前の段階から区別される。その一は市民社会の基本的特質たりし自由競争が独占に転化して行くことであり、その二は広義の社会運動が急激に発展し始めたことである。

金融資本と独占とは如何に関連するか。「金融資本は資本の統一化を意味する。以前には分離してゐた産業資本・商取引資本・及び銀行資本の諸部面は今や産業及び銀行の支配者達の緊密なる人的結合によって結成せる大金融資本家の共同的指導の下に置かれてゐる。この結成そのものは大なる独占的結合による個別的資本家の自由競争の廃止を基礎とする。[26]」独占的結合——カルテル・トラスト・シンヂケート等——は関税政策の援助を受けて国内市場を独占し、独占利潤を取得する。かくて増大された競争能力は益々自国商品の販売領域の拡張への衝動を生む。また独占は必然に過剰資本をもたらす。それは資本主義発達の低度な地方に輸出される。この様に商品の側からも蓄積資本の側からも自国の勢力範囲の拡大が要求される。世界市場は見る見るうちに分け取られる。残余領域は益々少なくなりそれをめぐっての競争は愈々熾烈となる。独占資本の段階はまた帝国主義時代でもある。

かくて市民層と国家権力とは急速に接近する。産業資本の時代には国家権力は経済生活への介入を避けて、市民社会の発展をいはば背後から見守つてゐた。それがまた産業資本の要請でもあつた。所が金融資本は積極的に国家権力を要望する。それは「一の政治的に有力なる国家を、即ち自己の貿易政策遂行に際し諸外国の利益などに顧慮する必要なからしむべき有力な国家を必要とする。……金融資本は最後に膨張政策を遂行し新植民地を自国に合体しうる程強い一国家を要求する。[27]」嘗ては産業は平和のシンボルとされた。（スペンサーが産業的時代を軍事的時代と対立せしめたことを思へ。）しかるに今や資本の先頭には常に軍旗が翻るに至つた。

　市民層と国家権力との抱合はまた社会運動の隆盛によつて促進された。英国に於ては一八八一年ハインドマンにより民主連盟が設立され、これがやがて社会民主連盟と名乗るマルクシズムの団体となつた。八四年にはフェビアン協会が成立し、八九年には独立労働党が組織された。独逸に於ても七五年のゴータ合同によつて社会民主主義の単一政党が形成され、ビスマルクの鎮圧法《ゾチアリステンゲゼッツ》の痛手にも屈せず漸次強大に赴いた。仏蘭西ではC・G・Tが中心となつて、社会党の改良的傾向に対して革命的サンヂカリズムの色彩を濃厚にして行つた。程度の差こそあれ、かうした反市民的組織の興隆は市民層の安眠を妨げる様になつた。さうして一層国家といふ「夜警」に接近した。しかも、絶対主義との抗争に於て市民層自体が作り上げた議会的民主政が今や己が反対勢力の成長の地盤となりつつあるのを見て、漸くこの政治形態に対する不満が市民層の間から聞え始めた。かくてこの方面からも権力国家《マハトシュタート》への要望が醸成されて行つた。

独占資本時代に於ける市民層と国家権力との抱合関係は市民層のイデオロギーの上に如何に反映したか。ヒルファディングはいふ、「昔の自由貿易論者が自由貿易を信仰したのはただに最も正当なる経済政策としてのみでなく、平和時代の出発点としてでもあつた。処が金融資本はかかる信仰をトックに失つてゐる。……平和の理想は蒼ざめ、人道主義なる理念の代りに国家の偉大と権力といふ理想が現はれる。……民族を国家の基礎とする事を以て国家の自然的限界と看做す民族思想は今や己が民族を他民族の上に顕揚するといふ思想に変へられた。今や理想として現はれるものは世界の支配を己が民族に確保する事であり、この努力たるやこれの源をなせる資本の利潤努力と同様に無制限である。……この際右の民族思想はもはや各民族の政治的自決権と独立権を認めるものでもなければ、またおよそ人間の顔を有する一切のものの民族の平等といふデモクラチックな信条の表現たるものでもない。否寧ろ独占の経済的優遇は自己の民族に必ずや優遇的地位を帰属せしめる事となつて反映する。この民族は他のあらゆる民族に対し選ばれたものとして現はれる。しかるに他民族の征服は暴力によつて、即ち極めて自然的なる方法で行はれるから、支配民族はこの支配を自己の特殊なる自然的性質――即ち自己の人種的性質――に負ふものの様に見える。かくて人種てふイデオロギーに於て、金融資本の権力努力に対する理論づけが自然科学的仮装の下に復活し、この権力努力は金融資本の行動の自然科学的な制約と必然性によつて立証される。デモクラチックな平等理想に代つて寡頭政治的な支配理想が現れたのである。」(28)（傍点筆者）金融資本は自由・平等・平和・人道などの抽象性を嘲り赤裸々な権力と支配とを希求する現実主義者であるかと思ふと他方にはまた最も熱烈な理想主義者である。「帝国主義は一度自分自身の理想の蓋をあける段になるといつも恍惚となり陶然となる。曰く、帝国主義者は自分のためには何物も欲しない。……民族の向上こそ彼の全努力の目標である。より高き一般利益……への個人利益の奉献はかくて達成され、民族的ならぬ国家と民族そのものは一の統一体に結合され、民族的理念は動力として政策のために利用される。階級的諸対立は全体の利益のために消滅され廃止される。所有者にとつて出道のない危険な階級闘争の代りに民族的偉大といふ同じ目標のために結合された民族の共同動作が現はれた、と。」[29]（傍点筆者）

既に一九〇九年頃にヒルファディングの眼に映じた独占資本のイデオロギーは現在に於ける「ファシズム」のそれと驚くべく一致してゐる。殊に私が傍点を付した箇所の如きはファシズム理論の核心ですらある。かく言へばとて、私はファシズムと金融資本のイデンティテートを主張しようとするのではない。ファシズムの本来の担ひ手は中間層であつて、中間層はまた特殊の理由から強力支配と対外膨張とに共鳴するのである。ただファシズムが成長して行くに従つて独占資本に併呑されてしまふといふ事実の裏には、金融資本の側でかうした観念《イデオローギシュ》的な成熟があつたといふことを示さうとしたまでである。

かくて「早晩一の暴力的解決に迄押進む所のもの」[30]と診断された列強の対立は果して一九一四年に爆発した。しかも大戦の結果はその矛盾対立を一層拡大することに終つた。大戦直後は戦禍に対する反動から平和熱が高まり、国際平和組織も高遠な理想を掲げて出現した。また戦中戦後を通じて国民大衆の政治的経済的権利は拡張された。大戦はまさに聯合国の標語通り「戦争廃止の為の戦争」となり、「デモクラシーの進路を安全にする」戦争となつたかの如く見えた。しかし独占資本の寡頭支配がどうして政治的・経済的民主化傾向と調和しえよう。脆弱な国際組織が如何にして帝国主義列強の対立を抑止しえよう。しかも大戦後の世界を襲つた深刻な恐慌はかうした内的・外的な矛盾を一層尖鋭にする。何れの国も、市民社会の存続を犠牲として民主化を押進めるか、民主化の地盤である立憲機構を破壊して市民社会を救ひ出すかのヂレンマに次第に押しつめられる。(31)始めにイタリーが、ついでドイツがかかる岐路に立たされ、いづれも後の道を歩んだ。ファシズム独裁はかくして成立した。(32)

しかしファシズムの進出にはまた大戦後の思想的潮流が与つて力があつた。私にはかかる事情を詳述する余白も能力も与へられてゐないが要するにそれは合理主義、主知主義、実証主義等従来支配的だつた思潮が衰へて非合理主義、神秘主義、生命主義が抬頭したことである。また哲学的な志向は認識論を去つて形而上学に赴いた。むろん従来の支配的思惟様式は依然、否かへつて一層の理論的練磨を経て種々の学的領域に現はれては居る。例へば社会学に於ては形式社会学、経済学に於ては均衡論、法律学に於ては純粋法学――これらはその静止的・図式的・抽象的・形式的性質に於てまさに前述せる如き近代的思惟方法の徹底化である。しかしそれらは「見事」であるだけで、到底社会的混乱の渦中に於ける現実的勢力となりえない。かうした思惟の帰着するところは結局カント的、とくに新カント派的な存在と当為、現実と理想との峻厳な二元論である。ところが混乱と動揺の末期社会に於て最も有力に相争ふ保守理論と革命理論とはともに一元的である。なぜなら前者は現実の理想性を、後者は理想の現実性を根拠づけようとするからである。[33] 静止的・合理的な近代的思惟様式は現存社会の歴史的推移に重点を置く無産層の代表者にも、現存社会の非合理的な美化を要求する市民層のスポークスマンにも最早担ひ手を見出しえない。それは必然に「無力」となる。

非合理主義乃至神秘主義の抬頭等一連の戦後の潮流自体が一定の政治的色彩を帯びてゐたのではない。むしろかかる潮流は異常な社会的動揺期の普遍的現象である。かうした動乱期には諸文化体系の自律性が失はれ、その綜合的な究極的な基礎が、何か根源的な神秘的な存在、若しくはたくましい生命力といつた様なもののなかに求められる。[34] さうしたものは結局抽象的であり、具体的には歴史的形象と結びついてのみ存在しうるにも拘らず、人々はその根源的なもののなかに捉はれない自己を見出さうとする。さうして外的な形象に対する蔑視は自己と形象との結びつきを実に安易軽直ならしめる。かうした態度から生れるものは行動の極度の浮動性であり無原理性である。最も熱烈な革命家から出発して遂にアクション・フランセーズの代弁者に終つたソレルは非合理主義的な精神態度の悲劇的結末を語るものである。さうして今や中間層及び知識層――是等は戦後の社会的動揺によつてその存在を最も脅かされた社会層であつた――がかかる精神的態度に陥ることによつて同じ悲劇を演ずることとなつた。すなはちああした一連の思惟傾向は中間層を媒介として結局ファシズム独裁に奉仕する結果となつたのである。[35] さうしてこの事は支配的市民層の側で既に従来の合理主義的思惟様式が見捨てられてゐたので一層容易であつた。だからファシズム・イデオロギーは本来の中間層イデオロギーと独占資本のそれとの間の奇妙な混血児である。それは当然に折衷的である。しかも巧妙な装ひの下に後者の必然的な要請は前者の犠牲に於て貫徹されてゐる。このことは如何に国家観の上に現れるか。

（26） ヒルファディング『金融資本論』林氏邦訳（改造文庫）五七五頁。
（27）（28）（29） 同上六五〇頁―六五二頁。但し句点等訳文と等しからず。
（30） 同上、六四四頁。
（31） H. J. Laski, The State in Theory and Practice, 1935, p. 201-2 参照。
（32） ここではむろん大国だけについて語られてゐる。
（33） 自然法が当来社会を原始状態の形式で述べたのは、かかる一元論の素朴な表現である。
（34） ジンメルはかかる現象を生命《レーベン》の形式《フォルム》に対する反逆といふ公式で説明してゐる。G. Simmel, Der Konflikt der modernen Kultur, 1921, S. 5-6.
（35） ここでは非合理主義や神秘主義の役割をのみ述べたが、例へば形而上学、就中ヘーゲル復興の如きも今日では明確な政治的意図を以て語られてゐる。ヘーゲル哲学と非合理主義との結合は早くからクローナーなどによつて試みられてきた。

四、ファシズム国家観

ファシズムは中間層の運動として出発しながら結局は独占資本の極度に合理化された寡頭支配形態

に落着くといふ歴史的な宿命を担つてゐる。だから一方の極に絶対的な国家主権、他方の極に一様に均らされた国民大衆といふのがその真実の様相であつて、畢竟それは市民社会の本来的な傾向の究極にまで発展したものにほかならない。然るにこの様相を国民に意識せしめる事は支配層の最も嫌悪する所で、就中中間層がかかる自覚に到達することは支配層にとつて致命的である。そこでファシズムの国家・社会体制は国民を位階的に組織立てる事に主要目標が置かれねばならない。これによつて中間層の自負的な心理を満足させようとするのである。更にまたファシズムは労働層の自主的組織を最も恐れる。伊太利でも独逸でもファシスト独裁が成立して最初に着手したことはかかる組織の撲滅であつた。さうして労資闘争を鎮圧する為には労働層を国家的な組合の下に入れ、労働関係をいはば法制的に固定化する必要がある。組合国家（stato corporátivo）はかうした二つの要請に基づいてファシズムの国家組織となつたし、またなりつつあるのである。それは一言にして尽くすなら階序《ヒエラルキー》的国家である。直ちに推察できる様にそれは中世国家の模倣である。しかし基本的に市民社会の構造に制約されてゐるファシズム国家に於て如何にして団体《ゲノッセンシャフト》の自主性——市民国家はその否定を核心とする——に基づく中世国家を再現しえよう。結局かかる組合はたかだか国家主権の絶対性と衝突しない範囲に於て存在を許されるに過ぎない。メンツェルも『組合《コルポラチオン》』の諸機関は選挙されるのではなく任命されるのであり、しかもそれらは絶えず国家監督の下に服してゐること、しかもこの監督は決して形式的な性質にとどまらないこと——これらの事を考慮に入れるならば技術的意味に於ける自治（例へば独逸法に於ける団体《ゲノッセンシャフト》の様な）はここでは全く問題になりえないのである」[36]と言つてゐる。この事はファシストの間にも異論があつて、ロッコの如きは公然と、「国家の外に成立し国家の外に生活してゐた中世の一方的な組合に対立して、我々の新しい組合は国家の一部であり、国家にとつての力と威厳の一要素である」[37]と演説してゐるかと思ふと、旧組合大臣ボッタイの如きは立派な自治組織だと主張してゐる。議論は兎も角として市民社会の基本的要請たる強度の権力集中は純粋な中世的等族国家の実現とは遂に相容れないのである。

同じ現象が例へばナチスの地方自治制などにも見受けられる。ナチスはその原初綱領にも「吾人は唯物的世界秩序に奉仕するローマ法の代りにドイツ共通法を要求す」とあり、しきりにゲルマン古法への親近を唱へ、地方自治もそれに則つて組織化しようとするが、現実に於てはそれは強力支配といふ鉄壁に直面して、ゲルマン的な自治とは似ても似つかぬものに歪曲されざるを得ない[38]。この様にしてファシズムが止むをえざる必要からまとつた中世的原理の衣の蔭からは、市民的権力国家といふ鎧があちこちと冷たい光をのぞかせてゐるのである。このギャップは我々が現実の国家構造から純粋な理念の世界に上昇するに従つて益々大となる。

ファシズム国家観の出発点は常に民族乃至は国民である。さうしてこの点に於て伊太利ファシズムと独逸のそれとの間に概念の食ひ違いがあるのは興味が深い。即ちナチスは民族の純粋性を主張するに反し、伊太利ファシズムは種族的な混合を容認する。これはむろん両帝国主義国家の世界的地位の差異に由来するものである。それは兎も角民族といひ国民といひ、これらは云ふ迄もなく歴史的・社会的な範疇である。処がファシズムに於ては是は一方では純自然的な方向に、他方では純観念的な方向に引き裂かれ、その二つの把握方法の論理的な結合は毫も示されない。ファシズムに固有な極度の現実主義と極度の観念主義との奇妙な同居がここにも見受けられる。民族の自然的生物学的把握はゴビノー乃至チェンバレンの人種民族論に由来する。それが独占資本の帝国主義的欲望に如何に奉仕するかは先に引用したヒルファディングの叙述によるも明らかであらう。民族の精神的観念的説明は主としてロマンチシズムから藉りられる。ところが元来ロマンチシズムはフランス革命の「作為」に反対して歴史的連続と内在的発展を主張するものであるから、そこでの民族精神は既に生成し経験的実在となつたものが意味されてゐる。だからファシズムは当然ロマンチシズムに止まることができない。なぜなら後者に於ては民族精神の上からの形成の余地はなく、指導者は不要になつてしまふ恐れがあるからである。そこでラレンツは歴史法学派に不満を示していふ、「民族は単に現存する統一のみでなく、創造的な統一である。民族の創造力（それが民族精神なのだが）は最初は無意識にいはば有機的に、国民的共同体及びその具体的生活秩序乃至は表象内容のなかに展開するが、後にもつと狭い意味で指導的人格者の創造的形成のなかに精神的に展開して行くのである。指導とは超個人的実質からの個人的行為である。[39]」（傍点筆者）かくして民族国家より「指導者国家」への橋渡しがなされる。さうして指導者の「創造的形成」が何故民族精神とアイデンチファイされるかといふ事に対する解答は全く信仰に委ねられる。ケルロイターによれば、「全ての真の指導の徴候は指導者の意思が国民意思の自明な表現となることである。されば国家の本質を代表しうる一人の指導者がある国民に与へられるといふ事は、つねに一つの恵み《グナーデ》の業を意味する。(40)」従つて国民としてはその「恵み」に感謝してひたすら服従をこととすれば足りるわけである。ナチスの原則によれば単に最高指導者と国民の間だけでなく、全行政機構が「下にむかつては権威、上にむかつては責任」の原則に従つて段階的に構成さるべきものであるが、さうした結合関係はつねにかかる「信仰」に基づかされる。基礎構造の合理化が極端になればなる程、それを非合理的なヴェールで覆ふことが要求されるのである。

ところで上に述べた様な民族精神の創造的形成は素手でなされるかといふとさうではない。なぜなら「指導とは同種の集団の相補充する統合並びに敵対する諸力の隔離乃至は撲滅であり、従つて如何なる指導も国内秩序の確立のためまた妨害的勢力の排除に自力を賭するために権力を必要とする(41)」からである。かくして民族共同体の有機的結合とか、その倫理的統合といふ様な美はしい概念から出発したファシズム国家観はここに遂に、「敵対する諸力」を撲滅し、「妨害的勢力」を弾圧する強力な国家権力の肯定に到達した。ファシズムがマキアヴェリ乃至ニーチェに通ずるといはれるのはかかる点である。しかもさうした生命的権力主義で一貫されるかといふと、さうでもなく他方に於ては権力の倫理的粉飾が絶えず行はれてゐる。ニーチェ的な思考からは本来その様な道徳的基礎づけは本末顚倒なのであつて、この点シュミットが「権力の道徳的合法化は根拠がなく無用である(42)」と言つてゐるのはかかる立場の当然の帰結である。

ファシズム国家観はなほ全体国家、権威国家、有機体国家、単一政党国家、等族国家等種々のモメントから主張されてゐるが、その美辞麗句を忠実に辿ることは殆んど無意味である。なぜならそこには独創的なものは全く存せず、相撞着する如き思想系統からの実に雑多な抜粋にすぎないからである。ただ最後の等族国家観はファシズムがまとつた中世的原理の理念的反映であるから、先に述べたことと関聯して一言しよう。これは主としてシュパンによつて体系化された。しかし屢々述べた如く「等族」の自主性を純粋に貫くならばそれは到底市民社会の現実——強度の集中権力——と相容れない。シュパン自身も支配の間接性の法則に基づいて、「国家の万能は普遍主義的前提からは導き出されない」[43]と言つてゐる。もし彼にしてその論理に最後まで忠実なら彼は自己の理論がファシズムの公認イデオロギーとなるのに甘んじないはずである。等族国家論が現実の国家原理となるときは、イタリーの組合国家の如くその純粋性を喪失しなければならないのである。

(36)　A. Menzel, Der Staatsgedanke des Fascismus, 1935, S. 71-2.

(37)　A. Menzel, a. a. O., S. 72 による。

(38)　宇賀田教授は「ナチスの自治は党治であり官治である」と断ぜられてゐる。国家学会雑誌第五十巻八号「枉げられた自治制度」。

(39)　K. Larenz, Rechts= und Staatsphilosophie der Gegenwart, 2. Aufl. S. 164.

(40)　O. Koellreuter, Grundriss der allgemeinen Staatslehre, 1933, S. 66-7.

（41） O. Koellreuter, a. a. O., S. 54.
（42） 五十嵐豊作「現代国家論の諸傾向」国家学会雑誌第四十八巻三号による。
（43） 同上。

五、むすび

私は以上に於て粗雑ながら、理論――思惟様式――社会層といふ還元に基づいて近世個人主義国家観と市民層との照応関係を示し、市民層が市民社会の最近の段階に於て、中間層イデオロギーを摂取する必要に迫られてファシズム国家観を開花せしめた次第を略述した。

今や全体主義国家の観念は世界を風靡してゐる。しかしその核心を極めればそれが表面上排撃しつつある個人主義国家観の究極の発展形態にほかならない。我々の求めるものは個人か国家かのEntweder-Oder の上に立つ個人主義的国家観でもなければ、個人が等族のなかに埋没してしまふ中世的団体主義でもなく、況や両者の奇怪な折衷たるファシズム国家観ではありえない。個人は国家を媒介としてのみ具体的定立をえつつ、しかも絶えず国家に対して否定的独立を保持するごとき関係に立たねばならぬ。しかもさうした関係は市民社会の制約を受けてゐる国家構造からは到底生じえないのである。そこに弁証法的な全体主義を今日の全体主義から区別する必要が生じてくる。

（「緑会雑誌」第8号・昭和十一年・東京帝国大学法学部緑会）

〔後記〕

私の学生時代、東大法学部の「緑会」は毎年、法律・政治の両部門の教授に出題と詮衡を依頼して懸賞論文を学生から募集し、当選論文を三・四篇、緑会雑誌に掲載する習わしであった。私が三年生のとき、政治学科の論文の出題と詮衡とを担当したのが、故南原繁教授であり、そのテーマが「政治学に於ける国家の概念」であった。応募学生は、各自、夏休前に南原教授の研究室を訪れて、一般的参考文献などの指示を受け、休暇一ぱいかけて論文を書いて九月の学期始めに提出した。(因みにこの年の応募希望学生は四十三名、提出された論文は十二通であった。) この稚拙な学生論文まで掲載することを私が承諾したのは、どういう考え方をいわば「所与」として、私が研究者生活に入ったかを示すためと、もう一つ、南原先生を一生の恩師とする機縁を作ったのがこの当選作だった、という理由よりほかにはない。なお参考のために、南原先生が、緑会雑誌に書いた選者としての感想のなかから、右論文にたいする批評の部分を摘記しておく。

「……かゝる考え方に根拠して一箇の体系としての政治学が如何に立てられるか、又筆者が要請する如き新な国家概念が歴史的社会的地盤との関係に於て如何に在るのか、に就いて重要なる問題が存するであらう。然し、それとして一つの纏つた論作であり、基礎的文献をよく咀嚼し、刻念なる研究と相俟つて、就中ファッシズム国家のイデオロギーの分析に於て徹つたものがあり、叙述又内容に富み、蓋し今回提出せられた論文中優れた一篇たるを失はぬ。」

(一九七六年後記執筆・以下同様)

1939

シュミット「国家・運動・民族」
――政治的統一体の三分肢

本篇はベルリン大学教授カール・シュミットの“Staat, Bewegung, Volk. Die Dreigliederung der politischen Einheit” 1933 の抄訳である。カール・シュミットはナチス公法・政治学界において、目下来朝中のミュンヘン大学教授オットー・ケルロイターと並び称せられる学者である。ケルロイター教授はもとより英国憲法の研究などで早くから知られてゐたが、ナチス以前はどちらかといふと地味な存在で、何といつても教授の名声はナチス革命の前後から急激に挙つた観があるのに対して、シュミットは大戦後のワイマール時代に既に令名嘖々として高く、かへつて今日はナチス公法学の正統的地位をケルロイターに奪はれてゐる。といつても彼の思想がワイマール的自由主義に通ずるものがあつたわけではない。それどころか、彼は大戦後の滔々たる自由主義的乃至社会主義的思潮の只中にあつて、カトリシズムの流れを汲んだ独特の立場から権威主義的な国法理論を構成して、学界に異彩を放つてゐた。『政治的浪曼主義』(一九一九年)より『独裁論』(一九二一年)、『政治的神学』(一九二二年)、

『現代議会主義の精神史的地位』（一九二三年）、『政治的なるものの概念』（一九二七年）、『憲法論』（一九二八年）を経て、『憲法の擁護者』（一九三一年）、『合法性と正当性』（一九三二年）に至るワイマール時代の彼の主著はいづれも何等かの形で国法学に政治的＝世界観的考察を導入せしめたものとして、当時支配的な実証主義的傾向に対してまさに対蹠的な地位を占めてゐたのである。恐らくシュミットほど峻烈に自由主義的思惟の無力を衝き、シュミットほど鋭利に議会政治の現実的性格を暴露した学者はなかつたであらう。彼の学説がナチスに思想的地盤を提供するものと見られたのは当然であつた。かくてナチ政権獲得後まもなく彼はケルン大学よりベルリン大学に移り、プロシャ枢密顧問・独逸法アカデミー顧問等の要職についた。さうしてシュミットがナチス政権後はじめてナチス国家に国法学的基礎づけを与へんとしたのが、ここに訳出した『国家・運動・民族』（一九三三年）にほかならぬ。僅か五十頁足らずの小冊子であるが、その重要性は推察に難くないであらう。刊行後たちまちこの書はナチス公法学の礎石とされ、ヘーンやフォルストホーフの如き有力な学者がいづれもこの書に依拠して三分肢説や全体国家観を展開せしめるといふ有様であつた。

そのシュミットがしからば何故、今日ナチスの正統的地位から転落したのであらうか。これはここで述べるべくあまりに根本的な思想史的な問題を含んでゐるが、本書を理解する上に必要な限りごく一通りだけでも触れて置かう。

シュミットは本書において自由主義国家を二分肢的構成（国家と社会・社会と個人・法と権力・精

神と経済等の対立）から理解し、之を十九世紀的のものとし、二十世紀の国家は三分肢的構成をもつべきものとする。つまりここでは、ナチス国家は二十世紀国家といふ一般的・普遍的な立場から基礎づけられ、従つて同じく三分肢的構造をもつイタリー・ファシズムと、いな、ボルシェヴィズムとすら共通の地盤に立たせられるのである（二八八頁参照）。むろんシュミットは後節で「人種の同一」といふ事を以て指導者国家の特徴としてゐるが、これと三分肢的構成との関係はあまり明瞭でない。むしろ、三分肢の一としての民族は「政治的決断の庇護下に生育する非政治的側面」（二八六頁参照）といふ消極的なものにすぎない。この点を早くも衝いたのがケルロイター教授である。教授はその『ドイツ憲法論』の中でいふ、「彼（シュミット）の三分肢的構成は比較しえざる価値を、同じ『秩序系列』の下に置くもので、民族国家の本質を説明しえない。民族は、民族国家にとつては決定的な政治的価値であるが、組織上の価値ではない」と。つまり民族こそ決定的な価値として党及び国家に優先すべきものなのである。ところがシュミットは民族概念を消極的に規定する反面として、「正常なる国家にして全体的ならざるはない」（三一〇頁）といひ、ヘーゲル的な全体国家観に傾く（三〇四頁以下参照）。之に対してケルロイターは「国家はそれ自体としては何等の政治的固有価値をもたぬ」といひ、「ヘーゲルの国家観はナチスとは縁のない非民族的命題」だと断ずる。さうして純粋なナチス・イデオロギーは明白にケルロイターに近い。ヒットラーの『我が闘争』は「国家の神化」を拒否し、「国家権威の犬の如き崇拝」を嘲笑し、国家は民族の保護及び強化のための単なる道具に過ぎざる旨を反覆力説してゐるし、ローゼンベルクも「全体国家」の語を排斥し、全体的なのは党であつて国家ではないと明言してゐる。此の点に関する限り、ナチスとイタリー・ファシズムとは現実上如何に類似してゐてもイデオロギーの上では截然と別れる。だからナチスを純粋固有に基礎づけようとする立場からすれば、シュミットの如く普遍的＝世界史的な基礎づけはむしろ有害無用となるわけなのである。

以上はシュミットの「顚落」の理論的根拠であるが、なほその歴史的な理由とでもいふべきものもある様に思はれる。シュミットの理論は非常に独創的であり「革命的」である。前述した通りあらゆる自由主義的なものに対する徹底的な批評といふ点で彼の右に出るものはあるまい。彼の理論構成には伝統的な概念との連続性が殆んどない。たとへば法治国・法的安全・一般国家論《アルゲマイネ・シュターツレーレ》といふ如き概念を悉く自由主義的なものとして拒否する。ところが、ケルロイターなどはその点はるかに穏健である。ケルロイターは法治国といふ言葉をなほ棄てずに、従来の自由主義的法治国に対して国民的法治国といふ概念を立てる。またシュミットの流れを汲むヘーンなどの国家法人説否定に対しても、国際法上、国家を法人と見ることは不可欠だとし、又実定法秩序による法的安全の保障を力説する。更に「一般国家論」といふイェリネック・ケルゼン流の伝統的名称も彼はそのまゝ踏襲する。ケルロイターが最初にナチス国家を基礎づけた著書は『一般国家学概要』Grundriss der allgemeinen Staatslehre, 1933と題されてゐる。また政治概念にしても、シュミットは政治を敵味方の対立とその区別から説き、従つて戦争を以てすべての政治の実在的な可能性と見るが、ケルロイターはかゝる政治概念を「万人の万人に対する闘争」的な「政治的肉食獣」を想定するものとして排撃し、「対外的政治に於ても政治的なものの固有の本質は戦争にあるのではなく、……諸民族の相互的な承認と結合に存する」(『ドイツ憲法論』)といふ。要するにシュミットの思想には危機的な性格が強く現はれてゐるのに対し、ケルロイターの学説は正常的な色彩が濃い。とすればナチスが他の政治的勢力と闘争しワイマール的体制を顚覆する過程においてこそシュミット的なラディカリズムは適応するが、ナチス政権が次第に安定し、痛烈な破壊作業から着実な建設作業に移るにつれて、むしろケルロイター的な穏健性が迎へられるに至ることは充分想像しうる事ではあるまいか。ともあれ測り難きは独裁国における学者の運命である。一時はナチス公法学の指導者として自他ともに許し、ケルロイターなどの学問的攻撃にも拘らず少壮学徒を翕然として傘下に集めたシュミットが、一旦親衛隊《エスエス》の機関紙 Das schwarze Korps の一九三六年十二月の紙上で多分に悪意的な攻撃を受けるや忽ち問題は学問的領域にとどまらずして政治問題と化し、彼はベルリン大学教授の地位を除く他の一切の公職を退くの止むなきに至った。

シュミット自身もナチス政情の変化に適応することを必ずしも怠つたわけではない。彼が『法学的思惟の三定型』(一九三四年)といふ著書で法を規範と見る立場(規範主義)と決断と見る立場(決断主義)と具体的秩序と見る立場(具体的秩序思想)とを比較し、規範主義を自由主義的なものとして排斥することは従来とは変らぬが決断主義をも不充分なものとし、具体的秩序思想を以てナチス的法思想としてゐるのは、従来のシュミットがむしろ政治的決断に決定的重要性を置いてゐた事から見て、さうした適応の試みともいへよう。「決断」において危機的性格が濃厚であるに対し、「具体的秩序」においてはより安定的なモメントが観取されるからである。しかしこれもケルロイターなどの容れるところとならない。ケルロイターは規範と決断と具体的秩序とを相互に排斥する概念とせず具体的秩序思惟といつても、法的概念である限りは同時に規範をも決断をも含まざるをえないとするのである。結局この論争においてもシュミットの思惟は「あれかこれか」といふつきつめた態度であり、反之ケルロイターの態度には「あれもこれも」といふ包容性が見られる。それだけに、思惟の独創性といふ点はともかくとして、現実政治に対する適応性においてやはりケルロイターは優るものがあるのである。

かくてシュミットは政治的実践を断たれたとはいへ、学問的影響力をも失つたわけではない。いな、ナチスの公法・政治学界においてわれわれはシュミットの影響がいかに浸透してゐるかに屢〻驚かされるのである。従つてここに訳出した『国家・運動・民族』も単にナチス文献として歴史的な地位を占めるに止まるものではない。それは単に「克服された」と片付けるべくあまりに活々と現在のナチス学界に生命を保つてゐる。所謂「新刊」には属しないが、このいはばナチス公法学の「古典」を紹介するだけの現代的意義必ずしもなしとしないだらう。

本書は国法学的素養を持たぬ読者にはやや難解かも知れない。実はこのはしがきで内容の一般的解説をも試みようとしたのであるが、シュミットのナチス学界における地位の叙述に意外の紙幅をとつたので省略の余儀ないことになつた。しかしとくに解説を要することは文中に＊印を附して註を加へて置いた。甚だ不充分なものであるが、一応の理解には役立つであらう。

（「両洋事情研究会会報」一九三九年七月）

〔後記〕

この一文は、『両洋事情研究会会報』のために、カール・シュミットの前掲書を抄訳した折、その冒頭に書いた「はしがき」である。『両洋事情研究会会報』については詳細なことは知らないが、たしか定期購読者のために、海外の主要な著述を紹介する季刊誌であつたように記憶する。近衛文麿・山本有三らと同級生で、旧制第四高等学校の教授だつた高橋禎二という ドイツ文学者が、南原先生を通じてこの会報への翻訳者を求め、当時、法学部助手だつた丸山がアルバイトのつもりでこれに応じた。このほかにも、アメリカのジャーナリストのH・C・ウォルフ著『ドイツの章魚』（本書一七七頁の国家学会雑誌への紹介参照）を同会報のために抄訳したこともある。

（一九七六年）

務台理作「社会存在論」（昭和十四年）

純粋哲学者——もしかかる表現が許されるとせば——の関心が具体的な歴史的＝社会的存在に集中する様になつたことは西田哲学以来、近時の著しい傾向である。とくに田辺元博士の「種の論理」の提唱はこの趨勢に向つて画期的な一石を投じたもののやうである。この「種の論理」は務台教授によつて受継がれ、教授独自の立場に於て展開せしめられてここに『社会存在論』として結晶することとなつた。弁証法の論理を重視することに於て務台教授は田辺博士を継承しつつも、そこに自らなるニュアンスが存する。大ざつぱに云へば後者のあくまでローギッシュなのに対し、務台教授の立場はよりフェノメノ＝ローギッシュと見られる。とまれ、田辺博士の社会存在論がいまだ一巻に纏められない今日、本書はいはゆる「種の論理」の最初の完結せる叙述として、すこぶる重要な意義をもつ。ここに展開された深遠にして透徹せる論理を批判することは、哲学の門外漢たる筆者の到底よくするところではない。ただこの書が筆者の専攻と対象を共通にする限りに於て、問題と感じた点を述べて見よう。

先づ極めて端的にいへば、現実的世界の論理とはいふものの本書の内容は社会科学の立場から見るとまだまだ超絶的な、天降り的な感を免れない。もとより著者は序文に於て、本書が社会科学の立場から書かれたものでない事を明らかにし、「その方面の研究に何か役立つものを見出さうとして」この書を読む事を戒められてゐる。哲学的・論理的考察と経験的・実証的考察とが一応区別さるべきことは云ふ迄もないが、両者同じく歴史的世界に関はり、現実社会の構造の闡明に向けられる以上、そこに必然的な関聯が生ずる事も否定出来ない。この関聯を無視し、哲学的思惟が社会科学の立場より得られた成果を飛び越して、社会科学の対象そのものに直接結びつくとき、そこに悪しき意味に於ける哲学の現実化、政治化の危険が胚胎する。この書に於てもかうした傾向が絶無とはいへない。たとへば務台教授に於て種的社会とは如何なるものか。それは主体的存在（個体）と現実的世界の矛盾的一致の同時性がそれ自身の疎外によつて同時性より顚落して質料的重畳性を惹起し、それによつて生じた世界の生産的力のゆがみにほかならぬ。かくてそれは歴史的文化の担ひ手となる。「種 species とはその本来の意味に於いて見られる、出現する、或る形、と云ふやうに、形を形成する意味を持つ」ものであり、従つて「種的社会とは決して単なる種族的社会の如き意味ではない。」（七四頁）かかる意味に於て著者が「真に現実的世界のただ中に立つて見れば、歴史的世界の中に於いて種的社会を基体としない如何なる現象もありえない」（八〇頁）と云はれるのは当然となしえよう。ところがそのすぐ後に突如として、「地霊的なものへのパトスは、生産力を含んだ社会、即ち文化的社会としての民族のパトスである。民族こそ歴史的世界に於ける地霊の力である」(同頁、傍点筆者)と述べられ、ここに於て全く唐突に「民族」といふ概念が出現してそれが種的社会と等置される。「社会は歴史の生産的主体であり、歴史を生む母なる地霊である」と云ふ場合、「社会」は家族でも階級でも市民社会でもなくただ民族そのものなのである。何故に文化を担ふものが民族でありそれ以外のものでないのか。事実上然りと云ふのではなくその論理的根拠は何処にあるか、それは少くも本書に於ては何等明らかにされてゐない。ここに「種の論理」の政治的性格を看取しては酷であらうか。(むろんこれにはヘーゲルの「民族精神」が強く影響してゐるのであらうが、しかも著者は意識的に民族「精神」といふ表現を避けて民族の身体性・自然性・基体性を重視されるのである。)

他方かく民族と等置された種的社会は個体と如何なる関係に立つか。個体と社会の関係は個体と世界の如く矛盾的対立の同時的存在の関係ではない。「社会の中に於いても個体は個体の生活を持つてゐるのであるが、それにも拘らず、社会は部分に対する全体として、その優勢的圧力を個体の上に加へるのである」(八五―八六頁傍点筆者)。かくて個体は表現的世界への方向に於て自由なる個体として文化的生産に与るが、種的社会への方向に於て従属的連帯的成員となる。この二つの方向の対立が人類性と民族性・人道的性格と国民的性格・世界文化と民族闘争の対立として表現され、歴史に於ける基本的対立を形づくる。著者はこの対立の統一をば、種が根本的に世界性によつて媒介されてゐることの自覚に求められる様である。ところが著者の論理からは、種がかかる自覚に到達するいくばくの現実的可能性がえられるであらうか。著者は種をしてかかる自覚に到達せしめるために、種の成員としての個体に「限りない実践性」を要求する（一八七頁）。しかし種的社会に対して一方的に「従属」しその「優勢的圧力」を蒙る個体は如何にして種の疎外性を転向せしめうるか。著者の種的社会が民族であり、しかもそれは単なる精神ではなく血と土といふ如き自然的なものと連続してゐる（一二〇頁参照）といふことは、「種の主体をして世界の媒介を拒ませる」ところの有としての種の直接性をむしろ運命的なものにまで強大にしてゐる。この限りなき強大性に面して個体の限りなき実践性の要求は単なる当為《ゾルレン》に止まらないだらうか。ここに於て「国家は国民がその成員をして国家の行動の中へ自己を没入することを要求すると共に、一方に於て、それに従属する個体をば世界に於ける自由な個体として生きることを許容し……なければならない」（一一六頁傍点筆者）といふ教授の切々たる言葉も全体の関聯から浮いて、荒々しい現実に対する力弱い希望の様に響くのである。

務台教授の意図されるところが、時流に乗つた民族主義の基礎づけでないことは云ふ迄もない。いなむしろ教授はいはゆる全体主義の論理を批判され、それが結局民族のソリプシズムに陥ることを指摘される。しかし全体主義に就て問題とすべきはその民族独我論のみにとどまらずしてその対内的性格である。ところが教授は全体主義者のいふ全体の多数性と世界性を主張されるのみで、民族即全体といふことはそのまま容認されてゐる。教授に於て「世界性とは各々の全体民族、全体国家がそこで形作られ、そこで関聯して共々に世界の文化に貢献するところの普遍的世界」を意味する（一四七頁）。ここに国家乃至民族の全体性は当然の前提とされてゐる。民族と国家とが本書に於てつねに同視されてゐることも問題であるが、それをしばらく措くとするもこの民族乃至国家の全体性と部分としての個体の「自由なる」文化的活動とが如何にして両立するのであらうか。

以上、簡単で意を尽しえないが本書を読んで問題と思つた点を述べて見た。むろん始めに断つた様にここでは教授の論理の内在的な批判ではなく、ただその論理が現実へ働きかける面を捉へていはば超越的な論評を下してみたに過ぎない。その限りでここに叙べたことは本書のみを目標とするものでなく、いはゆる種の論理乃至ひろく近時の社会存在論についても妥当する部分があらう。哲学畑の人の社会的＝政治的関心の傾向はこよなく喜ばしい。哲学が純粋思惟に閉ぢこもり、社会科学が卑俗な「実証化」をたどることほど不幸な事態はありえないからである。ただその場合哲学者は社会科学の成果を出来るだけ顧慮することが望ましい。さもないと純粋論理が一足とびに現実と抱合し、「存在するものの合理化」に終る懼れなしとしないのである。

本書について称讃の言葉はわざと省いた。これが如何に驚くべき思索の結晶であり、如何に限りなき示唆を含むものかは、ここで千万言を費すよりも本書自身を熟読するに若くはない。教養文庫の一冊には属するが、本書は決して化粧品的な「教養」の書ではない。苟も文化と世界に関心をもつ人士の血となり肉となるべき営養剤である。

（「国家学会雑誌」昭和十四年九月号）

1940

クロスマン「治者と被治者」

R. H. S. Crossman, Government and the Governed, 1939

題して『治者と被治者』といふ。この両者の関係づけはいふ迄もなく政治学の中心的課題である。ひとはここに、この問題についての著者自身の理論的解決を予想するかもしれない。しかし本書はさうした意図を荷つてゐるのではない。欧米近代国家における政治的権力とその対象としての民衆との相互関係は如何なる歴史的過程において形成され、発展して来たか、この歴史的過程は如何なる理論乃至思想のうちに己れを反映せしめたか、更にまたかかる理論乃至思想の展開が逆に歴史的過程に如何に働きかけたか——茲で採り上げられてゐるのはもつぱらかうした史的解明である。“A History of Political Ideas and Political Practice” といふ副題の添へられる所以である。

著者クロスマンの名は、“Plato To-day” 1937 の前著（これは本誌第五十二巻第八号で私が簡単に紹介して置いた）によつて記憶してゐるが、とくにその人について知るところ尠い。今度の書の巻頭に付せられたフィッシャー教授（H. A. L. Fisher—History of Europe の著者）の序文によると、オックスフォード出身のいまだ年若い学徒で、元来の専攻は哲学だが、都市行政に関与し、議会選挙にも出馬して居り、その経歴だけからでも象牙の塔の哲学者といつた範疇からは凡そ縁遠い学者であることだけは確かである。著者のかうした最も普遍的抽象的な世界と最も日常的具体的な世界との対蹠的な体験は必ずやこの書の叙述内容ないしは様式の上になんらかの特徴となつて現れるにちがひない。われわれはこの様な「予感」のもとに以下、章を追つてひもといて見よう。

まづ第一章序説。ここで著者は全体のいはば方法論ともいふべきものを展開する。著者の立場を一言にして尽すならば歴史的相対主義《ヒストリカル・レラティヴィズム》と規定して大過なからう。著者は巧な比喩を用ひながら政治理論が一は自然的環境から他は人間的社会的環境から完全に独立しえないことを縷説する。従つて著者によれば政治学は絶対科学《アブソリュート・サイエンス》たりえない。「それは人間がいかに生くべきか、国家が如何に構成さるべきかについて最終的な考案と決定を与へえない。それはただ現在における自然条件並びに現在における社会的環境を究めた揚句、さうした現存在を整序する手段方法を提示しうるにとどまる。」（四頁）従つてプラトー・聖オーガスティン・マキアヴェリ・ルソー・マルクスの国家観のリストを作つて是等を互に比較し「いづれが正しかつたか」を問ふことは無益である。正邪善悪を云ふことはそれら思想家の夫々の時代の問題と我々のそれとの間に一定の類比の認められる限りに於て始めて意味をもつ。ここで著者は政治理論家《ポリティカル・セヲリスト》の研究と、実際に影響を及ぼした政治思想《ポリティカル・アイディア》の研究との混同を強く戒めてゐる。けだし例へば「マルクスは偉大な政治理論家であつた。しかしマルクシズムが有力な政治的旗幟となりえた頃には、それは浅薄な、偏狭な、論理的にも混乱したものに変らねばならなかつた」（六頁）からである。著者の方法論そのものに対する疑問はともかくとして、この様な政治学説と政治思想との区別は、史的事実とイデオロギーとの相互交渉を狙ふ本書の目的の上からはきはめて賢明な布石といふことが出来よう。

さて第二章「近代国家の端初」からいよいよ本論に入る。現在の世界はファシズム・コンミュニズム・デモクラシーといつた国家形態が互に不倶戴天の対立を示してゐるが、実は現代の国家間に基本的な共通性が存するからこそ、却つてその相異が激情を誘発するまでである。かかる共通性としてまづ近代産業と技術に基づく我々の生活様式の類似性が挙げられるが、政治組織上のそれとしては、現代国家が民族国家（nation state）たる事にある。「歴史的に言へば民族国家は近代に現はれた最初の現象であり、論理的にはあらゆる政治の理論と実践が依つて立ちし処の基礎である。」（一一頁）それは明白な様に見えて定義し難い。蓋しそれは頭で考へた原理ではなく、歴史的産物だからである。かくてクロスマンは近代民族国家の誕生の歴史的由来を尋ねるため、筆を中世の政治秩序にまで遡らせる。ここの叙述は常識的の範囲をあまり出ないが、ただ、著者が中世自然法思想に言及して、そこに一種の立憲主義乃至君民契約説の内包されてゐる事を叙述してゐる個所は興味深く、後に近世初期の民権論の非近代的性格を指摘する（四〇頁以下）際の伏線となつてゐる。ついで民族国家の最初のスポークスマンとして、マキアヴェリの思想がかなり詳細に紹介される。奇智に富む観察と生々しい批判と――この著者の長所を知るにはこの一節で足りよう。例へばマキアヴェリの「リアリズム」の限界を指摘して、彼は人間の思想と行動の裏を見たが、人間の思想そのものをリアルに見なかつた、としてゐる点などは含蓄がある。次に著者は民族国家の成立の社会的・経済的基礎に筆を転じ、新大陸の発見・国際金融の発展・農業革命・宗教改革の様相を簡明に展開する。大体トーネーやウェーバーの影響が見られ、とくに著者独自の見解には乏しい。最後の節「絶対主義の政治理論」で著者は、マキアヴェリの様な近代国家が中央集権的権力を基礎にしてゐるといふ事実を率直に認識した理論ではなく、これを中世的な哲学で粉飾した思想が却つて絶対主義の成立過程に於て有力に働いたとなして、かかるものの代表として王権神授説を叙べ、なほそれに抗争したユグノーや英国カトリックの反抗権説にもそこに寛容の思想が全く欠けてゐる限りその攻撃する神授説と共に中世神学の埒を出でない事を指摘する。マキアヴェリの足跡を追つて、真に近代的な思惟による近代国家の理論づけは民族国家の基礎が西欧にほぼ確立した十七世紀に入つて漸く試みられたのである。ホッブス並にロックが是である。かくて著者の眼はこの二思想家の母国イギリスの事情に向けられる。

第三章「イギリス革命」。著者はまづ十七世紀イギリス革命の歴史的背景を明かにするためノルマン征服による「上からの」封建制樹立からチュードル絶対主義に至るまでの社会的変転を概説する。そこでは、この国の封建制が最初から中央集権的色彩を帯びて居り、従つて封建国家から近代的統一国家への転身が大陸諸国の如き猛烈な摩擦を惹起せず、従つて国民的統一を阻害することなく行はれた事がとくに注意されてゐる。チュードル絶対主義の歴史的役割は封建的諸制度の仮借なき破壊とその「重商主義」によつて商業資本の蓄積と近代的土地所有——やがては絶対主義そのものの墓掘人たるべき——に道を開いたことにあり、クロムウェル革命並びに名誉革命は単にチュードル王朝下の社会的変化の確認に過ぎぬ。この過渡期の絶対主義国家を鋭く理論づけたのがホッブスであり、そこに勃興した新らしい社会力を祝福したのがロックであつた。かうした両者の歴史的地位から来る両思想家の差異をクロスマンは実にヴィヴィッドに描き出す（第二節　対蹠的人物　第三節　レヴァイアサン　第四節　市民政府論《シヴィル・ガヴァーンメント》）。けだしこの個所は本書の中でも圧巻であらう。さうして最後に著者はロックの理論の社会的限界に論及して、彼を「民衆政治の予言者ではなく、ただ同意による政治のそれであり、民主的権利の予言者ではなく寡頭支配（財産所有者による——筆者）のそれであり、自由《リバテイー》の予言者ではなく「私事《プライヴァシー》」のそれであつた」（七七頁）と断じ、ロックの非政治的態度が今日に至るまで英国人の心情に潜んでゐることを明快に剔抉してゐる。

英国の近代化を概観した著者はつづく第四章と第五章を夫々「アメリカ革命」「フランス革命」と題して、代表的な市民的革命の検討に移るのであるが、その前に著者は十七世紀革命と十八世紀革命との間に横たはるいはゆる啓蒙時代を一瞥する。ここでは専らロックの哲学の大陸への無批判的移植とその変容の過程が描かれる。即ちフランス及びアメリカ革命の後進性の故に、「それが起つた時には既にブルジョア秩序が更に新らしい社会革命（産業革命のこと——筆者）をまさに経験せんとしてゐた。」（八四頁）そこで一はロック流のブルジョア社会の建設に甘んぜんとし、他は更に国民的デモクラシーに迄押進まうとする、二つの全く相反した傾向が同じくロック哲学を楯とし、それを発展させた。著者はモンテスキュー（仏）・マディスン（米）・バーク（英）を前者に、之に対してルソー（仏）・ジェファースン（米）・ペイン（英）を後の傾向に属せしめる。とくにバークがロックと同じ社会的基礎に立つ事によつてかへつてロック説の修正を迫られた事情を説くあたり、著者の手際は仲々鮮かである。ついで愈〻アメリカ革命に及んで、独立前のアメリカ植民地の社会状態を叙べ、そこに大商人及び大地主より小農、手工業者を経て年期奉公人乃至奴隷に至る強靱な階級構造が成立してゐた事を指摘し、結局この社会的安定性が独立戦争によつて解放された民主化傾向を抑制してロック流の保守的なアメリカ憲法を成立せしめた、となしてゐる。恰もこれと好個の対照をなすのがフランス革命である。著者によれば、旧体制《アンシャン・レジーム》に対する怨嗟は広汎な社会層から起つてゐたに拘らず、ここでは未だ市民階級は社会的地盤を充分に確立せず、安定的な階級構造が存在してゐなかつた。革命が絶対専制を覆し、封建的特権を一掃した後、長い混乱と無秩序が支配し、遂にナポレオン独裁といふ事態を生んだのはここに原因する。アメリカ・イギリスが夙に享受してゐた様な社会的安定はナポレオンの樹立した法律行政制度の下においてはじめて可能となつた。――大体かうした見地の下に著者は一方フランス革命の経過を辿りつつ、他方、その代表的思想家としてのルソー並にペインの理論を解剖してゐる。ルソーの非合理的な一般意思の説を以て十九世紀に於ける国民主義と民主主義との結合の予言者となしてゐるのが注目される。

かくて叙述は漸く十九世紀に及んで、第六章は「英国における産業革命」である。最初に産業制度と民主主義の一般的な関係が叙べられる。産業革命による生産様式の変革は全世界を経済的に依存せしめ、西欧民主主義もあまたの商品と共に「輸出」されたが、それは外見上の世界的蔓延にも拘らず、二、三の国以外ではその移植はきはめて皮相的であつた。「大多数の国では保守的勢力が自己の必要上、科学と資本主義を利用したのであつて、逆に科学と資本主義がその国をリベラリズムに転向させたのではなかつた。」（一三五頁） かうした前置きの後に著者は最初の産業革命としてのイギリスのそれを一、都市集中、二、出生率の増大、三、産業資本と労働者階級の政治意識の勃興、四、警察衛生教育等への国家行政の拡大といふ四つの標識の下に説明する。さうしてまさにこの産業革命の哲学とされてゐる功利主義の思想をベンサム、ジェームス・ミル及びリカードについて検討し、結局それが中産階級《ミドル・クラス》の露骨な擁護に外ならず、「新産業資本の農村地主に対する攻撃の武器として使はれた限り有力であつたが、自由貿易が確立し新中産階級が制覇するや否や、政治家からも学者からも見捨てられた」（一三四頁）所以を彼等の言葉をかなり豊富に引用しつつ論証してゐる。進んで著者はかく一八三二年以後政権を掌握した産業家の精神は功利主義とは正反対の敬虔な宗教的感情であつた、となしていはゆるヴィクトリヤニズムに言及し、この様な功利主義と時代とのギャップを鋭敏に感受して是が修正を試みたJ・S・ミルの論述をもつてこの章を結んでゐる。

次に第七章「国家的自由主義と帝国主義」。この章では英国の様に安定した市民的社会秩序を以て産業革命を迎へうる幸運にめぐまれなかつた大陸諸国とくに独墺伊等に於ける自由主義の運命を主として辿らうとする。大陸自由主義には英国の如き絶対強固な国民的統一が前提されてゐないため、その「個人主義」を充分に貫きえなかつた事、自由放任主義の経済的地盤が欠如してゐた事、英国の様に産業革命が地方に分散した小企業家の手で私的に遂行されず、最初から中央の強力な統制下に国家的に遂行された事、かうした大陸自由主義を制約した条件が一般的に概説された後、その具体的表現としてイタリー及びドイツの統一国家成立並に発展過程が分析されてゐる。なほここで独逸の十八世紀末の偉大な文学及音楽運動を叙べた序に、「近代世界に於ては国家的統一を持たず、ただ文化的統一の基礎の上にのみ人類に偉大な貢献をした人種はドイツ人とユダヤ人の二つしかない。両者の根深い反感の一つの理由は恐らくここにある」（一七九頁）と言つてゐるのはやや奇矯にひびくが、一つの見識ではあらう。さらに著者の筆は十九世紀末葉の独逸及び英国思想界に転じ、一方ニーチェに発する非合理的なロマン主義、他方グリーン・ボザンケの理想主義を説いてその時代的役割を闡明する。さうして著者は、最後の節で十九世紀自由主義が自己の解放した物質力によつて逆に羈束されるに至つた次第を軽妙な筆致で叙べ「進歩よ何処へ」といふ感傷的な題を之に付してゐる。

第八章「社会主義とロシア革命」及び結びの第九章「ファシズム」はまさに現代の生々しい問題であり、著者の観察も微に入り細を穿つて来る。まづ第八章。ここで著者は十九世紀後半以後の英国資本主義発展の特異性が英国労働者階級をしてむしろ市民階級以上の熱烈なブルジョア自由主義の擁護者たらしめたために、英国が社会主義思想の上に見るべき成果をもたなかつた事を叙べる。つづく数節がマルクス理論の解説に宛てられ、終りの二節に於て、大陸のマルクス主義の状況及びロシア革命を論じてゐる。著者の歴史的相対主義の立場はマルクス自身にも仮借なく適用されて、彼の理論に潜む十九世紀的精神が指摘される。仏独伊における口先ばかり革命的なマルクス主義政治家の存在が徒らに反動勢力に口実を与へたのに対し、英国の労働運動が公然と改良主義を宣言した事によつて、却つて大陸のそれより遙かに強固な地歩を占めえた、と論じてゐるあたりは如何にもイギリス知識人らしい観察である。

最後に第九章「ファシズム」。まづファシズムの歴史的背景を明かにするため、大戦後の聯盟機構を俎上にのせる。著者のヴェルサイユ体制に対する批判は、その立役者、「アカデミックな衒学と理想主義と狡猾と虚栄の奇妙な混合物」(二四七頁)たるウィルソンへの攻撃と共に、峻烈をきはめる。例へば、それは絶対主権をもつた民族国家を最終の単位として之に自決権を与へながら国際社会の組織化を試みた。それが一応成功した外観を示したのは、一切の国家の平等といふフィクションの下に実は英仏二国が連盟機構を自由に操縦しえたからに過ぎぬ。「一九一八—一九三三年は国際法と国際秩序の時代ではなく、ヴェルサイユ国家の優越の時代であつた。」(二五一頁)　また民主主義的原則の植民地への適用は一切斥けられた。(ここで著者は日本の提案した人種平等案の運命に言及してゐる。」しかも戦勝国は「集団的平和保障」の神話に酔って問題を其日暮しに処理してゐた。ファシズムの成長は、よしその直接的原因が国内の経済恐慌にあれ、その精神ならびにその成功はかかる国際事情に負うてゐる。それはヴェルサイユ体制の鼓吹した民族主義を逆に連盟諸国への武器とした。戦勝国が人種的平等の承認を拒んだまさにその故に、ファシズムは人種的不平等を旗幟に掲げた。「要するにファシズムは自由民主政《リベラル・デモクラシー》から、民族主義と帝国主義をそつくり借りて来て、その人道主義をはぎとり之を真裸のまま全世界にふりまはしたのである。」（二五七―八頁）かくて著者は進んでイタリーとドイツのファシズムの成立過程、そのイデオロギー、その安定性などに論及する。さうして露西亜をも含めた全体主義国家の共通的特色を概観した後、結びの節を「思想《アイディア》のバランス」として、独伊の勃興による欧洲情勢の勢力均衡（ちなみに本書は第二次大戦前の出版である）が新らしい「思想の均衡」を生み出した経緯をのべ、民族国家を単位とする自由主義時代の終焉を宣し、暗に英米に於ける民主主義者の奮起を促して筆を下してゐる。

以上ごく大ざつぱながら一応本書の内容を紹介した。残された紙数の範囲で、二三の読後感をつけ加へて見たい。まづわれわれは、著者が、僅々三百頁の裡に、ルネッサンス以後の欧洲政治の発展とそれをあざなふ諸々の政治思想とを兎も角洩れなく取り上げて配列した手際の鮮かさに驚かされる。しかも一時代一項目に特に偏することなく、各部分の――著者の用語に真似るならば――「叙述のバランス」が取れてゐて、いかにも安定した感じを受ける。また著者は屢々歴史的説明のなかに、思ひ出した様に現代的観察を交へ、或は政治思想を紹介する際に大胆に著者自身の見解を付加する。からしたやり方は書き様によつては内容を始末の悪い程低調なものにしてしまふ懼れがあるが、著者の場合は、却つて叙述に新鮮な生気がただよふ結果となり、歴史物にありがちの固苦しさを救つてゐる。さうしてもし、フィッシャー教授が序文の中で言つてゐる様に、「クロスマン氏が純然たるアカデミックではないといふ事実がこの書に、隠遁哲学者のよく纒つた論文には屢ゝ欠けてゐる活気と現実性を与へてゐる」とするならば、以上の様な本書の特徴こそは最初に述べた著者自身の対蹠的な経歴のもたらしたみごとな成果にほかならぬのではないか。

しかしあらゆる長所は同時に短所を伴ふ。著者の歴史的相対主義の立場、ならびに思想を歴史的事実との相互交渉の面から取り上げる本書の方法は、ある種の思想家、とくに時代の転換期に立つ危機的な思想家（マキアヴェリとかホッブスとか）の解剖には縦横の妙味を発揮するが、他の種の思想家、とくに「体系的」な思想家を扱ふと、思想が著しく平板化される懼れなしとしない。そのよき例がヘーゲルである。著者はヘーゲルを専らマルクスとの関係からのみ取扱ひ、その為にヘーゲル弁証法の解説の個所（第八章第二節）など頗る物足りない。ここでは、ヘーゲルが啓蒙的合理主義に反対してバーク流の歴史的見方に与したが、単なる歴史主義が宿命論に堕するを知つて、歴史を動かす何等かの型を求め、この型を「奇妙にも」(strangely enough) ロゴスに見出したといふ風に説かれてゐる。しかし改めて言ふまでもなく、ヘーゲルの問題は独逸理想主義の課題を継承してむしろ最初からロゴスに在つたのであり、弁証法的発展の理論はカントに於て抽象的な規定を得た純粋理性に具体性を与へようとする試みにほかならない。この意味で歴史をロゴスの発展と見たのは strangely enough でも何でもない。それが「奇妙」に映じるのはヘーゲルの歴史的影響から逆にヘーゲルを理解しようとするからである。これは最も顕著な例を挙げたのだがルソーやグリーンに就ても之に似た感を催させる。とまれこの点を追究することは実に著者自身の基本的な方法論そのものの問題となる。それを一応前提とする限りこの様な取扱ひ方もまた止むを得ぬであらう。事実史と思想史の中間を狙ふといふ頗る困難な企図をここまで実現した著者の労は高く買はれねばならぬ。もう我が国の政治学界にもかうした調子の高い啓蒙書が現はれてもいい頃ではなからうか。

(「国家学会雑誌」昭和十五年十二月号)

1941

原田鋼「政治思想史概説」（昭和十五 - 十六年）

1

「完全な国家学説は現在存しないし、この書はべつにさういつたものを提供しようといふ抱負はもつてゐない。抑〻国家学説の全史といふ様なものが書かれうるかどうか。この問題は「世界史」を書くことが可能かどうかといふ問題と同様に、断乎として否定して然るべきものであらう」――グンプロヴィッツはその有名な“Geschichte der Staatstheorien”を、かうした言葉をもつてはじめてゐる。この書が出たのは一九〇五年である。爾来三十年余の歳月の間に、政治学界は著しい発展を遂げ、政治学史の分野に於ても、英米流の History of Political Thought の範疇にせよ、将又独逸流の Geschichte der Staatsphilosophie の型にせよ、幾多の豊饒な業績がうまれた。テキスト・ブックとしての一般的承認をかちえた著書だけでも十指に余るものがある。Dunning, Pollock, Gettell, Coker, Cook, Murray, Sabine, Eugelmann, Sternberg, Holstein-Larenz, Schilling, Janet, Mosca――これらはいづれもさういふ概説書の著者として我々にすぐ思ひ浮ぶ名前である。ところが、このうち比較的最近に属するK・シリングの“Geschichte der Staats= und Rechtsphilosophie”（一九三七年）を見ると、驚くべきことに依然として「今日、真に科学的でかつ網羅的といひうる国家及び法哲学史の大著は全くない」（S. 6）と断言されてゐるのである。これは一体どうしたことであらうか。むろん、シリングはナチスの学者であり、そこでいはれてゐる「科学的」といふ条件がかなり限定された特殊的な着色を蒙つてゐることは充分考慮に入れて置く必要がある。しかし、それにしても、一世代前のグンプロヴィッツの悲観的な見解が現代の政治学者によつて、ほぼそのまま維持されてゐるといふ事態は、政治思想の包括的な叙述がいかに困難な課題を内包してゐるかといふことの少くも一端を示すには足るであらう。ヨーロッパ人が自己の祖先の政治的思惟を跡づけることにして、しかく難事だとすれば、全くちがつた歴史的環境と思想的伝統のうちに育つた吾々日本人が欧米政治思想史を書く場合には更にそれに倍する悪条件を克服しなければならない。我が政治学界が、かうした概説書として、今中次麿教授の『政治思想史上巻』――それすら未完結ではあるが――以外に殆ど見るべき労作を持つてゐないのも、結局政治学者の怠慢の問題といふよりもむしろその課題の異常なる困難性に究極の原因があるのである。今度、原田氏が敢然として、この政治学部門の最堅塁に挑戦され、ここにギリシヤより現代に至る全西洋政治思想の発展を五七〇頁に概観した著書をものされたことは上の様な事情に鑑みるとき、まことに意義深い企であり、そのこと自体学界よりの充分な敬意を要求する資格あるものといはばねばならぬ。

2

まづ本書の構成を見ると、全体を八篇に分ち、第一篇と第二篇はギリシヤ・ローマの古典的政治思想を取扱ひ、続く第三篇で、中世社会の構造的特質とそれを地盤とするスコラ的政治思想の発展・解体を辿り、第四・五篇を以て十五・六世紀以後の近代民族国家の誕生と、ルネッサンス及び宗教改革の産んだ政治思想の闘争を描き、転じて英・仏・米に於けるブルジョア革命の様相とそのイデオロギーを以て第六篇の、更に十九世紀に於ける市民社会の成熟に伴ふ政治思想の分化を以て第七篇の夫々テーマに充て、かくて最後に二十世紀以後の市民社会の構造的変質を背景とする現代政治思想の相剋を紹介して筆を擱いてゐる。「政治理論が何等かイデオロギー的意味を帯びてゐる限りに於て、政治思想をその基盤社会との関連性に於て把へ」(序)んとする著者の企図から考へて、ほぼ穏当な配列といへよう。各部分の叙述の割当も大体よくバランスがとれてゐる。その個々の内容をここに紹介することは到底紙数の余裕がないし、また体系的労作の場合なら格別、かういふ歴史的叙述を目的とする本の性質上あまり意味がないから一切省略するとして、以下にはただ私が読過の際、問題だと思ったポイントだけを摘記してみよう。

筆者の基本的な立場は上に引いた言葉からも知られる如く、政治思想の所謂イデオロギー的観察であつて、大体英米の“History of Political Thought”の型を追つてゐる様である。つまり思想の内在的な構造と発展よりはむしろ、その社会的環境における在り方に重点を置く方法である。かうした方法そのものの持つ問題性、ならびに、かうした方法をとる事からある程度まで必然的に生ずる諸結果（例へば独逸観念論の如く、深く哲学的基礎に連なつた政治思想を取扱ふ際の著しい平板化）についてはここでは触れないで置く。それはあまりに重大な問題であり、実のところ私自身いまだ確信的な解決に到達してゐないからである。そこで差当り著者の立場を前提した上で、さうした方法がどこまで本書の叙述内容に滲透してゐるかといふ観点から本書を見るとき、遺憾ながら私は幾多の不満を覚えざるをえなかつた。その由つて来るところは畢竟著者のいはゆる「基盤社会」なるものの概念の不明確にあるのではないかと思ふ。著者の「基盤社会」はある場合には社会構造そのもの（例へば封建制度の如き）であり、また他の場合は一定の政治的党派であり、また別の場合は単なるその時代の一般社会情勢以上に出でてゐない。「政治思想をその基盤社会との関連性に於て把へ」るためには、ただその思想を生んだ時代はかういふ時代だつたといふ事を一般的に述べるだけでは足らず、その思想の担ひ手は如何なる社会層であり、そのことが思想の構造内容をどの様に特質づけてゐるかを一応必ず問題にしなければならない。然らざるかぎり、ＡＢＣといふほぼ同時代に於ける異つた思想の共通の社会的背景は明かにされても、その共通の地盤からＡＢＣそれぞれ特殊のイデオロギーが生れ、相相剋する所以は理解されないのである。ところが本書では十九世紀とか二十世紀とかいふ大づかみな時代的背景を説くに急で、個々の思想と社会的環境との関係は必ずしも述べられてゐない。例へばジャン・ボーダンに於ける個人的自由の不可侵性と私有財産の不可侵性の主張（それは著者も二三〇頁の註で認めてゐる）の意味は、彼がまさに三部会に於ける第三階級の代表者であり、彼の背後には絶対王権と結び付いた前期的資本の利益が存してゐたことを度外視しては考へられないのに、著者はこれに全く言及されない。もしこの点が聊かでも考慮されたならば、「ボーダンの目的は絶対君主国家擁護のための権威の認証であつて如何なる意味に於ても自由の強調ではなかつた」（二一七頁、傍点評者）といふ著者の言葉は恐らく相当の表現上の修正を必要としたであらう。また例へばトマス・モーアのユートピアを叙述する際に、綜画運動（Enclosure Movement）との関連がなんら説かれてゐないのも、上の様な方法に立つ書としては奇異な感を与へる。社会的環境の説明が単に政治的情勢だけでなしに、具体的な階級構成にまで及んでゐる場合でも、処々叙述の混乱が見受けられる。就中目についた例として十七世紀のイギリス革命の個所を挙げよう。著者によれば、「イギリスに於ては、十七世紀を特徴づける社会的変化の諸勢力は、専制的政治勢力に対する反抗として示されてゐる。初期資本家と連携して勝利を獲得して来た王朝的絶対権力はこの時期から嘗ての提携諸勢力に依つて挑戦される様になつた。この初期資本家層には十五世紀頃から資本家の利益と密接に結合して来た大地主層を包摂してゐる。」（三三五頁、傍点評者）これで見ると、十七世紀の英国の政治的闘争は、一方スチュアート王朝、他方初期資本家層プラス大地主層との間に戦はれてゐる様に見える。それではスチュアート王朝の社会的基礎はどこにあるのか。著者はホッブスの所でこの政治的闘争が宗教的対立と結合したことを指摘して、「イギリス国教の主体エピスコパル・チャーチは地主的貴族階級と一部の有産市民階級とに依つて支持されてゐたに対し、清教徒運動は一般に新興商人階級の一部を含めたるブルジョアジーに依つて支持されたものであつた」（三二六頁）とされてゐる。すると王朝は国教会を通じて「地主的貴族階級と一部有産市民階級」に足場を置いてゐるわけである。この「地主的貴族階級」なるものは、前の「大地主層」とどう異るのか。「一部の有産市民階級」は前の初期資本家層と如何なる関係に立つのか。更に「新興商人階級の一部を含めたるブルジョアジー」は初期資本家層の延長なのか、それとも全く別のものなのか、全ては模糊として愚鈍な私の理解の外にある。さうして又他の個所で、「クロムウェル革命に於ては、地主及商人階級は君主と提携し、而も都市の労働者と、土地を所有せざる農民との利益も亦この中に包含されてゐた」（三三五頁、傍点評者）といふ言葉を見出すに及んで私の困惑は愈々増すばかりである。これでは誰が敵で誰が味方か一向に分らない。折角ここまで「基盤社会」の分析を具体化するなら、大地主とか商人階級とか有産市民階級とかいふ用語の乱雑な使用を避けて、せめて前期的な商業資本とマニュファクチュア資本の範疇的な差別なりとも明瞭にしてほしかつた。清教徒革命などはこの両者の対立の線に沿つて解明される最も典型的な場合なのだから。

3

方法論の内容滲透といふ問題はこれ位にとどめて置いて、次に個々の思想内容の解説について述べる。まづ思想解釈の妥当性といふことであるが、これには客観的な規準が定め難く、結局は見解の差異に帰着する場合が多いので、著者の解釈で疑問と思はれるものを一々述べることは避けよう。ただ著者がルソーの社会契約論の説明の所で「彼（ルソー）の場合には、自然状態を一の実在的な歴史的状態として画き出した点に於て、ホッブス又はロックの上を行くものであつた」（三七八頁、傍点評者）といはれてゐるのは少からず気になつた。ルソーこそは他の如何なる社会契約論者にもまして、自然状態が論理的仮説にすぎないことについて明白な方法的自覚を持つた思想家ではなかつたか。著者はルソーが“Discours sur l'inégalité parmi les hommes”の序論で、従来の「自然状態」の学説を批評した後に「故に事実的なものは一切無視して語ろう。それは本問題と全く関係がないからである。このテーマに入つて行くに必要な諸研究は歴史的真実としてではなく、単に仮設的条件的推理と考へねばならない。それは真実の起源を示すよりはむしろ事柄の性質を解明するためのものでいはば現代の物理学者が世界の形成を論ずる場合常に用ひる仮設と同じ様なものである」と明言してゐるのを果してどの様に解されるのであらうか。なほ同じ自然状態の問題として、セネカの所で、著者が「このセネカの『自然状態』はルソーのそれに類似するものを持つてゐる。だが後者に於ては、人間の本性を自然状態の中に見出し且意義づけたのに反して、前者はそれを道徳生活に反する、単なる無智状態なりと考へたのである」（二一一頁、傍点評者）といはれてゐるのも了解に苦しむ。これではセネカの自然状態は何か不道徳な穢らはしいものの様な感を与へるが、セネカはむしろルソーと同じく自然状態を讃美し、国家制度を人間悪の発生に根拠づけたのである。著者がここで引用してゐるサバインの解説には「彼（セネカ）の信じた黄金時代に於ては人間はなほ幸福で無邪気だつた。彼等は文明の皮相と奢侈を持たぬ簡易な生活を愛した。たしかに彼等は賢くもなければ道徳的に完璧（morally perfect）でもなかつた。けだし彼等の善良さは修為を積んだ道徳（practiced virtue）の齎したものといふよりむしろ、無智の無邪気さから来たものであつた」（Sabine, A History of Political Theory, p. 178）とある。著者がこれに依られたのだとすれば、このサバインの解釈から「道徳生活に反する単なる無智状態」といふ著者の断定までには相当の飛躍がある。著者自身その言葉の直前に「インノセンスと純潔状態」を云々してゐられる所から見ると恐らくこれは著者の誤解といふより、用語の不注意の問題なのだらう。しかし思想の正確な伝達といふことが思想史の生命的条件である以上、一字一句も忽にせざる慎重さがかうした著書にはとくに望ましく思はれる。

誤謬とまではいへないかうした表現の不用意は他にも散見される。例へばドイツ観念論を叙べて「人間理性の形而上学的批判を企図した」（四〇六頁）といふ如き、少くもカントに就ては補説を要するし、また、十八世紀啓蒙思潮が「次第に専制主義のロマンティシズムを脱却し」（三四五頁）とか

「ラショナリズムの精神はその一般的傾向に於て、強くロマンティシズムを圧倒し」(三四七頁)とかいつて、恰も、ロマンティシズムがラショナリズムの前に既に思想として存在してゐたかの様に説くのも、思想の歴史的系列を無視するの難は免れぬであらう。同じく歴史的事実の問題として、「ホッブスはクロムウェル一派の民主主義者が一六四九年チャールス一世の首を刎ねたとき、亡命してパリへ行き」(三二六頁)とあるけれども、ホッブスは既に王処刑の九年前、一六四〇年に亡命しているのだから、細かくいふと不正確である。思想史もやはり歴史なのだから、しかもこの書の様に思想の社会的制約を重視する立前の下では出来るだけ時間的前後関係は正確でありたい。

叙述の平明といふ点でも著者に希望したい所が少くない。「事実彼(アリストテレス)の理論は支配階級の腐敗の言葉に於て構成されたものと謂へる」(六六頁)とか、「彼(マキアヴェリ)の思念した君主は、斯様な機能遂行者の観念的鋳造の所産であつたといへる」(一九五頁)とか、「絶対君主制が……乱脈と無秩序とを示すに到つたときに、社会契約的又は自然法的ラショナリズムが反動的理論性を以て現はれ」(一六二頁、傍点評者)とかいふ表現はもう少し考慮の余地はなかつただらうか。(とくに最後の例の如きは、ラショナリズム自身の性格が反動的であつた様な誤解を生む恐れなしとしないから、単に表現形式の問題にとどまらない。)また、「斯してボーダンが主権を以て、国家に内在する法的能力性又は属性なりと考へたことは明かである。然し彼に依れば、真正の且恒久的主権は最高政治権力を賦与された、中断なき連続的人間集団の存在を前提とする貴族制国家又は民主制国家に於て存在しうることを否定しはしなかつた。だが、主権が単一人に連続的に帰せらるべき可能性があることを否定するものではなかつた。即ち、それは、世襲によつて主権が委譲される場合である。而もボーダンに於ては世襲君主による絶対権力の行使が力強く認証されたのである」（二三一頁、傍点評者）といふ一文などは、何度読み返して見ても「然し」、「だが」といふ接続詞によつてつながれる文章の前後の関係が分らない。文脈を明瞭にすることは思想の論理構造を紹介する際、なにより大事なことである。

最後に、これは大した問題ではないが、著者が屢〻参考的な引用を長々と外国語のまま掲載されてゐるのは、かうした一般的概説書として一考を要しはしないか。ムッソリーニの文章が独逸訳や仏蘭西訳で掲載されてゐるが如き、とくにその感が深い。

4

以上私は本書について忌憚なき意見をのべた。私の批判が当つてゐるかどうかは江湖の判断を俟つよりほかない。しかしもし仮にそれが失当でなかつたとしても、それはこの書の存在意義を少しも毀けるものではない。ただそれは結局最初に述べた包括的な政治思想史を書くこととの困難を更めて確認させるだけのことである。しかし如何にそれが難事とはいへ、何人かが最初にクリークを渡らずしては、この分野の学問的発展は遂に期されぬであらう。現在の日本の政治学の一般的水準の下に於ては欧洲政治思想の通史をものすることは率直に言つて捨石以上の意味をもち難いのではないかと思はれる。このいはば割の悪い役割を進んで引受けられた原田氏の労は何時の日か必ずや酬いられることを信じて疑はない。著者の今後の研鑽を祈るや切である。

（「法律時報」昭和十六年八月号、日本評論社）

1942

神皇正統記に現はれたる政治観

まえがき——本書の基本的性格——政治の基礎理念（その主体的倫理）——政治の客観的目標——政治の具体的手段——政治形態論——あとがき

鎌倉時代の末期から室町時代を経て戦国動乱期に至るほぼ二百五十年の時代といふものは、一言にしていへば中世封建制の変質過程として規定される。つまりそれは荘園を基礎とする社会体制が崩壊してその胎内から領主分国制といふ徳川封建社会の前提条件が形成されて行く過程であつた。この変化は二つの側面から跡づけることが出来る。一は地頭が本所・領家の所領を蚕食し、守護が自己の権限を逸脱して次第に国司化するといふ側面であり、これはいふまでもなく、公家勢力に対する武家勢力の伸長として現はれる。もう一つの面は武家内部に於て政治的集中が行はれ、少数の有力な武家の下に群小地頭が統合されて行く側面であつて、これは所謂「御家人」より「大名」への成長として現はれる。さうしてこの様な推移の裏には、荘園経済の閉鎖性の破壊、経済単位のより広い領域への進展が底流をなしてゐた。延応二年地頭の所領売買の禁止、永仁五年徳政令の発布等の処置が鎌倉幕府によつて講ぜられてゐるのは、既にこの頃に於て、経済圏の拡大に適応し得ない御家人の没落が社会的規模に於て進行しつつあつた事を示してゐる。かくして所領の拡張は総ての武士の基本的要求とならざるを得なかつた。土地への欲求がこの時代ほど熾烈化したことはない。地頭の本所領家に対する年貢抑留、下地中分の強要等の「新儀非法」の続出はその必然的結果であり、それによつて公家勢力は後退の一路を辿る。他方この間に大領主間にも激しい土地争奪が演ぜられる。これが最頂点に到達したのが戦国時代であつた。さうして拡大された経済圏に対応せる大名領が徳川氏の手で、統一的に組織化され、そのより大なる国民経済への進展が鎖国によつて一応阻止されたとき、ここにはじめて封建社会はその長き変容過程を終り、新たなる相貌の下に固定するに至るのである。

建武中興の偉業とその悲劇的結末は、実にかくの如き中世より近世への巨大な歴史的推移のフィルムに於ける一齣であり、その最も感動的な場面を現出してゐる。建武中興は中世封建制の変容といふ滔々たる潮流に乗じて成り、しかも成るや瞬時にして再び同じ波濤の中に姿を没し去つた。元弘の変は、武家勢力の伸長に対する公家勢力の反撥たる点に於て承久の乱と全く軌を一にする。しかも後者が公家側の惨澹たる敗北に終つたのに対し、前者がつひに北条政権の倒壊を導いたのは畢竟、この間に進行した社会的変化を公家勢力が利用しえたからであつた。すなはち公家方は、幕府が消極的には御家人の窮迫没落を防止しえず、積極的にはその領地拡張への欲求（とくに文永・弘安の役後の恩賞要求）に沿ひえずして、漸くその主従的紐帯を弛緩せしめつつあるに乗じ、これら中小御家人の一部ならびに同じ社会的過程を通じて成長せる大武家（新田・足利等）の力を藉りて鎌倉政権の覆滅に成功したのである。要するに、建武中興は上に述べた中世封建制の変容過程に於ける武士階級の分化といふ一側面に乗ずることによつて、武家勢力の公家勢力に対する伸長といふ他の側面を阻止しようとした試みであつた。しかしながら、この二側面が畢竟同じ歴史的推移の異つた現れに過ぎない限り、そこには癒すべからざる矛盾が伏在する。かくして当初から安定性を欠いた中興政治は僅に一年有余の存立を保つたのみで高氏の叛逆によつて潰えた。さうしてこれ以後の時代は、ひたすら「中興」と背反する道を歩んだ。室町幕府とその擁立する北朝は、その精神的根拠の蔽ひ難き劣弱性にも拘らず、歴史的社会的動向への適応により結局その後の政治的現実を規定しえたのである。従つて建武中興は事実的存在としては中世史に於ける殆ど瞬間的な「火花」にとどまつた。しかしながら中興政治に内在した理念は、この大業に自ら参画し、その成就と崩壊とを親しく体験した一哲人政治家、北畠親房によつて結晶化せしめられ、神皇正統記として客観的文化の世界に永遠の座を占めることとなつた。

神皇正統記はむろん政治思想をそれ自体として述べた書ではない。その内容の中核をなすのは、神代より後村上天皇に至るまでの、皇位継承を中心とする歴史であり、その史的叙述の間に、哲学・倫理・宗教思想と竝んで著者の政治観が織り込まれてゐるにすぎない。しかしここで特に注意せねばならぬのは本書が親房の政治的闘争の渦中に書かれたといふ事から必然的に担つてゐる政治的性格である。それは静謐な書斎の裡での平和な思索の産物ではなくして、陣馬の声かまびすしい常陸小田城の一室に於て、官軍の日に日に非なる情勢に胸を痛めながらも「今の御門また天照大神より以来《このかた》の正統を受けまし／＼ぬれば、この御光に争ひ奉るものやあるべき。なか／＼かくてしづまるべき時の運とぞおぼえ侍る」といふ内的確信に燃えて、或は敵の反省を促し、或は味方に指針を与ふべくものされた、本来的に「行動の書」であつた。従つてそこでは史的叙述といふも、終始現在意識によつて貫徹され歴史的過去も親房に於ては現在に於ける過去であり、「代下れりとてみづから賤むべからず。天地の始めは今日を始めとする理あり」といふ如く行為的主体により未来に転換さるべき過去にほかならぬ。また哲学といふも、現実の成熟を俟つて之との融合《フエルゼーヌンク》を試みるミネルヴァの梟的意味での哲学とはまさに反対に、「末世」としての現実に鋭く対立し、是を改変せんとする主体的意思に裏づけられてゐる。さうして、この様な本書の基本的特質が最も顕著に現はれてゐるのがその政治理論なのである。政治論に於ける政治的性格——やや同語反覆的な表現ではあるが——は、なによりも、次の点に現はれる。即ち本書に散在する政治的見解乃至主張の多くは夫々一定の具体的状況の下に於ける特定人もしくは特定社会層に向つての見解であり主張であるといふ事である。そこで予想された Adressat は、或は後村上天皇、或は公卿、或は武士等さまざまである。ともあれ、抽象的一般的な思索ではなく、政治的現実への生々しい呼びかけがここでの問題である以上、親房の主張内容が夫々の場合に於て著者が予想した名宛人の如何によつて規定されるのは必然である。従来、神皇正統記の思想内容に於ける矛盾撞着として指摘される点の多くは、彼の個々の見解を恰もそれ自身完結した一般的思惟であるかの如く、その背後の具体的状況から分離して取扱ふ所から生じたもの少しとしない。かくの如きは本書のもつ根本的性格を看過した把握方法である。本書の思想、とりわけその政治思想は決して平板的な「概論」としてではなく、つねにその背後に潜む実践的意欲から動態的に理解されねばならない。かうした顧慮の下に立ちつつ、以下、政治の基本的理念・政治目的・政治手段・政治形態といふ四つの標識を手がかりとして検討を進めて行かう。

「凡そ政道といふことは……正直慈悲を本として決断の力あるべきなり。これ天照大神の明らかなる御教へなり。」ここに親房の政治観を貫く基本的命題が闡明されてゐる。政治的なものの理念は正直・慈悲・決断といふ三要素に於て成立する。これを根拠づけるものは天孫降臨の際に三種の神器に附して賜はつた神勅である。それを親房は次の様に解説する。

「この三種につきたる神勅はまさしく国をたもちますべき道なるべし。鏡は一物をたくはへず、私の心なくして万象を照らすに是非善悪の姿現はれずといふ事なし。その姿に従ひて感応するを徳とす、これ正直の本源なり。玉は柔和善順を徳とす、慈悲の本源なり。剣は剛利決断を徳とす、智恵の本源なり。この三徳を翕《あ》はせ受けずしては、天下の治まらん事誠に難かるべし。」

つまり三種の神器は夫々この政治の三要素の象徴にほかならぬ。さうした三徳は更に究極的には鏡の象徴する「正直」の徳に吸収される。「正直」こそ親房に於て一切の政治的営為を主体的に制約する最高理念である。彼は正直の境地に更に深く立ち入つて行く。

「……その源といふは、心に一物をたくはへざるをいふ、しかも虚無の中にとゞまるべからず。天地あり、君臣あり、善悪の報い影響《かげひび》きの如し。己が欲をすて人を利するを先として、境境に対すること鏡の物を照らすが如く明々として迷はざらんを、誠の正道といふべきにや。」

すなはち正直とは、なにより「心に一物をたくはへざる」こと、換言せば外的なものの働きかけを悉く排除し、純粋な内面性に徹することである。ここにまづ一切の功利的結果主義的観念の否定が宣告される。しかしそれは決して虚無的な主観主義ではない。倫理は必ず一定の具体的歴史的秩序を場として実現される。内は外を否定する事に於て却って外に働きかけて行く。かくて「一物をたくはへざる心」は当然に「己が欲をすて人を利するを先と」する態度として社会的に発現されるのである。この様な意味での正直が「君につかへ神につかへ、国を治め人を教へ」る基本的な道として、治者のみならず被治者の、君のみならず臣の倫理的制約とされたことの意味はどこにあるか。「正直」の観念は親房の学んだ伊勢神道に於て既に強調されて居り、更に遡つては古神道の「丹心《きよきこころ》」・「明心《あかきこころ》」に連つてゐる。しかしさうした思想的系譜を辿ることは当面の問題ではない。むしろここで重要なことは、彼が本書に於てつねに上の如き正直観を以て当時の歴史的現実に立ち向つてゐるといふことである。例へば建武中興後の情勢に説き及んで、高氏はじめ公家側に与した有力武士の不当な昇進を指摘し、転じて上古からの土地封与の歴史を叙述した後、「およそ王土にはらまれて、忠をいたし命を捨つるは人臣の道なり、必ずこれを身の高名と思ふべきにあらず。然れども後の人をはげまし、その跡をあはれみて賞せらるるは、君の御政なり。下としてきほひ争ひ申すべきにはあらぬにや」としてなんらか他の目的に出づる奉公を排して、純粋な献身を臣道として説くとき、親房の眼中にあつたのは明かに、ひたすら名利に駆り立てられた当時の武士であり、彼等に対する「一物をたくはへ」ず、「己が欲をすて人を利するを先」とする「正直」の境地の要請にほかならぬ。中興政治が恩賞に対する不平を一つの契機として崩壊した経緯を詳さに体験した親房にとつて、一般武士の奉公観念の根本的転向は切実な課題であつたにちがひない。されば彼はまた上の文の少し後に、

「君は万姓の主にてましませば、かぎりある地をもちて、かぎりなき人に分たせ給はんことは、推しても量り奉るべし。もし一国づつを望まば六十六人にて皆ふさがりなん。一郡づゝといふとも日本は五百九十四郡こそあれ、五百九十四人はよろこぶとも、千万人の人はよろこばじ。いはんや日本の半をこゝろざし、皆ながらのぞまば、帝王はいづくを知らせ給ふべきにか。」

と論じて一層具体的に武士の熾烈な土地欲求の到底満足されえない所以を力説してゐるのである。

しかし親房は単に政治的奉仕者としての武士にのみ無条件的献身を要請したのではない。彼は中興

政治の崩壊の責をひたすらかかる武士の態度に帰し、一方的にその反省を要求するほど、建武の現実に対して盲目ではなかつた。「酒肉珍膳の費え、一度に万銭も尚足るべからず……宴罷んで興に和する時は、数百騎を相随へて内野北山辺に打出でて犬を追ひ出し、小鷹狩に日を暮し給ふ」といふ千種中将忠顕の驕奢、「何の用もなきに財宝を倉に積み貧窮を扶けず、傍に武具を集めて士卒を逞しうす……程遠からぬ参内の時も、輿の前後数百騎の兵打囲んで路次を横行」するといふ文観僧正の専横、「相州の一族、関東家風が所領をば、指せる事もなき郢曲妓女の輩、蹴鞠伎芸の者共、乃至衛府諸司官女官僧まで、一跡二跡を合はせて、内奏より申し賜は」るといふ恩賞の情実、――『太平記』の記述にいくぶんの誇張はあらうとも、かうした公家側の行動がいかに人心を中興政治から離反せしめたかは察するに難くない。「一物をたくはへず私の心な」き精神の喪失といふ「末世」的徴候は決して武家のみに現はれたわけではなかつた。とすれば公家一統の世の再建のためには、武士の奉公観念の転回と共に必ずやまづ政治的指導層としての公家側に於ける無私の精神の揺ぎなき確立が前提とならねばならぬ。本書の史的叙述の至る処に於て、私欲に動かされた政治の必ず没落し潔白清明な政治の必ず永続する実例が挙げられてゐるのは、実に、是を以て公家への将来の警告たらしめんとする意図に出るものであつた。そのことは例へば後嵯峨天皇の条に於て、執権泰時の「心正しく政すなほにして人をはぐくみ物におごら」ざる政治を称讃して、彼の子孫の凡庸にも拘らず七代も続いた事を彼の「余薫」となし、進んで、

「神は人を安くするを本誓とす。天下の万民は皆神物なり、君は尊くましませど、一人をたのしましめ、万民をくるしむる事は、天もゆるさず神もさいはひせぬいはれなれば、政の可否にしたがひて御運の通塞あるべしとぞおぼえ侍る。まして人臣としては、君を貴び民をあはれみ、……日月の照らすを仰ぎても、心の黒《きたな》くして光に当らざらんことをおぢ、雨露を施すを見ても、身の正しからずして恵みに漏れんことを顧みるべし……これを思ひもいれず、あるに任せて欲を恣にし、私を先として公を忘るゝ心あるならば、世に久しきことわり侍らじ。況や国柄を執る仁にあたり、兵権をあづかる人として、正路をふまざらんにおきては、いかでかその運を全くすべき。……我が国は神明の誓ひ著くして、上下の分定まれり。しかも善悪の報い明らかに因果の理空しからず。且は遠からぬ事どもなれば、近代の得失を見て、将来の鑑誡とせらるべきなり」

と結んでゐる一節に最も明白に現はれてゐる。又屢ゝ問題とされる本書の承久の変の批判も、この点から理解さるべきである。そこでは親房は「人望に背か」ず「未だ疵ありといふべから」ざる幕府政権を「一往のいはればかりにて」追討されんとした朝家の御企をむしろ非難し、「まづ誠の徳政を行はれ、朝威をたて、かれを剋するばかりの道ありてその上」にはじめて朝権回復は実現されると論じてゐる。彼は後述するやうに決して幕府政治を政治形態として容認したのでもなければこの事件に於て北条側を是としたのでもない。同じ個所で「但し下の上を剋するは極めたる非道なり、終にはなどか皇化にまつろはざるべき」と明言してゐるではないか。彼はここで、幕府を倒しうるための公家側の資格を問題にしてゐるのであつて、畢竟、公家側に於ける「正直」精神の確立なくして武家政治の打倒は成就しえないといふ彼の実践的命題の歴史的挙証にほかならぬ。（承久の変の批判は、なほ、もう一つの関心によつて規定されてゐるが、それは後に述べる。）さうして今後に於て公家を統べ中興政治を再建すべき地位に立たれるのはいふ迄もなく後村上天皇にあらせられる処からして、親房の上の様な意図は自然、幼帝に対し奉り帝王道を説くといふ形態に於て現はれた。彼の歴史的批判の焦点が主として御歴代の聖徳に対する評論に置かれてゐるのはかうした理由に基づく。例へば武烈天皇が「性さがなく」ましましたために天祚久しからず皇胤も絶えたとなし、継体天皇は「賢名によりて天位を伝へたまへり」といひ、後嵯峨天皇の項に於て、「政の可否にしたがひて御運の通塞あるべし」といふ如き是であつて、もとよりそこには儒教の有徳者君主思想の影響が見られるけれども、それを以て早急に本書の国体観の矛盾を責めるのは、少くとも親房の実践的意欲に対する内面的理解の態度ではない。一般的命題としては「唯我が国のみ天地開けし始めより、今の世の今日にいたるまで、日嗣を受け給ふ事邪《よこしま》ならず。一種姓の中におきても、おのづから傍より伝へ給ひしすら猶正にかへる道ありてぞ、たもちまし〳〵ける」といふのが彼の一貫した立場なのであつて、ただ来るべき公家一統政治に確固たる地盤を築いて、建武の非運を再び繰返させまいとする意識が深刻痛切であつただけに、政治的指導層としての公家の倫理的水準に対する期待は自ら高度なものとなり、かくてまた彼の歴史的批判は統治の善悪に対して極度に敏感とならざるをえなかつたのである。

ところで、「己が欲をすて人を利するを先として境境に対する」といふ「正直」の精神が政治的指導の理念となつた場合、そこでの「人」とは、いふまでもなく統治の対象としての一般民衆である。従つて「正直」によつて主体的に制約された政治は、必ずや客観的には、民衆のための政治として発現すべき筈である。親房は政治の「心構へ」のみを論つらつてその具体的な発現形態を問はない様な空疎な精神主義者では決してなかつた。彼の眼は霊気往きから天空の彼方を仰望するが、彼の脚はしつかと大地を踏みしめてゐた。一方、政治の究極理念を殆んど宗教的な高みにまで追究する彼は、他方その地盤を最も日常的具体的なものへと掘り下げる。

「凡そ男夫は稼穡をつとめて、おのれも食し、人に与へても飢ゑざらしめ、女子は紡績を事として、みづからも衣、人をもあたゝかならしむ。賤しきに似たれども、人倫の大本なり。天の時にしたがひ、地の利によれり。この外商沽の利を通ずるもあり、工巧の業を好むもあり。仕官に志すもあり。これを四民といふ。仕官するにとりて、文武の二道あり。坐して以て道を論ずるは文士の道なり、この道に明らかならば相とするに堪へたり。征きて以て功を立つるは武人のわざなり、このわざは誉れあらば将とするに足れり。されば文武の二は暫くも捨て給ふべからず。世乱れたる時は武を右にし文を左にす。国治まれる時は、文を右にし武を左にすともいへり。……かくの如くさまぐ〵なる道を用ひて民の愁へをやすめ、各争ひなからしめん事を本とすべし。」

これまさしく政治の「下から」の解明である。人間の本来的なありかたは生活手段の生産（当時はむろん農業及びこれと結合した手工業）に存する。国民の大部分を占めるのは、かうした一見卑賤な、しかし実は「人倫の大本」たる生活を営む農民によつて構成され、是に、なほ「その外」の社会層として商人・職人・文武の官吏が加はる。かかる国民大衆をして安んじて社会的生産に従事せしめる事こそ凡そ政治の嚮うべき客観的目標でなければならぬ。国民生活の安定といふ事がいかに親房の切実な関心であつたかは本書の史的叙述の各所に窺ふことが出来る。例へば、後鳥羽天皇の項で、源義仲、平家一族の相継ぐ滅亡を述べた後「天命きはまりぬれば、巨猾も滅びやすし。人民の安からぬことは、時の災難なれば、神も力及ばせ給はぬにや」と歎き、後嵯峨天皇の項に於て、久しく失はれた平和を克復した鎌倉幕府をば「凡そ保元、平治より以来《このかた》のみだりがはしさに、頼朝といふ人もなく、泰時といふものもなからましかば、日本国の人民いかゞなりなまし」といふ見地から、敢てその歴史的役割を承認してゐる如き是である。かうした志向は上述した承久の変の批評に最も露はに表現され、そこでは公家側に於て幕府に「まさる程の徳政なくして、いかでたやすく覆へさるべき」といふ現実論にとどまらず、さらに仮定を付加して「たとひ又失はれぬべくとも民やすかるまじくは、上天よも与したまはじ」とまで論をすすめてゐるのである。この様な民衆生活への関心も、決して単純に、儒教的口吻を学んだに過ぎずとして片付けてはならないのであつて、（むろんさういふ点もあるが、少くとも民衆の苦悩を「時の災難」と見る考へ方は儒教にはない。）むしろ「常に冥の知見を顧み、神の本誓を覚りて正に居せんことをこゝろざ」すといふ親房の良心の鏡は、南北朝の打続く動乱に疲弊した民衆の姿を自から映し出さずには置かなかつたのであらう。政治に於ける、いはば心情の倫理（Gesinnungsethik）としての「正直」と責任の倫理（Verantwortungsethik）としての「安民」とは親房に於ていささかの乖離も存せず、むしろ必然的に相補ふものとして観念されたのである。

然らばこの様な目標を実現するために政治の駆使する手段は如何なるものかといふ問題が次に起る。まづ人的行政手段としては先に掲げた一節に「文武」として挙げられてゐる。「文武の二は暫くも捨て給ふべからず。世乱れたる時は武を右にし、文を左にす。国治まれる時は文を右にし、武を左にすともいへり。」ここでは親房は別に常識以上を出てゐない。むしろより注目すべきは政治の用ひる文化的手段としての宗教・学芸に対する見解である。彼は為政者が一宗一派に偏せず自由な態度を以て諸教・諸道を国家統治の具とすべき事を力説してゐる。為政者にかぎらず、一般に教学に対する狂熱的な偏執は彼の最も忌むところであつた。「一宗に志ある人、余宗を謗りいやしむ、大きなるあやまりなり。人の機根も品々なれば、教法も無尽なり。況んや我が信ずる宗をだもあきらめずして、未だ知らざる教へを謗らんは、極めたる罪業にや。我はこの宗に帰すれども、人はかの宗にこゝろざす。共に随分の益あるべし。」況んや「国の主ともなり輔政の人ともなりなば、諸教を捨てず機をもらさずして、得益の広からんことを思ひ給ふべきなり。且は仏教にかぎらず、儒道の二教乃至諸の道賤しき芸までもおこし用ゐるを聖代といふべきなり。」同様の見地から、音楽や文学の政治的役割が重視されてゐる。さうしてこの様な有形無形の政治手段は相寄り相集つて「民の愁へをやすめ、各争ひなからしめ」るといふ統治目的に奉仕すべきものとされるのである。かうした文化政策の重視のうちに、当時の典型的教養人としての著者の面目が窺はれる。

最後に親房の政治形態論を簡単に一瞥して本論を閉ぢよう。親房の理想とする政治形態が天皇親政にあることは当然である。後醍醐天皇御即位直後の模様をのべて、「公家のふるき御政にかへるべき世にこそと、高きも賤しきも、かねてうたひ侍りき」といひ、建武中興の大業成つた事を、「平治より後、平氏世をみだりて二十六年、文治の始め、頼朝権を専らにせしより、父子相継ぎて三十七年、承久に義時世をとり行ひしより百十三年、すべて百七十余年の間、おほやけの世を一つにしらせ給ふこと絶えにしに、この天皇の御代に掌をかへすよりもやすく一統したまひぬること、宗廟の御はからひも時節ありけりと天下こぞりて仰ぎ奉りける」と称へてゐる所からも明瞭であらう。従つて、それに抵触する政治形態、とくに建武中興に直接対立する武家政治は原則的に否認される。中興後に於ける高氏らの異常な昇進を難じた個所で、

「関東の高時、天命既に極まりて、君の御運を開きしことは、更に人力といひがたし。武士たるともがら、いへば数代の朝敵なり。御方に参りてその家を失はぬこそ、あまりある皇恩なれ。さらに忠をいたし労を積みてぞ、理運の望みをも企て侍るべき。然るを天の功をぬすみて、おのが功とおもへり。」

とあるのは親房の立場を最も露骨に示してゐるが、この他にも保元・平治以来「武用さかりに王位軽く」なつたといふ様な言葉は随所に見られる。ただ他方に於て、頼朝・泰時の政治を極力賞讃し、承久の御企を難じてゐるのは一見矛盾する様であるが、それは前に述べた様にきはめて特殊的な意図を担つた限定的主張であつて、頼朝の立てた政治形態そのものの是認ではない。そのことは、「かくて

平氏滅亡ししかば、天下もとのごとく君の御まゝなるべきかとおぼえしに、頼朝勲功誠にためしなかりければ、自らも権を恣にす、君もまたうち任せられければ、王家の権はいよ〳〵衰へにき」といふ様な表現からも容易に推察される。かくてまた、院政に対する彼の見解も、「されどこれよりまた、ふるきすがたは一変するにや侍りけん。……世の末になれるすがたなるべきにや」といふ如く当然否定的ならざるをえないのである。

しかしこの点で注意すべきは、天皇親政といふも、それは一君万民といふ今日の意味に於てではなくどこまでも、公家層の輔佐と結びついた親政として考へられてゐることである。院政を否認しながら藤原氏の摂関政治を承認してゐるのも、この点から理解されるのであつて、実質的には藤原氏の権力がいかに大なりしにせよ、それは飽まで人臣としての輔佐であつた点に於て院政と区別して観念されたのである。村上天皇の条に於ける「我が国は神代よりの誓ひにて、君は天照大神の御末国を保ち、臣は天児屋根の御流れ、君をたすけ奉るべき器となれり。源氏は新たに出でたる人臣なり。徳もなく功もなく、高官に昇りて人におごらば、二神の御咎めありぬべきことぞかし」といふ言葉や、建武中興後の恩賞賜与の批判などから推して考へると、親房は天皇――公家――武士といふヒェラルヒーのうちに国家構造の理念を描き出してゐた様である。さうした認識の仕方が彼の歴史的社会的地位から由来してゐる事は改めて説くまでもない。

＊

親房が本書を書いたのは延元四年秋である。「大日本島根は本よりの皇都なり、内侍所、神璽も吉野におはしませば、いづくか都にあらざるべき」といふ彼の烈々たる気概にも拘らず、その後の吉野朝の頽勢はいよ〳〵露はになつた。小田城は興国二年に陥落し、更に親房の拠つた関城も敵の大軍を支ふる能はずして、遂に興国四年に敵の手中に入つた。親房は吉野に還りなほそれ以後も不屈の闘志を以て官軍の統師に当つたが、戦局の前途混沌たる形勢のうちに、正平九年賀名生で薨去した。彼は「邪なるものは久しからずして亡び、乱れたる世も正にかへるは古今の理」なる事を確信しつつも、遂に彼自らの眼でその日の到来を見ることが出来なかつたのである。彼は神皇正統記を以て「末世」の現実に「正直」の精神を滲透せしむべく試みた。だが、若し彼をして彼なき後の歴史の無慈悲な進行を目撃せしめたならば、必ずや、西欧の一哲学者と共に「我教ふ、されど甲斐なし」(doceo, sed frustra) の歎きを禁じえなかつたであらう。建武中興の政治家としての彼は結局建武中興と運命を共にしなければならなかつた。しかし政治的実践の成否はいかにもあれ、つねに「内面性」に従つて行動することの価値を説き自らもそれに生きぬいた思想家としての北畠親房は幾百年の星霜を隔ててなほ我々に切々と呼びかけてゐる。

(「日本学研究」昭和十七年六月号、冨山房)

〔後記〕

これは『日本学研究』という雑誌が、一九四二年六月号を神皇正統記特輯号にあてたとき、執筆したものである。直接に本稿を依頼されたのは、当時、東大法学部の政治学講座を担当していた矢部貞治教授を通じてであつた。何故か、私は矢部先生から初めてその話をきり出された時のことを鮮明に憶えている。「山上御殿」での昼食からの帰途、矢部先生は、「実は知合いの伊藤述史氏が出している『日本学研究』という雑誌があつて、神皇正統記を、色々な角度から研究したい、ということで、政治思想について執筆者の推薦を依頼された」と、歩きながら話された。そうして私が何も答えぬうちに、いわば覆いかぶせるように「『日本学』というと変にきこえるけれども、なあに、ただ日本を研究対象とする学問という意味であつて、べつに日本精神を鼓吹しようというのではないようだ。伊藤という人は自分も知つているが、けつして右翼的な男じゃなく、むしろ、今盛にもち上げられている神皇正統記をできるだけ学問的に取扱いたい、といつていた」と急いで附け加えられた。ただ、実際に筆をとつてみると、対象が対象であり、しかも政治思想という限定があるだけに、一字一句に慎重な気くばりが必要となり、そうした点でも鮮かな記憶を私の脳裏に残している。

（一九七六年）

福沢諭吉の儒教批判

1

幕末から明治初期にかけての最大の啓蒙思想家、福沢諭吉がその「洋学」を以て一方新日本建設の素材となるべき欧洲市民文化の移入普及と、他方国民に深く根を下した封建意識の打破とに、渾身の力を注いだとき、さうした彼の意図の前に最も強靱な障壁として立ちはだかつたのは、実に儒教思想であつた。むろん一つの纒つた思想体系としての儒教が我が国民の間にどれ程の広汎な範囲に於て受容され、その日常生活に対して実質的にどれ程の規制力を持つたかといふ事になると、儒教の最盛期とされる徳川時代でもかなり問題であり、また思想界のみに就いて見てもそれが殆ど独占的地位を占めたのは徳川前期だけであるが、儒教の強力性はその様な体系としての影響力にあるのではなく、むしろ儒教の諸々の理念が封建社会の人間にとつていはば思惟範型（Denkmodelle）となつてゐたといふ点に存する。例へばこの時代には大名は広く「諸侯」と呼ばれ、同じく家老は「大夫」、一般武家は「士」と呼ばれた。これは元来儒教の前提となつてゐる周代の天子・諸侯・卿・大夫・士・庶民といふ身分を日本封建制のそれに当てはめたところから生じた呼称であるが、かく当てはめたことの歴史的由来乃至、かく当てはめる事の妥当性はどうであらうとも、一旦かかる呼称が社会的に普及すれば、封建的身分関係が儒教的範疇を視座として認識されることが次第に慣習的となり、それに応じて五倫五常といふ如き儒教倫理が殆ど無意識的にやがて一切の社会関係の観念的紐帯として通用するに至ることはきはめて自然である。現実の封建主従関係は一定の歴史的＝社会的状況から生れたもので、儒教はその形成乃至発展によし現実的には全く関与しなかつたとしても、そのことはそれがあくまで儒教的「君臣」の眼から眺められ、上下の礼とか貴賤の名分とかの儒教的理念を通じて観念されることを妨げるものではない。親子関係や夫婦関係についても同様である。もしひとが近世儒教を包括的に封建的イデオロギーと呼ぶならば、それは儒教がかうした視座構造(一)（Aspektstruktur）をなしてゐたといふ意味に於てのみ正当な規定といひうる。恰もここに「古習の惑溺を一掃して西洋に行はるる文明の精神を取」（文明論之概略巻之一）らうとする諭吉にとつて儒教が最大の障害をなした所以があつた。けだし学問的対象としての儒教の如きは到底その論理的精緻と体系的整序性に於て近代科学の前に堪へえないであらうからさほど問題とするに足りない。又儒教が単に封建支配者の上からの説教にとどまり、或はなんらかの制度的表現を持つただけなら、さうした支配者の排除乃至は制度の消滅とともに、その影響も程なく薄れるであらう。しかしひとが数百年に汎つて慣れて来た思惟範型は殆ど生理的なものとなつてゐて、たとへそれが本来的に適応した対象――この場合は封建社会――が消滅した後でも、容易に拭ひ去る事は出来ないからである。諭吉が一方に於て、「徳川の治世三百年の其間に儒者は直に世事に当るを許さず、唯僅に学校教授の用に充つるのみにして学問を軽んずるの世に学校の教授は最も無力なれども封建の大勢は儒者を容れず、社会緊要の大事は武士と俗吏との司る所と為りたるも亦以て儒教の勢力の微々たるを徴するに足る可し」（徳教之説・全集九）として儒教の政治的社会的影響力について消極的見解を持しながら、他方明治三十年に及んでなほ「今世の人が西洋文明の学説に服しながら尚ほ其胸中深き処に儒魂を存」する事を指摘して、「儒魂の不滅」を痛歎せねばならなかつた（福翁百話）のはなによりもよくその事を示してゐる。

　かうして「独立自尊」の市民的精神のための諭吉の闘争は必然に儒教乃至儒教的思惟に対する闘争と相表裏することとなつた。「日本国中の漢学者は皆来い乃公《おれ》が一人で相手にならうといふやうな決心」で「腐儒の腐説を一掃して遣らうと若い時から心掛け」（福翁自伝）て以来、「我輩の多年唱道する所は文明の実学にして支那の虚文空論に非ず、或る点に於ては全く古学流の正反対にして之を信ぜざるのみか、其非を発《あば》き其妄を明にして之を擯けんとするに勉むる者なり。……古来の学説を根柢より顚覆して更らに文明学の門を開かんと欲する者なり、即ち学問を以て学問を滅さんとするの本願にして畢生の心事は唯こゝに在るのみ」(福翁百話)という晩年の告白の示す様に、反儒教主義は殆ど諭吉の一生を通じての課題をなしたのである。しかしやや立入って彼の儒教批判を跡づけて行くと時代の推移による自らのニュアンスを見出すに難くない。その推移を通じてわれわれは明治日本に於ける「文明開化」の漸次的な浸透を察知すると共に、偉大な社会的変革に際して旧社会のイデオロギーが新時代の意識の裡に如何に咀嚼されて行くかの好個の範例をも見うるわけである。以下に於ては、ほぼ明治十四・五年を境として前期と後期に大別しつつ、その各々の時代に於ける儒教批判の態様とその推移を、概観してみよう。

2

前期は諭吉が『西洋事情』『学問のすゝめ』『文明論之概略』等いづれも一世を震撼した代表的名著を以て啓蒙思想家としての彼の地位を不動ならしめた時代で、諭吉の生涯のうち最も棘に満ちた、しかしそれだけに最も多彩な面を形づくってゐる。この時代に於ける諭吉の活動が儒教に対する闘争を最大の課題としいな殆ど唯一の目標としてゐた事は自伝からも知られるが、就中、明治十五年に於ける彼の次の様な回顧に最も集約的に表現されてゐる。

　此十五年の間を顧るに我輩の思想に於て其方向を二段に分て見る可きものあり。蓋し初段は掃除破壊の主義にして第二段は建置経営の主義なり。掃除破壊とは何ぞや、当時維新の初に際して天下の形勢を察するに人民の無気力なること甚し。農商の輩は依然として旧の如く俗に所謂素町人土百姓にして固より歯牙に留るに足らず、少しく上て士族学者と称するものにても其心事の卑屈なる誠に見るに堪へざる者多し。数百年来儒者の教を以て育したる此士君子にて斯る有様なりとは畢竟儒流の教育は頼むに足らず、儒流頼むに足らざれば儒者の主義中に包羅する封建門閥の制度も固より我輩の敵なり、之も破壊せざる可らずと覚悟を定めて専ら儒林を攻撃して門閥を排することに勉めたり。（掃除破壊と建置経営・続全集七）

すなはち諭吉にとつて儒教攻撃は、彼が「親の敵《かたき》」とまで憎悪した封建門閥制度の徹底的掃蕩の問題と一にして二ではなかつた。そこでこの期に於ける彼の批判はほぼ典型的な「イデオロギー暴露」の形態をとることとなるのである。「イデオロギー暴露」は主として新たなる社会層の勃興期にあたつて、その思想的選手が旧来の社会秩序に内在してゐる諸々の理念を批判する様式であつて、その方法はさまざまであるが、(一)、従来絶対的に或は固定的に思惟され来つた社会関係の変動性或は偶然性を指示する事によつて、さうした伝統的思惟そのものを相対化するとか、或は(二)、特定の理念の本来的意図と実際的効果とのギャップを指摘する事によつて之を戯画化するとか、或は(三)、さうした理念乃至思惟様式をば、それを主張乃至採用する主体的人格の特定の意欲から説明し、その社会的役割を指摘するとかいふのが主要な形態で、要するに思想をその論理性よりはむしろその機能性に於て問題とする所にその特徴がある。『学問のすゝめ』や『文明論之概略』の読者はその様な立場からの儒教批判に頻繁に遭遇するであらう。そこに俎上に載せられたのは当然に、封建社会の思惟範型にまで成熟してゐる様な儒教理念であつた。その一例として、まづ所謂君臣上下の倫に関する彼の説を挙げてみよう。

支那日本等に於ては君臣の倫を以て人の天性と称し人に君臣の倫あるは猶夫婦親子の倫あるが如く、君臣の分は人の生前に先づ定たるものゝやうに見込み孔子の如きも此惑溺を脱すること能はず……立君の政治を主張するものは先づ人性の何物たるを察して後に君臣の義を説き、其義なるものは果して人の性に胚胎したるもの歟、或は人の生れて然る後に偶然の事情に由て君臣の関係を生じ此関係に就ての約束を君臣の義と名るもの歟事実に拠て其前後を詳にせざる可らず虚心平気深く天理の在る所を求めなば必ず此約束の偶然に出でたる所以を発明す可し、既に其偶然なるを知らば又随て其約束の便不便を論ぜざる可らず事物に就て便不便の議論を許すは即ちこれに修治改革を加ふ可きの証なり修治を加へて変革す可きものは天理に非ず故に子は父たる可らず婦は夫たる可らず父子夫婦の間は変革し難しと雖ども君は変じて臣たる可し湯武の放伐即是なり或は君臣席を同ふして肩を比す可し我国の廃藩置県即是なり是に由つて之を観れば立君の政治も改む可らざるに非ず唯之を改ると否とに就ての要訣は其文明に便利なると不便利なるとを察するに在るのみ（文明論之概略巻之一）

これは君臣関係（ここではむろん封建的なそれ）の変易性を事実的に証示して、君臣の義といふ理念に内在せる先験的意味（これは五倫五常を本然の性と等置する朱子学に於てとくに鮮明に表はれる）を否定したもので、上述の第一の形態の批判である。また所謂上下貴賤の名分といふ理念は封建階序制の最も重大な観念的紐帯となつてゐただけに、様々の方向から論じられてゐる。例へば

抑も此名分の由て起る所を案ずるに、其形は強大の力を以て小弱を制するの義に相違なしと雖ども其本意は必ずしも悪念より生じたるに非ず。畢竟世の中の人をば悉皆愚にして善なるものと思ひこれを救ひこれを導きこれを教へこれを助け只管目上の人の命に従て、かりそめにも自分の了簡を出さしめず……一国の政事も一村の支配も店の始末も家の世帯も上下心を一にして恰も世の中の人間交際を親子の間柄の如くに為さんとする趣意なり……扨今一国と云ひ一村と云ひ政府と云ひ会社と云ひ都て人間の交際と名るものは皆大人と大人との仲間なり、他人と他人との附合なり、此仲間附合に実の親子の流儀を用ひんとするも亦難きに非ずや……

右の如く上下貴賤の名分を正だし唯其名のみを主張して専制の権を行はんとするの源因よりして、其毒の吹出す所は人間に流行する欺詐術策の容体なり、此病に罹る者を偽君子と名く。譬へば封建の世に大名の家来は表向皆忠臣の積りにて其形を見れば君臣上下の名分を正だし辞儀をするにも鋪居一筋の内外を争ひ亡君の逮夜には精進を守り若殿の誕生には上下を着し年頭の祝儀菩提所の参詣一人も欠席あることなし。其口吻に云く貧は士の常、尽忠報国又云く其食を食む者は其事に死すなど、大造らしく言ひ触らし、すはと云はゞ今にも討死せん勢にて、一通りの者はこれに欺かる可き有様なれども窃に一方より窺へば果して例の偽君子なり……其最も著しきものを挙て云へば普請奉行が大工に割前を促し、会計の役人が出入の町人より附届を取るが如きは三百諸侯の家に殆ど定式の法の如し。旦那のためには御馬前に討死さへせんと云ひし忠臣義士が其買物の棒先きを切るとは余り不都合ならずや金箔付の偽君子と云ふ可し……畢竟此偽君子の多きも其本を尋れば古人の妄想

にて世の人民をば皆結構人にして御し易きものと思ひ込み其弊遂に専制抑圧に至り、詰る所は飼犬に手を嚙まるゝものなり。返す〲も世の中に頼みなきものは名分なり、毒を流すの大なるものは専制抑圧なり、恐る可きに非ずや（学問のすゝめ十一編）

これは名分の「本意は必ずしも悪念より生じた」のではないに拘らず、その実際的結果に於て偽善を生む次第を述べてゐるのであるから、明かに第二の批判形態に属する。之に対し、

今若し……人たる者は理非に拘らず他人の心に従て事を為すものなり我了簡を出すは宜しからずと云ふ議論を立る者あらん、此議論果して理の当然なる乎……仮に其一例を挙て云はん、禁裏様は公方様よりも貴きものなる故禁裏様の心を以て公方様の身を勝手次第に動かし行かんとすれば止れと云ひ止まらんとすれば行けと云ひ寝るも起るも飲むも喰ふも我思ひのままに行はるゝことなからん、公方様は又手下の大名を制し自分の心を以て大名の身を自由自在に取扱はん、大名は又自分の心を以て家老の身を制し、家老は自分の心を以て用人の身を制し、用人は徒士を制し徒士は足軽を制し足軽は百姓を制するならん……斯の如きは則ち日本国中の人民身躬から其身を制するの権義なくして却て他人を制するの権あり、人の身と心とは全く其居処を別にして其身は恰も他人の魂を止る旅宿の如し……奇なり妙なり又不可思議なり、これを天理人情と云はんかこれを文明開化と云はんか……数千百年の古より和漢の学者先生が上下貴賤の名分とて喧しく云ひしも詰る処は他人の魂を我身に入れんとするの趣向ならん。これを教へこれを説き涙を流してこれを諭し末世の今日に至ては其功徳も漸く顕れ大は小を制し強は弱を圧するの風俗となりたれば学者先生も得意の色を為し……周の世の聖賢も草葉の蔭にて満足なる可し（学問のすゝめ八編）

といふ名分批判は、名分を説く「学者先生」の意図を問題としてゐる意味に於てむしろ第三の形態に近いであらう。とくにこの様に儒教そのものよりは、是をその主体に関係づけて儒者の社会的機能を暴露する方法はこの期の諭吉にとつて、特徴的であつて、嘗て彼と同郷の儒者で父百助の親友たりし中村栗園が彼に一書を呈して、彼の儒教排撃を暗に誓めたとき、之が返書に「生は儒の道を喜ばざるに非ず当時儒者流の人を喜ばざりしなり」と答へてゐる（「中村栗園先生に答」明治一一年、全集四）のは、諭吉の当時の意図の所在を示すものとして興味深い。『文明論之概略』に於ける次の様な有名な一節は実にこの第三の方法からの儒教批判の典型的なものである。

西洋諸国の学問は学者の事業にて其行はるゝや官私の別なく唯学者の世界に在り。我国の学問は所謂治者の学問にして恰も政府の一部分たるに過ぎず、試に見よ徳川の治世二百五十年の間、国内に学校と称するものは本政府の設立に非ざれば諸藩のものなり、或は有名の学者なきに非ず或は大部の著述なきに非ざれども、其学者は必ず人の家来なり、其著書は必ず官の発兌なり。或は浪人に学者もあらん私の蔵版もあらんと雖ども其浪人は人の家来たらんことを願て得ざりし者なり、其私の蔵版も官版たらんことを希ふて叶はざりし者なり……其趣を形容して云へば日本の学者は政府と名る籠の中に閉込められ此籠を以て己が乾坤と為し此小乾坤の中に煩悶するものと云ふ可し……斯の如く限ある籠の中に限なき学者を生じ籠の外に人間世界のあるを知らざる者なれば自分の地位を作るの方便を得ず、只管其時代の有権者に依頼して何等の軽蔑を受るも嘗て之を恥るを知らず……政府専制、よく人を束縛すと云ひ少しく気力ある儒者は動もすれば之に向て不平を抱く者なきに非ず然りと雖どもよく其本を尋れば夫子自から種を蒔て之を培養し其苗の蔓延するがために却て自から窘めらるゝものなり、政府の専制、これを教る者は誰ぞや、仮令ひ政府本来の性質に専制の元素あるも其元素の発生を助けて之を潤色するものは漢儒者流の学問に非ずや。古来日本の儒者にて最も才力を有して最もよく事を為したる人物と称する者は最も専制に巧にして最もよく政府に用ひられたる者なり、此一段に至ては漢儒は師にして政府は門人と云ふも可なり、憐む可し今の日本の人民誰か人の子孫に非ざらん、今の世に在て専制を行ひ又其専制に窘めらるゝものは独り之を今人の罪に帰す可らず、遠く其祖先に受けたる遺伝毒の然らしむるものと云はざるを得ず。而して此病毒の勢を助けたる者は誰ぞや、漢儒先生も亦預て大に力あるものなり（学問に権なくして却て世の専制を助く）

むろん、ここに見る如く近世儒教を以て悉く封建専制を「潤色」したものとし、「漢儒先生」がその「勢を助けた」と断ずるのは表現苛酷に失するのみならず、歴史的にも必ずしも正確ではなからう。儒教的思惟は冒頭に述べた様に、さうした特定人格の意欲乃至利害心理よりは遙かに深く当時の人間の視座構造にまで喰ひ入つてゐたのである。しかしかうした批判の「行き過ぎ」はあらゆる転換期に於けるイデオロギー暴露に必然的に随伴する現象であつて、むしろその故にこそ、それは一定の歴史的役割を果しえたともいへるのではないか。

この時代の諭吉の儒教批判はなほ様々の論点に就いて数多く存する。しかしそれを一々紹介することは到底紙数が許さないから、ここでは以上の三四の例を以て、前期儒教論の大凡の態様を知るだけにとどめて置いて、次に後期に移ることにするが、その前に補註的に二つの事を付加へて置かう。

その一は諭吉の儒教批判はとくに前期に於て、峻烈を極め、筆致が寸毫も仮借せざる激しさを帯びてゐるが、それは往々政治的反対者の攻撃に見られる様に対象の知識に乏しい頭ごなしの所論ではなく、儒学の殆ど一切の経書典籍に対するかなり高度の理解の上に立脚してゐたことである。貧窮の下級武士の家に生れ、間もなく父を失つた諭吉は幼時を内職仕事に追はれ、漢塾に通ひ始めたのは普通より遅れて十四、五歳の頃からであるが、それより安政元年、二十一歳にして長崎に遊学するまでの漢学の修業がどの様なものであつたかは、彼の自伝に記す所によつて窺ひ知られる——

……塾も二度か三度か更へた事があるが最も多く漢書を習たのは白石《しらいし》と云ふ先生である。……白石の塾に居て漢書は如何なるものを読だかと申すと経書を専らにして論語孟子は勿論すべて経義の研究を勉め殊に先生が好きと見えて詩経に書経と云ふものは本当に講義をして貰て善く読みました。ソレカラ蒙求、世説、左伝、戦国策、老子、荘子、と云ふやうなものも能く講義を聞き其先きは私独りの勉強、歴史は史記を始め前後漢書、晋書、五代史、元明史略と云ふやうなものも読み、殊に私は左伝が得意で大概の書生は左伝十五巻の内、三四巻で仕舞ふのを、私は全部通読凡そ十一度び読返して面白い処は暗記して居た、夫れで一ト通り漢学者の前座ぐらゐになつてゐた

前にも一言した様に、徳川時代を通じて儒教はその個々の範疇が思惟範型となるまでに常識化してゐながら、いな、むしろあまりに常識化してゐたが故に、士族の本格的な儒学の知識はきはめて低かつた事を考慮すれば、諭吉のそれは右に見らるる限り、一般的教養の程度をはるかに越えてゐたとい

ふ事が出来る。諭吉の儒教批判が他の単なる洋学者よりも鞏固な理論的整備を具へそれだけ深刻な影響力を発揮しえたのは怪しむに足りない。彼が自ら儒教の「獅子身中の虫」を以て任じた（自伝参照）のもあながち不遜ではなかつた。

その二は、諭吉の儒教排撃はむろん洋学を武器としたけれども、飽まで国民的自主性の立場を失はず、却つて終始熾烈な対外意識によつて貫かれてゐたことである。これは彼の反儒教主義が「独立自尊」の反面であり、市民的自由のための彼の奮闘も畢竟、「一身独立して一国独立す」（学問のすゝめ）といひ、「一国の独立は国民の独立心から湧て出てることだ、国中を挙げて古風の奴隷根性では迚も国が持てない」（自伝）といふ動機に発してゐる以上むしろ当然であつた。周知のごとく、幕末から明治初期にかけての我国をめぐる国際関係は容易ならぬ形勢を妊んでゐた。北米合衆国をはじめ、英・露・仏等諸外国は相競つて極東の一島国の扉を叩き、二百年の間固く彼等に閉されてゐた市場の開放を求めて止まず、遂にこれが徳川封建制崩壊の一契機となつたことは敢て縷説するまでもない。維新開国後の日本も、漸く帝国主義国家としての相貌を露はにしつつあつた列強の圧力を絶えず身近に感じねばならなかつた。いはゆる攘夷論はさうした歴史的段階に於ける国民意識の爆発的表現であるが、盲目的な排外主義者らと身を以て抗争した諭吉も、強烈な国民的自覚に於て彼等に勝るとも劣らなかつたのである。彼によれば「外国に対して我国を守らんには自由独立の気風を全国に充満せしめ国中の人々貴賤上下の別なく其国を自分の身の上に引受け、智者も愚者も目くらも目あきも各其国人たるの分を尽さざるべからず」（学問のすゝめ三編）。しかるにまさに貴賤上下の別を絶対化し「民はこれに由らしむべしこれを知らしむ可らず、世の中は目くら千人目あき千人なれば、智者上に在て諸民を支配し上の意に従はしめて可なり」といふ「孔子様の流儀」では「此国の人民、主客の二様に分れ主人たる者は千人の智者にて、よきやうに国を支配し其余の者は悉皆何も知らざる客分なり、既に客分とあれば固より心配も少なく唯主人にのみ依りすがりて身に引受ることなきゆゑ、国を患ふることも主人の如くならざるは必然」（同上）である。むしろ「此時に当て日本人の義務は唯この国体を保つの一箇条のみ、国体を保つとは自国の政権を失はざることなり、政権を失はざらんとするには人民の智力を進めざる可らず……智力発生の道に於て第一着の急須は古習の惑溺を一掃して西洋に行はるゝ文明の精神を取るに在り陰陽五行の惑溺を払はざれば窮理の道に入る可らず……既に此惑溺を脱して心智活発の域に進み全国の智力を以て国権を維持し国体の基初て定るときは又何ぞ患ふ所かあらん」（文明論之概略巻之一）。ひとはこの一連の文の中に容易に「国権」主義——反儒教主義——文明開化主義の必然的連関を読み取ることが出来よう。

3

後期は諭吉が主として時事新報によつて活躍した時代で、明治十五年頃から晩年までである。前期の著作論文が広く解すれば殆ど全部儒教的思惟の克服に関連してゐるのに比べれば、この時代には彼の関心はヨリ多角的となり、旧きものとの闘争よりは新しきものの育成への努力が前面に出て居るため、儒教の問題はただ、その後も教育・文化乃至社会思潮の上に封建的反動が頭を擡げた限りに於て、その都度これが反撃に関連して取り上げられたにとどまる。従つて後期の儒教批判はどちらかといへば間歇的で、ある特定の時期の論著に集中的に現はれてゐる。とくに著しいのは、明治十四・五年以後の二、三年間と、明治三十年前後の数年間とである。是は夫々特殊な情勢を背景にもつてゐる。まづ前者から説かう。明治十二・三年から国会開設願望の形に於て全国的に捲き起された自由民権運動は、十四年七月、北海道開拓使官有物払下問題を契機としてまさに沸騰点に達した。この勢に驚愕狼狽した政府部内の保守派は一方かの国会開設の勅諭を奏請すると共に、他方大隈参議を先頭とする進歩的官僚を一斉に廟堂から放逐した。いはゆる明治十四年十月の政変が是である。かくて体勢を強化した薩長政権は猛然と攻勢に出で、自由・改進両党の結成に対しては立憲帝政党なる御用党を以て抗し、集会条例の改正（十五年六月）、請願規則の発布（同年十二月）、新聞紙条例及び出版条例の改正（十六年四月及び六月）によつて民権運動を極力弾圧しつつ進んで教育方針をも一変し、教科書の検閲を厳重に行ひ、儒学者を全国官公立学校に配して四書五経を講ぜしめ外国語の教授を廃する等大規模に復古教育を実施した。(二) 諭吉は民権運動については漸進論者で、むしろ一部の粗暴矯激な行動を「駄民権説」として排撃してゐたのであるが、当時の政治熱を以てひたすら「洋学」の責に帰する如き風潮にもとより黙する能はず、「西洋の学問も……唯学問の皮のみを学びて其正味を学ばざれば或は軽躁の毒に中ることもあらん」「然らば其罪は西洋学に在らずして我国人が西洋を学ぶに深からざるに在るのみ」（通俗道徳論・全集九）として洋学を擁護すると共に、転じて果して儒教復活によつて過激なる言論行動を抑制しうべきやを問題にし、「見よ今日新聞紙に演説に前後の考もなく叨りに暴論快説を吐き世人に嫌悪せられ又法律に触る者は儒者の言ふが如く必ずしも洋学者にあらずして却て無学無識の徒に多く然かも少小の時より専ら主義の空漠たる和漢の書を読むのみにして洋書を解するが如き緻密なる脳力に乏しく、唯漢然たる漢儒者流の気象を学で口を開けば則ち天下国家と云ふが如き放縦磊落たる書生中に最も多かるべし」（文学会員に告ぐ・続全集七）と逆襲し、かくて明治八年「儒教流の故老に訴へ」る目的で著はされた『文明論之概略』以来、しばらく遠ざかつてゐた儒教批判に再び筆鋒を向けることとなつたのである（明治十五年頃を以て前後二期の境としたのはこの理由による）。「儒教主義」、「儒教主義の成跡甚だ恐る可し」、「急変論」、「徳教之説」（以上全集九）、「学校停止」、「惑溺は酒色のみに非ず」、「仁義礼智孝悌忠信」、「漢学の中日和」、「チョン髷ばかりは」、「疫はらひましよ御疫はらひましよ」（以上全集十）、「極端論」、「復古の御代」、「我文明は退歩するものには非ずや」、「儒教豈唯道徳のみならんや」（以上続全集一）、「漢学の主義其無効なるを知らざる乎」（全集五）、これらは悉く諭吉が明治十五―十七年頃の時事新報の紙上に於て、或は正面から社説を通じ、或は彼の得意とする「漫言」といふ側面攻撃によつて、儒教復活反対のために張つた論陣である。

明治三十年前後の集中的な儒教批判は条約改正問題に関係してゐる。井上案・大隈案・青木案と幾多の波瀾曲折を経た不平等条約の改正問題は陸奥外相の下に漸く実を結び、二十七年から三十年の間に於て関係十五ヶ国との間にすべて新条約が締結され、三十二年を期して実施されることとなつた。しかるにこの条約改正交渉過程に於て、国粋主義者から外人の内地雑居に反対する声が起り、これが藩閥政府攻撃の好題目を待ち構へてゐた民権派の忽ち利用する所となつて、現行条約励行論として政治問題化し、排外思潮が急激に国内に蔓延した。諭吉はかかる情勢が継続したまま改正条約実施さるるときは、外人との間に如何なる不祥事の勃発するも計られずとして、極力民間の排外論を戒めると共に、かかる排外論の勃興は畢竟、かの明治十四年政変後に於ける政府の儒教主義教育の効果の漸く顕はれたものに外ならずとの立場から、政府の責任をも追及し、儒教思想と排外主義との必然的聯関につき各方面から論証する所あつた(「教育流毒の結果を如何にす可きや」、「古毒治療の手段如何」、「排外思想の系統」、「排外思想と儒教主義」、「儒教主義の害は其腐敗に在り」、「儒教復活の責は今の当局者に在り」、「文明の政と教育の振作」等々いづれも続全集五所収)。さらに同時期の主要内容をなしてゐるものに儒教の婦人道徳の問題がある。儒教倫理に内在する男尊女卑に就いては諭吉は夙に明治三年、中津留別之書に「孔子様は世の風俗の衰るを患て春秋を著し夷狄だの中華だのとやかましく人を褒たり誹りたりせられしなれども、細君の交易はさまで心配にもならざりし哉、そしらぬ顔にてこれを咎めず、我々共の考えには些と不行届のよふに思はるゝなり」として以来、その後の著述に於ても屢ゝ指摘を怠らなかつたが、いまや条約改正実施を目前に控へ、「男尊女卑の弊風は依然改まらず実際に一夫多妻の陋習が公然行はれつゝある日本社会の現状を此儘にして、其醜態を外国人の面前に暴露するは文明国の体面上何としても忍びない」（石河幹明『福沢諭吉伝』昭和七年、第四巻、一七三頁）といふ考慮から、恰も民法親族相続篇の発布を機とし、旧観念の根本的批判の上に新婦人道徳を築き上げようと志した。かくて批判の対象として取り上げられたのが儒教的女性倫理の典型的なるものとしての『女大学』であった。明治三十二年発兌にかかる『女大学評論』こそは、はからずも諭吉の四十年に及ぶ文筆活動に終止符を打つ著作となったのである。

後期の儒教批判を全体的に通観すると、前期との対比に於て、批判様式の穏和化と批判範囲の局限性といふことが感じられる。前期の諭吉は滔々たる儒教的思惟の真只中に置かれてゐた。彼には敵を見分ける余裕もない。力の限り太刀を振回して当るを幸ひ切伏せ、何としてでもこの囲を破らねばならない。批判は必然に徹底的となりかつ対象の全面に及ぶ。しかるに後期に於てはもはや事態は異る。彼は既に「文明開化」の陣地を擁し時折執拗に逆襲し来る敵をその都度撃退すれば足りる。彼はより冷静に儒教思想を分析して、その中の「敵性」分子と然らざるものとを判別する。かくて「我輩が只管儒教主義を排斥せんとする所以のものは決して其主義の有害なるを認めたるが為めに非ず、周公孔子の教は忠孝仁義の道を説きたるものにて一点の非難もなきのみか寧ろ社会人道の標準として自から敬重すべきものなれ」といはれ、ただ「其主義の純粋無垢なるに拘はらず腐敗し易き性質を具へて今は全く本来の本性を一変して腐敗の極に達したる其害毒を認むる」が故に排撃するといふ態度の余裕が生れて来る（「儒教主義の害は其腐敗にあり」続全集五）。かうした推移が著しく現はれるのは儒教の歴史的妥当性の問題である。イデオロギー暴露の一形態として、観念の相対性の指摘が前期の儒教批判に存することは前述したが、そこでの相対性とはいはば虚偽性にほかならなかつた。君臣の倫を人の本性とする観念はそれが現実に照応してゐないといふ意味でまさに「イデオロギー」として取扱はれる。虚偽性の摘発に急なる批判はその観念が一定の歴史的なレーゾン・デートルを持つたことをも無視しがちである。ところが後期に至ると、相対性の指摘はむしろ儒教思想を歴史的に位置づけ、一定の歴史的社会構造との照応性を示すといふ方向で行はれる様になる。例を挙げよう。明治八年著『文明論之概略』に於ては「孔孟の用ひられざるは諸侯の罪に非ず、其時代の勢に妨げられたるものなり……周の時代は孔孟に適する時代に非ず孔孟は此時代に在て現に事を為す可き人物に非ず其道も後世に於ては政治に施す可き道に非ず……後の学者孔孟の道に由て政治の法を求る勿れ」として儒教政治思想は、後世はもとより周時代に於ける妥当性も否定されてゐるのに対し、明治十六年「儒教主義」（全集九）に於てはかう述べられてゐる。

支那国にて周代の世に修身斉家治国平天下と四層の段階を分ち修身第一にして斉家これに次ぎ夫れより治国となりて最後に平天下を置きたるは実に当時の社会に於て已み難き自然の結果一概には擯斥し難き理由なきに非ず其次第如何と云ふに元来周代社会の治安は内より成りて外に及び……内部より層々輪をなして次第に四方に広がれども其広がるに従ひ次第に稀薄となりて……所謂王化及ばざるの夷狄に至て止み憂患外に在らずして

安危内に存する者なれば……この中央部をば最も堅固に構へざる可らず而して之を堅固になさんには此中央部の人に其身を修め其家を斉へ各々その本分を守らしむるを第一肝要の儀となすは実際已み難き次第なり……是故に修身斉家治国平天下と順次に四層をなし来りて道徳に政治を配剤したる儒教主義は誠に周公孔孟の時代に適合したるの教にして此時代には此主義なかる可らず云々

ここでは周代社会構造と儒教思想構造との照応関係が明白に容認され、しかもまさにそのことによつて「全体周公孔孟の古代と今年今月の社会とは其組立表裏悉く転倒したるが故に其古代の儒教主義が此今代の社会に適合す可き理由なき次第なり」（同上）として儒教の現代への非妥当性が結論されるのである。後期に於ける儒教思想批判の中では最も峻烈なる『女大学評論』に於ても、諭吉は女大学の倫理が「封建社会の秩序に適合」して居り、「其所論今日より見ればこそ奇怪なれども当年に在ては怪しむに足ら」ざる事を付加するのを怠つてはゐない。そこに前期に於ける「イデオロギー曝露」から、ヨリ非政治的な「イデオロギー論《レーレ》」にまでの成熟が窺はれるのである。

4

最後にこれは直接儒教批判の問題ではないが、それと不可分の関係にある朝鮮改革問題及びそれを契機として起つた日清戦争に対する諭吉の所論を一言述べてこの稿を閉ぢることとする。攘夷主義乃至排外主義的思潮に対しては終始一貫抗争した諭吉も対朝鮮・支那の外交問題に関しては是また終始一貫、最強硬の積極論者であつた。この二つの表見的には矛盾する態度を諭吉の心裡に於て一つの統一的な志向にまで結び付けてゐたものが外ならぬ彼の反儒教意識であつたといふことは注意されていい。諭吉が我国に於ける攘夷排外の気風を儒教思想の属性と見たことは既に述べたところであるが、かうした見解は元来、日本儒教の母国としての支那・朝鮮の歴史的現実から得られたものであつた。そのことは夙に慶応年間、彼が「江戸中の爺婆を開国に口説き落さん」とて書いた『唐人往来』の中に支那を批判して、「兎角改革の下手なる国にて千年も二千年も古の人の云ひたることを一生懸命に守りて少しも臨機応変を知らず、むやみに己惚の強き風なり其証拠には唐土《もろこし》宋の時代より北方にある契丹或は金などといふ国を夷狄々々と唱へそのくせ夷狄と師をすればいつも負けながら陰では矢張り畜生同様に見下し己が方には何の改革も為さず備もせず」として阿片戦争及び一八五八年の対英仏事件等に言及し、「己が国を上もなく貴き物の様に心得て更らに他国の風に見習ひ改革することを知らざる己惚」を戒めたところに早くも示されてゐる。下つて明治十七年、朝鮮の甲申政変に際しても、諭吉は例の漫言を以て、「……拍子そろへて支那朝鮮、周公孔子の末孫が、久留兵衛どんに撃立てられ（一八八四年仏清事件に於ける仏蘭西提督クルベーを指す——筆者）、内の焼けたも苦にならず、隣に出す痩腕を、頼む飴屋の事大党（清国と事大党との結託を意味す——筆者）……慶祐宮の刀風は、六個《むつ》の首《あたま》を吹飛ばし、側杖喰ひし日本人、あとの始末は如何ならん、是も儒の字の御利益か、あな恐ろしの周公や、やれ恨めしの孔子様、あなたの教に首つたけ、かぢりついたる其の首は、ころりと落ちて国も亦、ころり倒れん其様は、余所ながらにてもお気の毒」云々と諷して、この隣国の情勢のうちに、恰も前述した明治十五年来の我国の儒教復活に対する生きた警告を見出してゐる。さうして朝鮮王族の背後にあつて終始排外守旧熱を鼓吹してゐたのがかの山林隠逸の儒生であつたといふ事実はますます諭吉のかうした見解を強めたにちがひない。かくて支那朝鮮は彼が歴史的必然と信じた文明開化の世界的浸潤に抵抗する保守反動勢力の最後の牙城と映じたのである。されば朝鮮の近代化運動への我国の後援をめぐつて、対清関係が漸く悪化するや、従来の国内儒教思潮に対する諭吉の抗争の全エネルギーは挙げて、儒教の宗国としての支那に対する敵対意識に転じて行つたことはきはめて自然であつた。明治二十七年六月十二日東学党の乱に対応すべく日本出兵の議が決したとき、諭吉は翌日の時事新報の社説に於て『彼等の驚駭想ふ可し』と題し、開設早々の議会に於ける朝野の激烈なる政争を以て日本の国内分裂と見た支那の短見を嗤ひ、次の様に論じた（続全集四）。

国会開設は即ち立憲政治にして言論の自由は其政治の本色なり。日本の国会は苟も帝室の尊厳を犯さざる限り、如何なる事を議し如何なる事を論ずるも自由自在にして毫も制限せらるゝ所なし、政府の政略を攻撃し当局者を罵り倒すが如き尋常の事にして敢て奇と為るに足らざれども君臣の分、上下の別など幾千百年儒教主義の紋切形に脳髄を刻まれたる支那人等の眼より見れば、是れぞ所謂処士の横議なるものにして紀綱紊乱の極と認めざるを得ず、……然るに其亡国の政府が今回の事件には廟議即決して出兵の計画甚だ盛なりと云ふ、……彼等の驚駭も決して無理にあらず、周公孔子の末流が化石の如き脳髄を以て漫に今世の観察を逞ふし、自から事の真相を誤りながら今に至りて遽に狼狽するとは唯失笑に堪へざるのみ……内の政治に就ては千万無量の反対攻撃あるも一旦急要の場合には一令の下に陸海幾万の兵を動かすこと甚だ自由なり自から是れ憲法の規定する所にして立憲政治の本色なり。誠に覩易き事実なれども儒流国人の知る所に非ず、今日と為りては彼等も自から自家の無智無学を悔ゆるの外なかる可し。

ここに諭吉が嘗て『学問のすゝめ』や『文明論之概略』に於て過去の日本に向けられた峻烈な批判がそのまま支那を対象として複写されてゐるのを見出すに難くないであらう。従つて朝鮮の改革に就いても彼は、「朝鮮の改革は支那儒教の弊風を排除し文明日新の事を行ふもの」であるから、「改革の当局者は彼我両国の為めのみならず、世界共通の文明主義を拡張するの天職を行ふものと心得て終始するの覚悟肝要なる可し」と激励し、日清間の戦闘進展するに及んで、「今度の戦争は日清両国の争とは云ひながら事実に於ては文野明暗の戦にして其勝敗の如何は文明日新の気運に関する」となして北京を衝くまで断固兵を罷めざることを主張し、終始輿論の最強硬陣営をリードしたのである。諭吉に於ける独立自由と国権主義との結合が反儒教主義を媒介にしてゐたといふことは日清戦争が最も明確な形で証明したといふことが出来る。

（一）　思惟範型といひ視座構造といひ、いづれもカール・マンハイムの用語である。その大意については K. Mannheim, Wissenssoziologie, in "Handwörterbuch der Soziologie", 1931, S. 662, 663 参照。ただし筆者はここで必ずしも厳密に知識社会学の規定に従つたわけではない。

（二一）　政変後間もなく文部卿福岡孝弟は府県学務官を召集して、「教育には碩学醇儒にして徳望あるものを選用し、生徒をして益々恭敬整粛ならしむべく、修身を教授するには必ず皇国固有の道徳教に基きて儒教の主義に依らんことを要す」云々と訓示してゐる。（西園寺公望『明治教育史要』〔開国五十年史、上、明治四〇年、所収〕に拠る。）

（「東京帝国大学学術大観」、昭和十七年、東京帝国大学編刊）

〔後記〕

『東京帝国大学学術大観』というのは、「紀元二千六百年記念事業」の一環として、東大が、各学部各講座の歴史的由来と研究現状を報告する目的で編纂したもので、法・経両学部がそのうちの一巻にまとまっている。ところが、法学部教授会でこの計画が大きな論議を呼びおこした。果して各講座の歴史について客観的な叙述ができるか、たとえば憲法講座については天皇機関説問題を避けて論ずるわけには行かないが、現在の時局の下で客観的叙述が可能とは思われない、という趣旨の根本的な疑問が提出されたのである。そうして、論議の末に、教授・助教授各自が自由にテーマを選び、論文を執筆するということでおさまった。（経済学部教授会でも同様な疑問からして、元来の趣旨と異って論文集を出すことになったように聞いている。）『学術大観』で、大部分の学部篇が講座の由来と現状を述べているのに対し、法・経学部篇が少数の例外を除いて、単なる論文の寄せ集めになり、全体としての体裁が一貫していないのは、右のような事情に基づく。けれども企劃を論文集に変更してみたところで、全体の分量は動かすわけに行かぬので、結局、一人に割当てられた制限は、組み一〇頁以内というきびしさであった。私の場合、この本文のあとに、諭吉の反儒教主義との関連でいわゆる「脱亜論」に論及した一節があったが、前記の枚数制限のために、この部分を削除して提出したのが本稿である。

（一九七六年）

麻生義輝「近世日本哲学史」（昭和十七年）を読む

——日本哲学はいかに「欧化」されたか

1

明治時代ほど自明の様に見えて実は分つてゐない時代はない。現代からの明治時代の評価は一種複雑な相を帯びてゐる。一方に於てそれは日本のあらゆる文化の急激な「ヨーロッパ化」の時代、その反面、歴史的＝伝統的なものの埋没もしくは無視の時代として表象される。この表象の下に於てはそれは現代の悪しき、もしくは好もしからざる一切の現象の発祥地たる烙印を負はせられる。ところが他方それは数隻の黒船の来航に脅えた一島国日本から、今日見る如き我国の世界的地位への国勢の飛躍的発展の礎石が築かれた時代であることも疑ひない事実として感じられる。さうしてこの様な躍進が産業・技術・政治・教育等の国内体制の「近代化」と少くとも相関聯してゐるといふこともほぼ確実らしい。（何故なら国史の上で明治時代をそれ以前のすべての時代と区別する標識はそこにしかないから。）すると、現代日本を堕落させた「欧化」と、興隆させた「欧化」とは果して同じものなのか違つたものなのか。現在世上に聴く明治論議はこの決定的な点に面すると、殆ど一様にある困惑の表情を以て解答をぼかしてしまふ。西洋文明を取り入れたのはいいが、それに「心酔」したとか、欧化が「行き過ぎ」たとかいはれても、如何なる現象がそれに該当するのか、どこまでが行き過ぎなのか一向判然としない。完全にヨーロッパ的な思考と感覚とを体得したといふ意味に於て明治以後の日本は「欧化」されたであらうか。それとも「行き過ぎ」の如く見える現象はむしろ、ヨーロッパ的なるものの最も俗悪皮相な模倣乃至歪曲なのか。かくて日本の「近代化」過程のヨリ精密な検討は、上の様な明治時代観の混乱を整理し、ひいて現代の日本を正しい客観的な相に於て把握するためになにより必要に思はれる。このことは今日以後の世代にとつて尚更重要な意味をもつであらう。なぜか。今日ほぼ四十代の年配を境として明治時代に対して有つ感覚は一変する。桑木厳翼博士は、恰も私が茲で取り上げる著書を先頃大学新聞で紹介された際、この点に言及されて次の様にいはれてゐる。「明治時代といへば今日新進の学徒に取つては既に歴史的時期に帰せられるものである。」ところが「明治中期に人と為つた我々は其文化がそのままに血肉となつてゐるのであるから、最も親しいものは何等奇とせられないのみならず、之に狎れて之を軽んずる傾向をさへ脱し切れず、特別に明治文化を研究する如き興味も持ち得なかつたのであつた。」(帝大新聞、九月二十五日号) 明治時代は博士の世代にとつてはまさしく自己の育つた環境そのものであり、その感覚はいはば現在的体験としてのそれである。やや降つて大正時代に社会人となつた人々に於ても、明治は現在的体験でこそなけれ、やはり己の育った時代に直接連続せる過去として、何となく身近かな映像を与へる。しかるに昭和に入つてから社会的意識を持つに至つた世代となると、――私もむろんその一人に属するが――もはや明治時代は全く一つの歴史的過去としてしか感覚されない。従つて桑木博士の年配の人々に於ていはば本能的＝直覚的に感知されていた事柄も、今後はますます意識的に修得しなければ理解されぬ様になるであらう。ところがどうかすると吾々はこの様な明治に対する本能的感覚の欠如を忘れて、それをもつてゐる人々と同じ資格に於て明治時代を論はうとする。しかも事実に於て、吾々の表象に於てはそれは一つの完結した過去として定着してゐるために、明治時代の問題は恰も今日全く解決され、「アウフヘーベン」されてしまつたかの様に語ることとなる。その結果、例へば、近代文化に対する近代以前の立場からの反対も、すべて「近代」の弁証法的な止揚の努力の様に思ひ込む危険性があるのである。日本の近代化過程の精密な検討が吾々以後の世代にとつてとくに必要だといふのはかうした意味に於てである。

明治に於ける「欧化」はむろんあらゆる文化領域にまたがつた現象であるが、その進行の様式や程度は各部門に於て決して一様ではなかつた。それが産業や技術や法律等の制度的機構的側面に於て最も鮮明かつ深刻に起つたことは既によく知られてゐる。つまり何よりもまづ採用されたのはヨーロッパ「物質文明」であつた。西洋と物質文明とは今日でも屢〻等置されてゐる。（その由つて来る精神的根拠は更に後に述べる。）それなら精神的文化の領域に於ては欧化はどの様にまたどの程度まで行はれたであらうか。これは物質文明の様に眼に見えないだけに頗る測定に困難である。そのためか、前の部門に於ける近代化の研究は従来とてもかなり進められてゐたに対し、後の部門の研究は著しく立ち遅れてゐる。しかし私をしていはしむれば、精神的分野に於けるヨーロッパ的なるものの浸潤の程度こそ日本の近代化の全現象を測定するバロメーターである。なぜなら、物質的技術は本来手段的のもので、異つた目的に任意に奉仕しうる（むろんこれにも限界はあるが）から比較的容易に異つた文化圏に浸入するが、精神的文化は内面的なものだけに、しかく簡単には異質的な文化と「融合」出来ず、かくして、その滲透度は全文化の変容度の最も確実な表示と見做しうるからである。さうして精神文化の中でも就中内奥の座を占めるのが哲学だとすれば、哲学の「欧化」過程の分析こそは最もよくその様な解明に資するであらう。かねがねこの様に思つてゐた私にとつて、麻生義輝氏の『近世日本哲学史』はまさに待望の書であつた。以下この書について簡単な紹介を試みつつ、この機会に上の様な問題についての私の現在の考へを結論的に叙べて置きたい。

2

本書は著者麻生義輝氏の遺稿である。遺稿とはいふものの、編纂者太田氏の後記によればそれは著者の生前に完全に脱稿されたのであつて、「行の配置から活字の大小に至るまで、すべて著者による指定通りに拠つた」とのことである。従つてここには遺稿といふ言葉から連想される叙述の不統一性や断片性は全く見られない。それは著者が昭和八年帝国学士院の補助を受けて一意我が国の啓蒙哲学の研究に没頭されてから、昭和十三年不幸病没される直前まで、「只だ書斎に於いてのみならず、或時は図書館に於いて或時は資料の所在先に於いて、或は遠くアムステルダムのG・フィッセリング博士と幾度か書簡の往復の下に書続けられ」（本書後記）たところの、言葉通り畢生の研究の成果であり、一字一句と雖も著者の心血が籠められてゐる。さきに著者によつて編纂された『西周哲学著作集』（岩波書店刊行）の如き意義ある業績も実に本書のテーマの研究途上に於ける副産物にほかならなかつたといはれる。以て本書がいかに周到なる用意の下に成つたかを窺ひえよう。その精細・豊富な内容に関しては茲にくだくだしく述べるよりも、直接本書に就て見られるに若くはない。ただ、一応なりとその内容を窺ひたいといふ読者のために、本書に展開された明治初期哲学の態様をごく簡単なりとも概観して置くのが便宜かと思ふ。必ずしも叙述の順序を追はぬ自由な要約である。

日本の啓蒙哲学の形成は幕末に於ける西洋哲学の流入に始まる。さうしてその最盛期は明治十年頃までで、明治二十年代には活動が終息し、三十年前後にはこの学派に属した人の相継ぐ死没によつて消滅した。福沢諭吉・西周・津田真道・加藤弘之・中村敬宇・神田孝平等はこの学派の中心となつた最も輝かしい名である。彼等に共通する外部的特徴としては、彼等が悉く旧学問たる漢学を本格的に修業したこと、従つて決して直訳哲学ではなく、西洋思想を能ふ限り旧学問の範疇を用ひ消化すべく努めたこと。彼等はいづれもまづ蘭学を通じて洋学に接し、後にイギリス学なりドイツ学なりに入つたこと。彼等が百科全書的知識の持主であり、就中自然科学の知識に深く依拠したこと。彼等の隆盛時代には殆ど哲学思想を独占し、他に対抗的な学派を持たず、また彼等の内部にも甚しい分化・対立が見られなかつたこと。出身から見ると彼等は悉く下級士族であり、殆ど全部旧幕府に仕へてゐたこと。また彼等は維新後も実際政治と深い関係を保つたこと。等が挙げられる。是に対してその内面的特質をなすものは、ヒューマニズム的傾向、ひいて平等主義・人格主義・法治主義、実証主義・経験主義ひいて自然科学的方法、封建的道義観に対する経済主義の主張等である（以上総説）。

ペルリの来航に刺戟された幕府は安政三年「蕃書調所」を設け、積極的に西洋文化の研究及び教授をなさしめたが、これこそ我国に於ける近代的大学の出現であり、ヨーロッパ思想の流入孔であつた。安政四年には、西周助・津田真一郎が、万延元年には加藤弘蔵（後の弘之）、がここの教授手伝に任ぜられ、神田孝平は文久三年、是が「開成所」と改称後、教学局の教師として関与した。さうして西周助は文久二年にここで講義すべき恐らく我国最初の哲学講義案を作成してゐる（四〇頁）。フィロソフィーといふ言葉はそこで始めて「希哲学」なる意味深き訳語を与へられた。やがて西・津田の両名は幕府から最初の欧洲留学生として和蘭に派遣され、レイデン大学教授シモン・フィッセリングに就いて、Naturegt（性法学）、Volkenregt（万国公法学）、Staatregt（国法学）、Staathuishoudkunde（経済学）、Statistiek（政表学、国勢学——括弧内はいづれも当時の訳名）を聴講した。是等講義は両名の帰朝後、分担して翻訳すべき命を受け、かくて、まづ慶応二年に津田の『泰西国法論』が、ついで同四年に西の『万国公法』が成り、近代的法学の礎石が築かれた。(性法学の訳はづつと後れて、明治四年に神田孝平によつて『性法略』として刊行されてゐる。) フィッセリングは実証主義哲学に立ち、経済学に於て正統学派に属し、自由貿易論者であつたことは看過してならない。その頃の和蘭の思想界はオプゾーメルを代表とするコント・ミル流の実証主義に塗りつぶされてゐた。西・津田はさうした思想の洗礼を受けて帰朝したのである。彼等を通じてのフィッセリングの影響は頗る巨大であり、例へば、加藤弘之が慶応四年に刊行した『立憲政体略』の如き、少しく仔細に点検すれば、その政治哲学に於て『泰西国法論』の焼直しであることが容易に判明する(九六―一〇二頁)。彼等は思想的根柢を等しくしたのみならず、政治的結論に於ても「上下分権」或は「有限君主ノ国」を理想的政体とすることに於て共通してゐた。なほ西周助は慶応三年二月、幕末物情騒然たる京都に塾を開きここで『性法説約』と『百一新論』を講じた。前者は前記の Naturegt に該当し、後者は明治以前に於ける啓蒙哲学の代表的標準的著作をなす。(以上、第一編「序論」及び第二編「幕末に於ける哲学研究」)

維新となつて啓蒙主義者が彼等の思想を実際政治に適用すべき機会が急激に開かれた。明治二年二月に万機公論に決する趣旨に従つて公議所が設けられたが、津田真一郎・加藤弘蔵・神田孝平らはいづれもその議員として活躍し、幾多の進歩的建議をした。さうしてそのあるものは間もなく新政府の採用するところとなつてゐる。津田の「人ヲ売買スルコトヲ禁ズベキ議」加藤の「非人穢多御廃止之議」鈴木唯一の「刑法ヲ待タズシテ私ニ人命ヲ絶ツヲ禁止スルノ議」の如きその主なるものである。

維新は思想的には復古と革新の対立的統一として成立したので、やがて、国学者・漢学者の攘夷的復古主義と洋学者の文明開化主義との闘争が起り、しかもこの間、国学と漢学とも互に激しく反撥した。明治元年六月、旧大学たる昌平黌は昌平学校として復活し、二年六月大学校と改められたが、この官立大学は右の様な思想的葛藤の犠牲となつて僅二年後には没落し、洋学の根拠地たりし開成所（二年十二月大学南校と改称）もその余波を蒙つて動揺常なく見るべき研究成果を挙げなかつた。維新後暫くの間は学問的レベルはかうした中央の政治的色彩を帯びた紛糾に煩はされぬ民間乃至地方に於て維持促進されたのである。既に徳川氏の静岡移封に伴つて設立された静岡学校、沼津兵学校には西・津田・加藤・中村（敬宇）・外山（正一）らの一流学者によつて着々進歩的教育が進められ、やがて彼等が続々新政府に登用されたため、僅々数年の存続にとどまつたが、その門下からは後年幾多の俊秀を出した（たとへば哲学者としては清野勉の如き）。やがて西周は上京後間もなく育英舎を興し、ここで「百学連環」と題する大規模な哲学講義を行つた。それはコント流の実証哲学体系であつた（二二八頁以下）。吾々はその中に致知学（Logic）、性理学（Psychology）、理体学（Ontology）、名教学（Ethics）、政理学（Political Philosophy）、佳趣論（Aesthetics）等頗る興味ある訳語を見出す。なほ其他名高い私塾としては福沢の「慶応義塾」をはじめ、尺振八の「共立学舎」、中村敬宇の「同人社」、箕作秋坪の「三叉学舎」等々があつた。是等の塾で講ぜられた思想書はベンサム・ミル・ウェーラント・ギゾー等の著作であつた。以て当時の傾向をトしえよう。就中、明治六、七年頃迄に最も読まれた哲学者はJ・S・ミルであり、その『自由之理』は早くも明治四年に中村敬宇によつて訳出され、爾後、十年までに『代議政体』・『経済論』・『利学』(Utilitarianism) が相継いで公刊された。フランス学としてはルソー・モンテスキューの名が追々普及し、トクヴィル・ドラクルシも紹介された。独逸学の代表者として、明治三年以降、御談話会に於てブルンチュリの Allgemeine Staatsrecht を御進講申上げた加藤弘之も、同年の著『真政大意』に於ては、むしろ英国的自由主義・功利主義者として現はれてゐる。この書では「コンミュニスメ」「ソシアリスメ」の思想も初めて紹介されてゐるが、それがどの程度に理解されてゐたかは疑はしい。(以上、第三編「明治維新直後の哲学研究」)

さて、明治六年に至つて第一線の啓蒙思想家を悉く網羅した学会が成立した。是が有名な明六社であり、その機関誌『明六雑誌』が思想界に印した巨大な足跡は殆ど測る事が出来ない。「哲学がそれ自体として研究されずに時事的問題と結合して考察される」(二七七頁)といふ啓蒙哲学の特徴は最もよくこの雑誌に表現されてゐる。例へば外人の内地旅行をめぐる西周と福沢諭吉との論争に、両者が演繹法・帰納法の応用を示してゐる如き、その顕著な例である。しかるに、雑誌のこうした実際的傾向はかの明治七年の民撰議院建白をめぐる論議に刺戟されて急激に政治的色彩を濃化し、他面政府も新聞紙条例、讒謗律を以て輿論の統制に乗出したので、明六社は漸く立場の困難を感じ、遂に八年十一月を以て自発的に解散するに至つた。さうして恰も時を同じうして阪谷素や西村茂樹らによつて創立された洋々社や、漢学者の集団たる旧雨社がその保守的＝折衷的色彩を以て、讒謗律下の時代的性格を表現してゐた。明六社の同人は殆ど天賦人権主義者であつたとはいへ、その実際政治的立場は決して急進的ではなかつた。民撰議院に対しても即時施行を可能としたのは津田真道一人であり、他は多く漸進論者であつた。是は根本に於て彼等の実証主義の武士階級的制約に由来する。なほこの間、滔々たる政治＝社会思想の全盛下に純粋哲学の炬火を守りつづけた西周は、明治七年我国最初の論理学書『致知啓蒙』を刊行し、ついで八年以降ジョセフ＝ヘーヴンの『メンタル・フィロソフィー』を『心理学』として訳出してゐる。（以上、第四編「啓蒙哲学の構成」）

実証主義・開化主義に於て等質的であつた哲学界も民撰議院論を機会として漸く分化を開始する。一方にはルソーが民権運動の思想的支柱として勢を得、就中中江兆民によつていはば在野民権派の哲学が形成された。他方明六社のいはば右派ともいふべき西村茂樹・阪谷素らは益〻道学的色彩を濃化し、明治九年東京修身学社を樹てた。かくて漠然たる実証主義はその内部から唯物論的方向と（東洋的）観念論的方向との対立を醸成して行つたのである。やがて明治十年東京大学が創立され、ここで外山正一らによつてスペンサー哲学が、モールス・フェノロッサ・矢田部良吉らによつてダーヴィニズムが講ぜられ、これ以後、進化論は漸次ベンサム・ミルに代つて哲学の中心的地位を占めるに至つた。官民の抗争の激化に伴つて、民権運動に対する弾圧も強化され、洋学者らは従来漠然と依拠した天賦人権説を転換する必要に迫られた。進化論は恰もこの欲求を充す思想として喜ばれたのである。かうした思想的推移を最も典型的な形で表現したのが、かの加藤弘之の有名な「転向」であつた。この様にして哲学界はほぼ西南戦争を境として新らしい段階に入つて行く。（以上、第五編「啓蒙哲学の分化」）

本書の筆は恰度この西南戦争前後迄でとめられてゐる。著者は引続きこの後の明治哲学の発展を辿る意図をもち、既に一部着手されてゐたらしい（後記参照）。事実、近代日本哲学史といふ上からは、是から先が本論である。東京大学でフェノロッサが哲学を講じたのは十一年以後であり、「哲学会」は十七年に成立し、『哲学雑誌』は二十年に創刊されてゐる。井上哲次郎博士の『倫理新説』、竹越与三郎氏の『独逸哲学英華』、中江篤介の『理学鉤玄』、三宅雄二郎氏の『哲学涓滴』等、明治哲学の代表的著述は十五、六年から、二十二、三年頃までに相継いで出た。この頃が日本の学問の上に本格的に近代的な哲学が登場して来た時期であらう。その意味で本書は全体がいはば近代日本哲学史の序説である。本書の執筆態度がきはめて良心的であり、考証も着実・精細であるだけに、続篇が書かれずに終つたのが惜まれてならない。しかし、それにしても本書は日本の啓蒙哲学の形成を学問的に取扱つた殆ど唯一のモノグラフィーとして永く学界に銘記さるべき労作である。

もとより個々の所論には承服しえない点もある。例へば、イギリス功利主義の社会的役割を植民地経略の基礎づけにありとする（八一頁）が如き、（功利主義の背景をなす当時の英国産業資本は却つて植民地を厄介視した。）また、民撰議院論に対する明六社グループの漸進論を、彼等の武士階級的立場に帰する（三三一—二頁）如き、（むしろ初期の民権運動そのものが多分に武士階級的制約を帯びてゐた。）更にまた昌平黌系の漢学が洋学に勢力を譲った理由を、前者の地方的支那民族的性格、後者の国際的性格に求める（二五頁）如き、（それもあらうが、漢学の指導力喪失は地方的・非国際的といふことよりもむしろその歴史的性格に基づくのではないか。）――是等はいづれも筆者が読過の際、少くも問題と思はれた。また叙述表現の必ずしも適当ならずと感じた個所もある。例へばフィッセリングの「性法」について種々説明されてゐる（一七〇頁）が、それが今日の用語の「自然法」に相当することに全く言及されてゐないのは奇異に感じられる。また津田の『泰西国法論』の凡例に於ける「学者の法論」をば「哲人政治に類する思想」とし「恐らくは学者の会議を以て立法の機関とする」ものであらうと解釈されてゐる（七八頁）が、これは本文では慣習法、成文法と並称されてゐるので、いはゆる「法源としての学説」を意味してゐることは明白である。しかしさうした疑点は多少とも著者の専門外の考察に関係して居り、それによつて本書の本質的価値はもとより少しも動かされない。従つて茲では是以上細かい批評に立ち入る事を止めて、最後に本書のテーマとする哲学の近代化過程についての若干の考察を付加へて結びとしよう。もとより覚え書の域を出るものではない。

3

日本がヨーロッパ文明と全面的な接触をはじめたとき、ヨーロッパ精神界は如何なる情況にあつたか。それは恰も十九世紀の中葉、ヘーゲルの壮大な体系が脆くも崩壊して後、もはやヨーロッパは内面的支柱を失つて、ひたすら経験的＝現実的な生活に眼を奪はれてゐたいはば哲学的不毛の時代であつた。自然科学のめざましい興隆、産業技術の変革に伴ふ物質的生活様式の急激な進歩、市民の政治生活への広汎な参与、かうした一連の現象は到底ひとびとの心を内部に向ける余裕を与へない。「到る処、新らしい力を以て勃興せる自然科学は嫌悪の念を以てこの空虚なる饒舌（哲学のこと——筆者）に背を向けた。さうして哲学に携はる者、或はこの種の講義を暫らく面白可笑しく聞くといふこと以外の意図を以て講義に出席する者、を馬鹿呼ばはりすることは、殆ど学生の間の流行となつた」とはシュライデンが当時の哲学軽視風潮について叙べた所である。（Schleiden, Über den Materialismus in der neueren deutschen Naturwissenschaft, 1863）「哲学国」ドイツすら然り。況んや英仏をや。かくてこの時代に広く迎へられた思潮は実証主義であり功利主義であり、自然科学的唯物論であり、進化論であつた。維新直後の日本に滔々と流れ込んだのがまさにこの様な段階に於けるヨーロッパ精神であつたことは銘記されていい。近代日本が最初に欧洲から採り入れたもののうち最も精神的内面的なものは実に物質文明の哲学だつたのである。それは我国の国内体制の急速な資本主義化に国民を適応せしめ馴致せしめるイデオロギーとしては恰好であつたに違ひない。しかし大事なことはそれによつて、「ここに知りぬ、彼方の学のごときは、ただ其形と器とに精しき事を。所謂、形而下なるもののみを知りて、形而上なるものは、いまだあづかり聞かず」（西洋紀聞）といふ新井白石から、「東洋道徳、西洋芸術。精粗不遺。表裏兼該。因以沢民物。報国恩」（省諐録）といふ佐久間象山に至るまでの、あの伝統的なヨーロッパ認識は些かも変革されずして、むしろ新たな意味に於て確認される結果となることだ。このヨーロッパ精神に対する明治初期の第一印象がいかに決定的であつたかは多く言ふを要すまい。西洋精神と功利主義との同視は今日でも決して稀ではないのである。

啓蒙哲学者が新思想を従来の日本人の頭に消化さすべく最大限に努力しその結果彼等の哲学が直訳臭を脱してゐることは、麻生氏の言はれてゐる通りである。しかし遺憾ながら、かく「消化」された哲学は実証主義にせよ功利主義にせよ、自然科学的進化論にせよ、その本来の思想的性格から云つて、国民精神を内部から規定し、転回させる力を持たないのである。西洋文明の外形をのみ模倣するのを極力戒め、その精神を学ぶべきことを最も反覆力説したのは福沢であつた。封建的倫理が家とか名聞とか恩賞とかの外物に誘はれた行動なる事を指摘し、封建的学問が為政者への依存を生存要件とせる事を揶揄し、当時の西洋盲信が従来の東洋盲信の変形にすぎざる事を責める際の彼の立場には明かに近代ヨーロッパの獲得した自律的人格や批判主義の精神が流れてゐる。にも拘らず、その福沢に於てすら、他面に於ける結果本位的功利主義的思惟はその「独立自尊」の真の内面化を妨げてゐる。彼の「実学」の主張は東洋的プラグマティズムから決して表見程遠くはないのである。この様にして、一見啓蒙思潮によつて塗りつぶされたかに見える明治初期に於ても、国民の内的な思考や感覚はなんら本質的な革新を経験しなかつた。その内奥には依然として慣習的伝統的な「精神」が沈澱してゐた。ただそれは外的生活様式のめまぐるしい変動の期間には意識に登らなかつたまでである。だから「文明開化」が一応段落がついたとき早くもそれは自己の存在を主張しはじめた。(上述、明治九年頃からの西村茂樹・阪谷素らの倫理運動) さうして啓蒙思潮が民権運動と結合して発展するに及び、それは官権による公然たる援護を受けた。(明治十四、五年頃以降に於ける儒教主義教育の大規模な復活) 啓蒙哲学の傾向が実証的乃至唯物的であつただけ、それは「精神」一般、道徳一般であるかの如く振舞ふ事が出来た。かくして既に明治三十年頃には、大西祝をして「一時勃然として起こりし啓蒙的思潮が未だ其の成し遂ぐべき事の半ばをも成し遂げざるに既に早く歴史的回顧を事とし、歴史の連鎖を破ることを以て何物よりも恐るべき事となし、歴史に拘泥するを以て国家に忠なるものと誤想し、而してこの誤想が近時如何に我が教育界を固陋頑迷偏狭の弊に陥らしめたるぞ。……今日に至るまで福沢翁が尚当年の啓蒙的思潮の精神を持続し特に最近再び其の声を大にして此の精神を鼓舞せんとせらるゝを見ては、予輩は翁に対して同情を寄せざるを得ず。何ぞ歴史的差別と歴史的連鎖とに拘泥して革新進取の気象を失へることの甚しきや。何ぞ文学哲学宗教道徳義理人情に於ける非歴史的なる一大方面を掲ぐることの衰へたるや」(『啓蒙時代の精神を論ず』) といはしめる様な事態に立到つてゐたのである。しかも事はひとり狭義の啓蒙哲学の問題ではない。近代日本が最初に知つた啓蒙哲学の流入様式は、その後の一切のヨーロッパ思想乃至哲学の摂取の雛型となつた。言ひ換へれば近代日本は一切のヨーロッパ精神を、物質文明を採用すると全く同じ様式で受取つたのである。受取られたものは受取る主体の内面に立ち入つて内部から主体を変容する力をもたずに、単に主体に対して外から付加されるにとどまる。内面に沈澱してゐるものは依然それと並んでいはば無関係に存続する。時あつてこの内面に潜むものが頭をもたげ、胴震ひを一つすれば、付属物は忽ち振落されてしまふのである。これが日本に於ける近代欧洲精神に終始与へられた地位である。例へば明治二十年代から日本の哲学界を圧倒的に支配した独逸観念論をとり上げて見よう。それは実証主義や功利主義と違つて本来主体に媒介さるべき哲学である。独逸観念論はその発祥地に於てまさしく国民的（国粋的ではない）哲学であつた。それは独逸の最も進歩的な国民層の意欲の凝集的表現であつた。しかるにそれが我国に受入れられたとき、それは著しい「貴族的」性格を帯び、現実遊離的な高踏的思索であるかの如く取扱はれた。「近世の西洋哲学は寔に微妙の寰区に進入するの楷梯にして、一段を前にし段々登上すれば杳々たる層霄に達すること、猶ほ南海の怪物が茫洋として玄間を窮むる如くならんか。」（三宅雄二郎『哲学涓滴』）といふ様なのが独逸哲学のいはば代表的な理解の仕方であつた。独逸観念論は流石に「形而下」として片付けられなかつた代りに、逆にもつぱら高遠・幽玄・超絶といふ様な性格を賦与されたのである。客体を媒介とする主体的哲学としての独逸観念論は、ひたすら東洋的な主体 an sich の哲学の眼を以て把握され、それによつてその主体的側面は伝統的な道学的精神のなかに分解してしまひ、その客体的側面は現実から浮上つた思弁としてその本来の科学的精神を稀薄化した。そこでの理想主義もその圧倒的流行にも拘らず、単に対象的に受取られ、内面から国民の生活と行為を規定する力とは矢張りならなかつたのである。かくて近代日本に於けるヨーロッパ精神のこの様な受容の仕方は、維新後七十年の今日、我国に住んだ一ヨーロッパ人をして次の様な批評をなさしめた。

「何か他のもの、知らないものを体得するには、予め自分を自分から疎隔する或は遠ざけることができ、それから、そのやうにして自分から離れたところにゐて、他のものを知らないもののつもりで我物にするといふことが必要であらう。……この自由な体得といふ特性が私には日本では大抵の場合欠けてゐるやうに思はれる。勿論学生は懸命にヨーロッパの書籍を研究し、事実またその知性の力で理解してゐる。しかし彼等はその研究から自分たち自身の日本的な自我を肥やすべき何等の結果をも引き出さない。……二階建の家に住んでゐるやうなもので、階下では日本的に考へたり感じたりするし、二階にはプラトンからハイデッガーに至るまでのヨーロッパの学問が糸に通したやうに並べてある。そしてヨーロッパの教師は、これで二階と階下を往き来する梯子は何処にあるのだらうかと、疑問に思ふ。」（カール・レーヴィット『ヨーロッパのニヒリズム』、思想、昭和十五年十一月号）これ、とりもなほさず上述した伝統的＝慣習的感覚とヨーロッパ的学問との無媒介的並存の指摘にほかならぬ。かくの如きが哲学思想に於ける「欧化」の体様であつた。果して然りとせば、我が国が真の意味に於てヨーロッパ精神と対決したことはいまだ嘗てないとすらいへるのではないか。むろんこれは一つの歴史的事実の確認の試みにとどまる。この事実から如何なる当為が生れるか、――それは自ら別箇の問題としてもはやこの小稿の範囲を超える。

（「国家学会雑誌」昭和十七年十二月号）

1943

加藤弘之著、田畑忍解題「強者の権利の競争」（昭和十七年）

我国の近代的国家学の祖ともいふべき加藤弘之の著名な労作——そのドイツ語版によつて欧洲の学界にも尠からざる反響を呼んだ点に於てまさしく世界的な労作——たる『強者の権利の競争』がこのたび田畑忍教授の解題を附して明治文化叢書の一篇として刊行された。加藤弘之の著書といふと、先づ以て『真政大意』とか『国体新論』とかいふ初期のものが注意され、明治文化全集にも『鄰草』より『人権新説』までの著作が収録されてゐるが、解題者は『強者の権利の競争』を以て、「加藤弘之の業績の中心をなすもので、謂はば彼の思想的峠とも言ふべきものであつて、それまでの諸論著はこの峠にいたる苦難の行路であり、それ以後の諸著書はこの『強者の権利の競争』の繰返しと補遺の形に於ての発展であつた」（六一頁）といふ見地から、これを選ばれたのである。弘之については極めて不完全な全集があるのみで、それも一般には殆ど入手し難い今日、彼の後期の思想を窺ふべき代表的著作が、かうした普及し易い形で公刊されることは最も時宜をえたものといひうる。田畑氏には既に

『加藤弘之の国家思想』なるモノグラフィーがあり、弘之研究の権威だけにその解題は百二十頁余に亘る詳細を極めたもので、弘之の生涯より説き起し、その初期よりの著書を順次に検討してその間に於いて『強者の権利の競争』の占める地位を尋ね、最後に弘之が参加した主要な論争を通じて本書に展開された思想の成熟過程を浮き出させてゐる。是によつて本書の歴史的背景をほぼ呑込んだ上で、本文を読むならば、読者は自からして明治思想界の雰囲気の中に連れ込まれるであらう。私も本書を通読して、明治時代の思想に接するときにいつも感ずる、あの一種の稚拙さと、それにも拘らず、溢れる様な潑剌たる意欲と自由奔放な姿態とをここにも見出して、少からず心を惹かれたのである。

『強者の権利の競争』は明治二十六年、恰も弘之が五十八歳にして帝大総長を辞した年に、和独両文で刊行されてゐる。ところがその現存せる最も古い草稿は明治十六年にまで遡るといふことである（解題五〇頁以下参照）。明治十六年といへば弘之がかの『人権新説』を以て自由民権論者の一斉の反攻を浴びた翌年であり、国会開設の詔既に下つて、朝野の政治的分化が明瞭な形態を取りはじめた頃である。かくて本書は田畑氏のいはれる如く、「人権新説出版後幾何もなく駁論に際会して想を鍛るうちに計画されたものであり」（五二頁）いはば「駁撃に対して練り鍛へられた新たなる人権新説」（六一頁）といふ性格をもつてゐる事が明かになる。彼がその有名な「転向」後依拠した自然科学的進化論は、十年余の思索による錬磨を経てここに結実したのである。天賦人権論の抹殺による「下から」の民権運動の思想的折伏といふことが、この理論に一貫して課せられた客観的役割であつた。ところで、民権運動に対する反動理論を「強者の権利」の思想を以て構築したといふ点で吾々に直ちに連想されるのはルートヴィヒ・フォン・ハラーである。ハラーの『国家学の復興』(Restauration der Staatswissenschaft) は、事実的強力の支配を永遠の秩序とする立場よりなされた、メッテルニヒ時代の理論的武装であつた。(弘之も屢々ハラーを引用してゐる。) このハラーに於ける一切の普遍的理念乃至思想の蔑視、事実的、自然的なるものへの固着は、ヘーゲルによつて次の様に批評されてゐる。「かうした叙述はもとより一貫してゐる。けだしこの一貫性たるや、実体的なものの代りに偶然的なものが国家の本質と看做されてゐるのであるから、かかる内容に於てまさに無思想といふ完全な撞着として現れ、この無思想はとめどなく進行して己れが今是認したものとまるで正反対のものにも結構安住するに至るのである。」(Rechtsphilosophie § 258 傍点筆者・以下同様) 弘之とハラーとはその思想の差異決して少くはないが、強者の権利なる自然的事実を唯一の地盤として普遍的な理念乃至規範を斥けるといふ点、ならびにその具体的意図が共に天賦人権説に依拠する民権運動の折伏にあるといふ点で、思想史的に類比される地位にある。しかもヘーゲルの衝いた点、即ち己れの擁護せんとするものと反対のものをも同時に基礎づけてしまふといふことは、弘之の場合、ハラーよりも一層著しいものがあるのである。「権力説《マハトテオリー》にとつて特徴的なことはそれが純粋な形では殆ど現はれないことである」(G. Jellinek, Allgemeine Staatslehre, 2te Aufl., S. 194) といはれる様に弘之の権力説もまた種々の形に於て中和されてゐる。まづそれは権利と権力(所謂強者の権利)の本源的一致を説きつつも前者を以て弱者によって認許された権力とすることによって承認説（Anerkennungstheorie）に傾斜してゐる。かくてそれは単なる自然的な力の関係に心理的な要素を導入して、純粋な権力説の永久革命的な帰結を免れてゐる様に見える。しかしその認許の積極的意味は弘之に於てきはめて低く「権力ヵ久シキ間能ク弱者ヲ圧スルトキハ弱者ハ、遂ニ之ニ抵抗スルコト能ハサルニヨリ已ムコトヲ得ス之ヲ認許スル」（本書一六八頁）のであり、従って、「認許の意味は……心に納得したるもののみを認許するの意にはあらず、仮令心に納得せざるも力及ばずして抗拒せざるが如きは同じく認許の部類に属するなり」（「再び先哲末言に対する丸山通一君の批評を読む」加藤弘之講論集第四）といふ程度にすぎない。これでは服従者の自発性は殆ど存せず、事実的服従の域を出でない。そこからは未だ法的義務は生ぜず、ラートブルフのいふ様に「メルケルの適切な比喩を用ふれば、無価値の紙片をば人にピストルで強迫して支払手段として用ひさせたところで、その紙片が流通性をもつ様にならないと同様に、なんらかの命令に対し、歯ぎしりしながらも止むなく服従する者に対してはその命令は拘束力を持たないのである。」（Rechts-philosophie, 3. Aufl., S. 78–9）かうした緊張対抗を絶えず内にはらんだ強弱関係と彼の他方に於ける有機体的国家論とは如何にしても宥和しえない。しかも彼の「強者の権利」はグンプロヴィッツの如く絶対的固定的範疇ではなく、きはめて動的、歴史的である。治者・被治者の関係に於ても、社会の進歩発達と共に被治者が次第に相対的に強者となることを認める。彼によれば自由権とは被治者の強者の権利（！）を相対的に弱者となれる治者が已むなく認許せる事によって生じたものである。権力より発する権利のみが真誠の権利とするならば、元来権力なき者に賦与された権利は有名無実で意味がない（一六九頁参照）。ここから必然に帰結されることは「汝権利を得んとせばそを力を以て獲得せよ」である。民権運動から思想的根拠を奪ふ筈の彼の理論はいつしか民権論者に「権利のための闘争」を教へてゐたわけである。弘之を評して敵に刃を貸す者と言つた福沢諭吉はさすがに慧眼であつた。

かうした矛盾の由つて来る所はどこにあるだらうか。元来権力説は近代的国家乃至法制のなかにひそむ原始性を摘発するイデオロギーであり、多く近代国家に対する封建主義的及び社会主義的立場よりする反対によつて志向づけられてゐる。故にそれはなによりも市民階級の進歩観を正面の敵とする。ところが加藤弘之の教養乃至思惟方法は根柢に於てこの近代的＝市民的なものの上に築き上げられてゐるのである。それは彼の「転向」の前後に於てなんら変りはない。田畑氏は弘之の思想的変化を急進主義より漸進主義へのそれと見る「通説」に反対されて、後期の保守主義的要素が既に前期の著作に見出されることを指摘された。これは卓見たるを失はない。と同時にかうした前・後期の思想の連続性は、逆にもいひうるのではないか。即ち初期の弘之が洗礼を受けた限りでの進歩主義的観念は、弘之の主観的意図如何に拘らず、彼の思惟傾向を最後まで規定したのである。彼は未開社会に於ける強者の権利を「粗暴猛悪」とし、文明社会に於けるそれを「高尚優大」と規定した。彼はその際力をこめてこの両者に善悪価値の差をつける事を排撃し、前者より後者への発展をば、もつぱら、従来の弱者が次第に強者となつて、「強々相対」して互に抵抗するに至ることから来る自然必然的な結果として論じた。それは彼の方法論の必然的要請である。ところがこの要請は決して一貫して守られずして、到る処の孔から価値判断が流れ込んで来る。粗暴猛悪なる権利より高尚優大なる権利への発展は進歩であり、それは望ましきものと考へられる。社会の「上等囲衆」が永く強者の権利を独占して、「下等囲衆」がいつまでも弱者の地位に止まる場合と下等囲衆が次第に勃興して上下両囲衆の権力がほぼ平均せる場所とを区別して、後者の例として欧洲を挙げ、他のアジア等の世界を以て前者の場合となしつつ「怯懦退縮ニ安シタル女ラシキ人種ニアリテハ上等囲衆ノ権力カ永ク下等囲衆ノ抵抗ヲ受ケサリシカ為メニ其強暴擅恣ナル権力ハ遂ニ永ク正当ノ権利トナルニ至リ随テ国家ノ衰頽ヲ来スコトトナリシハ実ニ此人種ノ不幸ト云ハサルヲ得サルナリ　然ルニ敢為進取ノ気象アル男ラシキ人種ニアリテハ決シテ然ラスシテ下等囲衆カ能ク上等囲衆ノ権力ニ抵抗セシカハ之ニ由テ啻ニ権利ノ進歩発達ノミナラス更ニ万般開花ノ上進ヲ得テ遂ニ今日ノ最大開明国トナルニ至リシナリ」（一八八頁）といふとき、そこには明かに自然的事実の認識を逸脱した一つの意味賦与が看取されるではないか。「今日欧洲各国人民ガ一個人トシテ私身上ノ自由ヲ有シ併セテ政治参与者ノ一人トシテ政事上ノ自由ヲ有スルハ全ク近世ノ開明ニヨリテ始メテ起リタルコトニシテ、実ニ希臘羅馬両国ノ政権ヲ主トスル主義ト日耳曼民種ノ私身上ノ自由ヲ主トスル主義トノ合併シタル良結果ト云フヘキナリ」（二〇一頁）といふのも同じで、結局その帰着するところは市民社会の価値的肯定であり明かに一つの Fortschrittsglaube である。この意味に於てアドルフ・メンツェルが権力説の代表者の一人として弘之を挙げながら「日本の教授加藤弘之の注目すべき著作はハラーとグンプロヴィッツに依拠してゐるが、その理論をば理想主義的に転回させた」(Ders., Beiträge zur Geschichte der Staatslehre, 1929, S. 73) と評してゐるのは、弘之が聞いたなら大いに不服とするであらうが、たしかに彼の理論に潜在するこの傾向を衝いてゐる。さうしてこの様な弘之の進歩観の社会的性格は、市民階級に後続する第四階級に対する認識に於て最も露はな形姿を示すのである。彼は欧洲に於けるブルジョアジー(中等門地)の勃興を叙べる際には「然レドモ此ノ如キ貴族ノ専横ガ決シテ永続スルコト能ハザルハ天則ノ当然ナレバ漸ク社会ノ進歩発達スルニ随ヒ平民ノ知能漸ク長ジ富裕モ亦漸ク増スコトトナリテ……自ラ力ヲ奮テ貴族ノ専権ヲ挫折センコトヲ務ムルニ至レリ」(一三一頁) と言つて、その興隆を「天則の当然」視しながら、他方平民社会に於ける第四階級の抬頭の事実に対しては「今日ノ貧小民ハ貧窶ナルノミナラス加フルニ知能モ亦頗ル欠乏セルモノニシテ……今日ノ開明世界ニ立テ強者ノ地位ヲ占ムルカ如キハ到底出来得ヘカラサルコトニシテ徒ニ社会ヲ攪乱スルニ過キサルノミ」(一三六頁) としてこれを否定し、むしろ逆に「富裕ニシテ且ツ知能ニ富メル高等階級ガ貧窶ニシテ知能ニ乏シキ低等階級ヲ圧制スルコトハ固ヨリ天則ノ当然ニシテ如何トモスルコト能ハザルナリ」(一三四頁) と断じてゐる。ここにいふ「天則」は、人類社会の進化とともに「弱者モ亦権力ヲ占有シテ能ク強者ニ対スルヲ得ルコトトナルハ是即チ一定不変ノ天則ナリト思ハルルナリ」(一四六頁) といふ本書の一般的原則としての天則と牴触することは明瞭である。かしこでは貴族の専制が永続しないのが天則であり、ここでは「中等門地」の支配が永続するのが天則である。両者の認識を共通に貫くものは結局前述した近代市民社会の絶対化的志向にほかならない。畢竟、彼はそのドイツ学を通じて深くヨーロッパ市民社会の思想的洗礼を受けてゐた。市民的思惟形態は彼にとつて殆ど第二の天性となつてゐた。しかも誕生後間もない我が国の市民社会には、ヨーロッパ市民社会的範疇の直接的適用を許さない多くの特殊性があつた。この原理と現実との乖離が彼の理論をして奇怪な姿態をとらしめたのである。彼の根柢的な思惟傾向は依然として転向後も自由と進歩と民権（むろんドイツ的穏健さをもつた）のそれであつた。しかし日本の市民社会は夙に国家と密接な抱合関係に立ち、それに対応して自由民権運動の一部は早熟的に急進化した。従つて自由と進歩の「行き過ぎ」が、早く警戒されねばならなかつた。弘之の権力説はその「行き過ぎ」を抑止する役割を帯びて登場したのである。ところが純粋の権力説は前述のごとく市民社会の完全な対立的イデオロギーであつて、進歩観と相容れない。故に強者の権利の思想もグンプロヴィッツの様に、弱者の強者化を認めず、強弱の差を固定化するのがその本来の態様である。しかるに本来市民社会のイデオローグたる弘之の理論には、いつの間にか権力説の中に「進歩の信仰」が忍び込み、強弱の対立を相対化してしまつた。かくしてそれは一方権力説として不徹底のものとなると共に、他方いままで歴史的に変化して来た社会的強弱関係を現在の状態で固定化しようとしたために奇怪な論理的矛盾を冒すこととなつたわけである。この様に、弘之の思想的推移を日本の近代化過程を制約した複雑な社会的条件との関聯に於て眺めるとき、そこには色々と考へさせられる問題が生れて来る。その意味でこの『強者の権利の競争』の如きも、近代主義の日本的性格を究明する上に欠くことの出来ぬ史料の一つであらう。

（「法律時報」昭和十八年一月号、日本評論社）

福沢に於ける秩序と人間

福沢諭吉は明治の思想家である。が同時に彼は今日の思想家でもある。福沢を明治の時代的特殊性から理解し、彼を歴史的過去に定着させようとする者は多く彼のうちに啓蒙的な個人主義者のみを見る。彼の個人主義は時代的役割を——それがいかに巨大だつたとはいへ——既に果し終つたとされる。他方福沢を今日の思想家となす者は多く彼のうちに国家主義者・国権主義者を見る。さうして福沢を数少からぬ日本主義者の系列に加へて、福沢精神の現代性を強調する。いづれにせよ彼の「個人主義」と「国家主義」はバラバラに切り離され、一は歴史的地盤に固着し、他は歴史的地盤を離れて自在に浮動するが如くである。

しかし、福沢は単に個人主義者でもなければ単に国家主義者でもなかつた。また、一面個人主義であるが他面国家主義といふ如きものでもなかつた。彼は言ひうべくんば、個人主義者たることに於てまさに国家主義者だつたのである。

国家を個人の内面的自由に媒介せしめたこと——福沢諭吉といふ一個の人間が日本思想史に出現したことの意味はかかつて此処にあるとすらいへる。国家的観念乃至統一国家的な意識が思想として福沢以前から存してゐたのはいふ迄もない。しかし大事なことは、彼が独立自尊の大旆を掲げるその日までは国民の大多数にとつては国家的秩序はいはば一つの社会的環境にとどまつたといふ事である。国民は祖先代々住んで来たこの環境に対して本能的習慣的な愛着を感じてはゐたであらう。だが環境は環境として個人にとつてはどこまでも彼の外にあるにすぎない。環境の変化は彼にとつて畢竟自分の周囲の変化であつて自分自身の変化ではない。国民の大多数が政治的統制の単なる客体として所与の秩序にひたすら「由らしめ」られてゐる限り、国家的秩序は彼等に環境として以上の意味を持ちえず、政治は自己の生活にとつて何か外部的なるものとして受取られるのは免れ難い。しかしながら、国民一人々々が国家をまさに己れのものとして身近に感触し、国家の動向をば自己自身の運命として意識する如き国家に非ずんば、如何にして苛烈なる国際場裡に確固たる独立性を保持しえようか。若し日本が近代国家として正常な発展をすべきならば、これまで政治的秩序に対して単なる受動的服従以上のことを知らなかつた国民大衆に対し、国家構成員としての主体的能動的地位を自覚せしめ、それによつて、国家的政治的なるものを外的環境から個人の内面的意識の裡にとり込むといふ巨大な任務が、指導的思想家の何人かによつて遂行されねばならぬわけである。福沢は驚くべき旺盛な闘志を以て、この未曾有の問題に立ち向つた第一人者であつた。

秩序を単に外的所与として受取る人間から、秩序に能動的に参与する人間への転換は個人の主体的自由を契機としてのみ成就される。「独立自尊」がなにより個人的自主性を意味するのは当然である。福沢が我が国の伝統的な国民意識に於てなにより欠けてゐると見たのは自主的人格の精神であつた。彼が痛烈に指摘した我国の社会的病弊――例へば道徳法律が常に外部的権威として強行され、一方厳格なる教法と、他方免れて恥なき意識とが並行的に存在すること。批判的精神の積極的意味が認められぬところから、一方権力は益〻閉鎖的となり、他方批判は益〻陰性乃至傍観的となること。いはゆる官尊民卑、また役人内部での権力の下に向つての「膨脹」、上に向つての「収縮」。事物に対する軽信。従来の東洋盲信より西洋盲信への飛躍、等々――。こうした現象はいづれも自主的人格の精神の欠乏を証示するものにほかならなかつた。もとより国家的な自主性が彼の最終目標であつた事は疑ふべくもない。しかし「一身独立して一国独立す」で、個人的自主性なき国家的自立は彼には考へることすら出来なかつた。国家が個人に対してもはや単なる外部的強制として現はれないとすれば、それはあくまで、人格の内面的独立性を媒介としてのみ実現されねばならぬ。福沢は国民にどこまでも、個人個人の自発的な決断を通して国家への道を歩ませたのである。その意味で「独立自尊」は決してなまなかに安易なものではなく、却つてそこには容易ならぬ峻厳さが含まれてゐる。安易といへば、全体的秩序への責任なき依存の方がはるかに安易なのである。福沢は我国民は「独立自尊」の伝統には乏しいとはいへ、その倫理的なきびしさに堪へる力を充分持つてゐると考へた。つまり彼は日本国民の近代国家形成能力に対してはかなり楽観的だつたのである。彼逝いて約半世紀、この楽観がどこまで正当であつたかは、今日国民が各自冷静に自己を内省して測定すべき事柄に属する。福沢の近代的意義の問題はその後にはじめて決せられるであらう。

（「三田新聞」昭和十八年十一月二十五日号、三田新聞学会）

〔後記〕

当時、『三田新聞』の編輯に携わっていた一人に、歴史家で、中学時代に私と同学年であった林基（旧姓渡辺）君がいた。学校卒業以後、ほとんど顔を合せたこともない同君から突然、研究室に電話がかかり、福沢についての小論の寄稿を求められた。次号の『三田新聞』は学徒出陣の記念ということで、福沢の国権論とか、大陸への軍事的発展にたいする肯定の側面がもつぱら強調されるような紙面になるので、福沢にたいする、やや異つた見方がほしいという話であつた。私にも林君の意図はよく理解されたので、その場で承諾したように憶えている。

（一九七六年）

清原貞雄「日本思想史　近世国民の精神生活」上（昭和十八年）

1

茲に紹介しようとする清原博士の『近世国民の精神生活上巻』は、前の『中世国民の精神生活』に続いて博士の日本思想史の第六巻をなすものである。博士の画期的なこの大労作も漸く徳川時代に入つて目的地を指呼の間に望む様になつた。しかし徳川時代は「我が国の思想史の上で最も多彩な時代であり、」「思想問題として取扱ふべきものが極めて多様であつたのみならず、資料文献の豊富なる事も亦前代までには全く見られない」（序文）ところからして、叙述も自然是迄より詳しくなつて、本巻ではまづ徳川初期から元禄正徳時代までが取扱はれてゐる。内容未見の読者のため一応本書の骨組だけを紹介して置かう。全体は序説及び四章より成る。序説に於いて徳川時代思想史の主流を大体儒教・国史思想・蘭学の三者に分けて、その各々の持つ史的意義を簡明に説かれてゐる。その裡、就中絶大の勢力を振つた儒教について、「徳川時代の思想史上の問題として、儒教が如何に興隆したかといふ事は固より重要事項であるがそれよりも一層重要な事項はその興隆した儒教が如何に日本的に新しい生命を賦与せられて活躍したかといふ事である。徳川時代の思想史に於て我が国の儒学者の思想を検討する事は固より重要な命題であるが、もし単に儒教を其のまま祖述し解説したのであるならば、それは只地理的に日本の某所に於て説かれた儒教に過ぎないのであつて、之を日本思想として取り上ぐべき理由は無い。即ち大なり小なり日本化せられた所の日本的特色を含む日本儒教となつたものであって始めて日本思想の範疇に入る事が出来るのである」（六頁）と述べられてゐる点がとくに注目される。ついで第一章は「儒教の勃興並に儒教思想と徳川時代封建政治との関係」と題し、室町末期以来、桂庵朱子学を経て、惺窩羅山に至る近世儒教の勃興事情を叙し、それが徳川幕府の絶大の庇護を受けた所以を明らかにし、そのイデオロギー的機能を種々の側面から論ぜられる。第二章「徳川時代初期の神道」ではまづ惺窩・羅山らによる神儒一致説の主張とその反面の神仏習合の排撃の次第を叙し、ついで近世初期の儒家神道の主なものとして、吉川神道及び度会延佳の伊勢神道の思想に就いてかなり立入つて考察されてゐる。第三章「諸学振興期に於ける思想界の鳥瞰」は第四章とともに量的に本書の最大部分を占め、論点また多岐にわたる。著者のいふ諸学振興期とは、寛永頃から元禄初期迄の凡そ七十年間を指す。この時代を特色づけるのは、なにより朱子学の普及、それに続く陽明学・古学の勃興による儒学の繁栄であり、同時期に見られる武士道論や史学思想などはいづれも儒教の地盤の上に咲き実つた成果である。かくて著者はまづこの時代に於ける儒教を背景とした政治経済思想のうち最も特色あるものとして熊沢蕃山と山鹿素行のそれを検討し、ついで蕃山・素行に山崎闇斎を加へて彼等に於ける日本主義の主張を尋ね、なほそれと関連して垂加神道と蕃山の神道説を以てこの期の神道を代表せしめ、転じて素行・貝原益軒・大道寺友山・力丸東山等による武士道の理論づけの試みを紹介し、さらに史学の勃興に及んで、林家の本朝通鑑、素行の中朝事実及び武家事紀、水戸の大日本史の三者を中心として夫々の史観の相違とその特色を明かにされてゐる。第四章は「元禄正徳時代の思想」である。ここではまづ元禄期に顕著となつた所謂「文運東漸」の現象を諸種の学芸領域に汎つて叙べ、次にこの時代を特色づける復古思潮をば、儒学に於ける仁斎・徂徠ら古学派の隆盛とそれに照応せる契沖・春満らの復古国学の勃興といふ両面から解明し、更に光圀に始まり栗山潜鋒、三宅観瀾、安積澹泊等によつて礎石を置かれた初期水戸学の思想を窺ひ、ついで浅見絅斎をはじめ谷秦山以下垂加神道の主たる代表者について闇斎精神の発展を叙べ、それとの対照に於て佐藤直方・三宅尚斎に於ける中夏思想に触れ、転じて新井白石の史学に現はれた新学風に論及し、最後に元禄の人心に最も衝動を与へた赤穂義士事件の思想史的解明を以て全篇の結尾としてゐる。全三百八十頁。終りに索引を付す。

2

本書を通読してまづ感ずるのは如何にも斯の道の大家にふさはしい手際のよさである。絢爛多彩を極める近世思想史を叙して、煩瑣に流れず、簡略に堕せず、錯雑膨大なる資料のなかからエレメンタリーのものを選択して、それの整理構成を通じて思想的潮流の主たる方向を一応洩れなく窺はしめる著者の老練な手腕には敬服の外ない。博士は序文に於て本書が多く先人の研究の成果に負ふことを認められ「此の書の構成に於ける私自身の功績は極めて乏しい」と謂はれる。若しこの言葉のうちに単なる著者の謙遜以上の意味を読み取りうるとするならば、それは却つて本書の特色を示すものである。たしかにそこにはとくに新らしい資料の呈示があるわけではなく、格別独創的な見解が示されてゐるわけでもない。しかしそれだけに本書は近世思想史のいはば標準的な解説書たる地位を占める。快刀乱麻を断つ如き峻敏さは見られぬ代りに、一つ一つの論断にも四方八方に眼をくばった慎重さが見られる。従つて結論は概ね折衷的となり常識的となる。例へば儒教の封建社会に対するイデオロギー的役割を叙べて、「要するに儒教の徳川時代封建制度に対する役割は、一面に於ては其の名分論に依つて其の機構を強化する事であり、他の一面に於ては其の機構の強化から来る農民への圧迫を其の仁政論に依つて緩和しつつ封建制の崩壊を延期した事である。然し乍ら、最後に徳川幕府を打倒して封建制度の終焉を齎した力として精神的方面に於て最も大きな働きをなしたものも亦儒教であつたのである」(三〇頁)と結ばれてゐる如き、如何にも著者の学風をよく窺ひえられる。かうした意味に於て、本書は「あれかこれか」といふ突詰めた解釈を求める読者を満足せしめる事は或は難いかもしれない。がそれだけに、読んでゐて突然冷水を浴びせられる様な心配もなく、どこに連れて行かれるのか分らぬといつた不安は毫も感じられない。淡々として説き去り説き来る著者の練達せる叙述に読者は古老の物語を聞く如き心易さを以て傾聴すればよいのである。

3

しかし思想史の概説書をものすることは他の制度や事実の歴史の概説を書くといふ意味と自から異なるものがある。凡そ思想史の対象となる様なイデオロギーは大抵構造がすこぶる複雑で、しかも思想の各構成部分がぬきさしならぬ必然性を以て組合せられてゐるものである。是を一応分解して現代人の意識を基準として再構成するといふことは或意味では危険極りない作業である。再構成された時既に原素材のうちの最も貴重のものが脱落してゐるといふ結果に陥り易い。或は一字一句の規定の仕方によつて全体の意味構造が一変するといふ事も珍らしくない。従つてそこでは精密機械に対する如き微細な操作が要求される。いな問題はさらに困難である。精密機械はいかに分解しても対象の物質的性質そのものは変らない。が思想史にはさうした意味での対象の固定性がない。思想史の素材は解釈を通じてのみ我々の認識の対象となりうるが、それが解釈された瞬間、素材の本来の相貌は永遠に失はれる。さうしてその代りに、解釈を通じて史家自身の価値体系が不可抗的に介入して来るのである。（このことはむろん一切の歴史について多かれ少かれ妥当するが、何といつても解釈の契機の決定的なのは思想史である。）ゲーテがファウストをして、「過去の時代といふものは我々にとつて七重の封印をした書物だ。君達にとつて諸々の時代の精神と称するものは、もともと先生方御自身の精神なのであつて、その裡に各時代が映し出されてゐるまでの事である」といはしめてゐる所以もここにあらう。その意味に於て思想史の解釈は必ずしも一義的に決定されず、むしろ一定の価値体系（或は世界観といつてもいい）に根ざし、その限りで固有の生存権を持つた数様の解釈が併存するのが必然的であり、その一をとつて直ちに正統的とか標準的とか称しえない。従つて考へ方によつては凡そ思想史は本来テキスト・ブックに不向きであり、概説されるに適しないといふ事にもなるのである。だから本書が標準的な概説書だといふ私の規定は民法とか商法とかの概説書といふ場合と異るのはもとより、一般歴史のそれの場合よりも更に制限的な意味に理解されねばならない。本書の滔々として淀みなき叙述に聞き惚れてゐる耳に少しく鋭敏な神経を働かすならば、さらりと通り過ぎてある個所に実は並々ならぬ問題の伏在してゐるのが感知されるはずである。

具体的な例を二、三挙げよう。博士は「山鹿素行の歴史思想は彼の国体精神に即した独特のものであつて、客観的に事実を事実として有りのままに記述するのが、歴史学の本質であると云ふ如き考は全然無く国体の闡明と云ふ目的観の上に立つ所の取捨を史実に就て行ひ、その論明に必要なる限度に於て其の史料を採録する態度を取つた」（二一三頁・傍点筆者——以下同様）といふところから、素行の歴史観を主観的史観と呼んで、本朝通鑑のそれと対蹠的地位に置いてゐられる。

しかし他方吾々は山鹿語類のなかに次の様な言葉を読むのである。「史を選ぶの徒、唯実事を以て之を記して、意見を以て断裁を見さずば乃ち可也。」（語類三十五）「後の史を記すもの多くは作者の意見を以て評議増減す、故に其の記すところ正しからず。」（同上）さうして、この様な実証性の尊重、その反面、史家の意見による「評議増減」の排撃が決してその場限りの思ひ付きを以て目しえず、むしろ素行の歴史叙述の根柢にひそむ一つの傾向となつてゐることは、例へば治平要録に於て、太古の治下に於ける民衆の生活状態を叙べた後に、「窃に按ずるに、神代の治は五徳自ら備はる。今議する所の五徳の神話は某、未だ旧紀を考見せず、唯だこれを推論す、恐らくは意見に陥らんか、尤も後覚を俟つ」といふ留保を付してゐるところなどに具体的に現はれてゐる。素行が通鑑綱目的「名分」史観の影響の下に立つてゐることは否定すべくもないけれども、他方歴史を客観的事実の記述と見る考へが「全然無」かつたと断ずることはどうであらうか。――

さうして此の問題は武家事紀の性格規定に関連してくる。博士は武家事紀を以て、「此の国体の本来の姿が中世以後湮滅したのは武家が勃興して其の勢力を逞しくし、政権を掌握した結果であるとする見地から、武家勢力の抬頭が如何にして此の国体本然の姿を湮滅したかの経路を明にし、そこに逆説的に我が国体を明徴にすることを目的として」（二一三頁）著述されたものとされる。是で見ると素行は古代の王政に規範的意義を与へ、之を基準として武家政治に対して批判的な見解を持してゐたかの如くである。しかし、素行は武家政治を否定するどころか最後まで最も熱烈な讃美者であつたことは武家事紀をはじめ謫居童問や治平要録等を虚心に読めば疑を容れない。彼は武家事紀の中で王政より武家政への推移の必然性を論じて、「武臣上をなみして世を政するに非ず、上に君道不《ル》ㇾ明《ナラ》がゆえに武臣これを承けて天下を安んずる也。保元よりこのかた建武の乱に至るまで、朝廷の礼楽政道正しきに武臣己れが私をほしいままに致す事あらず、全く天下困窮するゆゑに、武臣日々に盛にして是れを静謐せしむる也」といひ、そこから「王朝の政儀は信に美なりと雖も、今日の用に非ず」（謫居随筆）「朝家の勢万牛を以て挽《ヒク》ㇾ之《ヲ》とも古にかへり難し」（謫居童問）として明白に復古を否定してゐるのである。屢ゝ矛盾が存するかのやうに論ぜられる中朝事実と武家事紀との両著が実は全く同一の精神によつて担はれてゐることまさに博士の所論の如くである。しかしその共通の精神は古代を規範化する立場とは全く逆に、「今ここに」の歴史的現実の尊重にほかならない。治平要録に「窃に惟ふに、朝廷には朝廷の治あり、武家には武家の治あり、況や中朝自ら中朝の治あるをや。外国も亦然り。古今は同じくすべからず、中朝と外国とは混ずべからざる也」とある様に、現在の武家政をさし置いて古の王政を慕ふことと、現実の国土を忘れて遠い支那を憧れることとは根本的に同一の精神的態度として素行の排撃する所であつたのである。かく現実の歴史的発展を素直に肯定しようとする素行の立場は、歴史叙述に於て事実を第一とし、「意見」の介入を避けるといふ上述の語類の考へ方と無関係ではなからう。とすれば素行の史観を簡単に主観的（或は規範主義的）史観として範疇づけることの問題性はいよいよ大となるのである。更に他面本朝通鑑の史観が果してそれと対蹠的なほど客観主義的であるか、換言すれば、勧懲的史観から自由であつたかといふ疑問もあるが、あまり長くなるので是以上立入らずに置く。とにかく複雑微妙なイデオロギーの類型化にいかに危険と困難が伴ふかは是だけでも推察されよう。

類型化によつてイデオロギーのニュアンスが殺される他の例は儒学者の所謂中夏思想に就ても見出される。著者は前述した様に一方に於ける闇斎・蕃山・素行らに於ける「国民的自覚」の抬頭の現象と併行して、他方に於て、儒学の専門化が「日本人でありながら日本人たる自覚と自尊心とを喪失して不見識なる中夏思想に囚はれ」(三四四頁)た儒者を生むに至つたと述べ、その俑をなした者として、佐藤直方と三宅尚斎を挙げる。是は決して著者独特の意見ではなくむしろ従来広く行はれてゐる見解を踏襲されてゐるに過ぎないが、しばらくこの見解がどこまで妥当するかを佐藤直方をとつて吟味して見よう。直方は純粋に朱子学の立場を堅持して、師闇斎の神道に服せず、「宇宙の間一理のみ、固より二道あるを容さず、儒道正しければ則ち神道邪、神道正しければ儒道邪」として神道の存在を全く否定し、湯武放伐を肯定し、支那を中国とし周囲を夷狄と呼ぶことの妥当性を飽まで主張した。是だけで見ると如何にも直方は「我が国体を無視して革命を是認する」(三四六頁)不逞思想の持主であるかの如く見える。しかし凡そかかる重大な認定は最も慎重に下されねばならぬ。上の様な結論がいかなる論理的道程から導き出されたか、いかなる意味に於て言はれてゐるのか、将又いかなる前提の下に主張されてゐるのか、といふことを子細に点検することを要する。直方の神道否認は「天地の間二道なし」といふ真理の多元性の否認であり、神道が抽象的真理として儒教と同じ次元に位置することの否定にほかならぬ。それは凡そ儒者たる以上当然到達すべき帰結であつた。著者が国民的自覚の代表的思想家とされる蕃山にしても素行にしても、儒教に内在する真理の超国家的妥当性は決して疑はず、ただその歴史的な発現形態が特殊的な様相を帯びることに注意を向けたのである。彼等に於て神道や皇道は聖人の道の我が国に於ける具体的発現として認められてゐるのであつて、直方らはこの具体化されたものを道と呼ばぬだけの事である。従つて儒教と完全に独立した神道に依拠する後の国学者らの立場から見れば両者の差は五十歩百歩に過ぎぬ。直方の視界を大きく占めてゐたのが師闇斎の垂加神道であつたことを考慮するならば、彼の神道批判と惺窩・羅山・蕃山らの神道観を直ちに比較対照せしめえぬ事が知られよう。また湯武放伐の是認にしても決して一般的原則として規範的意味で肯定されてゐるのでないことは、韞蔵録巻之五に「武王ノハ大賢以上ノ権道ナレバ広ク諸人ノ手本ニハナラズ……今日ナベテノ人ノ上デ定法ヲ云トキハ君ヲ殺スト云フ事モ父ヲ殺スト云事モ決シテナシ」(引用は日本古典学会発行全集版による)とあるによつて明白である。中国夷狄の現在の呼称を維持すべしといふ主張も、直方によれば之は聖人の付した地理学的名称で、道徳の良否盛衰によるのではないから、固定させて置くのがよいので、是を勝手に変更してはその元来の趣旨に合はない(同巻之十四)、といふのでその論旨はともかく、必ずしも盲目的な支那崇拝ではない。儒者の中華思想の攻撃として有名な浅見絅斎の靖献遺言講義下の一節を直方は跡部良賢を通じて批判してゐるが(同拾遺巻之七)、そこで、「唐ノ書ヲ読デナジメバ、ドコトモナク唐人形気ニ成テ日本ハ旅屋ノ様ニ覚テ居ル古今第一ノ僻者也」といふ絅斎の言葉に対して、「尤至極ナル論ト存候、儒学ト云ヘハ第一井田社倉喪祭ノ事唐流ニシタガリ甚シケレハ手足ノ爪ヲ取ラヌ族モ有之候誠古今第一ノ僻者ニテ候」と評せしめてゐる処からも知られる様に彼にも国家的自主の意識が欠けてゐたのではなかつた。只彼は「善悪是非ニカマハズメッタニ我邦ヲ尊信スル」態度を非とし、国家を超えて現実の国家の必ずや準拠せざるべからざる道義の存在することを確信したまでである。聖賢若し我国に来寇せばといふ闇斎の投じた問題に対しても、「元来蒙古カ様ニ土地ヲ奪ヒ貪ル為ニ日本ヲ攻来ラバ縦ヒ聖賢ガ大将ニナッテ来フトモチクラガ沖へ出向ヒ命限リニ戦テ日本へヨセヌハヅ也。固ヨリ聖賢ト云モノガ土地ヲ貪ル為ニ人ノ国ヲ攻ハセヌハヅ也」（同上）としてむしろ闇斎よりも一歩進んだ認識を示してゐる。むろん私はかうした論拠を挙げて、直方を著者の断定とは反対に素行・闇斎の日本主義の系列に組入れる意図はすこしもない。彼は純粋朱子学者として「天理」万能の合理主義を堅持したところから、その見解が動もすれば非歴史的＝公式的に流れた事は否定さるべくもなからう。ただ一方藤原惺窩・林羅山にすら「日本主義的な精神」を見出される（三四三頁）著者が、他方直方の思想のうちに「卑屈なる中夏思想」「支那かぶれ」更に進んでは「我が国体を無視し革命を是認する如き傾向」をのみ認識されるのは、少しく善玉悪玉的範疇を以て思想の生きた多面性を律する嫌ひなきかを疑ふのである。

更に、一寸した表現の仕方が思想の全体の規定づけに重大な結果を齎らす例を挙げるならば、例へば次の様な言葉がある。「儒教は云ふまでもなく民主主義の教である。民の幸福を増進することを君主の最大の義務とする。」（二六頁）しかし「民の幸福を増進することを君主の最大の義務とする」思想は、通常の政治学的概念に従へば十八世紀啓蒙専制君主に見らるる如き福祉国家のイデオロギーでこそあれ、民主主義とは截然異る。いふまでもなく民主主義は国民一般に政治に対する主動的地位を容認する立場であり、この意味からすれば、国民を統治の客体としか考へない儒教はまさに民主主義の正反対である。恐らく不用意の言と思はれるが、何々主義といったイデオロギーの核心を表現する概念は出来るだけ正確に用ひる事が望ましい。また、著者は白石の史観を以て「儒学に於ける古学又は国学に於ける復古派の精神といふ此の時代の潮流」の史学に於ける発現と解せられ、此等に共通する精神を「合理主義的自由検討の学風」とか「自由に合理的研究を行はんとする風潮」とかいふ言葉で表現されてゐる。たしかに伝統的な解釈の媒介を排して、自由に捉はれざる眼を以て原典に立ち向はうとする精神に於て彼等は共通してゐるが、この態度を「合理的」とか「合理主義的」とか呼ぶとき、そこに重大な誤解を誘致する懼れなしとしない。白石の古史通に現はれた神事を人事にひきもどして解釈する態度はまぎれもなく一種の合理主義であるが、この合理主義の起源は主として白石の朱子学的教養であり、儒学の古学派や復古国学はまさにかかる「非合理的なるものの合理化」に対する反対をその重要なる特徴としてゐるのである。「私智」の介入を排し、むしろ対象への信仰的な没入を通じて古典を帰納的・実証的に解釈しようとするのが古学派の態度であり、若しそこに自から結果として現はれた批判的・学問的精神をしも合理的精神と呼ぶならば、白石の史観にはそれと通ずる面をもちつつも、他方或る一点に於て氷炭相容れざるものが含まれてゐる。是を漫然と合理主義の名に於て総括するとき、両者の思想的特質を截然と画する一線が撤去せられてしまふのである。

其他細かい事実の点でも問題になる点はなくはない。例へば素行の古学提唱を聖教要録刊行の年たる寛文六年とされるところから、仁斎に四年乃至五年のプライオリティーを認められる様である（九八頁）が、聖教要録の思想は既に語類に於て明瞭に認められるのであり、語類の門人序に「癸卯先生の学日に新にして直に聖人を以て証と為す。故に漢唐宋明の諸儒は（中略）其の聖学の的意に至りては、悉く先生の志に乖戻す」とあるによつても、寛文三年には既にその立場が確立してゐた事が分る。この点今少し検討を要しはしないか。因みに、著者が語類を以て「尚ほ朱子学に依拠し居つた時代の思想を取り纒めたものである」（一一五頁）とされるのは明白に誤解と思はれる。

4

以上、先学の尊敬すべき労作に対し色々と批評がましい言辞を連ねたけれども、私の意図は、思想史の概説書といふものは、如何なる大家の手に成らうと、如何に手際よくなされようと、「概説」されること自体から不可避的に問題の生ずる余地を残すものだといふことを本書の紹介を機縁として、示さうとしたまでであつて、さうした例証に本書が適すると考へたのは私が本書の概説書としての価値を高く評価するがためにほかならない。本書は日本思想史に関する汗牛充棟の近時の文献の中でまづ安心して何人にも薦めうる書物の一つに属する。それは本書の叙述態度が大体に於て偏執がなく、客観性を保持すべく努めてゐるからである。この事たる、特に現時に於て、しかも特に思想史の労作に於て少からざる尊重に値する。私はさきに歴史、就中思想史に於て史家自身の価値体系が不可避的に介入し来るといつた。それが不可避であり、その意味で上述のゲーテの言葉の裡に争ひ難き真実が含まれてゐるだけに、益々もつて思想史家には厳粛な「禁欲」が要求されねばならぬ。苟も歴史叙述の主体性といふ如き美名に隠れて、史的判断を自己の主観的好悪に委ねたり、時代の好尚に適合する側面のみを強調し、然らざる面を隠蔽乃至歪曲したりすることがあつてはならない。日本思想史はとくにかうした安易な誘惑に陥り易い。さうした態度は自国に忠なるに似て実は自国の現実に辿り来つた史的過程に対する敬虔さを欠いてゐる点に於て却つて国史の冒瀆以外のものではない。本書が一般的にかうした傾向から免れてゐるのは何より多とすべきである。私は広く学界のため博士による日本思想史全巻の完成の日の一日も速ならんことを祈りつつ、この蕪雑な紹介の筆を擱くこととする。

（「国家学会雑誌」昭和十八年六月号）

1944-45

高橋勇治「孫文」（昭和十八年）

『東洋思想叢書』にまた新らしい一巻が加はつた。著者にその人を得たため、本書は同叢書中でも最も傑出せるものの一つとなつたのみでなく、我国、いな世界に於ける孫文研究の今日までに達しえた諸成果がここに煮詰められてゐるといふ意味で、私は是を孫文乃至孫文主義への最良の入門書として推したい。奔放不羈な筆致と、快刀乱麻を断つ底の判断は一読爽快を覚へしめずには措かぬ。とくに燦然たる光彩を放つてゐるのは、本書の大半を占める孫文の政治的生涯の叙述である。そこでは彼の思想と運動の成熟過程が、清末以後の支那社会の歴史的展開との関聯に於ていとも鮮かに浮び出てゐる。しかもその間、著者多年の研究に基づく特色ある見解も一二に止まらない。例へば孫文が明確に共和論者になつた時期に就て通説の一八八五年説を排し、その誤謬のよつて来る所以を解明せるあたり（三三頁以下）、またよく問題になる興中会創立と孫文との関係についての分析（四〇頁以下）とか、民国十二年一月一日の国民党宣言の歴史的意義の強調（一六四頁）とかに読者はその顕著な例を見出すであらう。解釈はかなり断定的な調子を帯びるが、夫々綿密な考証を背景に持つてゐるから説得力が強い。(尤も中には、「一九〇〇年(明治三十三年)といふ年に日本に於て立憲政治が正式に開始されてゐる」(八八頁、傍点筆者)といふ如き slip of pen もあるが。)かうした歴史的叙述の一分の隙も見せぬ鮮かさに比べると、三民主義の全体としての理論的分析ともいふべき最後の二章はもともと最も取扱に困難な面だけに、そこに自から少からぬ問題を残してゐる様に思はれる。とはいふものの、ここでも著者は従来の三民主義の理論的研究の系譜を忠実に継承してゐるのであつて、例へば三民主義の哲学的基礎は唯物論か観念論かとか、三民主義就中その民生主義と社会主義乃至共産主義との関係如何といふごとき問題は従来の三民主義研究家の等しく取上げた論点であつた。さうしてかうした問題提出を前提とするならば、著者の解答は決して意想外でも的外れでもなく、常識的な結論に落着いてゐる。しかし私は一歩進めて三民主義の全面的把握のためには、かうした問題提出にとどまつてゐていいか、何かもつと異つた問題の立て方が必要なのではないかといふ気がしてならないのである。

三民主義はそれ自体完結した「思想体系」ではない。そのことは一応理解されてゐながら、いざ三民主義を「解説」するとなると、ひとはいつの間にか、恰も静的な思想体系に対する如くにそれを操作する。さうした取扱をする限り、孫文のあれこれの言説や著作から論理的混乱や撞着した見解ないし曖昧な規定を引出すことはいとも容易である。そこから三民主義の思想的価値が不信に曝され、単純なヨーロッパ思想のよせ集めだとか孫文の途方もない空想的産物だとかいふ烙印を押される。三民主義を「現実」的地盤から内的に解釈すると称する社会科学的立場にしても、自己の固定的な思惟範疇をふりかざして、孫文の議論に迫らうとするところから、三民主義を唯物論に入れようか観念論に入れようかとさんざ迷つた揚句、唯物論的色彩を帯びた観念論だといふ様な分つた様な分らぬ様な結論に落着いてしまふ。（抑ゝ哲学思想をかういふ範疇に二大別すること自体が多分にイデオロギー的意味を帯びた分類で、無理なのだが。）三民主義を抽象的な Geschlossenheit に於て見るにせよ、その個々の所論を社会的地盤に還元して解釈するにせよ、それは三民主義の外から《フォン・アウセン》の、いはば客体的解釈たることに於て変りがない。しかし抑ゝかうした視点に立つてゐる間は、三民主義が何故に支那思想史上、国民大衆の内面的意識に支持された唯一つのイデオロギーとなりえたか、何故今日に於て国民政府も重慶政権も、延安政権も競つて自己の正統性を孫文とその三民主義の忠実な継承者たる点に根拠づけようとするのか、といふことは遂に理解されないのである。さうしてこの「謎」を解くことなくして抑ゝ支那問題の解決もありえないとするならば、事は決して単なる「方法論争」ではなくまさに我々日本国民が主体的に取上げるべき問題なのだ。そのためにはもつと三民主義をその内側から、内面的に把握せねばならぬ。孫文主義は広義の社会主義の一種であるとか、支那民族資本を担ひ手とするブルジョア民主主義だとかいつて済ましてゐたところで問題は一歩も前進しない。しからば孫文主義の内からの理解とは何か。私はそれはなにより孫文自身の問題意識を把握することだと思ふ。孫文は何を語つたか若くは何と書いたかではなくして、彼が一生を通じて何を問題とし続けたかといふことである。彼が現実を如何に観たかといふことよりむしろ、彼は如何なる問題で以て現実に立ち向つたかといふ事である。ラインバージャーのいはゆる、「多くの点で矛盾だらけの癖に、全体としては恐ろしく首尾一貫してゐる」といふ三民主義の秘密はかうした把握によつて始めて開かれる。そのとき彼の個々の言説の「矛盾」はもはや矛盾ではなく統一的な展望の下に立ち、外面からは孫文の途方もない「空想」としか思はれない事が実は彼にとつて抜差ならぬ切実な課題であつた所以が理解されるのである。従来の軌道での孫文乃至孫文主義研究はこの高橋氏の新著あたりで一応行くところまで行きついた感がある。本書はさうした意味で、孫文研究の新らしい方向へのこよなき跳躍台となるであらう。因みに本書については既に国際法外交雑誌第四十四巻第一号に植田捷雄氏による紹介がある。

（雑誌「東洋文化研究」の校正刷になつたまま、戦争末期の印刷事情のため未刊）

1938-39

新刊短評

W. Lippmann, The Good Society, 1937

A Preface to Politics や Public Opinion の著者として又ジャーナリストとして名高いリップマンが最近に於ける団体主義《コレクチヴィズム》の攻勢に面して自由主義原理の再建を志した野心的な著作である。全篇の構造は二部に分れる。前半（第一篇と第二篇）に於て一八七〇年頃に始まる団体主義運動――その下には共産主義・ファシズム及び漸進的団体主義（例へばニュー・ディール等）が理解されてゐる――の理論と実際が分析される。彼は結局社会秩序のあらゆる計画化を否定し、新社会の計画なるものは全て絶対主義《アブソリューティズム》の合理化に過ぎずその帰結するところは戦争体制なることを論証する。この著の後半（第三、四篇）では、産業革命と自由主義の関聯が明にされ、自由主義の「顚落」は決して自由主義原理の、顚落ではなくして、寧ろ原理よりの顚落なりとし、その原理の不滅性が分業の必然性から導き出される。著者によればこの研究は問題の解決ではないが、かかる探究は今後も継続されねばならぬ。「蓋しその結果ひとは特権、権力、強制、権威等からの解放……にこそ進歩は存するといふ先考たちの確信をとり戻すに至るだらうから。」

（「国家学会雑誌」昭和十三年五月号）

S. M. Rosen, Modern Individualism, 1937

「政治思想の発展とその現代の危機」といふ副題の示す様に市民社会の構成原理としての個人主義の発展過程を主として英国思想界に於て跡付け、以て世界的規模に於けるその行詰りの所以を解明せんと企てた著である。序論に次で第二章は「啓蒙時代」と題し、宗教改革より仏革命前後迄の政治思想を扱ひ、第三・四章がミル・グリーン及びダーヴィニズムに充てられ、最後の五・六・七章で市民社会の内在的矛盾を背景として発生した労働問題による個人主義の動揺とその再建の試みを分析する。著者は問題の全体主義的解決を斥け、個人主義の任務を集団的安定の要求との調和に在りとし、その方策を計画的社会工作に見出す。そこにラスキなどの影響が窺はれる。

（「国家学会雑誌」昭和十三年五月号）

務台理作「フィヒテ」（昭和十三年）

大教育家文庫に属する一篇。全七章。序説でフィヒテの時代と生涯と思想的発展過程が概観せられ、之に続く六章が主として「独逸国民に告ぐ」るかの著名な講演を素材として彼の国民教育思想を叙述する。それが彼の基礎哲学たる知識学との密接な聯関のもとに、しかも平明達意に説かれてゐることはこの書をフィヒテ哲学一般への好ましき入門書たらしめてゐる。フィヒテが無雑作に今日の全体主義乃至民族主義の教父と見做されがちな秋、「彼（フィヒテ）の意図してゐたのは武力的国家の建設ではなくて精神的文化的国家の建設であ」り、「独逸国民の奮起は単に独逸精神の名に由つてのみでなく、世界精神の名によつて要求され、……彼の青年時代に傾倒した道義的世界政治主義的傾向が猶失はれず熱烈なる愛国心、民族主義を通して存続してゐる」ことを教へる本書の意義は尠しとしない。

（「国家学会雑誌」昭和十三年六月号）

R. H. S. Crossman, Plato To-day, 1937

著者はオックスフォード、ニューカレッヂのテューター。プラトーの現代的意義を彼の政治哲学の

171　R. H. S. Crossman, Plato To-day

面に即して論じたもの。哲学的反省は社会的発展が下り坂になり、混乱と崩壊の相を呈して始めて興る、となして、プラトーの歴史的背景と今日の時代との著しき相似を指摘し、プラトーをして今日あらしめたならば現代政治文化の中心問題——デモクラシー、教育、家族、コンミュニズム、ファシズム——を如何に批判するか、といふ大胆な問題を提出して、夫々興味深い解答を試みる。例へばファシズム観のところでは、プラトーがナチの集会で傍聴した演説の模様をアリストテレスに語りそれを批判するといふ形式で書かれてゐる。一見荒唐無稽の様であるが、著者はよくプラトーそのものに沈潜しまたギリシャの政治的情勢をかなり詳細に分析して、歴史的条件を捨象した類比《アナロギー》のもたらす危険を避けてゐるから、その所論は一概に空虚な構想とは断じられない。結局著者は、ソクラテスが生命を賭して提出した、理論と実践・哲学と日常生活との統一といふ課題の解決にプラトーは失敗したと断じ、その失敗の所以を、「理性が常に拒否すべき地位——理性の無誤謬——を理性に与へた」事に帰し、如何なる既成の固定観念にも安住しえざる conscientious objector としてのソクラテスの精神こそ現代の要望なりと論ずる。英米にしばしば見受けられる、通俗的かつ学問的な労作のひとつである。

（「国家学会雑誌」昭和十二年八月号）

H. J. Laski, Liberty in the Modern State, 1937

これは一九三〇年に出た同名の著書をペリカン叢書の一篇として刊行したものだが、ラスキはとくにこの版の為に三八頁に汎る長い序文を寄せてゐる。そこでラスキはこの書の初版の刊行以来七年の歳月の間に「自由」の蒙つた世界的変遷を述べてその原因と対策とを簡明に検討する。その基本的見解は前著 "The State in Theory and Practice" に於て展開せられた処と変りはなく、むしろ最近に於けるスペインの事態などを考慮してその所論を強化してゐる。自由の衰頽は大戦以後の世界的不安《インセキユリ》定《ティー》に由来するが、この不安定は大戦から生れたものでなく、却つて大戦自体が現在の社会組織にひそむ不安定性の爆発であり、されば民主化の徹底と生産関係の維持との間の決定的矛盾が止揚されぬ限り事態は解決しない。しかもこの事たる「恐らく人間同志の暴力的闘争の代償によるに非んば完成されえぬであらう。」かくてラスキはソヴィエット独裁制をば、そのもつあらゆる陰影にも拘らず、自由の原理の再興へ志向づけられてゐると断じ、現在の新らしい暗黒時代を切抜けるため、全ての自由の友が堅忍不屈の精神を以て団結すべきことを熱烈に要望してゐる。

（「国家学会雑誌」昭和十三年八月号）

J. W. Allen, English Political Thought, 1603-1660, (Vol. 1. 1603-1644) 1938

本書は英国政治史上の最も興味深い時期たる一六〇三年ジェームス一世の即位より、共和政治時代を経て、一六六〇年に王政復古に至る迄の諸々の政治思想の動向をテーマとしたもので、この第一巻には一六四四年迄が取扱はれてゐる。一六四四年を区切りとしたのは、著者がこの年を以て従来の王党対議会派の争が峠を越えて、議会の内の諸セクションの争に転化したと見るによる。アレン教授はつとに名著“A History of Political Thought in the Sixteenth Century”を送つたが、その続編ともいふべき本書は、隅々まで行きとどいた緻密さと、あくまで実証的な態度によつて、最近政治思想史文献上の異色ある存在である。続巻が待望される。

（「国家学会雑誌」昭和十三年十月号）

J. A. Leighton, Social Philosophies in Conflict, 1937

著者は“The Individual and the Social Order”等の著述によつて夙に知られてゐる倫理学者で、オハイオ大学の教授である。一九三一年と三六年の両度に汎つて欧洲各国を遍歴し、独裁政の勃興により自由的《リベラル》民主政《デモクラシー》が壁際に押詰められ行く姿を目のあたりに見た著者は、unrepentant liberal（著者は自らをかく呼ぶ）として坐視しえず、現在争闘の渦中にあるファシズム・ナチズム・コンミュニズム・デモクラシー等の社会原理の根本的評価を志したのが本書である。著者は現在の危機の核心を、資本主義の齎した、政治的デモクラシーと経済的デモクラシーとの間の不均衡に見出し、まづこの危機の解決を志せる諸独裁政——ファシズム・ナチズム・コンミュニズム——を順次に検討する。さうしてこれらがいづれも、個性と人格の伸長——それが著者にとつて、社会組織の究極目標であるが——を阻害すると断ずる。ただし彼はコンミュニズムの独裁に就てはそれがロシアの歴史的特殊性に由来する所多きを指摘しその将来性に就ては他の独裁形態に対してよりも楽観的である。かうした独裁政に対して著者は自身の解決策として、cooperative democracy なるものを対置しその哲学的基礎と実践的方策とを詳細に展開する（三、四篇）。政治的デモクラシーはそれ自体目的ではなく経済的乃至倫理的デモクラシーを増進する手段に外ならぬ。ゆえに前者を放棄することなくして後者を確保する方策如何に著者の関心は集中される。民主政の倫理的基礎の論述が精彩を放つに対してその具体的方策は「経済的個人主義と完全な社会主義との妥協」（四二〇頁）といふ言葉であらはされてゐる様に、ニュー・ディール的な国家統制や協同組合運動などを出でず比較的平凡であるのはやはり畑の違ふ為であらうか。ともあれ、かかる意味のデモクラシーも、同時に国際組織の秩序化を伴はずしては達成しえない。かくて著者は国際問題に転じ、戦争の基因たる経済的ナショナリズムの打開を論ずる。満足国・不満足国のロヂックを著者は種々の例を挙げて否定するが、他方ヴェルサイユ条約の過誤を認め、国際聯盟の改造・原料と市場の解放を要望する。さうして「平和と善意と人道の最大の敵」（四五七頁）たる排外的《ショーヴィニスティック》なウルトラナショナリズムに対して仮借なき指弾が浴せられる。全体に汎つてとくに鋭い所とてはないが、それだけに周到な論述であり、際物的な類書を遙かに超えた深みと重厚さが窺はれる。巻末の文献また至便である。

（「国家学会雑誌」昭和十三年十月号）

永田広志「日本封建制イデオロギー」（昭和十三年）

これは著者が序文でことわつてゐる様に、日本封建時代の思想史の叙述ではなく、この思想史研究の前提となるべき理論的問題の解明であり、その意味で同じ著者による『日本哲学思想史』と相補ふものである。第一篇思想史上の東洋と西洋、第二篇封建仏教論、第三篇徳川時代思想史の三篇に大別される。全体として統一性に欠ける処があるのは雑誌論文を基礎としてまとめられたためであらう。しかし個々の論文は夫々適切なテーマを扱つて興味が深い。全篇に汎つて一方、日本思想の特殊性の神秘化・絶対化が、他方、ヨーロッパ的範疇の機械的適用が共に斥けられてゐるのは当然のことではあるが、妥当な態度といへる。巻末の索引と日本封建思想史年表は利用価値が高い。

（「国家学会雑誌」昭和十三年十二月号）

永田広志「日本哲学思想史」（昭和十三年）

本書は史的唯物論の立場から徳川時代を中心とする日本思想史の概観を試みたものとして恐らく最初の体系的な労作である。徳川時代以前は序説に於て極めて簡単に触れられるにとどまるが、それはこの時代に於て兎も角も儒教が伝統的信仰に対して理性の自主性を確立したことが重視されてゐるからでもあらう。はじめに日本哲学の特徴として、㈠日本歴史の後進性に基づく創造的性格の欠如 ㈡哲学思想が永らく宗教より分離せず、それが一応独立した後も欧洲に於ける様に自然科学の成果を支柱と為しえなかつたため、或は道学的世界観を脱せず（儒教）、或は古代的迷妄の復活に終つた（復古国学）事などが指摘されてゐる。さうして以下、第一章「幕藩封建制確立に伴ふ思想界の変遷」第二章「幕藩制安定期における儒学の繁栄」第三章「封建制の頽廃過程開始と思想界の分化」第四章「国民的統一の諸条件の生長期」と題して、徳川幕府による封建制の再編成と共に、従来思想界で指導的地位を占めた仏教に代つて儒学が士農工商的身分制と武士団内部の階層的秩序のイデオロギー的支柱として登場したこと。寛永―元禄頃の幕政安定期に於て儒学は最盛期に達したが、やがて享保年間を転機として商業＝高利貸資本の生長・農民層の分化と共に、復古国学心学の如き非武士身分を地盤とする諸思潮の擡頭と、洋学の移入による新自然観の発展とに挾撃されて、徂徠学派以後理論的貧困化の一路を辿つたこと。寛政以後は、益々激化する一揆打毀と諸外船来航によつて幕藩制の矛盾が根本的に暴露されるに及んでさまざまの程度に於ける反封建的傾向が思想界に顕著になつたこと——からした基本過程が諸学説の叙述に即して要領よく述べられてゐる。最後に「結び」として幕末の諸思潮と明治以後のそれとの関係を簡単に概観してゐる。叙述は概ね客観的で悪い意味の党派性から脱してゐる代りに、唯物論的立場の浸透に於て物足りない点がある。しかし必ずしも快適ならざる環境下にあつて孜々として日本思想研究に精進される著者の労を多とする。

（「国家学会雑誌」昭和十三年十二月号）

H. C. Wolfe, The German Octopus, 1938

これはヒットラーの根本意図を汎ゲルマン主義の再興にありとする見地からして、その東方進出政策《ドラング・ナハ・オステン》が中欧諸国の運命に如何なる影響を及ぼしつつあるか、また及ぼすであらうかといふ事を論じたもの。昨年の二月末頃——即ち独墺合邦の前夜——を現在として書かれてゐるが、既にチェッコを次の生贄として挙げ、これに対し英国に於ける孤立派の強固さを指摘して、「西欧デモクラシーは平和——むろん西欧のそれ——の大義のために」チェッコの独立にとつて致命的なズデーテン・ドイツの自治を認める様、「チェッコに〝勧告《アドヴァイス》〟せざるをえなくなる可能性」ありとしてゐるなど卓見である。

その他、独・伊枢軸の暫定的性質を指摘し、一見奇想天外の様な独・露協調の蓋然性を測定してゐる個所などは、所論の当否は別として極東の国民が一応考慮に入れてよい考へ方である。なにより引付けられるのは著者の潑剌たる筆致と生彩に富んだ描写で、一寸大衆文学の傑作を読むの感がある。著者はアメリカの中欧通らしい。

（「国家学会雑誌」昭和十四年二月号）

A. Huxley, Ends and Means, 1937

この一寸風変りな題名をもつ本は、英国現文壇の重鎮、オルダス・ハックスリが、彼の最近のヒューマニズム運動にいはば理論的基礎づけを与へるために、彼の抱懐する理想社会とその建設方法を体系的に述べたものである。彼によれば、人類の窮極目標が自由・平和・正義・友愛の社会である事はイザヤよりカール・マルクスに至る迄略と一致した見解であり、またこの社会を構成すべき理想人が「無執人」(non-attached man)——肉体に、権力に、所有欲に、憎悪に、要するに、自我と世事に執着しない人——たるべきことは、ニーチェやマキァヴェリの様な少数の変人《エクセントリック》を除いて古今東西の宗教乃至は哲学の説く処である。ところがこの数千年来変らぬ理想に向つて人類は進歩してゐるか。ハックスリーに従へば、現代はその驚くべき技術的進歩にも拘らず、——慈悲《チャリティー》——それが無執着《ノン・アタッチメント》の積極面である——の点では明白に退歩を示してゐる。これは畢竟、その理想的目標に到達すべき手

179　A. Huxley, Ends and Means

段を誤つてゐるからだ。目的は決して手段を神聖にしない。悪しき手段から生れる害悪は必ずや目的そのものに逆作用して遂に之を損ふに至る。この彼の確固なる信念を、彼は全篇を通じて論理的にかつ歴史的に挙証する。従つて彼はあらゆる種類の暴力を絶対に否定する。そこから当然に対内的には暴力革命の排撃が、対外的には戦争（聯盟の制裁も含む）の否認が帰結される。自由平等な共産社会を建設する為に集権的な独裁を容認するコンミュニズムや「戦争をなくするための戦争」「デモクラシーの為の戦争」などといふ考へ方はすべて自己矛盾で、現実的には支配者の弁護に堕する。（ファシズムに至つては目的も手段も悪い。）かうした悪しき手段の理由づけはいつも、「歴史的必然」の一言だ。「〝歴史的なもの〟を承認し、そのために努力するのは、光に抗して闇の力と協力することである。」之に対してハックスリーのひたすら頼る方法は責任ある、執着せざる個々人の自覚せる協力で、その政治的表現として、地方分権と自治制を主張する。更にこの個人の自由な協力を可能ならしめる前提として、不平等——経済的のみならず性格的なそれ——の解決と教育方法の改革が詳細に汎つて論究せられてゐる。しかもハックスリーは、以上の様な社会改革の具体策に止まらずして、之を基礎づける形而上学的原理を信仰と倫理を取扱つた最後の三章で提示しようとする。彼によれば、最近の物理学や心理学の成果は、この世界に於て独立せる「個」といふ観念は抽象に過ぎず、具体的実在は宇宙的全体の相関的統一である事を示す。それに相応じて究極的実在——神——も人格的に考へてはならない。「神が軍隊の秩序としてではなく、指揮官として、内在且超越的な統合の原理としてでなく専ら超越的な人格として、構想せられる処、そこに必ず迫害が伴ふ。」樹はその実によつて知られる。印度教や原始仏教は宗教裁判や異教徒の殺戮の様な不名誉な歴史を持たない。反之、最も無恥な資本家はカルヴィニズムの伝統から生れた。個性の限界を踏越え、自我の執着を脱して非人格的な真実在と合一すれば、そこに慈悲心は自ずと生じ、他我との真の共同が可能となる――といふのが著者の主旨である。類い稀な機智と大胆な断定が随所に織り込まれて興趣尽きぬものがある。がこの現代の最も徹底した主知主義者、自由主義者が本書に於て儒教、就中仏教を屢々所論の根拠としてゐる事は、それらの思想をどこまで正当に理解してゐるかの問題は別として、頗る注目すべきことであらう。

（「国家学会雑誌」昭和十四年四月号）

田畑忍「加藤弘之の国家思想」（昭和十四年）

これは「我が国家学及び法学の偉大なるパイオニアー」（序文の言葉）である加藤弘之の国家学説に、全面的な検討を加へた書として注目される。ここに「全面的な」といつたのは、著者が序文でも書いてゐられる様に、この思想家に対する従来の研究は多くは『真政大意』や『国体新論』等主として、彼の天賦人権論時代の著書を中心にしたもので、たまたま彼の後年の進化論的国家主義への転換にまで及んだものも、断片的な考察にとどまつてゐて、未だその「転換」の思想史的意義を闡明するには至らなかつたからである。著者はこの転換を、急進的自由民権論者の反動化と解する「通説」に反対し、「それは学説に於ける変化であつても、意図に於ける変化であるといふべきものでなかつた」（一一〇頁）とされ、弘之の前期の自由民権論のなかに既に漸進的・保守的——中江兆民・大井憲太郎等のそれに対立した意味での——モメントの潜んでゐたことを指摘されてゐるのは明治初期の国家論一般の性格に関して重大な示唆を投げかけたものといへよう。

（「国家学会雑誌」昭和十四年十一月号）

W. Glungler, Theorie der Politik, Grundlehren einer Wissenschaft von Volk und Staat, 1939

著者は昨年にも "Lehre von Volk und Staat" を世に送つてゐる頗る多産的なナチの政治学者である。著者において「政治学」とは「民族及び国家の科学」にほかならず、民族とは「自然及び文化の制約を受けた体験の運命共同体」であり、国家は民族の能働統一体（Wirkeinheit）を意味する。かうした意味の民族及び国家を対象とする科学は決して死せる概念の集積ではなく、能働界（Wirkwelt）を観察する能働理論（Wirklehre）であり、かくてのみそれは「生きた《レベンディヒ》」科学となる。かかる見地から本書は「生の統一体」・「生の形式」・「生の内容」の三大部門に大別され第一の項目の下に国家の本質・現象・意味等いはゆる一般国家学の問題を、第二の下に憲法・国家形態・国家作用等いはゆる国法学の問題を、最後の生の内容において通常の政治学の問題を取扱つてゐる。問題及び取材の広汎なこと驚くばかりであるが、必ずしも理論的な深みや独創性に富んだ書とはいへない様である。しかしその点で著者を責めるのは酷かも知れない。著者は結言においていふ、「(敵と)闘ひ(同志を)獲得する政治的な冊子なるものがある。これらは私の本の如きものとは比較にならぬ程価値がある。蓋しこれらの本は(中略)一民族を団結せしめ、之に新しき世界観と人生観を吹込むからである。その意義たるやいかに高く評価するとも過ぎることはない。これらは最も高貴なる意味において民族の啓蒙と宣伝の役をする。我々は我が祖国においてかうした種類の冊子をもつてゐる。みすぼらしい学術書がそれを下手に模写したり、既に完全なものを更に完全にしようと試みたりする事は許されない。余計なものを付加すれば却つて完成したものを歪め、明白なことをはぐらかし、決定的なことを疑はしく見せることになる。」(S. 712–3) だから本書は世界観を取扱つたり、国民社会主義を理論化したりする事を毫末も意図しない(S. 19–13)。かうした崇高な仕事は「政治的な冊子」、つまり手取ばやくいへばナチス党の宣伝文書の任務である。かくてこの七百頁にあまる大著はただ「正確な個別的知識を秩序ある聯関の下に普及させる」(S. 713) といふいとも謙譲なる目的の下に書かれたのである! とまれ、科学の任務を以て「現実の忠実な模写、事実的知識の整序的集成」(S. 18) に限定し、世界観の取扱を拒否するといふ、一見真向から「自由主義的」と非難されさうな態度がここに実用主義《プラグマティズム》と結び付いてナチス治下で復活されつつあることはいたくわれわれの関心をそそるものがある。

（「国家学会雑誌」昭和十四年十一月号）

〔後記〕

以上十数篇の「新刊短評」は、次のような事情を背景にしている。洋書の輸入が次第に困難になつたので、当時、宮沢俊義教授を編輯主任とする『国家学会雑誌』は、これこれの新刊が刊行されたということ自体を知らせることが必要になつた、という判断から、研究室で購入した図書を毎月の編輯会議において、ほぼ内容別に分類し、比較的にそのテーマが専門に近い若い助教授・助手が分担してその紹介を担当することとした。日本の書籍はとくに重要なものに限つた。したがつて以上、とりあげられている書物は、編輯会議で私に「割当」てられたものであり、必ずしも私が自由に選択したものではない。日本思想史を専攻しているにもかかわらず洋書が多いのもこういう事情に基づいている。

時間的順序は先後するが、いずれも「短評」であるために、みすず編輯部と協議の結果、「戦中」篇の巻末にまとめて掲げることにした。なお、編輯部の当初の組みでは、洋書輸入がヨリ自由であつた時期に『国家学会雑誌』が毎年末に恒例として掲載していた、海外学界事情に、私が助手当時に分担した、「一九三六―三七年の英米独政治学界」の稿も含まれていたが、書名紹介の横文字の部分があまりに多く、その煩を押してもこの論集に加えるほどの意味もないと思われるので、収録を見合せた。

（一九七六年）

II 戦後

1945

近代的思惟

私はこれまでも私の学問的関心の最も切実な対象であつたところの、日本に於ける近代的思惟の成熟過程の究明に愈々腰をすゑて取り組んで行きたいと考へる。従つて客観的情勢の激変にも拘はらず私の問題意識にはなんら変化がないと言つていい。ただ近代的精神なるものがすこぶるノトーリアスで、恰もそれが現代諸悪の究極的根源であるかの様な言辞、或はそれ程でなくても「近代」に単なる過去の歴史的役割を容認し、もはや——この国に於てすら、いなこの国であるだけに——その「超克」のみが問題であるかの様な言辞が、我が尊敬すべき学者、文学者、評論家の間でも支配的であつた茲数年の時代的雰囲気をば、ダグラス・マッカーサー元帥から近代文明ABCの手ほどきを受けてゐる現代日本とをひき比べて見ると、自ら悲惨さと滑稽さのうち交つた感慨がこみ上げて来るのを如何ともなし難い。漱石の所謂「内発的」な文化を持たぬ我が知識人たちは、時間的に後から登場し来つたものはそれ以前に現はれたものよりすべて進歩的であるかの如き俗流歴史主義の幻想にとり憑かれて、ファシズムの「世界史的」意義の前に頭を垂れた。さうして今やとつくに超克された筈の民主主義理念の「世界史的」勝利を前に戸迷いしてゐる。やがて哲学者たちは又もやその「歴史的必然性」について喧しく囀ずり始めるだらう。しかしかうしたたぐいの「歴史哲学」によつて嘗て歴史が前進したためしはないのである。

我が国に於て近代的思惟は「超克」どころか、真に獲得されたことすらないと云ふ事実はかくて漸く何人の眼にも明かになつた。従つて嘗てのやうに我が近代精神史の研究に当つて先づこの基本命題を口を酸つぱくして説明する必要は差し当り大いに減少したと云へる。しかし他方に於て、過去の日本に近代思想の自生的成長が全く見られなかつたといふ様な見解も決して正当とは云へない。斯うした「超克」説と正反対のいはば「無縁」説にとつて現在の様な打ちひしがれた惨澹たる境涯は絶好の温床であるが、それは国民みづからの思想する力についての自信を喪失させ、結果に於て嘗ての近代思想即西欧思想といふ安易な等式化へ逆戻りする危険を包蔵してゐる。かうした意味で、私は日本思想の近代化の解明のためには、明治時代もさる事ながら、徳川時代の思想史がもつと注目されて然るべきものと思ふ。しかもその際、儒教思想は封建イデオロギーで、蘭学やそれと結びついた自然科学思想が近代的だといつた様な一刀両断の態度でなしに、儒教乃至国学思想の展開過程に於て隠微の裡に湧出しつつある近代性の泉源を探り当てることが大切なのである。思想的近代化が封建権力に対する華々しい反抗の形をとらずに、むしろ支配的社会意識の自己分解として進行し来つたところにこの国の著しい特殊性がある。従つてその過程の追究は決して性急な観察者の予期する様な派手なものではない。却つてそこにはスコラ哲学的な煩瑣を厭はぬ「粘り」が必要とされよう。

私は、近代的人格の確立といふ大業をまづ 3＋2＝5 といふ判断の批判から始めたカント、乃至は厖大な資本制社会の構造理論をば一個の商品の分析より築き上げて行つたマルクスの執拗な粘着力に学びつつ、魯鈍に鞭打つてひたすらにこの道を歩んで行きたいと念願してゐる。

（「文化会議」第一号、昭和二十一年一月、青年文化会議）

〔後記〕

敗戦の年の秋十月に、瓜生忠夫・内田義彦・嘉門安雄・桜井恒次・中村哲というような人々が主唱者となつて、「文化会議」と名乗るグループが結成され、仮事務室を東大構内の大学新聞社に置いてその年の暮から研究会を中心とする文化活動を開始し、同時にその機関誌として翌一九四六年一月に、ザラ紙、謄写版刷りの「文化会議」が発刊した。本稿はそれへの寄稿であり、末尾には、一九四五・一二・三〇の日付がある。広島市宇品の船舶司令部から私が復員して後、最初に発表した文章である。「文化会議」またの名「青年文化会議」については、語れば長い思い出話となるので、ここではただ、それが三〇歳そこそこの、多かれ少かれ被害者意識と世代論的発想とを共有した知識人の結集であり、間もなくこのグループを母胎として文学者と各分野の社会科学者とが協力したさまざまの同人あるいは文化団体が分化して行つたことだけを附記する。

（一九七六年）

1946

西田長寿「大島貞益」（昭和二十年）

大島貞益については、近年、本庄栄治郎博士、早坂四郎氏、尾佐竹猛博士らの研究によつて、伝記的方面でこれまで明瞭でなかつた幾多の点が解明される様になつたが、いまや西田長寿氏の新著によつて、貞益の人と学説の全面にわたつて概説したモノグラフィーを得たことは、貞益研究の上に一つの道標が打立てられたと称し得べく、明治思想史に志す者の一人として喜びに堪へない。西田氏には既に『明治文化研究』第十一巻九号に『大島貞益と中央新聞』と題する論稿がある事によつても知れるやうに貞益に対する関心は昨今にはじまつたものではなく、この『日本の経済学者』叢書で大島貞益を担当するには蓋し適任者といへよう。著者は従来の研究の成果を汲み取るのは勿論、自らの資料蒐集についても充分努力され、大島家にも出入されてかなり微細な点に至るまで事実の考証に意を払はれた様である。さうして貞益の経済思想の発展を述べる際も、出来うる限り貞益自らの言葉を以て語らしめ、著者の主観の介入を避ける態度を取られた様に見える。その結果、ここにきはめて地味で手堅い労作が生れた。著者のかうした克明入念な実証的態度、資料の取扱について苟もせざる慎重さは史家として当然の心構へであつて、この点について本書が全く「糊と鋏」の産物であるといふ著者の謙遜（自序）はもとよりあたらない。ただこの叢書の性質から考へて、もう少し著者が自由な、のびのびとした態度で資料を解釈し、評価づけて行つてもいいのではないかといふ気がしないでもない。いかに貞益自身に直接語らしめたところで、引用個所の選択に当つては著者の一定の基準といふものは当然予定されてゐる筈であるから、それをもう少し前面に出して全体を再構成した方がかへつて読者に全貌を把握させる上にもヨリ効果的ではなからうか。なまじ時折きはめて簡単な暗示的な言葉で著者の批評が加はつてゐると読者は却つて困惑させられるのである。例へば、地租論に於ける貞益の地位に就て、彼が、地租軽減論とその反対論の中間に位置する地価修正論者であることを述べ、「而かも地価の低きに失するものを引上ぐ可しとする点に彼の独特の性格が出てゐるのである」（一〇二頁）といはれるが、その「独特の性格」とは如何なるものか、それがいかなる意味で「独特」なのかといふ点については全く触れられてゐない。また、著者は『経済纂論』に関して、「彼は経済学説がその国勢事情によりて制限さるることを認識し歴史的分析を重要視したのであるが、その歴史的分析、歴史の把握が果して適当であつたであらうか。筆者は彼の明かにされた論文、著作を通じてかかる観を抱かせられたこと一再ならずである」（一二二頁）といふきはめて重大な批評を加へて居られるにも拘らず、著者が「一再ならず」感ぜられたといふ貞益の歴史的把握の未熟さとは具体的にどの様な事をさすのかが一向述べられてゐないために、読者は何となく肝じんの所で置去りを喰つた様な感を禁じえないのである。それから著者は本書で専ら貞益の個人的経歴と、彼の経済学説の内容的紹介に主力を注がれ、貞益を時代的背景の中に浮び上らせるといふことに就てはあまり意を注いで居られない。この点につき著者は序文で「本書に於ては、彼の時代殊に明治二十年代の社会的背景に触れませんでした。これは今日では一般に周知されて居ることであり、本叢書中に於ては取扱つて下さる先生が居られるだらうとの考へからであります」と断はられて居るが、果して明治二十年代の社会的背景は今日一般に、とくに本叢書の主たる読者層を構成すると考へられる二十乃至三十代の人々にそれほど「周知」といへるだらうか、少くも筆者はしかく容易に断じられぬと思ふ。とすればやはりごく一通りでも『情勢論』や『李氏経済論』の出た時代の社会的雰囲気に触れた方が本書だけの読者に対して親切であらう。とくに陸実や三宅雄二郎らの国粋主義運動との関聯は、是非言及してほしかつた。要するに本書はいささかの衒学的臭味もなく、どこまでも地味で物堅い研究たることに特色があるといふべきで、これまで大島貞益について殆ど知るところのなかつた世人をして、新たにこの人物と思想への関心を喚起させるといふ効果には比較的乏しいかも知れない。しかし多少とも貞益に対して興味を持つて居る者なら、必ずやこの書から何物かを学び取るであらう。それだけでなく、とくに貞益の伝記的部分での著者の克明な記述のうちには往々読者をしてほほゑませるものがある。例へば、明治四年八月、貞益が弱冠二十七歳で文部少教授になつた時の月給が百円であつた（二三頁）とか、リストの翻訳料が十行二十字一枚一円であつた（四一頁）とかいふ事を知るのは、当時の官吏や著述家というものの社会的評価が偲ばれ、今日と対比してなかなかに考へさせられるではないか。

偖、かくいふ筆者はもとより貞益の専門的な研究者でもなく、経済学を専攻してゐるわけでもないから、元来本書の紹介は必ずしもその任でないのである。ただ平素、明治思想史を学びつつ、とくに国民主義思想に注意を寄せてゐる者として、貞益に対して筆者なりの関心は抱いてゐたので、さういふ観点から大島貞益の歴史的位置といつた様なことを少しばかり述べて本書の紹介に代へることとしよう。之について著者の示教を俟つと共に、貞益になじみの薄い一般読者にいくぶんでも本書への手引きの役を果しうれば幸である。

大島貞益が条約改正と保護政策の理論的実践的闘士として最も華々しい活動をしたのは、本書にも述べられてゐる様に明治二十年代であつた。リストの『政治経済学の国民的体系』が彼によつて『李氏経済論』として刊行されたのは明治二十二年であり、彼が当初より幹事役をつとめた国家経済会は翌二十三年に設立されてゐる。明治二十年代といへば、西南戦争後のインフレーションとその後の松方財政による幣制整理を経て、いはゆる資本の本源的蓄積がほぼ完了し、十七、八年の凄じい不況の真只中から衣料部門を中心として資本制生産が力強く鼓動を打ちはじめた時代である。恰も憲法発布と帝国議会の開設あり、我が国は我が国なりに近代国家の陣容をほぼ整へた。国家経済会の設立趣旨書に「権力ハ富力ヨリ生ス、未タ富力ナクシテ権力アルヲ聞カサルナリ。今ノ時ニ当リテ国ト国トノ競争ハカノ競争ニ外ナラス、生産力ノ競争ニ外ナラス。独立ノ問題ハ即チ富力ノ問題ナリ」と述べてゐるのは、恰も徳富猪一郎が明治十九年の著『将来之日本』に於て、武備機関を中心とする社会より生産機関を中心とする社会への発展を説いてゐるのと相照応して資本主義日本の未だ多幸な夢をはらんだ出帆を告げてゐる。（蘇峰を挙げたのは、彼の当時の「平民主義」が、国家経済会の思想的背景をなす羯南、雪嶺らの日本主義運動と一見対立的地位にあるにも拘らず、実は同じ歴史的過程の異つた側面を代表してゐるからである。）貞益の国民主義経済の唱導は維新以後の強力な一連の「殖産興業」政策によつて育て上げられて、いまやどうにか一本立ちしうる見込のついた産業資本のために、国内市場を確保しようとの意図に出でたものであり、その意味に於てまさしく我国に於けるリスト的課題の提出者であつた。これが彼の「国民主義」を佐田介石らの封建的国粋主義に基づく保護貿易論と本質的に区別するモメントである。リストがスミスを原則的に否定しなかつた様に、貞益も「我国嘉永開国ノ後、英国自由貿易ノ説先ツ入リ来リシハ、蓋シ我邦ノ幸ニシテ若シ此時ニ当リ米国保護ノ説又ハ日耳曼折衷ノ説先ツ入ラハ決シテ当時ノ頑冥ヲ打破スルニ足ラス（中略）此時ニ当テ英国自由ノ説ナラサレハ其昏迷ヲ開諭スルニ足ラス。当時其説ノ我邦幾百年来凝結シタル頑冥ヲ撞破セルハ、恰カモアダム・スミッスカ奮起シテ通商政略（マーカンティリズムの事——筆者）ヲ撞破セルカ如シ」（情勢論）と言つて経済的自由主義の啓蒙的役割を評価し、それの現在の段階での不適合性を説く折にも、

「世人往々自由ノ文字ノ美ナルヲ見テ之ニ心酔スレトモ、政治ノ自由ト貿易ノ自由トハ大ニ異ナリ、政治ノ自由ハ一国ノ民ヲ自由ニスルナリ、貿易ノ自由ハ一国ノ民ニ対シテ他国ノ民ヲ自由ニスルナリ、関係同シカラズ察セサルヘケンヤ」（情勢論）として「一国ノ民ヲ自由ニスル」所の政治的自由はどこまでも之を擁護する態度をとつた。これは羯南や雪嶺らの国粋運動にも共通してゐる根本的性格であつて、そこに二十年代の日本主義が近代的国民主義としての市民権を要求しうる所以があつたのである。

貞益は、しかしリスト的課題の提示者ではあつても断じて単なるリストの祖述者ではなかつた。彼の問題が飽くまで一八九〇年頃の日本であつて、一八四〇年代の独逸ではない以上、やがて彼が「リストによつてリストを超え」なければならなかつたのは自然である。彼のリストよりの背反は主として二つの点に凝集してゐる。そこには貞益の歴史的地位を正しく見定める上にすこぶる重要な問題が包蔵されてゐるのである。第一はリストの東洋社会観についてであり、第二は農業問題に関してである。

周知のごとく、リストは正統派経済学の「自然秩序」の歴史的性格を指摘し、経済の発展段階の理論を以て之に立向つたのであるが一たび、温帯と熱帯との関係については、後者の前者への植民地的隷属をば自然に基づいた（in der Natur begründet）分業として固定化し、これによつて、アジア、アフリカ、南米地域に対するヨーロッパ工業国の支配を合理化した。アジアに於ける若き資本主義の代表的な担ひ手としていま華々しき世界歴史への登場を準備しつつあつた日本にとつて、この帰結がフェータルなものであることはいふ迄もない。貞益は当然是に対して決然たる反抗の声を挙げるのである。「嗚呼此両説（亜細亜が欧洲工業力にとつて、製品市場であると共に、原料供給地であるといふリストの説——筆者）一ハ亜細亜ヲ以テ欧洲廃物ノ棄場ト為シタルナリ、一ハ亜細亜ヲ以テ其自カラ製造ヲ起スノ下職ト為シタルナリ」（情勢論）かくて、彼によれば「亜細亜洲中亦自カラ温帯ニ位スル国アリ李氏之ヲ何トカ謂フ」（李氏経済論頭註、西田氏著一三六頁参照）。以てリストの西欧的偏見に対する彼の昂然たる抗議の謦咳に接する思ひがする。しかも貞益は欧州優位論を単に素朴な感情的反撥から斥けたのではなかつた。彼はリストが未開状態より農工商状態への歴史的発展を欧米にのみ認め、欧亜関係については非歴史的な国際分業論を以てしたことの矛盾を衝いたのである。先進英国に於けるスミスの課題を後進独逸の立場から解決しようとしたとき、そこにリストの理論が生れた。四〇年代に於ける英国と独逸の関係はいまや欧洲対日本のそれとして拡大再生産された相貌を以てこの気鋭の経済学者の眼前に立ち現はれたのである。ここではまさしく貞益はリストによりつつリストを超えてゐるといつていい。

しかし、貞益がリストに満足出来なかつたもう一つの点はどうであらうか。リストは保護関税の必要をばもつぱら工業力について説き、農業については、正統派の理論を容認した。ところが貞益はその個所（李氏経済論下巻十二頁）に頭註して曰く、「李氏盛ニ農事ノ保護スヘカラサルヲ論ス然レドモ余全書ヲ通読シテ了ニ其意ヲ得ル能ハス」と（傍点筆者）。リストは工業の発展によつて農業に於ける旧い生産関係が分解することを少しも惜まなかつた。いなむしろ農業を封建的桎梏から解放してその生産力を高めることこそ彼の工業力の保護理論の一つの核心であつた。この点に於て彼は浪曼主義者から明白に袂を分つのである。（参照、大河内一男『スミスとリスト』）しかるに我が大島貞益は工業と共に農業についても保護関税を主張する。さうして当時、綿糸紡績関係方面の熾烈な要望たりし棉花輸入税の撤廃に反対して、農家の棉作保護を熱心に唱へるのである。かく「保護」さるべき我が農業が当時如何なる性格を持つて居たかは敢て説くまでもなからう。貞益は工業に於ても農業に於ても等しく集中化の傾向を憂へた。彼はわが零細自作農をば「此真個掌大ノ地ニモ尚ホ財産アリトノ心ハ、其独立自恃ノ心ヲ養フコト幾何ナルヲ知ラス」（経済纂論）とむしろ之を礼讃し、「大耕作ノ弊害ハ全国ノ細農ヲ変シテ皆日傭夫ト為スニアリ」（同上）として農業に於ける賃労働の成立を極力防止しようとする。彼によれば我国の「小作農夫ト雖モ之ヲ英国等ノ如キ日傭ノ耕夫ニ比スレハ迥カニ一定ノ職業アル者」（同上）といふべきであつた。ここでは工業との相互依存による農業生産力の増大といふリスト的課題は恰かも忘れられたかの如くである。むろん貞益は他方に於て小農にも限界があり、我国の農民の大半は小農よりは寧ろ貧農の範疇に属するといひ、北海道の農業経営を例にひいて、耕作面積を現在の二倍乃至三倍にすることは、ごく初歩的な技術的改良で可能なる旨を述べ「農民何ソ少シク此ニ勉メサルヤ」と激励してゐる。しかし問題はさうした叱咤激励で解決されるべく、あまりに根深いのだ。かうした点に貞益の観察の蔽ふべからざる安易さが露はれてゐる。（この点彼の地租論が頗る興味あるが今はそれには触れない。）さらに、明治十七、八年頃の不況期に於ける中、小地主乃至自作農の大規模な没落の主たる原因を説いて「農民其他が節倹貯蓄の美徳を忘れて、驕奢の悪弊に馳たるの過ならずんばあらず」（本書一二八頁参照）といふとき、もはや近代思想家としての貞益は、古来幾百遍となく繰返される農民への「勤倹のすすめ」の唱和のなかに全く姿を没してゐるのである。かく観れば、彼が「李氏ノ時又日耳曼ニアダムミュルレルアリ其説李氏ト大同小異ニシテ亦自由貿易ノ一概ニ拘執スヘカラサルヲ唱フ」（李氏経済論訳例――傍点筆者）として、リストとアダム・ミュラーの区別を弁じえなかつた所以も自ら首肯されないでもない。かうした側面での彼のリストよりの背反は果して真にリストを「超え」たものといへるだらうか。

前にも触れた様に、貞益は農業についても工業についても集中傾向の不可避性を認識しながら、極力「中小工業」乃至「中小耕作」を維持しようとした。彼は既にトインビーの『英国工業革命論』を読んで産業革命の齎した社会的結果の如何なるものかをつぶさに学んだ。さうしてやがて我国にも来るべきものの姿の前に戦慄を禁じえなかつた。彼は共産主義者の土地共有論を紹介して、「凡此党類ノ唱フル所ハ概ネ狂悖背理取ルニ足ル者ナシ（中略）而シテ之ヲシテ此極ニ至ラシメシ者ハ何ソヤ、他ナシ貧富ノ懸隔是ナリ。知ルヘシ貧富ノ懸隔ハ方今欧洲諸国ノ膏盲ノ疾ヲ為スコトヲ。我邦今日貧富ノ懸隔未タ甚タシカラス（中略）是レ我邦ノ為メニ賀スヘシ。然レトモ社会ノ状態漸ヤク欧洲諸国ト近似スルニ随テ今後ニ起ルヘキハ自由競争ナリ、賃銭ノ下落ナリ、細民ノ窮苦ナリ、今ヤ幸ニシテ遠ク局外ヨリ此惨状ノ傍観者タルヲ得ト雖トモ早キニ及テ其覆轍ヲ避ルノ方略ヲ立ルハ、我経済ノ最大要務ナルヘシ」（経済纂論）と言つてゐる。貞益は我が国民経済のスタートを祝福しながらも、その旅程を単純に楽観するには余りに前車の轍の跡を知りすぎてゐた。行く手にたゆたふ陰影を望んでは、工業力の培養への彼の熱意もしかく直進的ではありえなかつた。ここに貞益が本来農本主義的立場とは正反対の地点から出発してゐるにも拘らず、農業の資本主義化を阻み、中・小地主を擁護しようとする動向に於て封建主義者ら（例へば谷干城）と共同戦線に立ちえた所以があつた。これはひとり貞益の問題ではない。同時に二十年代の国民主義一般の問題であり、ひいては条約改正と地租軽減をめぐる民権運動にもつらなる問題なのである。しかしその点を突込んで行くことは到底この小稿のよくなしうるところでないから、ただここでは問題の所在を暗示するにとどめて、蕪雑な小文の筆を擱くこととする。

（「国家学会雑誌」昭和二十一年三月号）

〔後記〕

この書評は、執筆された歳月からいえば、「戦中篇」に加えられるべきものであるが、発表された時日からして「戦後篇」に入った。したがって、これは私の旧稿「国民主義の前期的形成」（『日本政治思想史研究』所収・原題は「国民主義理論の形成」、国家学会雑誌、一九四四年）と内容的には関連している。私の記憶では、執筆したのは私が一度目の復員をした一九四四年一〇月から、再度、召集令状を受けた一九四五年二月の間の時期である。

（一九七六年）

明治国家の思想

私に与えられました題は、「明治国家の思想」というのでありますが、要するに明治時代の全体を貫く国家思想の性格というものを考察しようという訳であります。つまり個々の思想家の思想それ自身を問題にするよりも、一つの精神的な雰囲気として捉えたところの明治時代というものを、主として国家思想という面から考察して見るとどういうことになるか、こういう話であります。ところがこれは非常にむずかしい問題でありまして、実は正直に申しまして私もまだそう自信を持つて皆様にお話出来るところまで至つておりませんし、また特にこういう短かい時間でお話するということになりますと、一々資料を挙げているということも相当制約せられることになりますので、どうも話がドグマチックになるのではないかということを懸念するのでありますが、一応今お話したような意味における、明治精神の発展を、歴史的に捉えて見ようと思うのであります。

明治維新の精神的な立地点として、これは極く常識的な回答でありますが、われわれは二つのものを考えることが出来る。一つは、御承知のように尊王攘夷論であり、一つは、公議輿論思潮でありま す。この尊攘論と公議輿論思潮というものが、明治維新の精神的な背景になつていたということは、今更私が説明するまでもないことであろうと思います。ところでこの二つのものが並んでいるということは偶然であるかというと、これは決して偶然ではないのであります。実はこの二つのものの関係およびその絡み合いということの中に、明治の精神のその後の発展が見られるのであつて、その萌芽がここに含まれているといつてよいのであります。

まず尊王論というものは、明治維新における政治的集中の表現として理解出来るのであります。政治力を中央に集中するという原理として尊王論というものが登場して来た。それに対して公議輿論思潮というものはこの政治的集中に対して、言葉は余り適当ではないが、政治的拡大の原理として登場して来たのであります。つまり尊王論が政治的頂点への集中に対して、公議輿論は政治的底辺への拡大であるとして捉えることが出来るのであります。そういうふうに見ますと、明治国家というものは二つの要素の対立の統一である。思想的にいうとこういうふうに簡単に規定出来るのであります。

それでこの尊王論の方から発展した、政治的集中の原理というものが、中央集権的な統一国家の建設への要素となり、またそれが対外的には国権拡張、つまり国権論となつて発展して行くのでありま す。他方幕末に起つて来た公議輿論の思潮、つまり政治的底辺に向つて拡大して行く動向が、御承知のような五箇条の御誓文における万機公論となり、それがさらに自由民権論へと発展して行き、憲法制定に至る一連の過程を形成するのであります。つまり尊攘論の発展としての国権論と、それから公議輿論の発展としての民権論、この二つが恰もソナタのテーマのように絡み合いながら発展して行くというのが、大体思想的に見た明治国家の発展態様であるというふうにいえるのであります。

この政治的集中の原理と政治的拡大の原理、この二つの原理の同時的な登場ということは、ペルリ来航の際に表面化しました。その時、老中の阿部正弘がはじめて外交の事を朝廷に奏聞した。同時に諸大名を集めて、このたびの事は重大な国事であるから忌憚なく意見を具申せよ、ということを言った。それが二つとも幕府としては慣例を破つた相当破天荒の事であつた訳であります。むろんこのことに含まれた歴史的意義というものを当の阿部正弘が意識していた訳ではない。ただ彼がこの時とつた行動は謂わばシンボリックな意味をもつている、つまり朝廷に事を奏聞したということ、これが尊王論への動向のシンボリックの表現であるとするならば、諸侯を集めて相談したというのがその後の公議輿論の思潮への導火線となつたのであります。

この公議輿論思潮は、言論洞開の主張となつて現われ、更に具体的な形では、列藩会議論、或は土佐藩などによつて主張されるところの両院制度論——今日の議論とは大分その趣は違いますけれども——というような形において発展して行く訳であります。王政復古の大号令におきましても、一方においで神武創業の古えに帰るということをいわれると同時に、他方において旧弊御一洗、言論洞開、至当の公議を竭すということをいつております。こういうふうに明治維新は政治的集中と政治的拡大の二要素の統一として一応スタートを切つた訳であります。それでこの二要素が、謂わば対立しながら統一しているという関係は、何故こういうことになるかといえば、それには一種の政治学的な普遍法則というか、共通の法則というか、そういうものと、それからもう一つ、現実に幕末の日本の置かれた歴史的な条件と、この二つの面から説明することが出来るのであります。

初めに申しました共通法則と申しますのは、これも極く簡単にお話しますが、要するにそれは対外的危機、或は政治団体が対外的に危機に直面した時に、必然的に出現するいわば政治団体の反射的な自己保存本能の現われと見ることが出来ます。すなわち一つは政治力を能う限り集中強化する方向、一つはその政治力を能う限り団体のメンバーの能動的な支持に基礎づけて行こうという方向、この一見相反する方向が同時的に出現するのであります。これは何もデモクラシーの発展とか何とかいうこととは一応離れても、或る政治団体が対外的な危機を克服する際には、多かれ少かれこういう動向が見られるのであります。

そうしてこの政治的集中と政治的拡大との二つの原理を、よくバランスを取つて発展させて行くような政治団体が、最も有効にそういう対外的危機を乗切ることが出来るという一つの――公理《アクシオム》がそこから出て来るのではないかと思うのであります。例えば、これは余談でありますが、今度の戦争を見ましても、アメリカとソ聯というものの戦争遂行形式というものを見ますと、一方では執行権の強化、それによつて政治力というものを能う限り集中して、戦争遂行を能率的にする、しかし決してそれだけではない、同時に他方においてかく集中された政治力を能う限り広く民衆の上に基礎づけて行くという、この二つがよくバランスが取れていた、だから一番強い抗戦力を発揮したということがいえるのではないかと思うのであります。これは例えば中国共産党が民主的集中《デモクラチック・セントラリゼーション》という言葉でいつているのが、この二つの原理の対立的統一を非常によく現わしています。しかし勿論それは極く一般的な一つの政治学的な原理でありまして、その他に当時の日本の置かれた歴史的な条件というものを考えなければいけない訳であります。

当時の日本の置かれた歴史的条件がどういうものであるか、これも直接私のお話しようとするテーマには関係がありませんし、大体皆様も既に御承知のことだろうと思いますが、何より第一に徳川社会というものが、絶対主義体制に向つて相当傾斜しながら、しかもアブソリューティズムではなくて、その本質というものはやはり、政治的にも経済的にも古典的な封建制というものを維持していたということ、したがつて中央集権的な統一国家の下に、いわゆる資本の原始的な蓄積を行うという歴史的な任務が、徳川幕府ではなく、むしろ明治政府の課題になつて行く、それと同時に、或はそれにも拘らず、やはり他方において、この封建制の解体と共に幕府乃至藩主の政治的専制の排除、独占的な封建的支配の解放ということがやはり叫ばれて来るのでありまして、ただ徳川社会における近代的な産業資本の蓄積の微弱性を反映して、被支配層である一般庶民は自らその動向を指導するほど成熟していないために、政治的危機の進行に伴う被支配層の不満・動揺・反抗を背景として変革を方向づけ

(orientieren) て行つたのは、いわゆる下級武士群や激派公卿乃至たかだか上層庶民層等の中間的な社会力でありました。公議輿論思想の実体的地盤はそこにあつた訳であります。

こういう国内的な事情と同時に、また国際的な事情がそれに絡まつて行きます。つまり開国が維新というものの一つの契機をなした、開国が外国勢力によつて強制されたということ。そのことを更に突込んで言えば、マルクスが資本論でいつているように、西から進んで来るところの力と、東から進んでくるところの力が、ちようど日本で相会した。日本が開国したことによつて最終的に世界市場が形成されたということ、このことはつまり日本の国際的な立遅れを表現している訳であります。こういう状況の下に開国ということを余儀なくされた日本は、直ぐその前に歴史的にも印度、中国の実例が示しているように、絶えず植民地化或は半植民地化の危機にさらされながら、新しい統一国家を建設しなければならなかつた。こういう歴史的な事情が、一層国民的な結集点としての天皇親政というものを、やはり必然ならしめて行つた一つの要因である。政令を帰一するということがしばしばいわれますが、政令帰一ということは、天皇親政、多元的な政治力の支配というものを一元化する歴史的な要素であつたのであります。

こういうふうにして国権主義と民権主義というものが同時性を持ち、同時的に登場して来、且つ相互に規定し合つている。この相互に規定し合つているということが、新国家を内面的に条件付けているのでありまして、そしてそのことの具体的実践的な表現というものは、先ず明治国家直後の問題となつたところの征韓論において表現された。征韓論というものがつまり明治国家が一面に持つていたところの国権主義的なモメントというものの第一の実践的な表現であつた訳であります。征韓論は勿論幕末からの課題でありまして、イギリスとロシヤがちようど西と北から迫つて参りまして、対馬の占領を競い合つた。そこで、むしろこの際日本としては対馬を確保し、対馬を媒介として朝鮮、更に大陸と連係をつけて、つまり東亜の連係というような形によつて、イギリスとロシヤの勢力を防ぎ止めようという考え方は、これは幕末から既に相当濃厚に熟していた考え方なのであります。

大体、征韓論者の意図、目的というものを分析して見ますと、次の五つに帰するのであります。

第一は、旧武士階級の失業救済であります。下級武士を一応大規模に動員して行つた維新革命が、その後秩禄処分その他によつて下級武士の利害と反対の方向に動いて行く、それから更に攘夷がそのまま実行されると思いこんでいたのに開国になつてしまうという様なことから、非常に広汎な旧士族層に、反政府熱が瀰漫する。これをどうかして転換しなければならぬ。それには武士階級の失業救済として征韓の挙をやろうという考え方。それから第二には不平等条約の打破の手段として国威を発揚しようという考え方。つまり安政条約以来日本が悩んでいた関税自主権の喪失、領事裁判権、これは明治国家の非常に大きな問題になる訳でありますが、この桎梏から遁れたいという欲求は、勿論当初から非常に熾烈でありまして、それには兎も角征韓をやつて、それによつて日本の実力を外国に認めさせることがよいという考え方であります、それが第二。第三には、これは先程ちよつと触れましたが、一種の東亜聯合によつてヨーロッパ勢力の東漸を喰い止めようという考え方。これは可なり古くからあるのでありまして、幕末少し前に遡つても、例えば本多利明、佐藤信淵というような人達は同じようなことを考えている。それから第四には、ちよつとヨーロッパ帝国主義の小型な模倣を抵抗の一番少いところに一つやつて見ようという考え方であります。第五には、外に国際紛糾を起して、それを機会にして国内改造——国内改造といつても必ずしも進歩的な方向とは考えられない。反動的な方向でも、兎に角外に問題を起して、それを契機として国内改造をやろうという考え方であります。大体この五つの考え方が征韓論者の動機のうちに混在していたということが出来ます。その一人々々について、何も誰はこの動機、彼はこの目的というふうにハッキリとは言えないのでありますが、大体通覧して見ると、右の様に分析出来るのではないかと思います。

こういうふうに見て来ると非常に面白いのは、日本のその後の大陸政策の理論と実践というものが、ここに既に悉く具備されているということであります。例えば武士階級の救済として考えられた征韓論というものは、やはり後に世界恐慌の打開として満洲事変後の大陸政策が発展して行つた事情と似ておりますし、それから不平等条約を打破する為に国威を発揚するということ、これは勿論、後の日清・日露両戦争というものが、まさにそういう歴史的な意味を持っていた。日清・日露戦争を経て「列強」となつてはじめて日本は不平等条約を完全に脱却することが出来たのであります。またそういうことも意図されていたのであります。それから東亜連合によつてヨーロッパ勢力東漸を食い止めようという考え方は、その後まで一貫して尾を引いておりまして、大アジア主義というような考え方になつている。或は最近の東亜共同体の思想とか、そういうものの中に尾を引いています。つまり日本の大陸政策の非常に複雑なところは、日本の国民的な解放、国民的な独立の動向が、同時に日本の帝国主義的な進出とからみ合つていたことであります。このことを一番よく象徴するのは、前述の不平等条約の問題であります。日本が領事裁判権を撤廃できたのは日清戦争の直前でありますが、関税自主権を完全に獲得したのは明治も終りに近い明治四十四年です。つまり日本は明治時代一ぱいかかつて、やつと完全な独立国家になつた訳です。ところが日本が外国にはじめてそういう治外法権を得たのは何時かというと、実に驚く勿れ明治九年に早くもそれを得ている。つまり江華島事件で、朝鮮に対して領事裁判権を獲得する訳であります。しかしそれは極く小規模のものでありますが、少くも日清戦争以後は、明白な形で清に対して治外法権を得ております。こういうことは何を意味するか、つまり日本は自分は一人前の国家にならない内に他の国に対しては一人前の帝国主義国家として行動したということであります。ここに日本の大陸政策の複雑性が表現されている訳であります。

それはむしろ余談でありまして、要するにこういうふうにして征韓論というものが日本の明治国家のいわゆる歴史的な宿命であつたところの国権論的なものの第一の表現形態であつた。したがつて征韓論そのものは負けてしまいましたけれども、いわゆる征韓論者に対して対立したところの岩倉や大久保等の内治派、すなわち先ず内地を治めてそれから外へ発展しようということの内治派というものも、決して根本的な意見の対立ではない。やがては外へも発展するのだが、先ず内地を発展させようという、時間的な先後の差異に過ぎない。今は時機尚早であるというだけのことになるのであります。それですから現に征韓論問題の直後、明治七年四月に、いわゆる内治派、ついこの間まで征韓論に反対していたところの内治派によつて台湾の征討が行われた。この台湾の方が朝鮮に行くよりも国際的な紛糾をより起さないし、それから第一費用もより掛らない、謂わば手軽に征討出来るという訳でありますが、この台湾征討が、征韓論のおさまつたほとんど直後に行われている。それから今申しました明治八年の九月でありますが江華島事件、これもやはり征韓論の一つの継続ということが出来る訳であります。

こういうふうにいわゆる征韓論者に反対した内治論者の動向というものも、根本的には征韓論者と対立したものではなかつたということがいえるのでありますが、さてそれでは一方民権論の方はどうかといえば、民権論の方の実践的な表現は、最初はよく御承知のように明治七年の民選議院の建白に始まる訳でありますが、この民選議院の建白が、征韓論が破れた直後征韓論者達によつてなされたということが非常に象徴的なのでありまして、ここにも民権論と国権論との宿命的な関聯というものが表現されているのであります。したがつて明治十年まで御承知のように萩の乱とか、佐賀の乱とか、熊本の神風連とか、そこには西南戦争に至るまでの一連の反革命的な暴動が起る訳でありますが、そういう反革命的な運動においても、大抵民権ということが同時に標榜されている。そして明治政府の

「有司専制」がそこで攻撃されているのであります。つまりそこにおいて本当の民権的なものと、それからむしろ封建的な反動派との動向が微妙に交流しているのでありまして、このことは例えば具体的にも、明治政府の内部において、板垣退助と島津久光とが反大久保の共同戦線を張つて、明治九年に一緒に辞職するというような問題のうちにも現われております。イデオロギーとしては島津久光という人は最も封建的な人で、それが民権運動の巨魁たる板垣とともに、反大久保という立場から両者提携したということ、それが非常に興味深いのであります。御承知のように大久保利通は暗殺されますが、その斬姦状の中にも、民権を抑圧したということが挙げられている。ところが大久保を暗殺したのは、どつちかといえばむしろ雲井龍雄などと同じような封建主義者であつたので、それが兎も角民権を抑圧するということを理由の一つとして掲げて大久保を暗殺している訳であります。

こういうことが、日本の右翼運動というものが、自由民権の中から育つて行つた歴史的な背景なのでありまして、あの有名な頭山満の始めたところの玄洋社はもと向陽社といい、明治十四年に玄洋社と名前を改めたのでありますが、その時の玄洋社の三大憲則の一つには、人民の権利を固守するということがある。実際問題としても玄洋社ら国権派はしばしば土佐の民権論者と共同の戦線を張り、共同の行動をしていた訳であります。

こういうふうにいわゆる国権論と民権論というものが、その動機は様々であろうと、兎に角民間であると政府であるとを問わず、同時的な課題として提起されているということ、これを先ずわれわれは忘れてはならない。こういう明治国家の背負つた歴史的な課題というものを、最も早く思想的に定式化したのが彼の福沢諭吉であるといつてもよいではないかと思います。福沢が

「此時に当て日本人の義務は唯この国体を保つの一箇条のみ　国体を保つとは自国の政権を失はざることなり政権を失はざらんとするには人民の智力を進めざるべからず　智力発生の道に於て第一着の急須は古習の惑溺を一掃して西洋に行はるゝ文明の精神を取るに在り」

ということをいつておりますが、福沢において国体を保つということは、日本人の政治的自律を失わない、つまり外国人によつて治められないということであります。そういう意味での国体護持を、彼のいわゆる「文明の精神」、人民の自由独立精神、と結び付けて行つた。これが「一身独立して一国独立す」という彼の命題の意味なのであります。したがつて福沢が、例えば

「西洋諸国の人が東洋に来て支那其他の国々に対する交際の風を察するに其の権力を擅にする趣は封建時代の武士が平民に対するものと稍や相似たるが如し　東洋の諸港に出入する軍艦は即ち彼れが腰間の秋水にして西洋諸国互に利害を共にして東洋の諸国を圧制するは武家一般の腕力を以て平民社会を威伏する者に異ならず」

こういうことをいつている。つまり西洋諸国が東洋に来て威張つている様は、ちようど封建的な支配階級が平民に対して威張つているのと同じだということをいつている訳でありますが、これを決して単なる比喩と思つてはいけない。福沢においてまさに国内の内部の解放と外部からの解放、外部からの独立というものが不可分の課題として提起されている、国民的な独立と個人的な自主性ということ

が不可分の課題として提起されているということが重要なのでありまして、ここにつまり民権論と国権論との内面的連関というものが、最も鮮かに定式付けられている訳であります。

こういう考え方はそのまま明治十年代の自由民権運動に継承されているといってよいのであります。自由民権運動および自由民権論というものが、絶えず国権拡張論と結びついていたということは、今更指摘するにも当らないだろうと思います。最近までのファッショ時代には、民権論を擁護する意味から、盛んに自由民権論の国権論的側面がむしろ強調され過ぎていた訳でありますが、現在はどうかすると、むしろその反動として民権運動というものが純粋のブルジョア自由主義運動、そうでないにしても、ほとんどそれに近いものというふうに解釈するような傾向がないでもないのであります。これは両方とも間違いでありまして、やはり民権運動というものは国権拡張論というものと切離すことが出来ないのであります。例えば有名な明治十二年の岡山県有志の檄、これは非常な名文で有名な檄であります。その檄の中にも

「今日ハ是何等ノ時ゾヤ、貴ブベキノ民権已ニ伸暢スルカ、重ズベキノ国権已ニ拡張スルカ、之ヲ思ヒ之ヲ憶ヘバ、云々」

と申しています、「貴ブベキノ民権已ニ伸暢スルカ、重ズベキノ国権已ニ拡張スルカ」というふうに対句になっているところが重要なのです。つまり現在が非常に国際的な危機であるという認識から出発し、こういう危機に処して、日本が国際的な独立を失わない為には、人民が卑屈の民では駄目であ

る。人民の一人々々が国家を担っているという精神を持っていなければいけない。それには民権を人民に付与しなければいけないというのがほとんどすべての民権論に一貫した論理なのであります。そのことはもう既にしばしばいわれていることでありますから、多く説明するまでもないと思います。それで当時の民権論者というものは、自由民権運動に参画した者も、或は純粋な思想的指導者にしても、ことごとくこういう意味での国権論者であったといってもよい。大井憲太郎然り、田口卯吉また然りであります。

徳富蘇峰が明治三十七年九月に書いた『青年の風気』という論文のなかで

「維新以来一世を震動したるは、自由民権の説なりとす。其説たる個人を本位として、万事を此れより割り出したるものなれば、維新前の国家本位の観念とは、氷炭相ひ容れざるが如き看なきにあらざりしも、彼等の自由民権論は、唯だ其の符号若しくは旗標の類にして、折角の個人主義も、其の動機は、殆んど之を以て、国家に奉事せんとするの精神に外ならず。即ち自由民権論は、尊王討幕論の一転化にして、其の論旨の相違掩ふ可からざるも、其の精神に於て殆んど歴史的継続を認めざるを得ざりしものあるに似たり。」

こういうふうにいっております。勿論斯様に自由民権論を尊王討幕論の単なる転化、或はその単なる継続であると見るのは間違いでありますが、両者の間の歴史的な脈絡ということは、やはり否定出来ないのであります。

しかしながらこういう民権思想というものは、維新政府——封建的な専制主義、或は絶対主義の権化であるかの如く言われている明治政府のなかにも流れていた。前にお話したように、国権論というものにおいても、政府と民間との間に別に本質的の対立はなかつた。征韓論を抑圧した途端に今度は台湾征討をやつたというようなのと同じように、そういう民間から唱えられております自由民権論、国権論と結びついたような民権論というものも、明治政府には全然無縁であつたということはいえないのでありまして、少くも明治十年頃までというものの明治政府は、当時の具体的情勢下において、やはり日本近代化の先頭に立つていたといつてよいのでありまして、むしろこれに反対する動向の中には、民権の名の下にアンシャン・レジームへの復帰を狙つているものが少からずあつたのでありますす。勿論維新政府の強行した近代化というものは決して正常的なというか、健全な意味における近代化とはいえないのでありますが、当時の歴史的条件の下において、少くとも政府は明治十年頃までは「文明開化」の先頭に立つていたということがいえるのであります。

こういう明治政府の前進性、進歩性というものに一つの転期をもたらしたものが明治十四年の政変であります。あの大隈一派を追い出したところのクーデターを契機として、明治政府の方向というものが、相当変つて来るのであります。あれ以後藩閥政府が自己の既得権を擁護するという色彩を露骨に出して出る。勿論それまでにそういうモメントがないとはいえないのでありますが、少くもあれ以後相当露骨に出して来るのであります。それまでの明治政府を構成した人のイデオロギーというものは、民権論者のそれとそうひどく変つていなかつたのであります。例えば木戸が六年七月に非常に長い有名な建議をしておりますが、その中にも、ポーランドの例などを引いて、現在の日本が非常に危ない地位にあるということを説いて、そしてそれを打破するには先ず全国に蟠踞するところの封建的な勢力というものを一掃して統一国家を造らなければいかぬ、それと同時に

「文明ノ国ニ在リテハ、君主アリト雖ドモ其制ヲ擅ニセズ、闔国ノ人民一致協合其ノ意ヲ致シテ国務ヲ条列シ、其裁判ヲ課シテ一局ニ委託シ、之ヲ目シテ政府ト名ケ、有司ヲシテ其事ニ当ラシムルヲ以テ、有司タル者モ亦一致協合ノ民意ヲ保シ、重ク其身ヲ責メテ国務ニ従事シ、非常ノ変ニ際スト雖ドモ、民意ノ許ス所ニ非ザレバ、其措置ヲ縦ニスルヲ得ズ、政府ノ厳密ナル既ニ斯ノ如クナルニ人民猶其超制ヲ戒メ、議士ナル者有テ事毎ニ検査シ、有司ノ意ニ随テ臆断スルヲ抑制ス、是政治ノ美ナル所以ナリ」

といっている。これはつまり近代的なデモクラシーというものを讃えている訳であります。また木戸はこういうこともいっている

「夫レ権利ヲ尽クシテ天賦ノ自由ヲ保チ負担ヲ任ジテ一国ノ公事ニ供スル等、皆人民存生ノ目的ナレバ……」

ここに「天賦ノ自由ヲ保チ」といっている様に、木戸もやはりこの時において少くも天賦人権論者であるということがいえるのであります。大久保はこれより多少異っておりますが、やはり専制政治というものはとても駄目である、これは強そうでいてやはり案外弱いもので、どうしても憲法というものを作らなければいけないといっている。また、民主政は「天理ノ本然ヲ完具スル」政体である、ともいっている。そういう意味においてはやはり立憲主義者であったといってよいのでありまして、た

だ大久保の考え方は、どちらかといえば憲法を以て人民の自由を保障するということよりも、憲法は国家の根本法である、つまり憲法がない国は謂わば柱のない家のようなもので、近代国家である以上は必ず憲法を持たなければいかぬ、という様な現実的な考え方が強かつたのでありますが、兎も角単なる封建的なアブソリューティズムのイデオロギーであるということはいえないのであります。むしろ明治十年までの政府に対して反抗した多くの勢力より、はるかに政府の考え方の方が進歩的であつたといえるのであります。ところが明治十二、三年の澎湃たる自由民権運動によつて脅かされた明治政府が、明治十四年の政変によつて、政府部内の進歩派たる大隈一派を追い出すと同時に、いわゆる明治二十三年を期して立憲政体を設立するという、詔勅を出したのであります。こういう約束をしなければ、民権論の勢いが何処まで行くか分らぬというので、驚いて詔勅を出した訳でありますが、この政変を契機として板垣の自由党と、大隈の改進党が結成されて、朝野の分野がはつきりして来るのでありますが、これ以後明治政府のこれまでの文明開化一本槍というやり方に相当変化が来て、それに陰影がさして来るのであります。

それはどういうところに現われているかというと、例えば教育方針である。従来はむしろラジカルな洋学中心の教育を採つていたのでありますが、この明治十四年以後それを一変して儒教や国学を復活させた。当時文部大臣福岡孝弟が、「特に教育は皇国固有の教に基き、儒教の主義によることを要す」ということをいつて、塵に埋れていたところの論語や孟子というような本を出して来て、これを全国の学校の教科書として読ませる。そして洋書の或るものは教科書に使つてはいけないというような制限を設け、教育方針の復古的な転換をやるのであります。ところが間もなく明治十七、八年からいわゆる欧化主義といわれる時代に入ります。これはちよつと前の復古的傾向と相反している様に見えますが、実はそうではない。欧化主義の権化が明治政府で、むしろそれに反対する動向が明治二十年の日本主義、国民主義の運動になつたというふうに普通の歴史に書いておりますが、それには註釈が要ります。その欧化主義というものの性質を見究めなければいけないのでありまして、この明治十七、八年の欧化主義というものは、明治政府が明治革命の当初にとつたところの欧化主義のように、決して一本気なものではなく、むしろタクチック的な意味が強かつた。つまり条約改正の為に出来るだけ表面を日本が近代化したように見せようというので、例の鹿鳴館を建てたりダンスをやつたりなんかしたのでありますが、あの明治十七、八年の欧化主義のメダルの裏にはどういうことが書かれていたかということが重要なのであります。まず明治十七年に華族制度を作りました、それから明治十九年に帝国大学令、師範学校令、中学校令、小学校令が一度に出て、学制が相当根本的に改革された。その際帝国大学令の第一条に「帝国大学は国家の須要に応ずる学術技芸を教授し及び其蘊奥を攻究するを以て目的とす」と謳つた。それまでには「国家の須要に応ずる」という様な文句はなかつた。それがこの時現われた。つまり単に真理を追究するのでなくて、「国家の須要に応ずる」という条件を入れたところに意味があるわけであります。それと同時に明治二十年に文官試験試補及見習規則を作りまして、これによつてこういう国家主義教育の下に養成されたところの帝大法科の出身者は、無試験で任官させるという制度を作つた。これによつて藩閥の防塞としての官僚というものを造り出す態勢を整えた訳であります。それからやはりこの時に師範学校などでは教育方針を大々的に軍隊的に変更したのであります。そして兵式訓練を実行して、寄宿舎の制度を殆んど軍隊制度と同じにした。こういうようないわゆる国家主義的な教育改革の先端に立つたのは誰かというと、欧化主義の権化であるところの森有礼であります。それが政府の欧化政策というものの本質を非常によく現わしている。そういう武断的な教育を日本に導入した張本人というものが、最も徹底した欧化主義の権化のようにいわれたところの森有礼であるということが、非常に面白い点であります。それで山路愛山が『現代日本教会史論』の中において次のように申しておるのであります。

「彼れ（有礼）は学生は国家の為めに学問を為すものなり。学校は国家の為めに人民を作るものなりと信じたり。天下正に自由を説き、世界的文明を説き、ミル、スペンサーを説き、基督教を説き、国家を以て必要の害悪なりと説きし時に方りて、文部大臣たる彼れは国家のために忠良なる臣民を作るを以て主眼とし、忠良なる臣民を作るは武事教育に在りとし、凡そ教育の世界を挙げて、上は大学より下は小学校に至るまで生徒として学校に在るものをして、悉く兵隊たるの資格を帯ばしむるを以て其教育の骨子とし、小学校の生徒に木銃を担はしめ、師範学校生徒に向つては半ば兵営の如き生活を為さしめんとす。……彼れは実に其身を以て来るべき国民的反動（欧化主義に対する）を予報したりしなり。」

こういう一連の政府の態勢というものが、更に明治二十三年の教育勅語の発布を生んだ訳であります。あの教育勅語の発布がまさにこういう背景の下に行われたので、あの原案を書いたのが典型的な儒教主義者の元田永孚であるというのは、こういう背景からのみ理解される訳であります。

それでありますから、こういう政府の欧化主義に対する民間の思想的反撃というものがどういう形で現われたかというと、二つの全く異つた方面から起つて来るのであります。一つが陸羯南、三宅雄二郎、志賀重昂などによつて率いられた『日本人』或は『日本新聞』によるところの日本主義運動でありまして、もう一つは、徳富蘇峰によつて率いられるところの平民主義の主張であります。この雪嶺等の日本主義運動と蘇峰の平民主義運動は恰も正反対のようでありますけれども、よく見るとそこに非常に歴史的な共通性がある。それは何故かといえば、つまり政府の欧化主義に対する二つの面からの反対、つまり政府の上からの欧化主義に対して、蘇峰は下からの欧化主義の主張をしており、それに対して雪嶺等は、欧化主義に対する下からの日本主義というものを主張しているわけであります。したがつてその両者は表面的な主張においては正反対でありますけれども、いろいろな点に共通性を持つている。というのは、両者とも日本の社会、政治、経済の畸形的な発展に対する是正運動である。つまり極端なる中央集権による地方の疲弊、すなわち都市と農村、工業と農業との間の発展の不均衡、更に同じく工業面においても、政府の特別の庇護を受けているところの「紳商」と、純粋な民間資本との間の非常な懸隔、そういうものに対する反撃という点で共通性を持つているのでありまして、両者とも藩閥と結託した紳商の投機的な暴利資本主義に対して、もつと純粋の民間のミドルクラース的な資本主義というものを主張しているのであります。蘇峰の平民主義というものがそういうデモクラシー運動であつたということは容易に理解されますが、この明治二十年代の日本主義がまさに同様な性格を持つていたということは、しばしば看過されることでありますが、藩閥と結託した御用商人に対する『日本新聞』や雑誌『日本人』の攻撃というものは頗る痛烈を極めた。それからまた『日本人』は当時非常に喧しい問題となつた高島炭坑における坑夫虐待問題を率先して採上げて、労働者問題に対して注意を喚起した。例えばその当時の『日本人』を見ますと、ラヴレーの社会共産論とかいうものが訳載されている。そういうところを見ても、当時の日本主義というものの性格が後の日本主義と違つていることが解るのであります。勿論その進歩性には限度がありますけれども、兎も角そういう性格を帯びていたということは忘れてはならない点であります。陸羯南が日本主義を唱えた時に、こういつている。

「国民的精神、此の言葉を絶叫するや、世人は視て以て夫の鎖国的精神又は夫の攘夷的精神の再来なりと為せり、偏見にして固陋なる者は旧精神の再興として喜びて之を迎へ、浅識にして軽薄なる者は古精神の復活として嘲りて之を排したり、当時吾等が国民論派《ナショナリズム》を唱導するや、浅識者軽薄子の嘲りを憂へずして寧ろ夫の偏見者固陋徒の喜びを憂ふ、何となれば国民論派の大旨は寧ろ軽薄子の軽忽に認むる夫の博愛主義に近き所あるも、反りて固陋徒の抱懐する排外的思想には遠ざかるを以てなり。」

こういうことを先ず第一にいっている。むしろ攘夷論者というものと混同されるということを最も彼が警戒したのでありまして、日本のように後進的な、遅れて国際社会に登場した国においては、リベラリズムというものは必ずナショナリズムと結び付くのだというのが、羯南などの立場であつたのであります。又例えば三宅雄二郎も『真善美日本人』の中に、

「世の所謂国家主義なる者にして、果して国家全体の勢力を振作せんと欲するならんには、余固より之を取らん。然れども若し一部の独逸学者に附和して、現存の政府を全能の要素とするの意味ならんには余決して之を取る能はず」

ということをいつているのでありまして、つまり官僚的な国家主義というものとは本質的に異るといつているのであります。之に対し蘇峰の平民主義というものは、これは根本的にコブデン、ブライト流のリベラリズムをほとんどそのまま日本に持つて来ようという動きであります。そこで欧化主義の貴族的な性格というものが蘇峰によつてするどく突かれているのでありまして、例えば『国民の友』の第一号、『嗚呼国民の友生れたり』という中に、

「衣服の改良何かある、食物の改良何かある、家屋の改良何かある、金モールの大礼服は馬上の武士を装うて意気揚々たれども、普通の人民は「スコット」地の洋服すら穿つこと能はず。貴紳の踏舞には柳絮の春風に舞ふが如く、胡蝶の花面に飛ぶが如く、得意の才子佳人達は冬夜の暁け易きを恨む可しと雖も、普通の人民は日曜日に於てすら、妻子と笑ひ語りて其の楽を共にする能はず。煉瓦の高楼は雲に聳え、暖炉の蒸気体に快くし

て、骨を刺すの苦痛なほ春かと疑はれ、電気燈の光は晃々として、暗夜尚ほ昼を欺き、羊肉肥て案に堆く、葡萄酒酌んで杯に凸きの時に於ては、亦た人生憂苦の何物たるかを忘却す可しと雖も、我が普通の人民は、寂寥たる孤村茅屋の裡、破窓の下、孤燈影薄く、炉下炭冷かに二三の父老相対して濁酒を傾るに過ぎず。」

こういうふうに申しております。更に『将来の日本』の中には、

「吾人は我が皇室の尊栄と安寧とを保す給はんことを欲し、我国家の隆盛ならんことを欲し、我政府の鞏固ならんことを欲するものなり。之を欲するの至情に至りては、敢て天下人士の後にあらざることを信ず。然れども国民なるものは実に茅屋の中に住する者に存し、此れ此国民にして安寧と自由と幸福とを得ざる時に於ては、国家は一日も存在する能はざるを信ずるなり。而して我茅屋の中に住する人民をして此の恩沢に浴せしむるは、実に我が社会をして生産的の社会たらしめ、其必然の結果たる平民的の社会たらしむるにあることを信ずるなり。」

こういうのが大体当時の蘇峰の立場であるといつてよいのであります。

こういうふうに、要するに当時の上からの欧化主義というものは、実は政府の中における保守的な要素に塗つたところのメッキに他ならなかつたということを今述べた訳でありますが、こういう保守的な要素が、明治二十五、六年頃から社会的にも抬頭して来るのでありまして、自由民権運動の終焉のあとを承けた憲法発布、まさにそれを契機として社会的思潮も、むしろ保守的な動向というものが全体に表面化して来るのであります。例えば教育勅語が出ますと直ぐその後に井上哲次郎等によつて、

教育勅語の精神というものは国家主義である。然るにキリスト教は世界主義であるから、キリスト教と我が国体は相容れないということが言われ出した。このキリスト教と我が国体との関係が明治二十五、六年代の最も大きな思想的な問題になつて来るのであります。そういう風潮を背景として内村鑑三が一高を追われるというような事件が起り、帝大にいた久米邦武が『神道は祭天の古俗』という論文を書いて大学を追われるのもやはりこの頃なのであります。つまりこの時分から官僚国家主義と申しますか、上からの国家主義というものが急激にプレヴェールして来る訳であります。

先に民権論と国権論の不可分性、これが明治維新以後の二つの大きな線であるということを述べました、自由民権論の時まで兎も角その両者の内的な聯繫ということがずつと続いて来た訳です。ところがその両者の内的な聯関性というものが、明治二十五、六年頃から乖離し始めます。その傾向は、明治二十七年の日清戦争によつてぐっと表面化して来るのであります。そういう意味からも、日清戦争というものは、非常に日本の思想史上重要な時期を形成しているのでありまして、この日清戦争を契機として日本の資本主義が急激に勃興する。その際普通ならば民間資本的なもの、つまり純粋のブルジョア的な要素がぐつと抬頭して来るのが順調な経路なのでありますけれども、むしろ日本においては、先程申しました特恵的保護を受けた少数の財閥と藩閥との結託というものが、まさに日清戦争以後頃から却つて非常に決定的になつて来るのであります。

ここで先程申しました第一期の自由民権論以後の民権論の動向をちよつと振返つて見ます。明治二十年前後における民権運動は、政府の条約の改正案に対する反対を主要目標とする大同団結運動として結集して行つたのであります。ところがこの大同団結の運動においても、前に申しましたような傾向、すなわち、政府よりもむしろ反動的な、封建的な立場とそれから純粋の民権論が微妙に交錯しつつ連合戦線を張つて政府に抵抗するというような特徴がここにまた鮮かに出て来るのでありまして、例えば谷干城とかそれから三浦梧楼とかいうような保守主義者が、大井憲太郎などと手をつなぎ合つて政府に反抗した。だからこういう自由民権運動の内部が非常に脆弱であつたことは想像に難くないのであります。帝国議会が開設されると間もなく、すなわち第一議会でも第二議会でも非常に激烈なる朝野の抗争があつたが、それと同時に藩閥政府が黄金をばら撒いて民党の議員を買収するというような妥協吻合工作が、最初の議会から起つております、こういう傾向が早くも第一議会から現われたということは、非常に注意しなければならないのでありまして、それ以後民党は政府に対する徹底的なオポジションの立場をますます喪失して行くのであります。それと同時に藩閥の方も、政党の外に超然としているといういわゆる超然主義をだんだん修正して行つて、政党に近づいて行きます。この政府の超然主義というものは、例えば第一次山県内閣が成立の時に山県首相の地方長官に対する訓示において典型的に表明されている。即ち

「行政権は至尊の大権なり、其の執行の任に当る者は宜しく各種政党の外に立ち（中略）専ら公正の方向を取り、以て職任の重きに対ふべきなり」

といっている、つまり国家の官吏というものが或る中立的な立場、一党一派や諸階級の利害に執われない或る全体的な立場を代表しているという考え方、これはアブソリューティズムの下における官僚の意識というものを一番よく現わしております。

こういう官僚的な超然主義が、明治三十年代になって来ると、伊藤公が政友会を組織するというまでに変化して来る。しかしそれは藩閥政府の修正であるよりも、より以上に自由党乃至民党の性格的な変化、性質の転換といってよいのであります。そこにつまり日本における政党の背景をなすところのブルジョア的な力が非常に早くから藩閥的なものと癒着してしまったという事情が反映している訳であります。

ここで話を日清戦争にもどします。日清戦争というものの性格の分析はむずかしい問題でありますが、日清戦争に勝ったことによって、日本は外国と日本との間の不平等条約の廃棄を公然と要求しうるに至った。その交渉は直ぐには妥結しませんが、兎に角開始される緒をつけた。そういう意味において、やはり日本にとって独立戦争という一面を持ちながら、同時に否定すべくもなくこれが大陸に日本が進出する足場を築くという意味を持っていた。それがやはり思想的にも反映しているのでありまして、今までの自由民権論というものはすべて、国権なくして民権はないけれども、同時に民権なくして国権はない、つまり先程申しました政治力の底辺への拡大を伴わない国権の拡張というものは不健全であり、またあり得ないものであるという根本的な命題を決して見失ったことはないのでありますが、この日清戦争の勝利によつて多くの民権論者の態度が変つて来るのであります。例えば福沢は、先程申しましたような意味における民権論と国権論の内面的な聯繫を最も見事に定式付けた思想家でありますが、この福沢は晩年において日本の近代化ということに非常に楽観的な見解を持ち、自分は生涯に思い残すことはないとすらいつて、日本のこれまでの進路に対して満足している、しかもそういう満足が、日清戦争の勝利を契機としている。このことは何を意味するか、つまり福沢に取つては日本が国際的な独立を確保するということ、どういうふうにしたら植民地化の運命を免れるかということが非常に切実な意識でありまして、日夜そのことばかり考えていた。ところが日清戦争の勝利によつて、これまで彼を重苦しく圧していた危機意識からいわば忽然として解放されたのであります。その解放された、ホッとした気持、ともかく日本の独立を確保しえたという安心感が、日本の近代化は一応達成されたのだという一つの心理的な錯覚に福沢を陥れたのではないかと思うのでありま す。しかしながら決して福沢だけではなく、この日清戦争を契機として、多くの民権論者が民権論と必ずしも必然的関聯を持たない様な国権論の主張者となる、つまり帝国主義者に転向して行くのであります。例えば蘇峰はまさにこの日清戦争と三国干渉を契機として、従来のような平和主義的な平民主義を捨てて、帝国主義を謳歌するような方向に行くのであります。それから山路愛山がやはり帝国主義を説くようになります。だから明治三十年頃、つまり日清戦争直後において、日本にこの帝国主義的な考え方、いわゆる従来の国権論のような、民権論と不可分な、国民的独立という意味の国権論でなく、帝国主義的発展という意味における国権論が、非常に日本の思想界を風靡するのでありまして、恰度明治三十四年に内村鑑三が、

「信仰、腕力を制する時に世に光明あり、腕力、信仰を圧する時に世は暗黒なり、而して今は腕力再び信仰を制する暗黒時代なり、朝に一人の哲学者ありて宇宙の調和を講ずるなきに、陸には十三師団の兵ありて剣戟到る処に燦然たり、野には一人の詩人ありて民の憂愁を医すなきに、海には二十六万噸の戦艦ありて洋上事なきに鯨波を揚ぐ、家庭の紊乱其極に達し、父子相怨み、兄弟相鬩ぎ、姑媳相侮るの時に当て、外に対しては東海の桜国、世界の君子国を以て誇る、帝国主義とは実に如斯きものなり」

といっております。また明治三十四年幸徳秋水が、『二十世紀の怪物帝国主義』を著して、当時の世界情勢を次のように述べている。

「盛なる哉所謂帝国主義の流行や、勢ひ燎原の火の如く然り。世界万邦皆な其膝下に慴伏し、之を讃美し崇拝し奉持せざるなし。見よ英国の朝野は挙げて之が信徒たり、独逸の好戦皇帝は熾に之を鼓吹せり、露国は固より之を以て其伝来の政策と称せらる、而して仏や墺や伊や亦た頗る之を喜ぶ、彼米国の如きすら近来甚だ之を学ばんとするに似たり。而して我日本に至っても、日清戦役の大捷以来、上下之に向って熱狂する、悍馬の軛を脱するが如し。」

「盛なる哉帝国主義の流行や」といっているように、まさに国際的な環境も、この日清戦争を契機として本格的な帝国主義的な段階に入って行く、この世界資本主義の性格変化を離れては、日本の思潮

の転換もまたあり得ない訳であります。一八九六年ロシャが東支鉄道の建設・経営権及び鉄道沿線の行政権乃至経済的な権益を獲得しますし、ついで九七年、明治三十年には京漢鉄道を露清銀行を名義人として借款する。九八年、明治三十一年には遂に日本をして返還せしめたところの遼東半島をロシヤが租借してしまう。それから南満洲鉄道に関する利権を得るということになつて、ロシャの南下という情勢がいよいよ切迫して来る。フランスはフランスで明治十七年、例の安南を保護領としております。更に一八九五年、明治二十八年、すなわち日清戦争直後でありますが、雲南、広東、広西方面にいわゆる勢力範囲を獲得する。ついで明治三十一、二年には海南島、雲南、広東に関する不割譲条約を中国との間に結ぶ、進んで広州湾を租借して軍港と鉄道を建設する。イギリスは既に御承知のように阿片戦争で香港を獲得しておりますが、一八八六年ビルマを併合し、一八九七年、明治三十年にビルマの国境を一層拡大し、翌九八年、明治三十一年には揚子江の流域に不割譲条約を結び、威海衛を租借する。それからドイツが例の山東省を租借するというふうに、まさに列強の帝国主義の鋒先は中国に向つて雨霰のように注がれていたのであります。

こういう情勢の中にあつて、我が在朝者の間にも、今までのような漠然とした国権拡張というか、国威の振興ということでなく、帝国主義戦争という意味が、在朝者の間にも明確に自覚されて来るのであります。例えば伊藤博文が明治三十二年に宇都宮で『世界の進歩と日本国民の自覚』という題で演説をしておりますが、その中において次のようにいつております。

「輓近に至つて起る所の戦争などは何が根拠であるかと云ふと、多くは商工業の利益を他に抑し拡めるに当つて、他から妨げられるものを防ぐためとか、或は自ら進んで其商工業を世界の上に拡充しようと云ふ目的から起るといふやうな訳になるのである。……固より本来の目的に依れば、一国の防禦力と云ふことであつて、第一の目的は他国から侵されないやうに防禦するといふのであるが、従つて己れを拡充し、己れの商工業を発達せしむるといふ為には力の及ぶ限り其海陸軍の力を養成して以て其商工業なるものを何処までも抑し拡めて行かうといふ訳である。前申す所の列強と雄を争ふといふのは此趣意である。此れは今日の世界の形勢に於て大概定まつた所の議論であつて決して一家の私言ではないのである。」（傍点筆者）

こういうふうに帝国主義戦争というものの意義を明確にし、この帝国主義を実行して行かなければならぬということが、明治政府の意識の上において明白になつて来た訳であります。

こういうふうな一般情勢の推移を示すものとして興味の深いのは、明治二十年代において起つた羯南、雪嶺的な日本主義と、ちようどこの時に起つた、すなわち明治三十年代の日清戦争直後に起つた日本主義との思想的性格のちがいであります。明治三十年代に高山樗牛とか木村鷹太郎などによつて日本主義が唱えられるのでありますが、この日本主義においては、前に羯南等の唱えた日本主義というものと本質的に性格が異りまして、最早下からの要請というものは全くといつてよいほど消え失せて、逆に上からの国家主義が露骨に前面に出ている。例えば天皇を絶対主権者として神格化したり、思想・言論・大学の自由という様なものは頭から否定したり、それから植民地台湾に対する徹底した帝国主義政策を唱道したりしている。一般に前代の日本主義にあつたような弱者に対する同情、ことに労働者に対する同情が全く消え失せて、国内的にも国際的にも弱肉強食、優勝劣敗、つまり、一種のダーヴィニズムというものが赤裸々に説かれているというような点で、まさに二十年代の日本主義というものと質的に性格を違えているのであります。しかもその根本的な考え方において非常に本能的、感覚的になつているということが興味深いのであります。前の二十年代の日本主義というものは非常に理想主義的であつたのに対して、むしろ素朴唯物論的であつて、個人的にも国家的にも感覚的な衝動の解放という要素が相当露骨に表面化している。つまり国家における権力意志の肯定と並行して、個人における感覚的な快楽の解放ということが唱えられる訳であります。しかも樗牛はこの日本主義を唱えてから二、三年経つて途端に『美的生活論』を説いて、今度は純粋なというか、むしろ全く本能的な個人主義、本能的な生活を讃美するところの本能主義というものに動いてしまう。こういうところにやはり日清戦争以後の時代思潮が非常にはつきり現われているのであります。日清戦争後は、国民的自覚が高まつた時代というふうに普通いわれておりますが、しかしその国民的自覚というものの内容が、むしろ感覚的な衝動の解放というような意味を帯びていたのでありまして、同時にこの頃から、近代的な個人主義と異つた、非政治的な個人主義、政治的なものから逃避する、或は国家的なものから逃避する個人主義思潮が、つまり政治的な自由主義でなく、むしろ「頽廃」を内に蔵した様な個人主義が日清戦争以後急速に蔓延して来たということは、非常に興味深いのであります。

斯様に国民的自覚が高潮されて来たという時代に、同時にこういう全く非政治的な個人主義というものが現われて、青年の間に懐疑的傾向が蔓延し、美的享楽が追求される。例えば藤村操が「人生不可解」といって華厳滝に投身するのが三十六年、また文芸思潮の上でも与謝野晶子の『みだれ髪』が出たのが三十四年で、樗牛の『美的生活論』が出たのと同じであります。こういう考え方がずつと明治三十七年、ちようど日露戦争以後における自然主義の主張、田山花袋のいわゆる「露骨なる描写」という主張につらなつて行くのであります。

われわれは日露戦争の時代はよく知りませんから、昔の人に聞くと、非常に国民的に張切つていて、今度の戦争のようなものでなくて、下から湧き起つた力でやつたというふうに聞かされております。それはそうかも知れませんが、同時に以下のようなことも当時いわれていたということを忘れてはならないのであります。先程申しました山路愛山が、井上哲次郎等によつて唱えられた国家教育主義という上からの官僚的な国家主義が完全に破綻したということを述べて、次の様にいつています（『現代日本教会史論』）。

「彼等は同一の主義を以て全国の学校に及ぼし斯くてめでたく彼等の理想としたる忠君愛国の士を作らんと欲せり。されど是れ遂に空想に過ぎざりき。日本の青年は忠君愛国主義を鼻声にて説教する坊主（学校教師）より有り難き御法談を聴きたり。最初は謹厳なる態度を以て之を迎へたり。されど其しばしば繰返さるゝに及んでや彼等は遂に大欠伸を催せり。彼等はたとひ如何ほど道理ある主義にても外部より強て注入せらるゝに堪えず。其気概あるものは遂に起て之に抗せり。帝国大学の秀才たりし高山林次郎が其学校を出づると共に美的生活論なるものを唱へ、登張竹風がニッチェを担ぎ出し、しきりに仁義道徳の縄墨主義なるを攻撃したるが如きは是れ学生の遂に所謂国家教育主義に謀叛するに至りしものなり。而して此放縦自恣なる傾向は日に長じ、月に進み、遂には日露戦争の最中に於て国民新聞記者をして左の如く曰はしむるに至れり。

『現代青年は個人的自覚を得たると共に国家的自覚若しくは其の一部を失墜したるが如し。（中略）青年の或者は遼陽の大激戦よりも寧ろ壮士芝居の評判に多く心を動かしつゝあり。』

更にまたこうもいつている。

「彼等は其教育機関の羽翼の下に忠君愛国の士を生ずべしと期したり。而して見よ、其育ちたるものゝ中には恋愛を歌ひ、星と菫花を詠じ、唯自己の欲望を満足するものを以て理想とし、国家の存亡を見て念とせざる極端なる個人主義を生ぜり。」

これはどういうことであるか。初めにのべました様に、民権論と国権論の結合、つまり個人的な自由独立という基礎の上に立つて、そういう個人的な自由独立に支えられたところの国家的な独立、及び国家的な発展というものが、明治思想の出発点であつた訳であります。ところがそういう意味におけるナショナリズム、つまり先刻申した政治的な底辺への拡がりによつて、下から支えられたところのナショナリズムが、上からの官僚的な国家主義によつて吸収されてしまうということになると、国民を国民として内面から把握するところの思想というものは最早ない訳であります。したがつて国民思想は一方には個人的内面性に媒介されないところの国家主義と、他方には全く非政治的な、つまり星や菫花を詠い、感覚的本能的生活の解放に向うところの個人主義という二者に分裂して相互が無媒介に併存する様になるのであります。

それでは国民を下から把握するところの純粋の自由民権運動的な考え方というものは、明治三十年代においては何処へ行つたかというと、これは早くも社会主義運動として現われているのであります。明治三十年に高野房太郎が職工義勇会を組織して、片山潜或は安部磯雄、島田三郎、松村介石などの後援を得て職工義勇会を組織しました。政府が明治三十三年に治安警察法を制定して社会運動の取締を始めるのでありますが、そういうところを見ても、日清戦争後において社会主義運動というものが、兎に角かなりプレヴェイルし始めた事が解る。明治三十四年に社会民主党が結成されましたが、これは直ちに結社禁止になりました。更に明治三十八年には非戦論を唱えて万朝報を脱退した幸徳秋水、堺利彦等によつて平民新聞が創刊されるというふうに、まさに日本社会主義運動は、同じくこの時代に根ざしているのであります。つまり民主主義運動というものは、最早自由党とか改進党とかいうような政党を担い手とする事が出来なくなつてしまつた。その政党は藩閥等封建勢力との妥協結託によつて闘争性を非常に早くから喪失してしまいましたから、初期の民権運動の正統的な継承者としては、こういう社会主義的なもののしかなくなつてしまつた。しかもこれはこの当時の日本の社会的な現実からいつて非常に早熟であつたということは勿論想像されるのでありまして、到底国民的規模において発展するまでの段階に至つていない訳でありますから、そうなると結局主流を占めるのは、絶対勢力を支柱とする国家主義と、感覚的本能的な個人主義との並行現象になつてしまう訳であります。国木田独歩が明治三十年に、例の有名な抒情詞の中で

山林に自由存す、われ此の句を吟じて血のわくを覚ゆ、嗚呼山林に自由存す、いかなればわれ山林をみすてし

ということをいいましたが、つまり明治三十年代においては、国木田独歩が意味した以上に、自由というものはもはや山林にしか求められないということになつたのであります。例えばヨーロッパ的な近代的な自由の代りに、こういう謂わば東洋的な自由ということが、自然の中に自由を求めるという考え方が、明治の後半期においてずつと強くなつて来ます。漱石の考えもやはりこれに近いのであります。例えば『草枕』に現われている低徊趣味、

菊を東籬の下に採り、悠然として南山を見る

というあの唐詩を引いて漱石が、垣の向うに隣の娘が覗いている訳でもなければ、南山に親友が奉職している訳でもない、そういう実際的目的を一切超脱した境地がいいということをいつている。あれは何であるかというと、つまり明治後期に瀰漫した卑俗な現実主義や、立身出世主義に対する反撥であり、そうした汚濁からの救いを、むしろ非国家的な（反国家的ではない）非政治的な東洋的自由の中に認めて行つたのだと思います。国家主義と俗物的な功利主義というものとが、相竝行して明治の

社会に成長しつつある。そういう傾向に対する反撥というものは、早くから明治の文学の中に現われております。例えば二十年代に現われた二葉亭の『浮雲』の中には、本田という社会的順応力の強い立身出世主義の権化のような男が出て来ますが、明治時代の鋳出した人間類型のなかにはまがいもなく本田的俗物主義が見られ、それが儒教的規範からの人間解放の現実的な結果であつたのであります。一般的に国民的な自覚といわれるものの実体は、むしろ或る意味においては衝動の解放であつた。つまり対外的な勝利から来るところの陶酔というものが、同時に内部的には本能的感覚的な衝動の解放を伴つている、という事が重要なのであります。

　こうした「民権」と「国権」との分裂、前者を犠牲としての後者の伸長は社会的な地盤からいえば、日本資本主義の発展のしかた、つまり国家権力と産業資本との癒着が非常に早くから起り、それに対して広汎な農村が近代化というものから取残されてしまつた、その結果、都市と農村との対立、更に或る産業部面とくに軍需産業部面と他の産業部面との間の非常な不均衡的な発展、進んで、文化全般にわたる都会中心主義、都会というよりは東京中心主義、つまり政治的にも文化的にも過度の求心性、そういうあらゆる近代日本の不均衡的な発展のイデオロギー的な表現と考えられるのであります。そこでこういう一連の傾向というものを、明治末年に漱石が、『それから』の中に代助の言葉をかりて、次のように総括しております。

「何故働かないかつて、それや僕が悪いんじやない。つまり世の中が悪いのだ。もつと大袈裟に云ふと、日本対西洋の関係が駄目だから働かないのだ。第一、日本程借金を拵へて、貧乏震ひをしてゐる国はありはしない。此借金が君何時になつたら返せると思ふか。……日本は西洋から借金でもしなければ到底立ち行かない国だ。それでゐて一等国を以て任じてゐる。さうして無理にも一等国の仲間入りをしようとする。だからあらゆる方面に向つて奥行を削つて、一等国丈の間口を張つちまつた。なまじひ張れるからなほ悲惨なものだ。牛と競争する蛙と同じ事で、もう君、腹が裂けるよ。其影響はみんな我々個人の上に反射してゐるから見給へ、……悉く切り詰めた教育で、さうして目の廻る程こき使はれるから、揃つて神経衰弱になつちまふ。話をして見給へ大体は馬鹿だから。自分の事と、自分の今日の、只今の事より外に何も考へてやしない。考へられない程、疲労してゐるんだから仕方がない。精神の困憊と、身体の衰弱とは不幸にして伴つてゐる。のみならず道徳の敗退も一所に来てゐる。日本国中何所を見渡したつて、輝いてる断面は一寸四方も無いぢやないか。悉く暗黒だ。」

これは明治四十二年でありますが、これはほとんど文字通り、その後の日本の発展を予言しているといつてもよいのであります。一等国の仲間入りをしようとして非常にあせつた。例えば軍備というような面においてだけ他と全く不均衡に発展してしまつた。そういうところから間口ばかり広くして奥行のなくなつた日本になつた。みんな神経衰弱の様な顔をして疲労困憊し、我利々々になつて、自分の生活の事しか考えないというような我々がまさに目のあたり経験している現象が、既に明治四十二年にするどく漱石によつて道破されている。ただ「もう君、腹が裂けるよ」といつた事態が現実に起つたのがまさに「それから」四十年ばかり遅かつたというだけの事であります。

漱石が今ここに指摘したような、頭でつかちで手足の発達が伴わないところの不均衡的な、不具的な日本国家の発展が決してノーマルな発展ではない、つまり民力、人民の生活力というものの培養がなくては国家の発展というものはあり得ない、ということ、これは実は明治の識者のコモンセンスであつた。明治のちよつとした思想家はみなその点を指摘しているといつてよい。例えば福沢が既に『文明論之概略』の終りの方で、こういうことをいつております。

「一種の憂国者は攘夷家に比すれば少しく所見を高くして妄に外人を払はんとするには非ざれども外国交際の困難を見て其源因を唯兵力の不足に帰し我に兵備をさへ盛にすれば対立の勢を得べしとて或は海陸軍の資本を増さんと云ひ或は巨艦大砲を買はんと云ひ或は台場を築かんと云ひ或は武庫を建てんと云ふ者あり其意の在る所を察するに英に千艘の軍艦あり我にも千艘の軍艦あれば必ず之に対敵す可きものと思ふが如し必竟事物の割合を知らざる者の考へなり英に千艘の軍艦あるは唯軍艦のみ千艘を所持するに非ず千の軍艦あれば万の商売船もあらん万の商売船あれば十万人の航海者もあらん航海者を作るには学問もなかる可らず学者も多く商人も多く法律も整ひ商売も繁昌し人間交際の事物具足して恰も千艘の軍艦に相応す可き有様に至て始めて千艘の軍艦有る可きなり武庫も台場も皆斯の如く他の諸件に比して割合なかる可らず割合に適せざれば利器も用を為さず譬へば裏表に戸締りもなくして家内狼藉なる其家の門前に二十「インチ」の大砲一坐を備るも盗賊の防禦に適す可らざるが如し武力偏重なる国に於ては動もすれば前後の勘弁もなくして妄に兵備に銭を費し借金のために自から国を倒すものなきに非ず蓋し巨艦大砲は以て巨艦大砲の敵に敵す可くして借金の敵には敵す可らざるなり今日本にても武備を為すに砲艦は勿論小銃軍衣に至るまでも百に九十九は外国の品を仰がざるはなし或は我

製造の術未だ開けざるがためなりと云ふと雖ども其製造の術の未だ開けざるは即ち国の文明の未だ具足せざる証拠なれば其具足せざる有様の中に独り兵備のみを具足せしめんとするも事物の割合を失して実の用には適せざる可し故に今の外国交際は兵力を足して以て維持す可きものに非ざるなり。」(傍点筆者)

これはつまり他の産業的文化的な発展と不均衡な軍備拡張をやつても駄目だということであります。蘇峰も嘗てはやはりそういうことをいつております。茅屋の中に住む所の人民が真に国の基であり、そういう人民の生活力を涵養しなければいかぬということを『国民の友』の時代には最も力説していたのであります。それから志賀重昂や三宅雪嶺等も、前述した様に、やはり都市と農村の発展の不均衡、一部特恵資本と民間資本との蓄積の不均衡を指摘して之が是正を叫んでおります。政党も一方では国権拡張をいいながらも、他方では、軍備のために非常に租税が過重であつて、民衆が疲弊している、民力を休養させなければいかぬということは殆んど毎議会毎に、主張していた。それだけではなく、藩閥政府ですらも、そういう根本認識においては全く欠けてはいなかつたとすらいえるのであります。藩閥の元締であるところの伊藤博文が、明治三十二年にこういうふうに演説しております。

「所謂国威を何ものが進めるかと云ふ事になれば即ち国民の力でなければならぬ。独り政権のみでない、政治と国民の力を発達して始めて国威を宣揚する事が出来るのである。……如何なる政治家ありと雖も国民の力が不足して居りては中々その力を現はすやうな事は出来ないのであるから、……此人民の力の度合と而して此国権の発達、国威の伸ぶる所に依らなければ、此から日本国の独立を千古に伝へて行くと云ふことに就て甚だ危きを感ずる次第であります。」

人民の力の度合と国権の発達とが釣合が取れなければいかぬといつていますが、勿論言論と実行とは別でありまして、現実に藩閥政府のやつたことは、この博文の言を裏切つている訳であります。しかしながらその点で、いわゆる民党或は自由民権論者にしても、果して本当に藩閥政府を突き得るほど首尾一貫しておつたかというとそうは行かないのでありまして、一方において民力休養を叫びながら他方において国際的な危機から来るところの軍備充実の要を、むしろ政府以上に強調していたのが彼等なのであります。そういう点からいうと、藩閥政府と民党との間に根本的な差異はないといつてよいのでありますが、その点で論旨一貫していたのは、『国民の友』時代の蘇峰で

「軍備拡張論者は徹頭徹尾民党の敵也。朝に在ると野に在るとを問はざる也。民党の目的は不平将軍等の如く大官を増し兵卒の数を増すにあらず……租税の為めに生れ、租税の為めに働き、租税の為めに死せる人民をして彼等自身の為めに生活せしむるに在り。」

これが民党の目的であるといつている。こういう認識を守りつづけたのは蘇峰の転向後は木下尚江とか幸徳秋水等の社会主義者だけであつたといつてよいのでありまして、福沢ですら軍備拡張については最も積極的であつた訳であります。また明治年間における民間の輿論の大勢というものは、例えば明治十五年の朝鮮事変とか、井上、大隈等の条約改正問題、或は遼東半島還附の時、或はポーツマス条約の時などに見られるように、却つて政府よりも強硬であつた。つまり政府が絶えず軟弱外交だと

いうので攻撃されていたので、対外的には、政府以上に民間の輿論が強硬であつたということがいえるのであります。

こういうふうに近代日本の「民権」と「国権」との不均衡的な発展が絶えず警戒され、そしてまた絶えずそれではいけないということが、朝野共に意識されながら、そういう線をずるずる辿つて行き、ついに今度のカタストロフに至つたわけであります。が、こういう悲劇の由つて来る所は、一つは勿論日本の国内構造の特質に根ざしていると同時に、他方国際環境というものが非常に悪かつたということをわれわれは忘れてはならない。日本がちようど一人前の国家になつた時に、世界が帝国主義的な段階に入つたという事情、この事情というものをやはり無視することは出来ないのであります。例えば明治十年代の自由民権論者が、国際間の関係というものをどういうふうに見ていたかというと、全く弱肉強食の世の中と見ていた。万国公法などというものは何にもならぬ、それは強い国が弱い国を恐嚇する手段に過ぎないといつている。つまり国内においては、彼等は天賦人権を信じている。すなわち自然的な力、現実に持つている力というものの崇拝ではなくして、或る一つの抽象的な道理というか、価値の妥当を信ずる立場であります。ところがこの立場を、彼等は国際間には全く適用していない、国際間には全く実力の赤裸々な腕力関係しかないのだというのが、多くの自由民権論者の考え方でありました。福沢が

「理の為にはアフリカの黒奴にも恐れ入り道の為にはイギリス、アメリカの軍艦をも恐れず」

ということを『学問のすゝめ』でいっている、これが本来あるべき自由民権論者の考え方であります。ところがその福沢ですら明治十一年の『通俗国権論』の中では「百巻の万国公法は数門の大砲に若かず……大砲弾薬は以て有る道理を主張するの備に非ずして無き道理を造るの器械なり」といわざるをえなかつた。自由民権論者をして、そういう認識に導かせたところのものは何といつても、まさに弱肉強食そのままの、当時最高潮に達した帝国主義的な世界争奪であつたのでありまして、これをたとえていうならば、思春期に達した子供が非常に悪い環境に育つたために性的な方面で、他と不均合にませてしまつた様なものではないかと思うのであります。これは変なたとえでありますが、近代的な国民国家として目覚めた時に、世界の現状が既に帝国主義段階に踏み入つていた事、これが国際間には弱肉強食しかないという考え方を非常に強めた事は争えないと思うのであります。

しかしながらこういうふうに明治国家というものは、当初の出発点に不可分のものとして持つていた二つの課題、民権と国権とを次第に分離させてしまつた訳でありますけれども、しかし少くとも理論として、或はイデオロギーとしてなりとも、兎も角伊藤博文によつてすらも人民の生活力こそ国家の基礎であるということが明白に認識されていたということ、そのこともわれわれは看過してはならないと思います。実際は兎も角として、伊藤博文の如き典型的な藩閥の巨頭すらそれを認識していたということ、ここに何といつても明治時代というものを、後の時代と区別するところの、健康さ、健全さを認識せざるを得ないのであります。藩閥政府が如何に特権層として反動化して行つても、兎に角いびつながらも明治維新の近代的な一連の改革というものを断行した人達、そういう人達が大体藩閥政府を構成していたのでありまして、だから伊藤博文が、憲法制定の際にも憲法政治という以上は、勢い「デモクラチック・エレメント」というものは免れぬものであるといい、更に、

「人民の名誉及び生命財産の安固を保護せんと欲せば必ずや一方に於て天皇の大権に種々の重要なる制限を加へざるべからず。然らずんば立憲政体は如何なる形態を以てすとも党を得て是を樹立すべからざるなり。」

といつておりますが、こういう程度の認識は、藩閥政府においても略〻主流をなしていたといつてもよいのであります。天皇の大権を制限するとは何事か、人民の権利などというものは怪しからぬなどという考え、最近の日本ではむしろ大手を振つて通用していたような考え方が、明治時代においては極く一部の守旧思想家の間に限られていた。前に述べましたように、右翼団体の巨頭としての玄洋社すらも、創立された時に、「人民の権利ハ固守スベシ」ということを僅か三箇条の憲則の中の一つに掲げております。そこにやはりこういう明治の精神が表現されている。こうした健全さは議会にも具わつていた。議会の、或はまた政党の後に見られるような堕落は、既に明治時代に始まつていた事は事実です。しかしいかに藩閥勢力とつじつまの合わぬ取引をしても、また利権あさりということが如何にあつても、なおこの明治時代の議会には、当時の、虐げられた者を代表するという健全なオポジションの精神が何処かに最後まで残つていた。それは例の、田中正造の足尾銅山鉱毒問題における痛烈な弾劾にも現われておりますが、例えばその一例として、日露戦争当時における議会を取つて見ま

しよう。日露戦争当時の議会は、一応政治闘争を中止して挙国一致体制は取りましたが、決して無闇に政府や軍部に迎合をしていないのであります。例えば明治三十七年に平民新聞の発行届が却下された。その平民新聞というのは社会主義者が発行せんとするところの新聞であるが、それが却下されたので、形を変えて『平和』という学術雑誌にして出したが、これもやはり受付けないということがあつた。それから明治三十八年には、やはり社会主義者の神崎順一、志知ふみ等によつて『新社会』という雑誌の刊行を願い出たが、これも内務省が受付けないで却下したのでありますが、この問題を第二十一議会、すなわち明治三十八年二月の帝国議会において、立川雲平議員が取上げて、『言論印行の自由に関する件』という質問演説を行つております、その質問演説においてこういうふうにいつております。

「社会主義はそれ程恐ろしいものでございませうか……政府側の人々が社会主義に恐怖狼狽することは、幾らでもなさりませせ、唯識者と具眼者との嘲笑を買ふのみであります……併しながら之がために恐怖の極端に達して人の権利を害する……と云ふ事に及びまするならば、決して恕することは出来ないのであります。苟も此主義といふものを持つてゐる人に向つて此主義を国家より排除しようといふことは、決して出来るところのことではない。之を左右することは出来ないものである。之を敢て企つるものは昔の暴君汚吏の為す業であります。……二十世紀の今日、戦勝国の大日本帝国の政治家はまさかそんな馬鹿な考は持ちますまいと思ひます。本員は思ふ、我国も干戈事止んで国民堵に安んずるのときは必ず国民思潮の一大変革を来すことがあらうと思ひます。此時に当つて濫りに圧制束縛の政策を励行するやうな事があつては禍実に測り知るべからざるものがあると思ひます。言論の自由を許して学説を争はしめよ、社会主義がもし誤なら民直ちに之をしらん。もし真理なら警視庁や内務省が総掛りになって、否国の兵力を以てしても真理に打克つ事は出来ぬ。露国でさへもトルストイといふお爺さんを容れるの余地がある。日本帝国にして区々たる社会主義者の一団を容るゝの余地はないと云ふ事はなからう。そんな狭い料簡でありましたならば、戦勝国の威力はどこにあるか。」

戦争の最中において、こういう堂々たる質問演説が議会においてなされたということが注意されねばなりません。更にそれからずっと後になって、あの一世を驚愕させたところの幸徳秋水の大逆事件、あれ以後政府は全く社会主義運動に対して神経衰弱的になって、『昆虫の社会』という本まで取締ったというエピソードもある位ですが、その社会主義運動の暗黒時代のはじまりであったところの大逆事件においても、やはり議会において、言論の自由を提げて、そして社会主義というものを権力で抑圧しては決してよくない、そうするとむしろ逆に変なふうに内攻するから、言論の自由を与えて学説の問題として堂々と争わせた方が宜いというように、言論の自由を確保するところの質問演説が議会でなされております。そういうことが決して社会主義者などによって唱えられるのでなくて、むしろ全く社会主義に反対の人によって主張された。そこに何といっても明治の議会の持っていた健康さというものが現われているのでありまして、何でもかでも社会主義的なものを憎悪した、大正末期以後の既成政党の議員と大分違っていたということがいえるのであります。

明治の時代が持っていた健康さというものを、今国内問題について申しましたが、国際関係の上でも決して見られないことはない。勿論そこには前にいいましたように、一つは日本資本主義の特殊性、一つは先刻いつた国際的な環境によつて規定された、非常に早熟的な帝国主義への目ざめというものが見られるのであつて、つまり国際的な独立の確保ということが、対外侵略ということと非常に早くから結び付いていた為に、国際的な規範意識、国際社会にも兎に角一つの守るべき国際的な規範があるという意識がどうしても脆かつたことは否定出来ません。しかし後の世界大戦の時代、或はとくに満洲事変以後に見られるような、全く傍若無人な権力意志、或は国家的な利己主義の考え方は、明治時代にはまだそれほど露骨に現われていないのであります。前に明治三十年頃に帝国主義的な思潮が非常に風靡したということを話しましたが、その明治三十年の第十議会において、大隈外務大臣がこういうふうに演説をしております。

「最も善良なる外交は国際法の主義に密着すると云ふことである。で、国際法の主義に密着する外交は即ち正理を土台にすると云ふことである。此の正義の力は強いものである。必ず世界公論の同情を得ると云ふ力がある。」

こういつております。そして彼自らが、

「是は決して是は本大臣、即ち此の大隈と云ふ大臣の言葉ではないのである、即ち明治政府の方針を代表して言ふのである」

と自認しておりますが、まさしくその通り、これは決して、彼自身だけの言葉ではない。斯様な考え方というものは明治政府に共通する考え方であったのでありまして、前に申しましたように、帝国主義的な戦争というものの理解、そういう意識が、在朝者の間に蔓延して行った時においても、何処かそこにやはり国際的な規範意識が失われていなかった。その一つの現われとして、例えば日清、日露両戦争の詔勅には、何れも「苟モ国際法ニ戻ラサル限リ」一切の手段を尽して戦え、というふうに書いてありますが、こういう制限は太平洋戦争の詔勅には見られない。そこにやはり考え方の非常に大きな相違が見られる。むろんこれは一つには日本がまだ国力充分でないときは、世界の同情を得なければならぬが、だんだん強くなるとそんなことは意に介しないというふうになって来たからではありますが、兎も角こういう国際規範意識というものは、やはり明治国家を貫いていたといってよいのであります。

こういうふうに明治日本の近代国家としての発展過程において凡ゆる変質と堕落が指摘されようとも、その後の時代に比べると、やはり明治全体としてそこに何か根本的な健康性を宿していた。これはわれわれも認めなければいけないのでありまして、この健全性が漱石の予言の実現を四十年も遅らせる力になっていたのではないかと思うのであります。そのことは反面欧米人のその当時の日本観によって一層はっきりして来るのであります。例えば例の有名な言語学者チェンバレンの著“Things Japanese”のなかにこういうことを言っております。

「我が国（即ち英国）の探さく好きな人々は、スチュアート王朝とかフランス王党派とか、ドン・カルロスなどのことを覚えているために、時々こういう質問をする――日本にも封建主義への反動がないだろうか――と。いな、断じて。太陽が輝きを止め、水が逆まに流れる事のない限りはこういうことは断じてありえない。」

更にまた、

「過去半世紀の事件をくまなく認識した者は何人といえども、次のことを否みえないであろう――即ち、いかなるヨーロッパ基督教国と雖も、日本ほど翻然とその過去の誤謬を認め、あらゆる文明の技術に対して教を請い、外交に於てかくも率直かつ穏健であり、戦争に於てかくも騎士的で人道的な国家はまずなかろうということである」

とも言っている。外交において穏健で、戦争においては人道的なる点、日本ほどの国家はないとは現代の日本観と比べて何という驚くべき違いでしょう。また日露戦争直後に出版されたG・W・ノックスの本"The Spirit of the Orient"を見ても、例えばこう書いてある。

「いまや何人も（日本の）表面的な模倣を云々するものはない。けだし、試煉は最も苛烈をきわめたものでありながら、組織のいかなる部分も光栄に満ちて現われ来つたからである、帝国は変形した。西欧人が三百年に成し就げたことを日本は三十年の間に成就した。……日本はいままで我々がヨーロッパ独特と考えていた諸々の素質――即ち組織をつくる力、細部への関心、徹底した陶冶、偉大にして遙かな目標の忍耐強き努力等々――を高い程度に於て具えている事を実証した。」

こういう言葉を今のわれわれが見ると、ちよつと穴があれば入りたくなるような差しさを感じます。

これはほんの一例でありまして、大体日露戦争頃には、日本に関する本が世界の出版界で一週間に幾冊とか出たというほど、日本研究熱が流行つた訳でありますが、その何れを見てもこうした見方においては或る程度共通しております。こうした当時の全世界からの日本に対する評価は現在のそれと何たる驚くべき隔たりでありましようか。五十年前には、封建主義への復帰は水が逆に流れぬ限りあり得ないというふうに、一流の英国の学者も考えた。日本の近代化に関して余りに楽観的であつたのは、決してわれわれ日本国民だけではなかつた。チェンバレンやノックスのような外国人ですら日本近代化については、これほど甘い考え方をしていた、とすればわれわれ日本人が日本の近代化過程を見損つたとしても、或る意味において無理がないともいえましよう。しかしこうした楽観がいかに誤謬であつたにせよ、それが外人の間ですら一般的であつたということは、後の大正、昭和の時代とやはり何か違つたものを明治国家が持つていた、如何にそれが途中で本来の方向を歪曲したとしても、健康な進歩的精神というものがどこか失われずにいた、ということを証拠立てるものではないかと思うのであります。

話が非常に長くなつて纒まりが悪くなりましてお聴き苦しかつたと思いますが、これで私の話を終ります。

（昭和二十一年十月、歴史学研究会主催講習会「日本社会の史的究明」の一講――のち『日本社会の史的究明』昭和二十四年三月、岩波書店、所収）

ラッセル「西洋哲学史」（近世）を読む

A　これから君の担当する近世の部について色々に伺ふわけだが、抑ゝ君の受持は時代的にはどの辺からどの辺までで、哲学者でいふと大体どういふ顔触れが出て来るんだ。

B　僕が指定されたのは、第十二章の「哲学的自由主義」から第二十六章の「功利主義者」までだ。だから十七世紀から十九世紀にかけて、イギリスの経験論、フランス啓蒙哲学、浪曼主義、ドイツ観念論、ショーペンハウエルとニーチェを経て、ベンサム、ミル等のいはゆる Philosophical Radicals の登場までが扱はれてゐる。社会的背景としては、いふまでもなく新興市民階級が漸次成熟してヘゲモニーを握る時期に相当する。ラッセルは之を大体自由主義思想の発生と発展といふ基本的な線の上に立つて叙述してゐる。

A　では、まづ、方法論的なことから伺ふが、ラッセルはさういふ思想と社会的地盤との関聯をどの程度に重視してゐるんだらう。

B　これはこの本の全般について論ずべきことだが、普通の哲学史の教科書としては、政治史や社会史的な叙述にかなりの頁が割かれてゐるのが目立つね。とくに、この時期は、哲学思想が近代社会の形成と密接に結びついて生長してゐるので、誰が書いたつて、その関聯を度外視するわけには行かないせいもあるが……。例へば十七世紀の英国の Civil War の背景なしにはロックの思想はまるで理解出来ないし、ニーチェや功利主義哲学にしても、産業革命の結果に対する対決として捉へてはじめて正当に位置づけられるわけだ。本書もさういふ態度をとつてゐる。

A　しかし問題は、ただ漠然と政治的社会的経済的な背景を述べるといふだけでなしに、さうした歴史的背景の動態的な構造にまでつき進み、それと哲学なり思想なりとの内面的牽聯を探りあてることが、思想史や哲学史のいちばん困難な点なのだが、その点、ラッセルはどこまで掘り下げてゐるんだ。

B　さあ、そこまでの分析となると、すこぶる心細いね。まあ名誉革命の動力を "a combination of aristocracy and big business" (p. 603) と見てゐる程度だ。しかしさういふ分析をラッセルに求めても無理だらう。

A　じや一体ラッセルはイデオロギーの発展の原動力をどう見てゐるのかしら。

B　その問題を恰度、哲学的自由主義の章の冒頭で取扱つてゐる。ラッセルによれば、実際の仕事よりは書物ばかり見てゐる人は、ともすれば思想の生活に対する影響を過大視しがちになる。ところがかういふ見方の反動として、思想家をばその環境、とくに、物質的技術的原因によつて専ら決定されたものとして、単なる環境の受動的反映と見る立場が起つて来た。しかし自分は真理はこの両極の中間にあると思ふ。観念と実際生活との間には相互作用があつて、そのどつちが原因で、どつちが結果かを尋ねるのは、めんどりと卵の問題と同様無益なことだ、——といつてゐるよ(p. 596–7)。

A　なんだい、それじやちつとも答へにならないじやないか。真理は中間にありなんて凡そ平凡だね。

B　つまりラッセルはそんな問題を抽象的に議論するのは時間の浪費で、具体的な場合場合を歴史的にしらべて行けばいいといふわけさ。大体、ラッセルといふ人は断片的な表現や、思考の過程では随分ラディカルな点があるが、全体として落着く結論は大抵常識的で「穏健中正」だよ。

A　やつぱり英国紳士だね。さて、方法論はこの位にして、さきほど、自由主義の発展を中核としながらこの時期が叙述されてゐるといふ話だつたが、大づかみの思想的脈絡をどういふ風につけてゐるかを聞かせてもらひたい。

B　それはね、まづもつて、ロック以後の哲学の系列を二分して、両者の方法論、形而上学、倫理、政治の上でのコントラストを浮き立たせてゐる。

一つは、ロック——バークレー——ヒューム——フランス啓蒙哲学者（ルソーを除く）——ベンサム・ミル——マルクスといふ系列で、もう一つは、デカルト——ライプニッツ——カント——フィヒテ——ヘーゲルといふ流れだ。もつとも、最後のマルクスは両者の〝折衷〟で、どちら側にも片づけられないと言つてゐる。大体、英国の経験論系統と大陸の理性（主観）論系統とに分つ通説を踏襲してゐるわけだが、普通カントは両系統を綜合したと考へられてゐるのに、ラッセルは之を明白に否定し、カントはヒューム以前（pre-Hume）で、Hume の提出した問題に答えてゐないと言つてゐるのが一寸特異な点だ。この両系統の相異としては、まづ、方法論上では、ロック系統は出来るだけ広く事実を観察し、そこから上に向つてピラミッドを築いて行くのに対し、デカルト・ライプニッツ系統は最高原理としての頂点から演繹によつて、ピラミッドが下に向つて延びて行く。従つて、前者はむしろ非体系的で piecemeal だが、それだけ地盤が安定してゐるのに比べて、後者は、恐ろしく整合的な割に、一個所が動くと忽ち全体系が崩れ落ちるといふ危険性がある。また倫理学では、ロック系統は大体に於て快楽や幸福を善と同視するに反して、理性派とくにカント系統はいはゆる“noble”な倫理を説き、幸福を蔑視する。これと大体対応して、政治的見解の上でも、ロック系統は独断的決定をきらつて、すべて問題を自由討議に委ね、社会改革も漸進的態度をとり、哲学と同様に試行錯誤を尊重するが、反経験派は、例外はあるが概して、〝物事を一挙にうちくだいて、之を気の向くままにこね合せようとする。〟だから、革命派であれ、権力派であれ、目的達成のためには暴力行使を躊躇しない。――ラッセルはあらましこんな風に対照させてゐる。

A　で、ラッセルはどつちかといへば、ロック系統に好感を持つてゐるんだらうね。

B　むろんさうだ。とくに、倫理の問題では、いはゆる〝高尚な〟反快楽説を痛烈にやつつけてゐる。

一寸引用して見るとかうだ、〃noble といはれる種類の倫理は、世界を改善する企図との結びつきといふ点では、むしろ、各人は須らく人々を幸福にすべしといふ俗つぽい倫理に比べて劣つてゐる。これは驚くにはあたらない。幸福を軽蔑するといふことは、それが自分の幸福でなく、他人の幸福である場合には、いとも容易なことである。ふつう、幸福の代用物はなんらかの形でのヒロイズムだ。これは権力への衝動に無意識の捌け口を与へ、いくらでも残忍行為の逃げ口上となる。……人間の幸福を増進するのに最も貢献した人々は、幸福に重きを置いた人々であつて、なにかもつと、高尚なものをもち出して幸福を軽蔑した人々ではなかつた〃(p. 645)。まあこんな具合さ。

A　やたらに道義をふりまわす手合に聞かせてやりたいね。ところで、上の系列では、ルソーとかニーチェとかは入つてないじやないか。

B　それは浪曼主義の系統で、十九世紀以後の新運動として全く別に論じているのだ。それにはまづ、自由主義の属性としての個人主義の発展を見なければならない。ラッセルは個人主義の発生をアレキサンダー以後、ギリシャに於ける政治的自由の喪失と共に現はれた Cynics と Stoics のうちに見出してゐる (p. 598)。

これはラッセルの根本的見地を知る上に看過してならないポイントだと思ふ。近代的自由主義の〃決定的特徴〃たる個人主義の系譜を、かうしたギリシャ末期の非政治的な個人主義に求めていること、これが、ラッセルのルソーやヘーゲルの政治思想に対する評価を根本的に規定してゐるのだ。

しかしその事はもつと後に述べるとして、ともかく、宗教改革によつて、カトリック教会の客観的権威が疑はれると共に、真理の決定が個人の問題となり、これ以後個人主義は十七、八世紀にわたつて宗教、哲学、政治、経済の各領域に漸次浸潤して来た。かういふ近世初期の個人主義は他面主知主義をともなつてゐた。ところが、十九世紀初めから、個人主義が知性の領域から更に感性の領域に延長される様になつた。これがルソーにはじまる浪曼主義だといふわけさ。カーライル、バイロン、ニーチェ、ショーペンハウエルをこの系列に入れてゐる。このへんはべつに特異な見解でもなからう。

A　しかし個人主義が自由主義の〝決定的特徴〟とすれば、浪曼主義の系列と自由主義との関係はどうなるんだい。

B　それはね、ラッセルはから考えるのだ。ルソーとカント以後、自由主義が二つに分化した。一は hard-headed liberalism で、この系統はベンサム——リカード——マルクスを経てスターリンに至つてゐる。他は soft-hearted liberalism でフィヒテ——バイロン——カーライル——ニーチェと発展してヒットラーに及んでゐる。つまり理知的傾向と主情的傾向といふところだらう。

A　スターリンとヒットラーまで登場するのは驚いたね。だけどまさかこの御両人もリベラリズムだといふんじやあるまいね。

B　むろんそんな馬鹿なことは言つてない。ただ思想的系列の脈絡をたどつただけなのだらう。現に、別の個所で浪曼主義にはじまる感性的個人主義は漸次自由主義の反対物に転化したと明言してゐるからね（p. 600）。

しかしそれにしてもあまり突飛で、さすがのラッセルも気がさしたのか、この分類はあまりに schematic だが地図代りに掲げたまでだ、と弁解してゐる（p. 642）。

A　いずれにしてもルソーが、反主知主義への転回点に立たせられてゐるわけだね。では、その〃自由主義の反対物への転化〃はどこからはじまるといふのだい。

B　それもルソーなんだよ、ラッセルはルソーの民約論の内容を紹介して、結局それは〃デモクラシーへの lip service をしてゐるが、むしろ全体主義国家の justification に傾いてゐる〃（p. 694）と言ひ切つてゐる。さうしてロック的民主主義とルソー的民主主義とを区別して、〃ローズヴェルトとチャーチルはロックの子孫であり、ヒットラーはルソーの子孫である〃（p. 685）といふのだ。

A　今度はスターリンは出て来ないのか。

B　出て来ないが、ラッセルの考へ方からすれば当然ルソーの子孫としてヒットラーと並ぶところだらう。戦争中の同盟国だから遠慮したのかも知れない。

A　しかし民主主義の聖典といはれる民約論を lip service で片付けたのはいくら何でも暴論じゃないかね。

B　僕もラッセルの見方は間違つてゐると思ふが、さういふ議論は昔からかなりあるんだ。例へば、第一次大戦のときにもドイツの軍国主義と国家至上主義の思想的淵源を尋ねた英仏の学者は、トライチュケからヘーゲルに遡り、ヘーゲルからルソーに行きついて、ラッセルと同じ様な結論をしてゐる。ホッブハウスやラスキ、デュギーなどみなさうだ。結局この問題は民主主義といふものの把握の仕方に帰する。さうして、それを更に突込んで行くと、近代国家と自由の関係といふたいへんな問題にぶつかつてしまふ。

A　どうもよく分らないから、その点もう少し説明してほしい。

B　僕もさう簡単に説明出来る自信はないが、さき程、ラッセルが自由主義の思想系譜をキニックやストアに求めたと言つたね。あれがここに関係があるのだ。こんどは君に伺ふが、君はディオゲネスの様に樽の中で悠々自適してゐる様な〝自由〟と、近代的な〝自由〟とどこか違ふところがある様に思はないかね。

A　それあ違ふだらう。ああいふ我不関焉式の〝自由〟なら東洋の昔からあるからね。〝帝王我に於て何かあらんや〟と詠つた支那の詩人はその意味では百パーセントの自由主義者だといふ事になる。

B　そこだよ問題は。近代的な自由意識といふものはああした無規定的な単なる遠心的・非社会的自由ではなくて、本質的に政治的自由なのだ。それは内にひきこもる消極的精神ではなく逆に外に働きかける能動的な精神であり、政治的秩序から逃避する精神ではなくて、逆に政治的秩序に絶えず立ち向はうとする精神にほかならない。

いはゆる〝国家からの自由〟として表象される初期の自由主義も、決して竹林の七賢人式の消極的自由を求めたのではなく、既存の国家秩序との闘争に於て自由権の獲得を志向してゐたのだ。

A　つまり君は、近代的自由が、国家秩序と内面的なつながりがあることを言ひたいのだらう。

B　その通りだ。近代国家は御承知の様に、中世の位階的秩序の否定体であり、教会とかギルドとか荘園とかのいはゆる仲介的勢力（pouvoirs intermédiaires）を一方、唯一最高の国家主権、他方、自由平等な個人といふ両極に解消する過程として現はれる。だから、この両極がいかに関係し合ふかといふことが、近代政治思想の一貫した課題になつてゐるわけだ。

A　するとルソーの社会契約説もその課題への解答といふわけだね。

B　ルソーだつてロックだつてホッブスだつてヘーゲルだつて皆その問題と取組んだんだ。国家主権と主体的個人の両極が隔つてゐる限り、自由権の範囲に応じて主権が制限されるわけだが、個人が〝公民〟として主権に一体化した極限状況を予想すると、そこでは個人的自由と主権の完全性とが全く一致する。これが国民主権に基づく民主主義国家の理念型だ。ルソーの有名な普遍意志（volonté générale）の理論は、かういふ近代国家の発展の極限状況を図式化したものと見るのが正しい。国民が主権を完全に掌握してゐる限り、国家主権の万能は理論的には、なんら国民的自由の制限にならない筈だ。もし之をラッセルの様に全体主義と呼ぶならば、フランス革命憲法、とくにジャコバン憲法はまさしく全体主義の典型といはねばなるまい。だからラッセルやデュギーや多元的国家論者たちのルソー的理論への反情は結局、民主主義のもたらす多数の〃圧制〃に対する個人主義者の本能的恐怖に根ざしてゐると言へる。ヘーゲルに対する反対には、又ルソーとちがつた動機――アンチ・プロシアといふ様な――も加はつて来るが……。

A　しかしラッセルにして見れば、ロックの系列をどこまでも正統的民主主義としたいんだらう。

B　それはさうさ。だがロックの checks and balances の理論は自由主義にこそ妥当するが、近代の民主主義の現実には妥当しない筈だ。だからラッセルも立法部と執行部の関係の歴史的変遷を述べて、執行部の優越した最近の英国政治の段階を以て、ロックの原則に背反したものと言つてゐる(p. 639)。しかしこの論法を以てすれば〃民選のカイゼル〃といはれるローズヴェルト大統領をロック系統に入れることもかなり疑問になつて来る筈だ。結局最近の mass democracy への傾向に対する不信が根柢にあるんだね。これがラッセル得意の自由と組織の問題につながつて行くわけだ。

A　近代的自由の意味は一応分つたが、ラッセルだつて、近代的自由を竹林の七賢人的自由と一しよくたにしてゐるわけでもあるまい。

B　むろんそこはちやんと弁別してゐる筈なんだが、どうもラッセルに限らず、英米系統の学者は近代的自由が民族国家そのものの構成原理であるといふ点の把握が足らない様に思へるね。

A　おかしいな。近代的自由の本家本元なのに。

B　いや、本家本元だから、かへつてその点の理論的反省がないんじやないか。英国の自由主義だつてむろん国民的一体性の背景の上に主張されてゐるんだが、その一体性が早くから確保され、海上権の優越によつて強固に保証されてゐたために、その前提が強く意識にのぼらず、専ら国家からの自由といふ世界市民的遠心的傾向を表面に出して来たんだと思ふ。その点になるとフランスやドイツの様に、外的圧迫からの国民的独立に苦しんだところでは、近代的自由の持つてゐる構成的積極的契機は一層鋭く自覚せられざるをえない。かうして、〝自由〟の立ち遅れてゐるところにかへつて〝自由〟の理論的掘り下げが行はれる事になるのだ。例へばナショナリズムという観念にしたつて、ドイツやフランスではナショナリズムがリベラリズムの双生児であることは国民的常識であり、フランス革命や解放戦争の歴史的事実によつて、明々白々に証示せられてゐる。ところが、英米ではナショナリズムといふ言葉にははじめつから何か暗く重苦しい聯想がつきまとつてゐる様だ。ラッセルが浪曼主義と共に発生したナショナリズムをのべる際など徹底したものでそれのもつ進歩的意義にはほとんど全く触れず、自由の名に於て戦争の栄光を讃美し、情熱を解放することによつて英雄の独裁を準備するといふ様な悪い面ばかりとりあげてゐる。ナショナリズムに対する反感を吐露することは随意だが、歴史的叙述としては偏面的の譏を免れる事は出来ない。

A　その調子だとヘーゲルなどには大分手厳しいだらうね。

B　御推察の通りだ。ヘーゲルだけでなく、ドイツ観念論に対する評価は実に低いね。例へば最も表面的な事から挙げて行つても、この大著に於て、カントに充てられた長さが十八頁足らず。フィヒテは何と半頁。ヘーゲルでさえ十七頁にすぎない。是をロックだけに四十頁を割いてゐるのと比較すると、ラッセルの好悪があまりハッキリ出てゐて却つて痛快な感じすらするよ。ラッセルの主な悪口をひろつて行くと、カントについては例へば、〃ヒュームはその因果律の批判によつて自分を独断の眠りから覚ましてくれた――と少くもカント自身さう言つてゐる。しかし覚めたのはほんの一時的であつて、彼は間もなく一種の睡眠剤をこしらへてその力で再び眠つてしまつた〃(p. 704)。フィヒテでは、〃フィヒテは物自体を放棄して、主観主義を殆んど一種の気狂いに近いところまで押し進めた〃(p. 718)。ヘーゲルとなると、〃よしんばヘーゲルの学説がほとんど全部間違つてゐる――私自身はさう思ふのだが――にせよ、彼は依然として重要である〃(p. 730)、まあこんな具合だ。

A　なるほど相当の毒舌だね。戦争の影響もあるかな。

B　それはどうか知らないが、とにかくフィヒテは全文僅か十数行のうちに、その全哲学を "nationalistic totalitarianism" として片付けられてゐるし、ヘーゲルの国家哲学も〃もし之が承認されれば凡そ想像しうる限りのあらゆる対内的暴政とあらゆる対外的侵略をジャスティファイすることになる〃(p. 742) ときめつけられてゐる。

A　それじや、ドイツ観念論は本質的には自由の哲学的基礎づけだといふ君らの考えと丸つきり正反対じやないか。之は一言なかる可からずといふところだね。

B　いや、僕だつてドイツ観念論を盲信してゐるわけでもなし、第一盲信するほど勉強もしてゐないんだから、格別柳眉を逆立てる義理合もないんだが、ラッセルの批判はどう考へても曲解だよ。極端にいふと、一体本気で原著を精読したかどうかを疑ふね。

A　例へばどんな点だ。

B　カントの認識論やヘーゲルの論理学の叙述し方が果して正確かどうかといふ様なことは僕はあまり論ずる資格はないが、例へばヘーゲルの弁証法の説明なんか、図式的じやないかな。矛盾と運動の契機がすこしも前面に押し出されずに、もつぱら全体と部分との関係――いはゆる具体的普遍といふ考へ方――から説かれてゐる点など、問題だと思ふ。

しかし僕がここでとくに取上げたいのは、ドイツ観念論の国家観だ。ラッセルにどの程度原著を読んだかと言ひたいのはここだよ。むろんドイツ観念論をいはゆる〝フランス革命のドイツ的理論〟（マルクス）と理解する者だつて、ラッセルが述べた様な国家至上主義への堕落のモメントがそこにないとは決していはない。しかし問題はいづれが本質的で、いづれが附属的かだ。さうして、そのことは表面的な片言隻句で判定さるべきではなく、全体系の必然的な意味内容からして慎重に考慮されねばならぬ。然るにだね、「ヨーロッパ諸侯に対する思想の自由の奪回要求」（"Zurückforderung der Denkfreiheit von den Fürsten Europas"）や「フランス革命に関する公衆の判断を是正す」（"Beiträge zur Berichtigung der Urteile des Publikums über die Französische Revolution"）の著者としてのフィヒテ、無神論者として大学を追はれたフィヒテ、個人の原本権（Urrecht）の上に立つて権威信仰（Autoritätsglaube）を拒否したフィヒテ——に対するいささかの顧慮なく、彼の「知識学」の一行の解明もなく、この哲学者に〃国粋的全体主義〃の烙印を押す事は果して許されるだらうか。それはフィヒテ哲学からどうにかして国粋社会主義を導き出さうとして遂に成功しなかつたナチ・ドイツの誤謬をいとも簡単に踏襲してゐるにすぎないではないか。

A　フィヒテはともかくとして、ヘーゲル哲学がナチの基礎づけになつたとかいふ話はよく聞くがね。

B　さういふ事は方々で言はれたし、又実際ヘーゲリアンでさうした試みをした者もあつたが、結局やはり失敗し、むしろヘーゲルはナチ正統派から異端視されてゐたのだ。ヘーゲル哲学を以て権力国家万能主義に通ずるといふ解釈は、上に述べた様に、前大戦の時にもかなり擡頭したが、やはり結局誤解か曲解に帰する。むろん何度もいふ様に、さういふ誤解を発生させるモメントは多分にあつたのだが、ヘーゲル国家哲学の本質的な課題は、〃主体性の原理と実体的統一との綜合〃といはれる様に、まさに、上に述べた近代国家に於ける自由の基礎づけにあり、その意味で、ルソーの発展なのだ。ただその行きついた所はプロシア的な立憲君主制の讃美ではあつたが、ヘーゲルが最も反動化した時代に於ても、〃主体性の原理〃すなはち個人の主体的自由は決して見失はれてゐない。ヘーゲルと同時代の、〃国家学の復興〃の著者、ハラーとをはつきり分つ一線がここにあるのだ。ラッセルは〃彼（ヘーゲル）にとつては法律なくして自由はない、そこまでは我々も同意出来るが、彼はこの事を転換して、法律がありさへすれば、自由があると論ずる傾きがある。かくして彼にとつて自由とは法に従ふ権利にすぎなくなる〟（p. 737）と言つてゐるが、ヘーゲルは未だ嘗てどこにも法律がありさへすれば自由があるなどと述べたことはない。でなければ彼が〝歴史哲学〟のなかで、東洋的世界では、法と道徳が専制君主のうちに一体化されてゐる結果、主体的自由の存在する余地がないといふ事を口をすつぱくして説く筈はないのだ。一七九五年シェリング宛の書簡で、〝私は人間性がそれ自体としてかくも高貴なものとして考へられてゐることは、何よりもよい時代の徴候だと思ふ、これこそ抑圧者達と地上の神々の頭から後光の蔭が消え去ることの証拠である〟と書き、〝ドイツ憲法論〟で、国家が〝ただ一つのバネからすべての他の歯車への運動が伝達される機械〟のごときものであつてはならぬと説き、〝哲学予備学〟で、〝法は私が他人を一つの自由な本質として遇することに於て成立つ。人間が人格としてではなく、事物として取扱はれることを許す諸法規……は理性或は絶対的法に反するものである〟事を唱え、晩年の〝法哲学〟に於ても、フランス革命をば壮大な日の出として称へることを忘れなかつたヘーゲルの哲学が一体何故〝凡そ想像しうる限りのあらゆる対内的暴政〟を合理化する哲学だといふことになるのだらうか。

A　そういはれれば、成程ラッセルの断定は sweeping だね。まあ、あのヘーゲルの難解な文章と用語法は凡そラッセルの肌に合はないので、結局気質の対立だらうね。

B　大分ラッセルをやつつけたが、むろん、日本の様に訳も分らず、ドイツ哲学の〝深遠〟さを有難がる哲学的善男善女の多い国では、ラッセルの批判などは解毒剤として大いに意味があると思ふ。弁証法の説明の例など、図式的ではあるが他面、俗流弁証法のおまじなひ的な神秘性を小気味よくぶちこわす役割は果すだらう。

A　さて、ドイツ観念論はその位にして、あと、まだ残つた哲学者もあるが、もうとくに紙数は尽きたから、最後にラッセルの叙述のスタイルについてなにか感想があつたら聞かせてくれ給へ。

B　そうだね、とにかく文章が実に平易で明快だね。哲学史をこれだけくだいて書くのは、容易ならぬ才能だよ。さうして時折、人の意表に出る様な警句をズバリと入れてゐるのが面白い。

例へば、〝先進国では実践が理論を inspire し、後進国では逆に理論が実践を inspire する〟(p. 601)とか、〝ある程度まで文明は社会的不正義によつて促進される〟(p. 637)とかいふ類だ。それから一つカントの項で茶目ッ気を出してゐる。Encyclopaedia Britannica のなかに、〝彼(カントのこと)は生涯結婚しなかつたので、青年時代の精励の習慣を老年までもち続けた〟とあるのを引用して、〝一体この項の筆者は独り者なのかしら、それとも結婚した男なのかどつちだらう〟と付け加へてゐる。

A　そいつは傑作だね。しかしかういふ天衣無縫の筆致は一寸真似しようとしても出来ないね。下手に模倣すると鼻もちならぬものが出来上るから。結局これだけの大著をものしながら、いつも筆にゆとりを持つてゐる証拠だ。

B　なんとかかんとかケチをつけたが、やつぱり相当のものだよ。かういふあく抜けした、へんにアカデミックでなくしかも調子高い哲学史が日本で出る様になるのは何時だらう。

（「思想の科学」第一巻三号、昭和二十一年十二月、先駆社）

何を読むべきか

学生諸君の読書の一般的な指針として、私の経験からいへば、平凡な事の様ですが、学生の間でなければなかなか読む暇とエネルギーのない様な相当大部の「名著」を、一つでいいいから徹底的に精読することをお勧めします。といつてみたものの終戦後刊行されたものは殆どパンフレット類の様なものばかりだし、昔出たいい本は値段が一寸手が出ないといふわけで、実際問題としては甚だ困惑されるだらうと思ひます。しかし例へば最近再刊されたものでも、マックス・ウェーバーの『社会科学と価値判断の諸問題』(戸田武雄訳、有斐閣)や『プロテスタンティズムの倫理と資本主義の精神』(梶山力訳、発行所同上)などは、社会科学の「主食」中の主食で、よく咀嚼すれば全文字悉く栄養分になります。ちかごろ、学問の啓蒙化とか生活化とかいふ事がしきりにいはれる様になつたのはまことに喜ばしいことでたしかに我国従来の学問のあり方の本質的欠陥を衝いてゐると思ひますが、もしそれが少しでも学問することに対する安易な考へ方を醸成するとすれば、その点は厳に警戒されねばなりません。

上の書などはその意味で、専門以外の人にも学問の厳粛さをまざまざと示してくれます。現下の世界的な問題であるマルクシズムにしても、私の考へでは、マックス・ウェーバーと対決することなくしては少くも学問的には一歩も前進出来ぬと思ひます。

もう少し「際物」（悪口の意味でなく）のなかから選べといふのでしたら、マクマレー『近代精神』（堀秀彦訳）をおすすめします。之も再刊ものですが、トマス・アクィナスからニーチェまでの主要な思想家が近代精神の形成への貢献といふ観点から夫々の専門家によつて取扱はれ、編者のマクマレー教授がその間隙をつないで全体として統一した近代思想発展史たらしめようとした一寸風変りの書物です。

これは英国のB・B・Cの放送講義だといふことですが、あちらの放送のレヴェルの高さに感心すると同時に、立場や思想の異る人々が、夫々の立場によつて執筆しながら、よく、マクマレー教授に協力して、一つの書物としての纏りをなしてゐる点、英国の「個人主義」の何か無気味なまでの底力に圧倒されずにはゐられません。

ただこの翻訳の大きな難点はマルクスの項が全然削除されてゐることです。私は店頭でこの書物を見たとき、ああ今度は完訳が出たなと喜んでとり上げて見たら、旧版の単なる再刊で変つた点といへば旧版のエレガントな組み方がもつとせちがらくなつただけなのにがつかりしました。マクマレー教授がニーチェかマルクスかといふ択一として問題を提出していることから見ても、この削除は致命的とすらいへる欠陥で、どうせ再刊するなら、完全な形にして出してほしかつたとつくづく残念に思ひます。併しマクマレーの解説だけでも充分味読する価値があります。

大物の小説、例へばトルストイやドストイエフスキーやロマン・ロランなどの作品も法経の諸君は卒業するとなかなか落付いて読む暇がありませんから、夏休などを利用して読まれるのがいいでせう。このからいふ著者については幸ひ翻訳も出だした様です。又日本の作家では漱石が大流行ですが、この「流行」には充分根拠があると私は考へます。漱石ほど近代日本の持つてゐた矛盾と懊悩を自らのものとして苦しんだ作家を私は知りません。総体、漱石に限らず、ドストエフスキーにしても、社会科学を勉強してゐる学生には、さういふ学生としての読み方があつて然るべきではないでせうか。

漫然たる「ディレッタンティズム」からではなくさうした作家がいかなる社会に生れいかなる環境に育ち、その社会の問題といかに取組んだかといふことを公式的にでなく、作品の内面のなかから探り出す様に絶えず心掛ける事が大事です。そこにはじめて教室の「勉強」と自宅の「教養」との不幸な分裂が打開される一つの道がひらけると思ひます。

（「帝国大学新聞」昭和二十一年七月二十三日号）

1947

若き世代に寄す
――いかに学び、いかに生くべきか

1

日本のいわゆる無血革命第二年目を迎えて、今日、学生層及び青年は「政治」への対応の仕方をめぐつて正反対の二つの動きにますます分裂しつつある様に見える。一は「政治」へのほとんど本能的な渇望をもつグループと、他はそれに対するこれまた肉体的なまでの厭悪を示すグループと。むろん、いつの時代においても一方では比較的政治的関心の強い学生の型と他方では政治に全く冷淡な、或は更に進んで凡そ政治的なものに一切反撥する学生の型との対立はつねに見られた。しかし過去においては、この対立はいわば理念型《イデアルティプス》として存し、現実の学生はこの中間に無限のニュアンスの差を以て位置していたといいうる。

ところが、昨年八・一五の歴史的転換以後こうした二つの理念型をほとんどそのまま「肉化」した様な学生が現われ、しかもそれが次第に増加して行くかの如くである。

かくて「政治型」学生と「非政治型」、いなむしろ「反政治型」学生の進出が同時的に世人の眼に顕著に映じたことは、今日の学生の生活態度に関して全く対立する見方を生じた。一方では終戦後はじめて公認された共産青年同盟などを中心とする学園の内外での活発な政治活動はいわずもがな、一般に学校生活の刷新や、教職員人事に関して、中学生や女学生までが到るところで積極的な動きを示しつつあり、学生運動が一路高揚の道をたどっていることは無視されえぬ現実となった。この傾向に注目するものは、今日学生の関心はとうとうとして政治的なもの――広義における――に集中しつつあると判断し、その判断に基づいて、その過度の政治熱が憂えられている。ところが、そうかと思うと、他方では今日の学生の著しい政治的無関心が指摘され、その孤高的な文化主義やさらに進んで刹那的な享楽的生活態度の蔓延が警告されている。

事実読書新聞や帝大新聞での学生の読書調査の示すところでは『善の研究』とか『三太郎の日記』とかいう時代ばなれした、少くも今日の政治的現実とは縁遠い「哲学的」なものが依然として、いな以前にも増す吸引力を持つているし、小説文芸でもすぐれて身辺的な日常性に固着した「純文学」が喜ばれている。学生層の破廉恥的行為の増加やエロティシズムへの陥没も、新聞紙面をにぎわす話題の一つとなつた。学生及び青年層の動きに対するこの全く対立する見方はいずれも正しいのである。政治化と非政治化と、社会的外向性と私的内向性と、いまや若き世代は磁石の両極の様にこの二つの方向に分化し、吸収されつつあるのである。

それではこの学生層の二極への分裂はいかに批判されいかに是正さるべきだろうか。思うにこれはむろん健全な現象ではなく、そこになんらかの打開の方式が求められなければならない事はいうまでもない。しかしよく考えて見ると、そこにはなかなか以て深刻な問題が伏在しており、決して安易な解答を許さぬものがある様に見える。なぜというに、この「政治」に対する二つの対決こそ実は貴重な青春の精神と肉体の全部をかけた戦争のかくも無惨な結末、彼等が物心ついた時から教えこまれた一切の価値体系のあまりに脆くまた醜い崩壊によつて、彼等の胸奥深くきざみ込まれた創痕を、なんとかしてなおし、或はせめて忘却しようとする必死のあがきがあり、失われた精神的均衡をとりもどそうとする本能的な欲求の全くちがつた発現形態にほかならぬからである。そうしてそれは危機に置かれた人間に普遍的に内在する行動様式でもあるのだ。

一般に人間は環境と自然的な調和が破れ、環境から投げ出されたとき、その落ちこんだ絶望の谷から這い上るために必ずまず環境との分裂によつて過剰となつた自意識の部分を切りすてねばならない。そのために人はその性格に応じて二つのポーズをとる。一は環境を一まず自分の世界から人為的にしめ出し、自意識を一度「封鎖」することによつて、内部を整理しようとする。二は、逆に間断なく外の世界にぶつかりこれと「闘争」することによつて、過剰自意識の捌け口としての新市場を開拓しようとする。今日の学生層における極度の非政治性と極度の政治性への分裂のうちにもまさにこの二つの反応のし方が典型的に見られないだろうか。

とすればこの両傾向が若き世代において今日極端な形をとつて現われているということは、八・一五によつて自己と周囲の世界との間に突如生じた亀裂がいかに凄まじかつたかを考えれば十分理解されることであつて、徒らに彼等を責めることは出来ないのである。終戦後、旧軍閥ないし極端なる国家主義勢力の退場のあとを受けて、政治・経済・文化のあらゆる面で一斉にヘゲモニーを握つた古い世代の「自由主義者」たちにしても、もとより八・一五以後の激変は並々ならぬ驚きであつたとはいえ、彼等は、それを以て彼等の「ありしよかりし日」への——ただ多少ラヂカルな形態での——復帰と考えることによつて、環境との新たな均衡状態を比較的容易にとりもどす事が出来たが、若い世代にとつては事態は決してしかく簡単ではなかつた。この両世代の間の意識のギャップを度外視して、ただ学生運動の「限界」を御題目のようにとなえ、ストにおける青年行動隊の「ファッショ的ふるまい」を指弾し、男女学生の「目にあまる風紀」をいかに慨嘆したところで、それは今日の学生ないし一般青年にアピールすることにはならないであろう。学生及び一般青年層における過度の政治性とい い、過度の非（反）政治性といつても、現在の支配的な政治様式に対する深刻な憎悪と不信という点では全く共通しているのであつて、ただ、それが一方ではなんらか全く新たなる政治的エトス（それは単なる統治形式の問題よりももつと根本的な人間の社会的な結びつきかたの変革が漠然とながら考えられている）への必死の模索となり、他方ではおよそ一切の政治的なものに対する嫌悪と反撥となって表現しているのである。

この事態をまともに凝視するならばその解決が一部の為政者や教育者が考えているよりはるかに容易ならぬものであることは明白となろう。むしろこの際、問題の深刻さをすべての人が率直に認めて、学生や青年層に対する上すべりした「道義」や「秩序」の呼びかけを止めることがまず解決の第一歩でなければならない。

2

青年層における極度の政治性と極度の非政治性への分裂に対して、彼等と体験内容を共にせざる古き世代がもはやなんら媒介的役割を果しえないとすれば、その解決は若き世代自らの力に委ねるよりほかない。若き世代の諸君は前代の人々の与り知らぬ精神的煉獄を案内者も地図もなしにくぐりぬけるべき立場に否応なく立たされている。そのためにはなにより、まず青年層の間に自らの世代の運命共同性に基づく強固な精神的結合が生まれねばならぬ。上の如き両極が青年層の自主的な努力によって相互に媒介される方途はいかにして見出されるであろうか。

私はこうした短文で、このような大きな問題に答えるつもりはない。ただ私は若き世代のそうした連帯意識の成熟なくしては日本の物質的精神的再建は望み得ないと考えるゆえに、この際青年層の精神構造においてかかる相互媒介の障害をなしている要因をとりあげて、とくに両極の型を最も純粋な意味で代表している真面目な分子に訴えたいと思う。

まず、一切の政治的なものに対して本能的な厭悪を感ずる「文化的」グループに対して……。諸君が単に特定の政治様式に対してだけでなく、政治一般に対して懐いている不信なり、蔑視なりは決していわれのないものではない。ひたすら個人的内面性に徹しようとする諸君の生き方は政治型の学生が性急に非難する様に現実からの逃避とかプチブル的自慰だとかいう言葉で片付けられないものがある。諸君が政治的なものに対して直観的に、外面的な空々しさを感じるとしても、その感覚は間違いではない。政治は本来的に個性を質的なものとしてとらええないのだ。だからこそ西欧の個性的伝統を継承する思想家はしばしば政治に対する露骨な反撥を表白した。「大いなる事件とはわれが最もやかましき時にあらずして最も静かなる時である。世界がその周囲を回転するは、新らしき喧騒の発見者をめぐつてではない。……回転するや世界は音なく回転する。潔よく承認せよ！　なんじの喧騒と濛煙が収まつたとき、真に起つたこととてはつねにほとんど何事もなかつたではないか。たとえ一つ市府が木乃伊と化し一つの塑像が泥土の中に倒るるともそれが何であつたか」というツァラトゥストラの叫びは、政治的変革の空虚性に対する「文化」の立場からの抗議を代表している。

しかし政治は諸君を個性としてとらえない、まさにその故に諸君を社会的人間として最も強力に支配するのである。諸君が「のがれよわが友、なんじの孤独の中に」というニーチェに呼応したところで、諸君が社会的人間としてとどまる限り、政治はどこまでも諸君を追つて行く。だから、政治に一様の無関心を示すことは、実は一切の政治傾向を同様に妥当させる（gleichgültig）ことにほかならぬ。それによって諸君は現在互に闘争しつつある諸政治様式のうちの最も悪しきものの支配を許すことになるのだ。そうしてその政治はやがて、諸君のひたすら依拠する個性と内面性の最後の一かけらまで圧殺してしまうであろう。

ハロルド・ラスキが近著において、第一次大戦から第二次大戦までの間、知識人が文化的エリッテを自認し時代の最高の社会的闘争から超然としていた事が、やがて彼等の頭上にファシズムの鉄腕を招来する結果となった、と指摘している点は深く顧みられねばならない。ドイツ的孤独をあれほど深く身につけていたトーマス・マン、「芸術家はどこか超人間的な非人間的な存在であることが必要です。また一切の人間的なものに対して異様に離れた没交渉な関係にいなくてはだめです」（トニオ・クレーゲル）とまでいっていたトーマス・マンがついに「戦闘的な人道主義」や「社会的デモクラシー」を説くようになったこと――そこには、この廿年間の西欧知識人の血みどろの体験が横たわっているのである。

しかし非政治型青年層がさざえの様に固く外界に対してとざしたとびらをおしひらき、若き世代の統一戦線に積極性を示すためには、同時に、他面反対極の政治型青年の側での自己深化が望ましい。この人々は、政治社会意識の低さをわらい、自分らの叫びかけに対する彼等の腰の重さにいらだつ前に、自分らの生活態度より考え方のうちに何か欠けて居り、それに対する反撥が非政治型のさざえのふたをいよいよ固くしめさせているのではないかを考えて見る必要がある。いうまでもなく政治型の堕落した形態は問題にならない。堕落した形態というのは政治的闘争の諸手段が目的化し、政治に特有な諸技術、例えば煽動、宣伝、暴露、その他あらゆる種類の権謀術策それ自体に生理的嗜好を持つ様ないわば「政治的肉食獣」のことである。こうなつては、たとえそれがいかなる「進歩的」看板を掲げたものであろうとも、もはや学生乃至青年層の政治運動としての正当性はことごとく失われてしまう。こうした堕落型は、第一の場合の堕落型——例えば感覚的享楽派——と同様に、若き世代の間の分裂をますます激化せしめる以外何等の媒介力となりえない。

　私がここで問題としているのは、やはり政治型のうちの純粋な分子である。それらの青年諸君は概ね、正義に対する燃える様な熱情と、社会的矛盾に対するはげしい憤激とにおいて欠けるところはない。しかし諸君は目的意識が強烈なあまり、一切のものをもつぱら「戦術の相の下に」処理する傾向がありはしないか。最高目的以外は、人も事物も一切が政治的最高目的に奉仕せしめられる。そこに自から悪意なくして、しかも他の人間を絶えず手段化し「利用」する結果となるのだ。これが諸君に対して、何かインティメートな感じを持たない原因となつている。

　また諸君は純粋で透明だ。だから他人もまた同じ様な透明体として遇する。人間をいわば環境と一つづきに把握する。そこに内面的個性の独立を生命とする他の極の人々の本質的反撥を買う所以がある。むろん前述した様に、内面的個性を満足せしめえないのは政治そのものの性格であり、政治運動をする以上、人間の量的な把握は必然である。しかし問題はこうした政治の持つ宿命的限界を限界として自覚しつつ行動するかどうかという事だ。諸君の精神のうちにそうした内部的な抵抗が感じられない限り、諸君は広汎な青年層を諸君の戦線に動員することは困難であろう。諸君になにより必要なのは、「私は我にもあらず（malgré moi）政治に入つて行つた」というあの、ロマン・ロランの精神態度を学びとることである。

*

こうして政治型の学生も非政治型の学生も、自らの立場をさらに深く掘りさげることによつて自らそこに共通の鉱脈に突きあたることを期待するのは私の甘い夢だろうか。だが真に内面的な人間は真に行動的な人間であるという命題は決して幻想ではない。これをうたがう人に対して、私はただひとりの現代人の名前を挙げて答えるとしよう——アルベルト・シュヴァイツェルを見よ。

（「日本読書新聞」昭和二十二年一月一日号、一月二十九日号）

陸　羯南――人と思想

一　まえがき

言葉もまたその運命をもつ。日本精神とか国粋とかいう名は、ついさきごろまで、あらゆる価値の源泉であり、すべての主張ないし運動はその名において己れを合理化しようと競っていたのに、いまやそれは無知と蒙昧と誇大妄想のシノニムとして侮蔑と嘲笑のうちに歴史的過去の彼方に遺棄せられようとしている。今日「日本」イデオロギーと封建的反動との結合はほとんどアプリオリであるかにみえる。しかしどのような兇悪な犯罪人も一度は無邪気で健康な少年時代を経てきたように、日本主義の思想と運動も、大正から明治へと遡ってゆくと、最近の日本型ファシズムの実践と結びついた段階とはいちじるしくちがつた、むしろ社会的役割において対蹠的といいうるほどの進歩性と健康性をもつたものにゆき当るのである。明治二十年代の日本主義運動がそれであり、その最も輝けるイデオローグの一人がここに叙べようとする陸羯南である。

羯南は雪嶺、蘇峰、知泉（朝比奈）、三山（池辺）、日南（福本）、愛山（山路）らとならぶ明治中期新聞界の巨峰であるが、比較的短命であったのと、孤高の生涯を送ったためにほかの名前ほどに知られていない。そこで羯南になじみの薄い読者のためにまず簡単に彼の経歴を紹介しておこう。

羯南、陸実《ミノル》は安政四年青森県に生まれた。（本姓は中田で、後に陸家を再興す。）明治七年仙台の師範学校に学んだが、九年退学上京して、司法省法学校に入った。同窓生に原敬あり、後に『日本』新聞で羯南に協力活躍した福本日南や国分青厓もこのときからの友人であった。ところが、ここでも、寄宿舎で賄征伐が起ったとき、羯南は首謀者の処罰に反対して原・福本・国分らとともに退校を命ぜられ、結局、学校はどこも正規に卒えなかった。このあたりに羯南の不羈の性格がすでに顔を出している。十四年、太政官文書局の役人となった。この文書局が、十八年に内閣の官報局と改称せられたときの局長が高橋健三で、やはり『日本』発刊に助力し爾来羯南と親交を結んだ。やがて伊藤内閣の欧化主義とくにその条約改正に対する反対運動が国民的な規模において高まったころ、羯南は官を辞して、二十一年四月新聞『東京電報』を興し、翌年これを『日本』と改題した。ときに羯南三十三歳。爾来明治三十九年病のために新聞を伊藤欽亮に譲って退隠するまで引きつづき社説欄を担当し、その荘重深厳の文をもつて、しばしば藩閥政府の心胆を寒からしめたのである。明治四十年、病没。享年五十一歳であつた。

二　羯南の日本主義

羯南の日本主義の立場が最も集約的に表明せられているのは、彼が明治二十三年七月二十日から一ヶ月にわたつて『日本』紙上に掲載した『近時政論考』である。この論文は明治初期思想史の概説としては、竹越与三郎の『新日本史』中巻や、山路愛山の『現代日本教会史論』などと共に最もすぐれたものの一つであるが、羯南はここで維新から二十年ごろまでの政治思想の主流を順次に検討しつつ最後に「国民論派」と題して自らの立場を提示している。彼はまず冒頭にいう、「国民的精神、此の言葉を絶叫するや、世人は視て以て夫の鎖国的精神又は夫の攘夷的精神の再来なりと為せり、偏見にして固陋なる者は旧精神の再興として喜びて之を迎へ、浅識にして軽薄なる者は古精神の復活として嘲りて之を排したり。当時吾輩が国民論派《ナショナリズム》……を唱道するや、浅識軽薄子の嘲りを憂へずして寧ろ夫の偏見者固陋徒の喜びを憂ふ、何となれば国民論派の大旨は寧ろ軽薄子の軽忽に認むる夫の博愛主義に近き所あるも、反りて固陋徒の抱懐する排外的思想には遠ざかるを以てなり。」すなわち羯南がまず第一になしたことは、彼の立場を反動的なショーヴィニズムから峻別することであつた。そうしてそのために彼は、欧洲における近代的ナショナリズムの発展を叙べ、それが封建制を打破して国民的統一を完成する過程における進歩的イデオロギーなる所以を明かにし「我が国民論派の欧化主義に反動して起りたるは、猶ほ彼の国民論派（ヨーロッパの民族主義運動を指す――丸山）の仏国の圧制に反動して起りたるが如きのみ」として、これをどこまでも世界史的関聯のうちに基礎づけようとした。彼は後進民族の近代化運動が外国勢力に対する国民的独立と内における国民的自由の確立という二重の課題を負うことによつて、デモクラシーとナショナリズムの結合を必然ならしめる歴史的論理を正確に把握していたのである。「国民的政治（ナショナル・ポリチック）とは外に対して国民の独立を意味し、而して内に於ては国民の統一を意味す、国民の統一とは凡そ本来に於て国民全体に属すべき者は必ず之を国民的にするの謂なり……されば国民的政治とは此の点に於ては即ち世俗の所謂輿論政治なりと謂ふべし……国民全体をして国民的任務を分掌せしめんことは国民論派の内治に於ける第一の要旨なりとす。」かくして彼は代議制、責任内閣制、選挙権拡張等の政治制度の近代化に対して積極的な熱意を示すことにおいて民権論者と全く一致する。ただ民権論者の多くが、こうした制度を抽象的な自然法的な真理として説くのに対して、羯南はこれを、あくまで日本の国民的統一の完成という観点から是認するのである。彼の問題提出はどこまでも具体的歴史的であつた。従つて羯南にとつては、国際的圧力のさ中に近代国家を建設せねばならぬわが国の現実において、国家からの遠心的自由を一方的に主張することは空虚な公式論と思われた。これが羯南がなにより同時代の民権論者にあきたりない点であつた。

こうした歴史的感覚においては、羯南や『日本人』の雪嶺らの認識はたしかに多くの民権論者よりも数歩を抜んでていたといえる。むろん、周知のように、これらの民権論者も他面では挙って国権拡張論者であり、そこに、井上・大隈の条約改正案に対する反対運動において、民権論者と日本主義者らの共同戦線も成立したゆえんがあるのであるが、これら民権論者は自らの天賦人権の理論的立場と具体的な国権拡張論とがいかに結びつくかについては多くは無反省であつた。そうした無反省はやがて議会開設後、民党が右手に民力休養を唱えつつ、左手に軍備拡張を絶叫するというような矛盾した行動として現われた。民党が藩閥政府と妥協吻合するに至る思想的準備はつとにできあがつていたのである。それに比べれば羯南らの立場ははるかに一貫したものをもつていた。羯南は日本国家を遠心的要素（個人自由）と求心的要素（国家権力）との正しい均衡の上に発展させようとした。日本の皇室は彼にとつてまさに求心的原理の集中点であつた。かくして彼もまたヘーゲルと相似た思惟過程からして立憲君主制をもつて国民的統一のための最良の政体と考えたのである。

そのために彼は「国家・皇室・内閣・議会をして名実共に国民的たらしむる」ことを要請し、とくに皇室をもつて一閥族、一階級の独占から解放してこれを「近接した衆民社会の上に置き、成るべく其の間に横たはる妨障を減ぜんことを望」んだ。（国政の要義、明二二、一一、三〇）

彼の思想はこのようにつねに日本の具体的現実、とくにその国際的環境に規定されていたために、近代的国民主義の理論としては当然に徹底的《ラディカール》でありえなかつたけれども、上に述べたかぎりにおいても、その「日本主義」がいかにその後のものに比して豊かな世界性と健康な進歩性を具えていたかは窺い知られるであろう。羯南がたとえば、近代自由主義思想についていかに深い理解をもっていたかは、『自由主義如何』という一文（明二三、一、一五――同、二〇『日本』社説、以下括弧中の年月日はすべて『日本』社説掲載の時日を示す。）が示している。彼は、そこで、自由主義を単純に「外来」思想とみなす謬見に対して、「嗚呼自由主義、汝は日本魂の再振と共に日本帝国に発生せしにあらざるか」、「明治維新の大改革は啻に封建制の破壊のみならず、また啻に王権制の回復のみならず、此の改革は実に日本人民にして弾圧制の内より脱して自由制の下に移らしめたり、即ち維新の改革は日本に於ける自由主義の発生と云ふも不可あらず」としてその発生の内在的な必然性を指摘すると共に、自由主義をもつて直ちに共和主義と同視し、わが国体と相容れないように説いて、意識の低い民衆に民権運動に対する恐怖感を植えつけようとする藩閥政府ないし反動者流の曲解に対して、委曲を尽してこれを擁護し、「吾輩は世人に向つて自由主義を厭悪せざらんことを望むこと切なり」と極力啓蒙につとめた。しかし同時に、羯南は自由主義のもつ歴史的限界についても盲目ではなかつた。自由主義が「等族の高墻を毀ち、門閥の深溝を埋め唯だ能力によりて進行するの坦道を開きたる」ごとき封建制の打破の過程においては「自由は平等と兄弟の関係」にあつたが、その後彼は、自由主義の盲目的謳歌を排して、これが批判的摂取を主張するのである。これを近年の日本主義者のヒステリックな自由主義排撃と比較せよ。

しかも、羯南は自由主義の限界を説く他面において、いわゆる絶対主義ないし官僚的な国家主義に対しては、最も激しく反撃し、あらゆる機会に、これと自己のナショナリズムとを鋭く区別することを怠つていない。「徒らに君権の張大を主張し、苟も民意民力に基く政治上の動力は凡て之を抑圧するが如きは、極端なる君権論者の僻説にして吾輩の尤も厭ふ所なり。」（国民的の観念、二二、二、一二）彼は政治をどこまでも人民に基礎づけようとする。「政治運動の原力は政事家に非らずして人民」であり、従つて「人民は水なり政事家は舟なり水能く舟を載せ水能く舟を覆す、政事家たる者能く此大勢を察して運動せざるべからず。」こうして彼は藩閥軍閥の人民蔑視に対してたたかい、人民が「一旦結合団集するに及んでは如何なる猛政事家も如何なる強政府も之を制御する能はざるに至る」力をもつことを正当に認識した。（運動するものは人民なり、二二、三、二七）彼は、専制政治はひつきよう「一時の光焔」にすぎず、「各人能力の暢達なくして国家光威の発揚を完うするものは古今に通じて望むべからず」という原則の上に立ち、「国家の威力如何に伸張するも国家如何に富強の域に達するの外観あるも各人の境涯多く牛馬奴隷の醜状あるときは、吾輩は人道の上よりして之を至当の政体と云ふを肯んずる能はず」と断じた。（日本の立憲政体、二二、三、一九）

この根本原則を堅持したればこそ、民党の民権論や蘇峰の平民主義が、やがて日清関係の急迫とともに相ついで藩閥的国権論のなかに吸収されていつたなかに、羯南のナショナリズムは最後まで、「軍人官吏貴族富豪の利益を保護する為めに干渉を旨とす」る「藩閥党の国家主義」との同化を拒み続けたのである。羯南が自らの日本主義を国家主義と呼ばずして必ず国民論派乃至国民旨義と規定しているのは、そこにそれだけの根拠があつた。

三　時事批判

羯南は上に述べたような「国民旨義」を根本的立場として一切の政治的社会的批判をこの原則の上に立つて遂行した。羯南において偉とすべきはこのプリンシプルに対する徹底した節操であつた。彼はいかなる現実を対象としたときでもその根本的立場から導きだされる帰結をば一切の打算的顧慮なしに適用したのである。

抽象的な理論に関するかぎり、羯南の思想は当時の民権派に比して決してラジカルではなくむしろヨリ保守的ですらあつた。しかし注意せねばならぬことは進歩的とか反動的とかいう規定は、ある人間が口でどういうことを唱えているかということで定まるのではなくして、彼がその実践の上でどこまでその主張を貫いたかということが大事なのである。

口先では羯南よりいさましいことを叫んでいた民権論者は少くなかつたが、そういう連中は後には、仇敵のごとく罵つていた藩閥政治家と平気で手を握つてしまつた。それに比べると羯南は抽象的理論で示されたかぎりの進歩性はその儘彼の現実問題に対する批判において保持された。『日本』新聞が伊藤・黒田・山県・松方・桂等の歴代藩閥内閣に対していかに果敢に抗争したかということは、それが明治二十二年より三十八年までのあいだに、合計三十一回、二百三十三日におよぶ発行停止を喰っていることからも推察されよう。そのなかには、明治二十二年八月七日からの十五日間、同二十四年五月二十四日からの二十三日間というような長期にわたるものもある。

最も集中的に弾圧を蒙ったのは、明治二十六年末から二十七年正月にかけて、例の条約励行問題で第二次伊藤内閣に迫ったときで、十二月四日（三日間）十二月二十七日（七日間）翌一月五日（十日間）二月十日（五日間）とわずか二ヵ月の間に二十五日停止されている。これでは経営が成り立つわけはなく、最初から営利を眼中においていないことがわかる。しかし言論弾圧を最も切実に感じただけに、第十議会に新聞紙条例改正案が上程せられたとき、『日本』新聞は熱烈に発行停止全廃を主張してついにこれを貫徹した。

具体的な時事問題に対する羯南の態度についてここに一々詳論する余裕はないが一、二の例で代表させておこう。国権論といえば軍備拡張と必然的に結合するようにみえるが、羯南は決して徒らなる軍備拡張論者ではなかつた。日清戦争後、伊藤内閣が自由党と結んで、戦後経営の名のもとに巨大な軍事予算を計上した際、羯南は断乎これに反対し、「戦争を以てするの外、復た国権伸張の途なしと言ふ人あらば是れ其の人は今世紀の文明を無視するもの……吾輩の国権論と相容れざるなり」（二九、一〇、七）といい『個人的自由の堕落』と題して、かつて自由主義を高唱した党派が藩閥政府の走狗となつて戦後経営の美名の下に「立法権の一部をさへ行政権に割与し」「対外戦争の用意としての軍備に向ひ過度に賛頌を呈す」(二九、七、七)る態度を痛罵している。羯南は軍部勢力の偏狭な独善主義をなによりも憎んだ。明治二十五年七月、第一次松方内閣の内閣改造が、陸海軍大臣および軍首脳部の反対によつて不可能となり総辞職したとき、羯南は直ちに『武臣干政論』をものし、軍部の政治関与を独特の辛辣痛烈な筆致で弾劾するところあつた。

「一国政府の腐敗は常に軍人干政の事より起ること、古今内外の史跡に徴して明々瞭々何人の抗言をも容れず……今や文武互ひに分れて相ひ干与せざること政法の認むる所、武臣の干政は只だ其の貪濫の欲を充すに止まりて、毫も之れに引決の責を負はしめず是れ其の大弊たる所以なり。彼其の無責任の地に在りて而して有結果の挙を為す、背後に無識不仁の徒を控へて而して面前に経世済時の姿を装ふ、苟も剛直不撓の士ありて局に立てば之を忌み之を嫉み己れの奴隷たる無頼の徒を使嗾して脅迫の威を示す、嗚呼是れ政界の賊なり。」(傍点丸山)

傍点個所をみると、羯南が最近の軍部のテロおよびスパイ政治の様相を掌に指すがごとく予言しているのに驚くのである。「彼れ其の無責任の地に在りて而して有結果の挙を為す」! 羯南の霊は遙か幽冥の彼方から市ヶ谷の法廷にならぶ被告らを指呼して叫んでいるごとくである。

要するに羯南は、いついかなるときでも、現実的要求に彼の原則を従わせたことなく、かえつて逆に、一切の党派乃至現実的動向を彼の原則に照して批判した。われわれは彼において、真の意味でのインデペンデント(=非・依拠的)な新聞記者をみるのである。

四　彼の歴史的制約

むろん他方において、われわれは羯南の思想に内在する根本的制約に対して目を覆つてはならぬ。彼は封建的保守主義と自己の立場をしばしば峻別したにもかかわらず、彼の所論には単なる封建的伝統を国民的特性の名において温存する役割を果すような幾多の夾雑物が認められる。そうした不徹底性の思想的根拠としてなにより彼の「国民」観念が問題とされねばならない。羯南は近代国家の基礎を正当にも「国民」の観念に見出した。しかし彼はそれ以上に、「国民」の具体的歴史的規定を追及しようとしなかつた。近代国家とくに近代市民革命の基底となつた「国民《ナシオン》」観念は決して単なる国家所属員（Staatsangehörige）の総体を漫然と指称するのではなくして、むしろ特殊的に近代国家を積極的に担う社会層を意味しており、従つてそこではアンシャン・レジームの支配層は原則的に排除されているのである。フランス革命の際、等族会議《エタ・ジェネロー》の否定体として生れた第三身分の会議が自らを国民会議（l'Assemblée nationale）と称したことの歴史的意義はまさにここにあるのであつて、それはやがて人権宣言第三条における国民主権の規定に連なつている。もしこの国民観念が君主・貴族・僧侶をも包含するとしたら、こうした呼称そのものは全くのナンセンスでしかない。ところが、羯南においてはどうか。彼はいう、「近世国家の基礎は単に貴族の上にも在らず、又単に各人の上にも在らず、又単に君権の上にも置かず、而して自から君民の合同を意味する「国民」の上に坐することとなり。」（国民的の観念、二二、二、一二、傍点丸山）見よ、ここでは国民とは単なる君民の総括的名称にほかならず、なんら具体的限定を付せられていない。君主も貴族も、藩閥も紳商も、悉く「国民」の下に総括せられてしまう。彼の理論のあらゆる混乱と妥協はつきつめてゆくとこの国民観念の超歴史性に胚胎しているのである。羯南が「国民全体をして国民的任務を分掌せしめん」とか「政治の国民化」とかいうとき、それが単なる同語反覆以上のものを意味するかぎり、必ずやその歴史的具体性が承認されねばならぬはずである。しかるに羯南は意識的にか無意識的にかその歴史性の意味を一歩踏みこんでたずねようとしない。このことが彼の国民主義の近代性を根本的に制約しているのである。従って羯南が皇室と衆民社会との間の仲介物の排除を唱える口もとから、「然れども吾輩は貴族の全廃を主張するものにはあらずして、只だ有名無実の貴族を減ぜんことを欲するに過ぎず、社会の標準にして国民的勢力の誘導者たる貴族は吾輩常に其の存立を保護せんと欲す」（二二、一一、三〇）などといい、「国民なる観念の上に安置されたる国家は、能く民権を重んじて之を君権と衝突せしめず、能く貴族を容れて平民を凌がしめず、他なし国民なる一大観念は能く之を塩梅調和統一するに足ればなり」（二二、二、一二、傍点丸山）といっているのは怪しむにたらない。そこには彼の理論の鋭利な闘争性は全く影をひそめて、神秘的な全体主義への契機のみが露わな姿態をみせているのである。

羯南のこのような不徹底は彼ひとりでなく、二十年代の日本主義運動そのものにまつわる性格であつた。藩閥政府の「欧化主義」と条約改正に対する各層からのプロテストが新聞『日本』や雪嶺・重昂らの『日本人』に結集したとき、そこでの日本主義の立場は当然に近代的国民主義に最も近いものからほとんど純粋に封建的な国粋主義までを包含する非常に幅の広いものとならざるをえなかつた。谷干城・三浦梧楼・杉浦重剛・浅野長勲・井上円了・島地黙雷・鳥尾小弥太というような有力な顔ぶれを一見しても、その構成分子がいかに複雑な階層から成り立つているかがわかる。そうしてこの日本主義グループがまた大同団結運動以来右は佐々友房、頭山満より左は中江兆民、大井憲太郎にいたるまでの国権＝民権論者と反政府共同戦線を張りつつ、微妙に交錯し合つているのである。そうした厖大な歴史的動向のなかに揉まれながら形成されるイデオロギーが純粋無雑なものでありえないのは、あまりにも当然である。ただ、この反藩閥の一大戦線の推進力となつたものは、明治十年代の国家権力による強力な資本の原初的蓄積過程において振り落され、もしくは下積となつた一切の社会層の反撥であり、その意味ではそれは明治政府の上からの近代化政策（欧化主義）の現実的結果としての、中央対地方、工業対農業、国家資本ないし特恵資本（いわゆる紳商）対民間資本の間における著しい跛行的発展に対する国民的規模での均衡回復運動であつたといえる。

　二十年代の日本主義のもつていた「下から」の性格——官僚的国家主義反対、紳商排撃、自由権の擁護、堅実なる「中等民族《ミドル・クラス》」を担い手とする殖産興業の主張、地方の振興、労働者問題への関心（例えば『日本人』のとりあげた高島炭坑鉱夫虐待問題のごとき）等々——はこのような歴史的地位に由来するものであるが、同時にそこには凡そ一切の近代化過程に抵抗する社会的諸勢力が進歩的な方向とからまりあつて入りこむ必然性が存していたのである。後年この日本主義陣営から右翼的反動と自由主義と社会主義の三方向がそれぞれ育つて行つたのは当然の社会的分化であつた。

五　むすび

羯南の日本主義は上述のように、ナショナリズムとデモクラシーの綜合を意図した。それがいかに不徹底なものであつたとはいえ、これは日本の近代化の方向に対する本質的に正しい見透しである。国際的な立遅れのために植民地ないし半植民地化の危機に曝されている民族の活路はいつもこの方向以外にない。不幸にして日本は過去においてその綜合に失敗した。福沢諭吉から陸羯南へと連なる国民主義の最初からのひ弱い動向は、やがて上からの国家主義の強力な支配の裡に吸いこまれてしまつた。そのために下からの運動はむしろ国際主義いな世界市民的色彩をすら帯びざるをえなかつた。長きにわたるウルトラ・ナショナリズムの支配を脱した現在こそ、正しい意味でのナショナリズム、正しい国民主義運動が民主主義革命と結合しなければならない。それは羯南らの課題を継承しつつ、その中道にして止まつた不徹底を排除することにほかならぬ。新聞『日本』は明治憲法発布の日に誕生した。羯南は二月十五日の社説で、『憲法発布後に於ける日本国民の覚悟』と題して次のように論じた。

「今成文憲法の文面を見て直ちに実事に行はれ居るが如くに速了し忽に安心するが如きは吾輩之を大早計と評せざるを得ず、イエーリング氏謂はずや『権利の発生は野草の生ずるが如く容易なるものに非ず、必ずや胎児の分娩の如く苦悩艱難を経過せざるべからず』と。故に我々臣民が国政に参与するの権理を実際に有するには必ず多少の困難を経過すべきは固より之を覚悟せざる可からず……吁我が国民よ此大業を成さんが為めには幾多の嶮峻ありて吾人の目前に横たはることを覚悟せよ、若し其れ剛毅忍耐着々歩を進むるの精神なく、憲法祭の酔、醒むると同時に憲法其物をも忘却するが如きは吾輩の尤取らざる所なり。」

ここで羯南の述べていることは現在の情勢に言々句々妥当せざるはない。日本国民は羯南の警告にもかかわらず明治憲法に与えられた程度の貧弱な自由すら現実にまもり抜くことができなかつた。改正憲法の公布にあたり、われわれは、国民に与えられた諸権利を現実に働くものたらしめ、進んでヨリ高度の自由を獲得するために、よほどの覚悟をもつて、これまでに数倍する嶮峻をのりこえて進まなければならぬであろう。まさしく憲法祭に酔つているときではないのである。

*

五十七年前の『日本』新聞を開くと、右上隅の日本という題字のバックに日本地図の輪郭が書かれているのが目にとまる。その地図には本州、四国、九州、北海道が載せられているだけだ。日本はいまちようどこの時代から出直そうとしている。そうして現代もまた、まさに新しき『日本』新聞と陸羯南とを切に求めているのではなかろうか。

（「中央公論」昭和二十二年二月号、中央公論社）

日本における自由意識の形成と特質

まえがき

十七世紀のイギリスといえば、いうまでもなく、ピューリタン革命を頂点とする、絶対主義勢力と新興市民階級との血みどろの抗争がくりひろげられた時代である。この抗争はとくに強烈なイデオロギー的闘争の性格を帯びたが、そこで相対峙する両陣営において、近代思想の中核をなす「自由」という観念がいかに思惟されていたかを顧みることが、さしあたり吾々の課題を理解するための手がかりとなるのである。

まずロバート・フィルマー卿——王党派の最も有力な思想的選手——によれば、自由とは「各人が好むことをなし、勝手に生活し、いかなる法にも拘束せられない」状態をいう（Patriarcha）。また、かのレヴァイアサンの著者トーマス・ホッブスにおいては「自由とは（本来）反対物（オポジション）

の欠如を意味する、反対物とは運動の外的障害である。」(Leviathan, chap. XXI)「自由とは運動を妨げる一切のものの欠如にほかならぬ……すべてのものはそれが運動の空間を持つ程度に応じて自由を持つ。」(De Cive, chap. 9)

ところが是に対して名誉革命の思想家ジョン・ロックにおいては、自由という観念は「行為者が精神の決定或は思考に従つて特定の行為をし又は思い止まる事のいずれかを選択しうる能力」を意味する。(Essay, Book II, chap. 21) 従つて、行為の前に、行為の結果の善悪を精査（エグザミン）し、勘考し、判断する充分の機会を持つということが自由の前提であり、「我々自身の判断によつて決定せられていることはなんら自由の拘束ではない。」(同上) 例えば神は善の選択において我々人間以上に決定せられている。「神自身も善ならざるものを選択することは出来ない。全能者の自由は、彼が最善のものによつて決定せられていることを妨げるものではない。」(同上)

すなわち、フィルマーやホッブスにおいては、自由とは第一義的に拘束の欠如であり、それに尽きているのに対し、ロックにおいてはより積極的に理性的な自己決定の能力と考えられている。従つて前者の様な自由概念は決して人間に本質的なものではありえず、ホッブスが明らかにしている様に、それは非理性的動物にもいな、植物にすら適用出来るのに対して、ロック的自由は本質的に理性的者のものである。前の自由が人間における動物との共通性に根ざしているとすれば、後者はあくまで人における神性のうちに座を占めているのである。この自由の把握のしかたの対立が、フィルマーやホッブスにおける君主（国家）主権と専制主義の、ロックにおける人民主権と民主政の、基礎づけとそれぞれ密接に関連していることは炯眼な読者の既に看取されたところであろう。

そうしてやや粗放な一般化を許されるならばヨーロッパ近代思想史において、拘束の欠如としての自由が、理性的自己決定としてのそれへと自らを積極的に押進めたとき、はじめてそれは封建的反動との激しい抗争において新らしき秩序を形成する内面的エネルギーとして作用しえたといいうる。

1

さて、これだけのことを頭にとめて置いてわが日本における近代意識の成熟過程に立向うとき、吾吾はそこに何を見出すか。我国においてアンシャン・レジームの精神を代表するのは儒教である。それも一つの教義としての儒教よりは、むしろ儒教的思惟様式とでもいうべきものであり、その限りでそれは徳川期を殆ど覆いつくし更に明治より今日にまで強靭な支配力をふるつて来た。福沢諭吉が周知のごとく「儒魂」との闘争を一生の課題とし、大井憲太郎が『自由略論』において「余輩ハ多言ヲ費サズ、一言以テ之ヲ蔽ハントス、曰ク儒教主義ハ自由平等ノ仇敵ナリ」といつていた様に、凡そ日本の近代思想家が最大の対決を迫られたのはこの様な、思惟様式にまで自らを普遍化したところの儒教であつた。従つて、我国における人間自由の観念の特質もまた、儒教的規範意識の変容過程のうちに最もよく窺うことが出来るのである。

徳川封建制下において朱子学がまず思想的覇権を握り、その後も終始正統的地位を占めて来たということは、普通に考えられている以上に深い意味を持っている。そこでは封建社会の基本的な観念的紐帯としての五倫（君臣・父子・夫婦・兄弟・朋友）が、一方では天理として宇宙的秩序に底礎せられると同時に、他方では本然の性として人間の内面的本性と同視せられる。五倫の社会関係を遵守することは封建社会の人間にとつて、持つて生れた必然的な行動様式であり、それからの背反は「気質の性」に曇らされた一時的仮象としてしか観念されない。儒教規範と人間性との本質的同一性に関するこの様なオプティミズムは、なるほど封建的階級制の最も強固な観念的保証ではありえようが、それだけにまた現実の固定的秩序が動揺し、規範の当為的性格が意識され、逆にいえば「天理」に対立せしめられた「人欲」が単なる仮象ではなくヨリ実存的なものとして考えられるようになれば、到底そのままの形では維持されなくなるのである。

徳川期思想史は一言にしていえば、この儒教的規範が次第に人間内面性から疎外され、他律的拘束としての性格を濃化し来つた過程ともいいうる。儒教思想の内部においてこの矛盾が頂点に達したのが徂徠学であり、そこでは一方儒教規範は純然たる公的政治的なものにまで昇華し、他方人間の私的内面性は一切の規範的拘束を離れた非合理的感性に満たされるのである。そうしてやがて一切の儒教的思惟に対する敵対者として登場した国学思想が「人欲もまた天理ならずや」（直毘霊）と言い放つたとき、それは朱子学において仮象とせられた「人欲」においてまさに人間の最も本質的な実存を見出し、この領域に対する「うるさくこちたき教え」の侵入を峻拒した歴史的宣言にほかならなかつた。

2

しかしながらこの様にアンシャン・レジームにおける規範意識の崩壊がひたすら「人欲」の解放という過程を辿つたということは同時にそこでの近代意識の超ゆべからざる限界をも示している。外部的拘束としての規範に対して単に感覚的自由の立場にたてこもることはなんら人間精神を新らしき規範の樹立へと立向わせるものではない。新らしき規範意識に支えられてこそひとは私生活の平穏な享受から立ち出でて、新秩序形成のための苛烈なたたかいのなかに身を投ずることが出来るのである。あれほど痛烈に儒教規範の外面性偽善性を暴露し、おおらかな日本上代を讃美した宣長ら国学者が、現実の支配関係に対して「今の世は今のみのりを畏みて異しきおこなひ行ふなゆめ」として全く受動的承認の態度をとつたのも、彼等の曲学というよりもむしろ深くその本来の非政治的な、したがって一切の規範的なものに対する無関心の態度に連なつているのである。

国学者だけではない。平賀源内とか司馬江漢とか山片蟠桃とか凡そ徳川時代の「自由」思想家に共通していることは儒教規範乃至は現実の封建的階級制については出来るだけソッと触れずに置いて、そのかたわらに自由な「放談」を楽しむという態度であつた。だからそれは、表紙の扉に勧善懲悪の文字を掲げて、内容は専ら官能的悦楽の描写に終始する「人情」本作者の精神構造と本質的に異なるものではなかつたのである。

思想史の進展の示すところはまた徳川社会の発展過程とも照応していた。水も洩らさぬほど見事に固定化され組織化された封建体制が最初に大きな動揺を示したのはいうまでもなく元禄時代である。いわゆる元禄文化が一切の領域における規範的拘束からの自由解放の精神を表現していることは夙にひとの指摘するところであり、その社会的地盤が江戸大阪の大都市において抬頭した町人階級（ヨリ正確には前期的商業＝高利貸資本）にあることもまた再説を要しない。そうして、是に続く享保の改革は「解放」の欲求に対する上からの直接的否定であつた。そうしてこれ以後の近世史は「万事権現様の御定通り」を理念とする享保の精神と「人間は欲に手足の付たる物ぞかし」という西鶴に象徴せられる元禄精神とが、あざなう縄の様に交替しつつ、後者の漸次的浸透のうちに幕末に到つているのである。田沼時代につぐに寛政の改革、文化文政期につぐに天保の改革という過程はまさにこの両精神の対抗＝依存関係を物語るにほかならない。封建社会規範は「人欲」の抬頭によつてますます外面化され、ますます人間性の疎外態としての性格を露わにしつつも「人欲」の恣意化はふたたび新たなる外的拘束を呼び起し、かくしてマックス・ウェーバーのいう「厳粛な拘束とむきだしの利己心との併存」はいよいよ深められつつ、封建制を内面から蝕んでいつたのである。

3

かくして、冒頭にのべた自由観の二つの対立に関聯させて、以上の過程を総括するならば徳川封建体制下において、拘束の欠如としての感性的自由が自己決定としての理性的自由に転化する機会はついに到来しなかつたということが出来る。

それならば明治維新はこの自由意識の飛躍的転化をもたらしたであろうか。もはや残りの紙数も少くなつたから、端的に結論へ急ごう。吾々の答は否である。むろん個々的の例外はあるにせよ、問題を全般的にとりあげるならば思想史的に見た維新は、徳川時代にいわばなしくずしに進行して来た「人欲」の解放過程を一挙に押しすすめたという点にその意義と限界を持つた。当時の進歩的知識人（とくに明六社グループ）においてはわれわれは不徹底ながらなお積極的な、換言すれば規範創造的な自由観を見出すことが出来る。しかし「文明開化」のスローガンが維新後の社会を嵐の様に吹きまくつたとき、それは旧体制下に抑圧せられていた人間の感性的自然の手放しの氾濫となつて現われたのである。

是を疑うものは当時おびただしく発行された絵新聞や大衆雑誌を一瞥するがよい。そこには殆ど春本に類する様な猥せつ記事、小説、目をそむける様な残虐な挿画などが臆面もなく掲げられている。かくして、日本開化詩が自主自由の題下に詠じたのは「圧制力殫民始休、更看風化及二荒陬一、自由勿レ誤修身策、買レ妾蓄レ妻亦自由」という事態であり「士人にして公然娼婦を携ひて市中を横行する者あり、篤行の人之を詰れば即ち曰く、自主自由の世、敢て拘々然として些の礼を顧みるべきにあらず、我れ我が銭を以て娼を買ふ、何の不可か之あらん、欧米の風、皆な自主自由なりと」(竹越与三郎『新日本史』中)という状況が現出した。思想的に言っても、中島勝義が『俗夢驚談』に説く如き「抑々人ノ此世ニ出産スルハ何ヲ目的デ出デ来リシカヲ尋問スルトキハ、己レガ欲望ヲ満足シ愉快ヲ尽シ幸福ヲ極メンガ為メニ相違ナシ。」従つて「他人ノ権利ト自由トヲ妨ゲズシテ労シテ得タル功銭ナレバ、之ヲ有益ノ事ニ費スハ勿論ノ事ナレドモ亦之ヲ登楼散財ニ費ヤソウガ錦衣玉食ニ使ハウガ、世ノ交際サヘ破ラヌ上ハ銘々勝手ノ自由ナリ」という様な自由観は、「おれがからだで、おれが働き、おれが銭をまうけておれが口におれが物をくふのじや。人さまの世話にはなるまいし……と滅多におれがをいふ人があるものじや。是はきつい了簡ちがい、御上様の御政道がなかつたら、一日もおれがではゐられぬ」(鳩翁道話)と徳川時代の心学者によつて説教された如き「おれが」意識とその内的構造において寸分も異なつていない。ただ後者において否定されているものが、いまやそのままの形で全面的に肯定せられているだけである。

こうした感性的自由の無制約的な謳歌からいかにして近代国家を主体的に担う精神が生れ出るだろうか。外からの枠としての「御上様の御政道」がとりのぞかれたとき、それは自己の行為を内部から決定するなんらの基準をも持ちえないのであり、そのゆえにまたそれは新たなる形での「御上の御政道」を早晩よび起さずにはいない。やがて明治天皇制絶対国家がその逞ましい羽翼をはりひろげたとき、感性的自由意識は一方には、一切の社会的なものから隔絶された矮小な小市民生活のなかに息づき（私小説の根強い伝統！）他方には日本国家の対外的膨脹のうちに自我の直接的拡充の欲求を投影させて行つた（高山樗牛らの日本主義運動を見よ）。自由民権論者が多く後年単なる国権論――民権と必然的連関を持たぬ国権論――の立場に吸収されて行つたということも、彼等のイデオロギーにおいて、一方、感覚的＝快楽主義的人間観が、他方、主体的自由の精神と無媒介に併存していたという事実と無関係ではなかつたのである。

あとがき

吾々は現在明治維新が果すべくして果しえなかつた、民主主義革命の完遂という課題の前にいま一度立たせられている。吾々はいま一度人間自由の問題への対決を迫られている。もとより、日本の直面している事態は、近代的自由の正統的な系譜をあらためて踏みなおす事で解決される様な単純なものではない。「自由」の担い手はもはやロック以後の自由主義者が考えたごとき「市民」ではなく、当然に労働者農民を中核とする広汎な勤労大衆でなければならぬ。しかしその際においても問題は決して単なる大衆の感覚的解放ではなくして、どこまでも新らしき規範意識をいかに大衆が獲得するかということにかかつている。モラルの確立のごときは制度的変革の後にはじめて来るという様な考えは、意識の変革と制度の変革を機械的に切断することにおいていわゆる「精神主義者」と実は同一の地盤に立つものにほかならぬ。かの二・一ストを転機として労働運動が、客観的情勢に帰しえられる以上に沈滞の様相を示していることは何を意味するか。歴史は、吾々に、最も迂遠のごとく見えるものが、実は最も切実な問題であることを教えている。

(「帝国大学新聞」昭和二十二年八月二十一日号)

1948

自由民権運動史

第一部

1

明治における自由民権運動といえば、普通は明治七年の民選議院の建白にはじまつて、明治二十三年の帝国議会開設までの間に行われた運動を指す。もちろん国会開設以後においても、引続きいわゆる民党と藩閥政府との烈しい抗争が行われたのであるが、国会開設以後と以前とは、いろいろな点において大きな相異が見られる。たとえば、後年に顕著になつたところの、藩閥政府と民党との抱合態勢は、すでに第一議会においてその萌芽が見られるのであつて、そういう意味からいつても、国会開設以後の民権運動は一応別問題として、憲法発布と国会開設にいたるまでの運動をとりあげて、その特質を述べてみたい。

明治初期の自由民権運動は、これを時期的に三つの段階にわけることができる。第一段階は、明治七年の民選議院の建白から明治十年の西南戦争頃まで、第二段階は、西南戦争以後、明治十七八年頃までであつて、これがいわゆる自由民権運動の最盛時代である。第三段階は、条約改正問題を契機として、この条約改正にたいする反対運動として、民党が起したいわゆる大同団結運動を中心とする明治二十年前後の運動である。

明治六年十月の征韓論において朝議が分裂した際、征韓論者であつた西郷・板垣・後藤・江藤・副島等の参議が、一せいに廟堂を退いたという周知の事件があつたが、野に下つた参議のなかの板垣・後藤・江藤・副島が中心になつて民選議院の建白が行われた。この建白書の起草にあたつたのは、当時、イギリス帰りの古沢滋であるが、建白書は、

臣等伏して方今政権の帰する所を察するに、上帝室に在らず、下人民に在らず、而も独り有司に帰す。

という有名な文句にはじまつて、このように二三の官僚が政権を壟断していては、維新の改革の本義は失われる。のみならず、現在の国際情勢は非常に緊迫していて、日本の前途はなかなか予断を許さない。由来、日本の人民は非常に卑屈であるが、この卑屈の精神を持つた日本の人民をもつてしては、将来の激烈な国際情勢において、日本の国家の独立乃至発展を確保することは困難である。故にこの

卑屈の精神を去つて、国事を双肩に担うという積極進取の気象を起させるには、人民に参政権を与えなければいけない。そのためには、民選議院をぜひとも設けなければいけない、というのがだいたいの趣旨である。この建白書は、明治七年の一月に左院に提出された。

この建白をめぐつて、民選議院を設立すべきか否かの論争が、当時の新聞雑誌紙上で盛んにかわされた。まず加藤弘之が尚早説を唱え、これにたいして大井憲太郎が反駁し、新聞では朝野新聞とか、曙新聞とか、郵便報知などが真先に民選議院論を唱え、これにたいして福地源一郎が主筆をしている東京日日新聞が、民選議院尚早論の先頭にたつて大いに論争した。抽象的な議論としては、すでに幕末時代から議会とか憲法とかいうようなことが言われていたのであるが、この民選議院に関する論争を契機として、議会とか憲法とかいうことが、極めて具体的な現実の問題として登場してきたわけである。そうして、板垣等は明治七年の四月に、自由民権運動を具体化すべく、土佐において有名な立志社を立てた。これがわが国において、ほぼ政党らしいものの結成された最初である。かくて土佐が日本における自由主義の揺籃地になつたわけであり、したがつて第一期の自由民権運動を圧倒的にリードしたのは、この立志社系統の人たちである。ついで明治八年の二月には、やはり板垣等の尽力によつて、大阪に愛国社ができたのをはじめ、それから各地に立志社系統の人たちの尽力によつて同様な結社が作られ、自由民権運動が次第に広まつて行くわけである。新聞等では、かなり急進的な政論が次第に載るようになつた。たとえば明治九年一月の評論新聞は『圧制政府は顚覆すべきの論』、同じく明治九年の六月の草莽雑誌には『暴虐官吏は刺殺す可きの論』というような、題名からして穏やかでない評論が掲げられている。なぜ最初から、こういう顚覆とか刺殺とかいうような、非常に過激な表現が用いられたかということについては後に述べるが、こういう情勢になってくると、明治政府としても、これを放任しておくわけに行かないというわけで、はやくも明治八年には讒謗律を制定して、言論にたいする弾圧をはじめ、この讒謗律に牴触して、当時の有名な一流新聞記者が、続々と下獄するようになった。たとえば朝野新聞の主筆成島柳北、あるいは曙新聞の主筆末広鉄腸というような、当時一流の新聞記者がみな筆禍事件をひき起している。

然らばこの第一期の自由民権運動は、いったいどういう性格を帯びていたかというと、これを一言にしていえば、明治維新以後の「上から」の近代的な統一国家の形成に際して、落伍して行くところの武士階級を中心とした反政府運動、という性格がとくに濃厚である。したがってこの第一期の運動は、一般的にいって近代的な自由主義運動というよりは、むしろ「上から」の近代化に適応して、旧特権を放棄することを拒む士族層、もしくは適応して行くことに失敗した士族層の、反抗運動であるということが言えるのである。最初に民選議院の建白を主張した人たちは、前にも述べたとおり、征韓論に破れて野に下った参議である。こういう維新政府部内における反対派によって、この運動のイニシアティヴが取られたということからみても、それが単なる反政府の運動であって、「下から」庶民によって支えられた、自発的な自由主義運動であったとは言えないのではないかと思う。第一に、この建白をした人自身が、民選議院、すなわち近代的な議会制度について、どの程度の認識を持っていたかということが、はなはだ怪しいのである。現に、後年になつて、明治十四年ごろ、ちようど国会論がいちばん盛んであつた時代に、建白者の一人が、「余は嘗て民選議院建白に署名せしことありしが、その実、当時余は民選議院の何物たるを知りしに非ず、唯よきものとて勧められしまま署名せしまでなり」と述懐している（小林雄七郎『薩長土肥』）。むしろこれらの人々は、征韓論が容れられなかつたことにたいする不満を表現する一つの手段として、この民選議院建白という運動をはじめたのである。

2

そして当時における情勢としては、明治維新以後のうち続く変革、すなわち廃藩置県、徴兵令の施行、封建的身分制の打破、廃刀令、秩禄処分等によつて、封建的特権を奪われた封建家臣団、つまり士族の大群が非常な不満を抱いたまま、全国的に割拠していた。さらにその下には、こういう統一国家建設の財政的な負担を一手に背負つて、旧幕時代よりもなお加重された租税の負担にあえいでいるところの農民があり、明治政府の物質的、乃至武力的な基礎は、当時まだ非常に微弱である。こういう情勢の中にあつて、自由民権運動の持つ意味は、近代的な自由主義運動というよりは、むしろ一般的に維新の変革にたいする反対運動、つまり維新の変革によつて特権を失つた、武士階級の反革命運動が、近代的な衣を着けて現われてきた、というふうに性格づけることができるのではないかと思う。したがつてそれは、明治十年までに頻発するところの士族層の武力的な反抗、すなわち佐賀の乱、神風連の乱、萩の乱、最後に西南戦争にいたる武力的な反抗運動と密接な関聯を持つている。現に土佐の林有造が西郷隆盛に会つて、自由民権運動の趣旨を語つた時に西郷が「君らの運動の趣旨はよくわかるけれども、今の政府はとても言論などをもつて倒せるものではない。むしろ武力によつて現在の政府を倒し、然る後にこのことは成るであろう」という趣旨を語つた、という話を『自由党史』は伝えており、また林や片岡など土佐の一部の者は、西郷の挙兵に呼応して蹶起しようとした。そうしたところからも、第一期の自由民権運動と西郷等の動向とが、実は同じ社会的動向の、異つた表現形態に過ぎないものであるといえるのではないかと思う。

こういう一連の反革命の暴動の背後に、前に述べた農民層の反抗があつた、と同じような意味において、第一期の自由民権運動も、その限りにおいては農民層の動向に関聯を持つ政治運動であつた。しかしそれは、農民層が自主的に起したところの政治運動というよりも、むしろ不平士族が農民層の多分に衝動的な、それだけに方向については、盲目的な反抗運動を自己の政治的目的のために利用したという要素の方が強いのである。民選議院の設立を建白した人たち乃至立志社の人たちは、決して真に庶民的な力を背景にして、運動を展開しようという意図は持つていなかつた。たとえば民選議院尚早論にたいする建白当事者の弁駁の一節に、

「今夫れ斯議院を立つるも、亦遽かに人民其の名代人を択ぶの権利を一般にせんと云ふには非ず。士族及び豪家の農商等をして、独り姑らく此の権利を保有し得せしめん而已。」

と言つていて、単に士族と平民の上層部とだけに、民選議院の選挙権を与えようというのであつて、広く一般の人民に選挙権を与えよ、ということは考えていない。そこにこの建白者の意図が非常によく現われている。明治維新が最初、広汎な下級武士の積極的参与のもとに行われたにもかかわらず、この革命の大きな推進力となつた下級武士団が、維新以後中央集権的な政府樹立に伴つて、ヘゲモニーを急速に失墜して行つた。この過程において、振落されて行く不平士族層が、自由民権運動という名において政府に反抗したのである。したがつて、むしろ当時一般の庶民は、こういう士族の自由民権運動にたいしては、冷笑的な態度すら取つていたとも見られる。その証拠には、たとえば、明治八年七月十三日の東京日日新聞に、つぎのような記事が載つている。

阿芳舘決議夜誌　末松謙澄戯筆

地方官会議ニ於テ区戸長ヲ議員トスルノ民会ヲ開クニ決シタルハ是カ非カ

甲野太郎第一動議ヲ唱ヘテ曰ク(中略)此輩ノ区戸長ヲシテ民会ノ議員タラシム、其益ノ其害ヲ償ハザルハ明明白々ナリ、一県以テ全国ヲ推知スベシ。故ニ民会ハ必ズ区戸長ノ者モ士族ノ者モ之ヲ除キ、純粋ノ良民ヨリ成立セシムベシ。(中略)士族ハ租税ヲ払ハズシテ租税ヲ費ス者ナリ、即チ人民トハ其利ノ在ル所ヲ異ニスル者ナリ、其利ヲ異ニシ租税ヲ払ハザル者ヲシテ平民ニ代リ租税ノコトヲ議セシムルモ何ノ益アラン。（中略）士族ハ民会ノ一辺ニ於テハ、平民ホドノ権利ヲ有セザル者タリ、故ニ到底民会ニ出ルノ権ナシ。

とあり、また同紙四月十三日号には、『日本の平民に示す文に擬す』と題して、

「今や士族はどう云ふ心か知らねども、頻りに専制を尤め民権を云ひ張る故に、殊に寄つたら政府と相談して貴族の特例より出づべき政事の御相談所を御建て成さるるやも計り難し。併し是は貴族の議院にて上院と申す者なれば、平民議会の下院とは全く別のものと心得べし。若し此上院ばかり出来、前の抑圧も専制も出処が違ふ迄にて、矢張り元の木阿弥なれば、我輩平民は下院が無い間は、永劫奈落の末までも浮む瀬はあるまじきぞよ……」

といっているのは、ある程度、当時の平民の感情を示すものであろう。要するに士族は、当時まだ秩禄の処分が全部進行していないわけであるが、秩禄公債が代りに下附され、そういう意味では平民から見れば、依然たる特権的地位を保有している。だから士族が家禄を全部抛棄して、丸裸になつて来い、そうしたら自分たちと同じ立場に立つから、その時には民選議院の相談をしようというわけである。そういうところを見ても、第一期の自由民権運動の性格が、ほんとうに庶民的な勢力を背景にして行われたのではないことがわかる。当時の愛国社の会合の模様を『自由党史』は、「盟に会するものは、一剣以て赤誠を国に許す士族の徒のみであつて、富豪縉紳の徒はほとんど見られない」と伝えている。当時、郵便報知とか朝野新聞で、民権の論陣を張つた成島柳北とか栗本鋤雲とかいう錚々た

る新聞人は、いずれも旧幕臣であり、前朝の遺臣として新政府に仕えざるを誇りにしていたことも看過してはならない。ところがこういう性格は、第二期の自由民権運動に入ると大分変ってくる。

3

第二期の自由民権運動とは、明治十二三年ころから澎湃として起ってきた国会開設願望建白運動を指す。もちろんこの運動も、イニシアティヴは多く士族層によって取られている。西南戦争によって新政府にたいする武力的な反抗がもう不可能である、ということがほぼ明らかとなった。つまり西南戦争の意味は、武士の精髄といわれた薩摩隼人が、かれらのもっとも軽蔑した百姓町人の徴兵令による軍隊に敢えなく敗れ、これによって旧い武士階級の特権意識が、微塵に砕かれたということである。しかも他方、秩禄処分が、この頃までにほとんど完結して、武士階級の最後の特権たる封禄が、金禄公債という一片の紙きれに変えられた。しかも西南戦争以後、政府紙幣の濫発によって非常なインフレーションが起り、貨幣価値の下落によって金禄公債の価値もはなはだしく下落した。他方、新らしい職業に転換した士族も、この経済的変動を乗切ることができず「士族の商法」という言葉の示すように、みじめに失敗して続々産を失った。かくて士族の生活困難は非常に深刻化して、かれらの大量的なルンペン・プロレタリア化現象が起った。ここにおいて、はじめて一切の社会的特権を失って無産化した士族層と庶民層との間に、共同戦線が成立する地盤ができた。もちろん第二期の自由民権運動にも、士族層が指導的地位を占めているが、第一期に比べれば庶民的な要素が多分に加わっていることは否定できない。しかも士族の社会的な性格が、第一期の頃とは変ってしまって、もはや旧特権を維持しようという立場ではなく、新らしい秩序のなかに決定的に組み入れられた立場から、すなわち、学校教員とか農民とか、手工業者とか小売業者とか、あるいはまつたくのルンペンとかの資格において運動に参加していることを注意しなければならない。

明治八年にできた愛国社は、一度消滅したのであるが、板垣等の努力によつて明治十一年の九月に再建され明治十三年に国会期成同盟と名前を変えた。この国会期成同盟を中心として、国会開設運動が全国的に展開され、それがいちばん絶頂に達したのは、明治十三年から十四年にかけてである。この第二期の運動のエポックを劃したのは、明治十四年の政変であつた。この政変によつて、政府部内における進歩的分子を代表した大隈重信一派の官僚が、いつせいに廟堂を逐われたのであつて、岩倉・伊藤・黒田等によつて計画された一種のクーデターである。これ以後、明治政府はいつそう薩長政権としての色彩を、はつきり現わしてきた。これにたいして、野に下つた大隈が改進党を組織し、板垣等の自由党も同じ頃組織され、ここに、朝野の分界がはつきりと定められた。と同時に政府は、自由党・改進党の勢力に対立させるために、福地源一郎や丸山作楽をして、立憲帝政党という御用政党をつくらせた。このようにして、自由民権運動は、一応、本格的な政党を主体として展開されるにいたつた。

　ところがこの自由民権運動は、不幸にして順調な経過を辿らずに数年にして影をひそめてしまうのである。かくなつた原因は、一つには、なんといつても政府の苛烈きわまる弾圧である。明治十五年に集会条例を改正し、請願規則を定め、明治十六年には、新聞紙条例、出版条例を改正し、言論集会結社の自由をほとんど完全に窒息させた。もう一つの原因は、明治十六年頃から松方財政による西南戦争後の幣制整理がはじめられ、貨幣価値を安定させるための思い切つたデフレ政策が採られたために、やがて、惨澹たる不況が全国を襲うのである。この自由民権運動にたいする政府の猛烈なる弾圧と、デフレーションによる不況とが重なつて、せつかく正常な政党運動の形を取つて展開しはじめた運動が、間もなく継続が困難となり、結果は非合法的形態をとり、政府にたいする一連の暴動となつて発現するのである。すなわち明治十五年以後頻発したところの、福島事件、高田事件、秩父騒動、加波山事件、飯田事件、名古屋事件、静岡事件、大阪事件というような一連の暴動は、いずれもだいたいにおいて、自由党系の人々によつて企図された反政府暴動である。それらはむろん未然に、もしくは軍隊の出動により峻烈に鎮圧されてしまつた。こうなると自由民権運動は、もはや正常なる政治運動として発展する地盤を失い、政府のますます苛烈な弾圧と、自由民権運動の内部における分裂とによつて、ついに自由党は明治十七年に解党し、大隈らも改進党を脱党する等のことがあつて、第二期の自由民権運動は非常に悲惨な結末に終つた。

　第二期の自由民権運動には、前述したとおり、かなり広汎な庶民勢力が加わつている。とくに近畿の豪商や地方の豪農が広範囲に参加して、インテリ無産者たる士族に運動資金を提供している。のみならず、後半期には、さらに下層の貧農および小市民層をも動員した。一方では新交通路の発達とともに、地方宿駅の衰微があり、地価が著しく変動して、名だたる旧家・大地主が没落するかと思えば、他方インフレーションの過程において、農村のマニュファクチュア、とくに紡績業や醸造業などが勃興し来つた。かれらは他面では、また地主でもあつた。そうして、これらの旧豪農と新興地主がそれぞれ別の立場から民権運動に投じ来つた。なおこのころようやく露骨になつた、政府と一部政商との抱合いに反対する民間商業資本の声もこれに和し、かくして庶民的要素が急激に増大した。たとえば、当時国会開設願望建白書が、盛んに元老院に提出されているが、その建白書の署名人を調べてみると、もちろん士族がやはり多いのであるが、平民の数も相当にのぼつている。明治十三年建白一覧表によつて、国会開設要求の建白四十通について代表者の族籍をみると、士族が二十一名、平民が十六名、不明三となつている。依然として士族の方が数は多いのであるが、しかし四十名のうち十六名も平民が占めている、というようなことは、それまでには見られなかつた現象である。この自由民権運動に加わつた平民勢力が、どういう社会的な地盤を持つているかということは、まだ十分究明されてはいないが、とにかくそれが社会構成的にいつて、非常に複雑な要素から成りたつているということだけはいえる。

第二期の後半の自由民権運動は、政治運動よりも、デフレーションによつて没落した貧農層の反抗という、一種の社会運動的な性格を濃厚に帯びているのである。後半に貧農的な要素が加わってきたことは、同時に自由民権運動の内部における階級利害の対立を深刻化して、これが自由民権運動をかえつて脆弱にする一つの要因となつたわけである。

第二部

1

前述したように、一応、明治十七年を境として、自由党、改進党が解党もしくは分裂して、自由民権運動は一時壊滅するわけであるが、やがて明治十九年ごろから条約改正問題を契機として、三たび燃え上つてくるのである。

条約改正問題というのは、安政五年に幕府が締結した不平等条約を改正しようということであつて、具体的には、関税自主権の確立と領事裁判権の廃止を意味するのである。この不平等条約のために、日本の被つた有形無形の苦痛は非常なもので、明治以後の一つの挙国的な関心は、一日も早く条約改正をして、諸外国と完全に対等な関係を結びたいということにあつた。明治政府も条約改正に最大の努力をささげ、歴代の外務卿によつていろいろな条約改正案が作られ、外国との交渉が重ねられた。

当時の外務大臣井上馨は、ひそかに諸外国と条約改正について交渉を続けていたのであるが、たまたま仏人政府顧問ボアソナードが、この井上の条約改正案にたいする意見書を提出し、それが外国新聞に載つた記事が、逆に日本に入つてきて民間有志に知られ、井上外相の企てている条約改正案の内容が漏れた。この井上案は、それまでの不平等条約に比べれば、もちろん遙かに日本の地位が有利にはなつているけれども、依然として対等条約には遠かつた。例えば領事裁判制度が、一応は廃止されるけれども、当分の間は一定数の外国人を、日本の裁判官として採用するという条項があり、なお関税自主権は認められるにいたらなかつた。これが発表されたことによつて、世論が一時にわき立ち、井上外相の企てている条約改正の反対運動が民間から起つて、それまで雌伏していた自由民権派に、再び立ち上る機会を提供したわけである。

それは明治十九年ごろから、三大事件の建白運動という形において展開された。つまり三つの要求を掲げて、政府に迫つたわけである。その第一は、地租軽減の要求である。明治以後、国家の財政的な負担をしたのは、ほとんど農民であるから、地租を軽減してもらいたいということは、農民一般の輿論であり、とくに不況によつて農家のうけた打撃は深刻であつたから、これが自由民権運動によつて採上げられたわけである。第二は言論集会の自由の要求であつて、これはもちろん明治十五年と十六年に制定された、集会条例ないし新聞紙条例を撤廃せよという運動である。第三は外交の挽回であつて、これが政府の企てている条約改正、およびそれに附随する欧化主義にたいする反対である。

この第三期の自由民権運動の特色は、それが条約改正と、政府の欧化主義にたいする反対運動を契機として起つたことによつて、国粋主義者と自由民権派との、共同戦線の形になつたことである。つまり元来、イデオロギー的には自由民権派とまつたく相容れないところの封建的、保守的な思想の持主が、自由民権派と合流して反政府運動を起したのである。たとえば当時の農商務大臣で、保守的思想の持主たる谷干城が、外国から帰朝そうそう井上外相の条約改正案を見て、これに非常に反対し、条約改正を中止せよという意見書を提出して大臣を辞職したのであるが、この時、自由民権派および国粋主義者たちは谷干城を担ぎ出して、「谷君名誉表彰会」というような集会を催して、反政府の気勢を煽つた。また鳥尾小弥太、三浦梧楼とかいう陸軍の将星――明治二十一年に、保守党中正派という典型的な保守政党を組織した人々であるが――これもいつしよになつて条約改正に反対運動をはじめた。やはりこのころ三宅雪嶺とか、杉浦重剛とか、陸実というような人々が国粋保守運動を起して、陸実は『日本』新聞に拠り、三宅雪嶺は『日本人』という雑誌を発行して、欧化政策に反対する日本主義運動を展開するのであるが、この日本主義派もやはり共同戦線に加わつた。このようにそれぞれイデオロギーの異つた分子が、単に当時の政府の欧化政策、および条約改正にたいする反対という立場だけで共同戦線を張つたのであつて、この共同戦線が後藤象二郎の指導のもとに、立場の相異を棄てて、藩閥政府打倒のために各派が団結しようという、いわゆる大同団結運動として展開したのである。

この大同団結運動がさかんになつて、いろいろの建白が元老院に殺到し、各地から有志が続々東京に集まつて、さかんに演説会を開催して気勢をあげ、情勢が次第に不穏になり、なかには、さきの自由党にたいする政府の苛烈な弾圧の経験に鑑みて、ひそかに爆弾を携行して上京する者もあるというような状況で、物情騒然としてきた。この情勢に対処するために発布されたのが、有名な明治二十年の保安条例であつて、これによつて六百名ばかりの危険人物と目される者を、宮城より三里の外に放逐を命じた。それと同時に、政府はさらに新聞紙条例や出版条例を改正して、言論の取締りを厳重にした。保安条例発布に際し、万一に備えて、陸海軍大臣は東京および各師団に出動準備を命じたといわれている。

このように政府は、神経過敏なまでに峻烈な弾圧策を講ずるとともに、他方では反政府派、とくに自由民権派の懐柔に懸命の努力を払つた。たとえば明治二十年五月に、当時の自由民権派の巨頭である板垣、後藤、大隈に授爵の沙汰あり、板垣が爵位を拝辞して問題になつた事件があるが、これなども懐柔措置の一つである。また板垣に横須賀造船所を払下げようとして、拒絶されたこともある。保安条例のときも、板垣、後藤の名は追放者から除かれ、逆に位階を進められた。また当時の官僚崇拝心理を利用して、民権論者を官員に採用したりした。こういう懐柔策は、だいたいにおいて成功した

2

といつてよいのであつて、これによつて自由民権運動が、内部から切り崩された。とくに大同団結運動がまさに絶頂に達した瞬間に、それまで大同団結運動を終始指導してきたところの後藤象二郎が、突如として黒田内閣の逓信大臣として入閣した。これにたいして、自由民権派および一般に大同団結派の多くは、裏切行為として非常に憤激したわけであるが、元来、後藤象二郎という人は、別にイデオロギーのある人ではなく、典型的な煽動政治家であつて、大同団結運動を踏台にして、政権にありついたにすぎない。イデオロギーの一致しないいろいろな集団の大同団結運動は、その頭株である後藤が藩閥政府に引抜かれたということによつて、みじめに崩れてしまつたのは当然なことである。

明治二十二年に憲法が発布され、二十三年にはこのような情勢のもとに、第一回帝国議会が開かれた。ところがすでに第一議会において、陸海軍軍事費の問題で、民党と政府が烈しく衝突した時に、藩閥政府の裏面工作によつて、民党は妥協しているのであつて、議会が開設されるかされないうちに、かつてあれほど藩閥政府の心胆を寒からしめた自由主義政党は、政府の提供する黄金と官職の魔力の前に膝を屈してしまつたのである。すでに第一議会の時から、政党の後年の腐敗の萠芽がきざしていたことは注意せねばならぬ。後年、板垣自身が、自由党を伊藤博文に譲り渡すまでの経緯を、つぎのように告白している。

「明治十七年を以て解党を余儀なくせられたる自由党は、のち更に大同団結により愛国公党となり、明治二十二年同主義の各派を打て一団と為し、立憲自由党と称し、帝国議会に臨むに及んで、再び自由党の旧名に復せり、而して我国最初の政党たる愛国公党結盟以来、予は自ら全国に遊説して自由民権を宣伝し、足跡海内に普《あまね》きにも拘らず、且つ予を以てしては、到底鋤犂を入るる能はざる政界の分野あり、即ち実業家並に旧官吏の階級なり。然かも帝国議会開設以来、破壊的の時代既に去つて建設的の時代となれる以上は、政党の大を成し勢力を扶植するが為めに、新たなるこの分野を閑却すべきにあらず。之に加ふるに……党内に於て政権を渇望する者漸く多きを加へ、且つ……明治二十五年の選挙干渉以来、黄金の魔力は常に政界を圧し、議員は解散を恐るること虎狼の如く、……予が厳格の天性は、斯くの如き党員を率ゆるに適せざるを切に感ずる所あり、……始め後藤を訪うて後事を依嘱したるに、彼は之を承諾するに至らず、のち伊藤の『板垣の自由主義ならば同意することを得べし』と謂ふを聞きて、遂に自由党を之に譲りたるに、果して実業家並に旧官吏を網羅し得て、尨大なる政党となれり。」（板垣退助『我国憲政の由来』）

このようにして、藩閥の中心人物である伊藤博文が、自由党の後身、政友会を組織した時には「板垣の自由主義ならば差支えない」といつて、みずから総裁になつたというほどに、自由主義の実質がかわり、自由党が骨抜きになつていたわけである。

3

かつては藩閥政府と結托した御用商人、いわゆる「紳商」を排撃することが、自由党の生命であつたものが、その後十数年にして、逆に藩閥政府の特権的な庇護をうけるブルジョアジー、ないし地主勢力の露骨な利益擁護機関となつてしまつた。明治三十五年、幸徳秋水が随筆集『長広舌』のなかの『自由党を祭る文』において、藩閥官僚と抱き合つた自由党に弔辞をささげ、つぎのようにいつている。

「嗚呼、汝自由党の事、吾人之を言ふに忍びんや……(中略) 汝自由党が自由平等の為めに戦ひ、文明進歩の為め闘ふや、義を見て進み、正を踏んで懼れず、……真に秋霜烈日の概ありき、而して今安くに在る哉……(中略) 嗚呼、彼れ田母野や村松や、馬場や赤井や、其熱涙鮮血を濺げる志士仁人は、汝自由党の前途の光栄洋々たるを想望して、従容笑を含んで其死に就けり、当時誰か思はん、彼等死して即ち自由党の死せんとは、彼等の熱涙鮮血が他日其仇敵たる専制主義者の唯一の装飾に供せられんとは、(中略)……

光栄ある汝の歴史は、今や全く抹殺せられぬ、……汝自由党若し霊あらば、髣髴乎として来り饗けよ。」

自由民権運動の中核をなしてきた自由党の、議会開設後における急速な変質が、この言葉のなかによく表現されていると思う。

それでは、このように全体として見た自由民権運動の挫折、ないし変質はどこに根拠があつたか。むろんその順調な成長を阻んだものとして、藩閥政府のほとんど言語に絶する苛烈な取締と弾圧が挙げられるであろう。しかし、単に権力による抑圧ということだけに、自由民権運動の失敗を帰着させるとすれば、それはあまりにも歴史のダイナミックスを無視する見解である。いかに政府の弾圧が無慈悲、残酷なものであろうと、そういう上からの抑圧を真にはね返して、下からの自由民権運動が正常に進展していくことができなかつたのは、やはり自由民権運動に内部的な脆弱点があつたからだといわざるを得ない。一時、伝染病のように全国を風靡した自由民権運動が、明治憲法に盛られた程度の、自由の結実しか結ばなかつたのは何故か、ということをわれわれはよく反省して見なければならぬ。伊東巳代治が民権運動の全盛時代を回顧して「憲法制定以前、自由民権論がさかんな時代には、主権は人民にあるとか、選挙人にあるとか、あるいは議会にあるとかいつたフランス流や英国流の憲法論が行われて、われわれの主権は天皇にあるといつて君主の大権を強調するごとき説を唱うる者は勢いが微弱で、まことに孤城落日の感があつた」と述懐しているが、それほど当時の思想界においては、主権在民論あるいは主権は議会にあるといつたごとき議論が圧倒的であつて、いわば急進論が思想界を風靡していた。ところが実際に制定された憲法は、主権在民どころか、改進党の線までも達しない大権中心主義の憲法であつた。しかも自由民権派の大多数は、あの欽定憲法を歓迎して、われわれの目的はこれによつて達成されたといつて感激したのである。そこに自由民権運動が、最初から荷つていたもろさというようなものを考えざるを得ないのである。こういう脆弱性の根拠が、どこにあつたか。それは非常にむずかしい問題であるが、一応その基礎を検討してみたい。

4

第一には、自由民権運動の思想的な基礎の脆弱性ということを考えてみなければいけない。一言にしていえば、そこには、一方には典型的な啓蒙的個人主義、つまり、すべての人間は生れながらにして自由平等であり、国家は個人の幸福のためにあるという天賦人権論と、他方には人民の力を結集して、日本の国権を対外的に拡張するという国権拡張論とが、相互に無媒介のまま、かれらのイデオロギーのなかに並列させられており、この両要素がどういう関連に立つかということが、十分に突き止めて考えられていなかつた。しかも個人の自由という場合、その自由は、多分に快楽主義的な意味での自由として捉えられている。そこには良心の自由というよりも、むしろ、自然のままの人間の本性を、できるだけ拡充するという感性的な自由、感覚的な自由が考えられている。こういう幸福主義的な個人主義が、なぜ他面において、国権主義を基礎づけ得るのかということは、ついに突込んで問題とされなかつた。

もつともこの点に、自由党員と改進党系の考え方との間には、多少の違いがある。そのことを、土佐の自由党系の筆者によつて書かれた『土陽新聞小歴史』（鈴木安蔵氏編）は、つぎのようにいつている。

「当時、最も愛読せられたるは、諸大家の心理学、哲学の書を初め、ミル、ベンサムの著書なりしが、板垣君並に立志社先輩諸氏、……概ね皆武門に成長し、武士の教育を受けたる人士にして、各社社員も亦概ね武士の子弟なれば、其習慣遺伝の致す所、いづれも所謂武士道に重きを置きたり。さればミルの所説たる自由の理の大部分と、ベンサムが実利論の所謂『最大衆民の最大幸福』の旨趣は、大に之を歓迎したるも、其武士道に反し、殊に快楽痛苦を以て正邪善悪の標準と為すに至りては、極力之を駁論せり……是を要するに、板垣君初め土佐自由主義者の先達は、其所謂武士道に加味するに更に泰西大家の新鋭を以てし、之に由りて一種の特色ある自由政論を主張せしなり。」

これにたいして「改進党はミル、ベンサムを謳歌して、其便宜主義、実利主義の好文字を利用して、自己の利益を攫取せんとしたるものなり」というのである。つまり改進党が、比較的純粋にイギリス流の功利主義を祖述していた——これは改進党の地盤が、都市大ブルジョアジーとか上層知識階級にあつたことと関連している——のにたいし、民権論の主流をなした自由党系の人々は、単なる快楽主義というものではどうしても満足できないで、そのかわりに武士道を持つてきているのである。こうして武士道と自由民権論が抱き合わされるという奇妙な結果になつた。ともかく自由民権運動の内部にあつた国権主義の背骨を成したものは、武士道的な精神であつたということができる。ところが同じ自由党系でも、たとえば河野広中の福島自由新聞の発行趣意書を見ると、

「人類の目的は、最大幸福を得るにあり。而して最大幸福は、各個の幸福を増進するにほかならず。然らば、即ち幸福を得るは自由の保全に依らざるはなく、自由を保全するは国政の改良に依らずんばあるべからず。」

といつて、ここでは全くベンサム、ミル流の快楽主義的な個人主義が採られている。

こういうふうに、イデオロギー的に少からぬ混乱がある。それでも初期の自由民権論者には、とも

かく武士道というような一つのモラルがあつたから、主義にたいする節操とか、主義のために死をも辞せないというような気概が、自由民権運動を支えていた。ところが時代が進むにつれ、そういう武士道的精神は当然なくなり、しかも、古い規範意識にかわる近代的な良心の自由というような、新しい規範意識はないから、あとに残るのは単なる快楽主義的な要素だけになつてしまう。こういうところに、自由民権運動が堕落した思想的な根拠があると思う。

第三部

1

前述したように、感覚的な自由そのものからは、国家原理としての民主主義は出てこない。だから、はじめの自由民権論は、必ず民権論と国権論が並行して説かれているが、やがて朝鮮シナ問題をめぐり、日本の対外的な発展が歩を進めるとともに、自由主義と国権主義は相互に離ればなれになり、国家思想としてはもつぱら国権拡張論だけが高唱されるようになつてしまう。しかも当時、民権論者の唱えた国権論は、二つの要素が交錯していた。一つはヨーロッパ勢力の東漸から東洋を保全するためには、従来のような古い政治構造を打破して、東洋が近代化されなければいけない、その東洋近代化の使命を持っているのが日本なのだというところから、朝鮮、シナにたいする日本の積極的な態度を支持する考え方である。もう一つは、この考え方と微妙に交錯しながら、結局まったくちがった途を歩む行き方、これは当時ようやく世界的に高まってきた帝国主義運動に、日本も便乗しようという動向となって現われる。つまり当時の帝国主義の鋒先は、シナに集中していたのであるが、このシナ分割に日本も早く一役を買わないと、バスに乗り遅れるというような考え方が、日本の大陸進出を正当化する、もう一つ別の論拠になっていた。それが後になるにしたがって、第一の考え方は背後に退いて、第二の考え方のほうが強くなったのであるが、このことと、民権論と必然的な関聯を持った国権論が、次第に民権論から離れて、単なる国権拡張論となり、それが、さらに帝国主義になって行った過程とが、ほぼ並行している。このように自由民権論者の国権論が変質して行ったのは、結局、その国家主義と天賦人権主義とが無媒介のままかれらの考え方のなかに併存していたという、思想的な不徹底に淵源しているわけである。

十九世紀後半に、世界的に帝国主義の風潮が高まり、特に日本が日清戦争以後、いわゆる三国干渉によって、当時の代表的な帝国主義国家の干渉をうけるという事件を契機として、日本の有力な自由民権論者が、続々として帝国主義者に転向した。こうした思潮の転換を、いちばんよく現わしているのが、徳富蘇峰の転向である。明治二十年代において、もっとも急進的な自由主義者であった蘇峰は、明治三十年代においては、もっとも戦闘的な帝国主義者となった。こうした情勢に加えて、明治二十年ころから政府によつて鼓吹される官僚的な国家主義の動向が、漸次顕著になつて行つた。たとえば教育勅語の発布以後から、国家主義的な教育が非常にさかんになつて、そのために基督教が教育勅語と矛盾するというようなことが、保守的な国家主義者によつて唱えられて、当時の大問題となり、また、帝大教授久米邦武が『神道は祭天の古俗』という論文を発表したために、大学教授の職を逐われるというような事件が起り、さらに内村鑑三は、教育勅語の捧読式にあたつて拝礼をしなかつたというので、第一高等中学校の職を免ぜられたりした。こういう事件によつて象徴されるように、反動的な国家主義的風潮が、明治二十四、五年ころから濃厚になるにしたがつて、民権論者の下からの国民的な国権主義は、上からの藩閥的＝官僚的な国家主義動向のなかに吸収されて行つた。「一身独立して、一国独立す」と福沢がいつたような意味の国家主義、つまり個人の解放を通じて、国家的独立を確保していこうという考え方は、明治時代が進むとともに、逆に個人の自由を抑圧する強大な国家権力の肯定へと、変貌して行つたのである。藩閥政府は自由民権運動にたいして、それが国体に反するという論理で一貫して、これを弾圧した。当時の自由民権論者は、もつとも急進的な人たちですら、政府と皇室とをはつきり区別して、むしろ自由民権運動は皇室を保全するものである、ということをいつていたのであつて、意識的には決して反皇室的であつたわけではないのである。前述のように、かれらの唱えた自由の観念が混乱し、積極的な秩序を主体的に担う精神としての「自由」と、単に外部的拘束からの脱却を求める感覚的「自由」とが、無雑作に混同されているために、真向うから忠君愛国と国体論を振りかざしてくるところの藩閥にたいしては、思想的に受身にならざるを得なかつたのである。

自由民権運動の脆弱性を規定した原因の第二は、自由民権運動の内部的な抗争のために、藩閥政府に漁夫の利を占められたという事情である。明治十二、三年ごろの自由民権論者は、国会開設という形で、一応歩調を揃えていたのであるが、明治十四年以後、自由党・改進党が結成されると、同じく藩閥政府に反対する立場でありながら、両党は藩閥政府にたいする以上の烈しさをもつて相互に抗争した。しかも、自由党と改進党との間だけでなく、自由党内部においても、幹部と下層部との間の遊離が次第に烈しくなつた。それは自由党の階級的な基礎が、非常に複雑であることとも関連している。とくに、秩父騒動や加波山事件のように、運動が社会運動的性格を帯びると、地主と貧農との利害の対立が顕著になるのは当然である。しかし、こうした事情のほかに、もつと単純な原因もある。たとえば封建的なセクショナリズム、あるいは派閥意識というようなものによつて、同じ党の内部においても、非常に激烈な軋轢が行われたりした。自由民権運動の内部には、いわゆるアンシャン・レジーム（幕府時代）を回顧するような封建的な動向と、もつと近代的な動向とが複雑に入りまじつている。「おれは要するに、徳川時代に復帰させればよいのだ」というようなことを、公言している分子すらあつた。小久保喜七氏が、当時における愛国社の会合の模様を、「なにしろ民権運動などをやる者は、たいてい士族仲間で、小倉袴に鉄扇を持つて、錦絵の壮士そのままだつた」と回想しているが、これは極端な表現であるにせよ、自由民権運動が終始、第一期に持つていた士族の反抗運動という性格を脱しきれなかつたことを示している。

福沢諭吉が明治十四、五年ころ、民権運動の最高潮期に、「一方より世の国会開設を願望する者を見るに、幾千名の調印と云ひ、幾万人の結合と称するも、事実、其人の大数は国会の何物なるを知らず、其開設の後に如何なる利害が我身の上に及ぶべきやも弁へず、唯他人が願望する故に我も亦願望すと云ふに過ぎず、其有様は神社の本体を知らずして、祭礼に群衆するに似たり」（時事小言）という、ずいぶん酷な批評を加えているのも、当時の運動がイデオロギー的滲透力が低く、烏合の衆的な雷同性をも少からず持つていたことを示している。と同時に、幹部と一般党員との遊離のために、せつかく昂揚した自由民権運動が、上層幹部の裏切りによつて絶えず挫折する。たとえば後藤象二郎の入閣とか、板垣の洋行とかいうことによつて、そのたびごとに自由民権運動の勢いが殺がれるというような結果になつたのも、つまり自由民権運動において、組織力が非常に微弱であるだけでなく、幹部にたいする大衆の下からのコントロールが不十分だからにほかならない。逆にいえば、幹部の権威的な指導性が非常に強く、板垣や後藤は自由民権運動の単なる指導者というより、むしろ英雄であつた。そこに、官僚崇拝心理の変形のごときものも認められる。

内田魯庵が、当時を回顧してつぎのようにいつている。

「官尊民卑の極端だつた当時は、郡長くらいの役人ですら、人民とは同席で話をしないのを当然とし、県令に面会するには、県会議員の紹介を要するといつたやうなわけで、だれそれと同席で話ができるといふことが、いはば偉さの標準を示すほどであつた。したがつて偉い人ほど、庶民などには目もくれないものと、一般には信じられてゐた。しかるに自由党の板垣退助、後藤象二郎のごとき参議の位置にある人が、しかも同席で話をしてくれるといふのだから、庶民から尊敬をうけるのも無理はない。」

ああいう偉い人が、われわれといつしよに話してくれるという官僚崇拝心理によつて、板垣や後藤が自由民権運動の英雄視されたのである。こういう雰囲気において、幹部にたいする下からのコントロールが弱かつたのは、当然のことである。

2

以上、いろいろと民権運動の内部的脆弱性を規定した諸要素をあげたが、そうした諸要素を貫く根本的な原因としては、なんといつても日本の資本主義的発展の特異性をあげなければならない。明治維新から二十年ごろまでは、いわゆる資本の原始的蓄積が行われた時代である。徳川時代における産業資本の発展は非常に微弱であつたので、資本主義的生産の前提としての、一方における資本の蓄積、他方における自由な労働力の造出という事業は、明治政府がなにをおいても遂行すべき緊急の課題であつた。しかも列強の圧力を身近に感じつつ、急速に国際的立遅れを回復しなければならぬという事情は、この原始的蓄積の過程——本来、どこの国でも苛烈だつたこの原始的蓄積の過程を、より悲惨、無慈悲、かつ犠牲多きものたらしめた。大づかみにいつて二十年までの自由民権運動は、この国家権力によつて強行された原始的蓄積過程の下積みとなつた、もろもろの国民層の反撥ということができる。それが過度の中央集権や特権的紳商に、とくに攻撃の的を集中したのはそのためである。しかしそのことは、すでに絶対主義君主の手で原始的蓄積が行われた後に、中産的生産者層を中核として自由主義運動が推進されて行つたヨーロッパの場合と著しく異つた階級的複雑性を、この運動にもたらさざるを得なかつた。そうして、このような強行措置によつて、ともかく二十年以後、本格的な資本主義的生産が、衣料と雑品工業を中心としてスタートを切るわけであるが、そのときはもう、わが国のブルジョアジーは国家権力、その具体的な相手としての藩閥政府と切つても切れない特殊関係に立つていたのである。そうして、容易ならぬ国際情勢のなかで、朝鮮シナに市場を求めて行かねばならぬ立場におかれた資本は、国家からの自由どころか、ますます国家への依存を強めて行かねばならなかつた。民権論と国権論の結合、ついで民権論を犠牲としての国権論の発展という上述の思想史的経過の裏には、実にこのような社会史的事実が横たわつていたのである。いいかえれば、自由民権運動はそれが真の闘争性を持つていた時代には、いまだ中核的な社会層を欠いたために統一力に乏しく、ようやくブルジョアジーが実力をたくわえた時分には、すでにそれは藩閥政府にたいする徹底的な闘志を失つていた。ここにわが国における自由主義の、思想と運動の悲劇があつたのである。

明治の自由民権運動は、ほぼこのような歴史的制約を負つていた。だから、ヨーロッパの自由主義運動を機械的に類推し、これにあまりに近代的なものさしをあてることは間違いであり、われわれはそれを不徹底ならしめた内部的な脆弱性を見落してはならぬ。しかし他面、自由民権運動の封建的性格のみを摘出して、これを絶対化することも同じように誤謬である。自由民権運動の封建性ということも、当時の日本社会の具体的な状況のなかにおいて、相対的に考量される必要がある。当時、欧化政策をとつて、いちばん近代的だと自ら気どつていたところの明治政府が、いつたいどれだけ近代的な意識によつて貫かれていたか。自由民権運動を弾圧した大物として有名な三島通庸――福島事件を惹起する因をなした人であり、また後に警視総監として保安条例を発布した人である――かれが福島県令に赴任の際、「自由党と火つけ泥棒は、一匹も管内に入れ申さず」といつたことは有名なエピソードであるが、この三島通庸のようなイデオロギーは、決して当時の官僚から飛び離れた意識ではなかつたと考えられる。岩倉のごときも早くから、自由民権運動というものは根本的に国体に反するという考えをもつていたので、明治十四年の立憲政体の聖勅が下つた時にも、かれは非常に将来を憂えて、議会で予算を削減したりすると困るから、皇室財産をできるだけ多くして、国民の総財産と皇室財産とが、ほぼ均衡がとれるようにしておかなければならぬ、そうしておけば将来、たとえば陸海軍の予算を皇室財産で支弁し得るというようなことを建議している。木戸、大隈の去つた後、政府のなかで比較的デモクラティックな意識を持つていたのは伊藤博文で、かれは憲法ができる以上は、そこにある程度デモクラティックな要素が入つてくるのは不可避であるという意見をもつて、政府部内にお ける極端に保守的な議論を抑えるような立場にあったが、その伊藤博文でさえ、明治十八年六月五日、井上馨宛の書翰において、板垣退助の思想を述べて、

「同人平素の議論、所謂アナルキストかソシアリストと同一主義に有之候故、彼が民権主義は到底我朝廷の所不容にして、王室前途の為めに有害物と認定するの大義を、此際に明瞭ならしめ度きものと愚考候」

といい、当時の板垣の思想をアナーキストやソシャリストと同一思想だ、と断定する程度の認識しか持っていない。また当時、明治十四年に西園寺公望が帰朝そうそう、東洋自由新聞を発行して、自由主義を鼓吹した時の政府当局者の驚愕ぶりは、今日からみると滑稽なくらいであって、あらゆる策略をめぐらして、結局明治天皇の内勅によって、西園寺をこの新聞から退かせたのである。

自由民権運動は、こうした雰囲気のうちに行われたことを忘れてはならない。そこに現われたもろもろの非近代的要素は、当時の日本社会の全体を貫く非近代性以上のものではなかった。よしそこに幾多の夾雑物を含んでいたとはいえ、あらゆる艱難を排し、周囲の無理解にも屈せず、文字どおり生命の危険に曝されながら、「牢屋の中のうきかんく、惚れた自由の為めならば、コノいとやせぬ。」「国にむくゆる心根は、岩より鉄よりまだかたい、コノうごきやせぬ」と絶唱しつつ闘った初期民権論者の志操と情熱は、やはりあらゆる問題を超えて、われわれの心を打たずにはおかないのである。

（家の光協会主催の講習会速記による。「地上」昭和二十三年二・三・四月号、家の光協会）

中村 哲「知識階級の政治的立場」（昭和二十三年）

著者はいまさら紹介するまでもなく、戦後の論壇に恐らくいちばん多面的な発言を行っているひとの一人であり、本書はそのうち、さきに一書に収められた憲法問題に関するもの以外の評論を集めたものである。「政治と文化」といい、「新らしきモラル」といい、「社会民主政党の限界」といい、現下に世界的規模において解決を迫られている大問題がほとんどもれなくといっていいほど取上げられているかと思うと、人物評論の様な肩のこらぬ「読物」もある。まさに百花繚乱である。前者の様な大問題に対していまや第一線に立つ政治学者としての著者がいかなる処方せんを用意しているだろうかということは、あえて同学の者ならずとも、切実な関心を起さずにはおられないだろう。しかしそれだけに上の様なテーマに対して読者を満足させる様な答を出すことは容易なことではない。

若しかりにひとが例えば「政治と文化」の関係についての深くかつ鋭利な解決を期待しつつ本書を読んで若干の失望を感じたとしても、それは恐らく著者の責任ではない。というのは、ここに選ばれているテーマはたれが書いてもそう飛び抜けた独創的な取扱いが出来るわけのものではなく、どう転んでも「何だそんな事ならはじめから分つてるのに」といわれそうなものばかりなのだ。ぎりぎりの解決はせいぜい二通りか三通りの型にはまつてしまうのに、問題としては恐ろしく巨大な内容を含んでいるといつた、問と答の著しい不均衡の関係が凡そこの種のテーマにはつきものである。だから賢明なアカデミシャンは可及的にこの様な「大それた」問題を回避しようとする。書けば多かれ少かれボロを出すにきまつているからである。このことを百も承知の上で敢てそうしたテーマに身をぶつけて行くところに中村氏のよさがあるのだが、同時に、早口にまくし立てる割合には問題の処理が進行しないという憾みはやはり残る。これに対して後者の随筆風のものは、著者のユニークな持味が充分楽しめる。

全体としてここには混迷期に生きる一人のインテリゲンチャのさまざまな——必ずしも見事とばかりいえない——姿態があらわに示されている。著者の結論は割り切れているが論理は決して透明でない。著者は一方に於て人間に死がある限り人間の孤独感は消滅しないといつて政治が人間の個性を把ええない限界を指摘しながら他方ではコンミュニズムの下における政治と文化の「融合」を説く。一寸聞くとまるでコンミュニズム下の人間には死がないかの様にきこえる。著者はまた、一方で「文化至上主義的思潮をいくらかでも社会革命の側にひきつける」(四五頁)ためにヒューマニズムが必要だといい、他方では「ヒューマニズム」の実現のためには現代に於ては社会主義以外に途はない事を強調する。ヒューマニズムはある時には戦術となるかと思うと、他の時には目的となる。これでは「ヒューマニズムといわれるものの弱点」(跋)がうんぬんされるのももつともな次第だ。

しかし、たれが著者を裁きえよう。これらは皆、現代の進歩的を以て任ずるインテリゲンチャの論理のなかに多かれ少かれ潜む二重性のいつわらぬ表現ではないか。むかし清盛は敬虔な法衣のかげから鎧をのぞかせて重盛のなげきを買つた。がこの書の著者はまさに反対である。彼がまとつているのは正しく、厳めしいコンミュニズムの鎧である。が、その鎧のすき間から至るところ露われている著者のはだはどうやら牛乳のように滑らかなロマン主義者のそれに近い。本書の面白さは、読んで行くうちに本書の標題が一体批判の客体なのか主体なのか、いいかえれば知識階級の政治的立場を批判した書物か、それとも知識階級がその政治的立場を正直に告白した書物か、どちらか分らなくなつてしまう、というまさにその点にあるのである。

(「東京大学新聞」昭和二十三年二月十九日号)

日本人の政治意識

政治意識という意味は何らまとまつた体系的なものを言うのではなく、むしろ無意識の世界で我々を規制している政治的なものの考え方を意味するので、ここにはその一部分について話したいと思つている。そしてその中でも一番基底にあるものとして権威信仰について分析してみよう。

政治とは人間の人間に対する支配、即ちその力の及ぼし方には色々あるが、政治の力の及ぼし方は権力を用いて人を支配することであり、政治社会の統一のためには権力が必要である。しかし権力というものはそれ自身が目的ではなくあくまでも他の目的のための手段である。ところがこのことが忘れられ、権力の手段性が意識されないでそれ自身が目的になつてしまい、権力を行使する方もされる方も権力それ自身に価値があるように考える傾向が生れる。ここから権威信仰が発生するのである。権力に対する服従が絶対的になつて来るというのは、権力が客観的な価値（真・善・美）を独占しているということから起る。即ち人間の行動の場合の価値の基準が権力から独立して存在し得なくなつてしまうのである。一例を正義にとってみると、お上《かみ》の命令だから無条件に従うという場合には、このお上の命令の中に正義が含まれて居り、即ち正義という価値が権力者と合体している。このように客観的価値の権力者による独占ということから権威信仰は生れる。権力者というものに命じられてはじめて道徳的拘束をもつ。だから服従者は権力に反抗した時に与えられるであろう罰に対する恐怖の意識から従うというだけでなく、反抗すること自体を悪と考えるに至るのである。その顕著なものとして詔書必謹のイデオロギー、進駐軍の命により車外乗車を禁ずといった例がそれである。このような権威信仰が如何に我々の内部に深く潜んでいるかがわかる。更に例をあげるならば、国家が戦争した以上戦争に協力するのが当然だという考えが、未だに深く我々の道徳観念になっているということである。戦争をするのが正しいかどうかという価値（正・不正）の判断を国家——つまり具体的には政府にあずけていると言える。ヨーロッパ社会のように conscientious objector（自己の良心が許さぬという理由で兵役に服さぬ人）が一般社会の通念になっていない。即ち良心的反対者を社会がみとめていないということである。シナの儒教思想にはまだしも価値が権力から分離して存在している。即ち君主は有徳者でなければならないという所謂徳治主義の考え方で、ここから、暴君は討伐してもかまわぬという易姓革命の思想が出て来る。ところが日本の場合には君、君たらずとも臣、臣たらざる可からずというのが臣下の道であった。そこには客観的価値の独立性がなかった。人間の上下関係を規定するところの規範が、客観的な、したがって誰でも援用できる価値となっていない。親の言葉が子の道理という俗語もその例である。上位者そのものには道理という規範が適用されないのである。恩恵を垂れるということはあつても、これを下から要求することはできない、というのは仁・徳が権威者と合一しているから権威者の思し召し如何ということのみによつているからである。

また、権威信仰のも一つの特徴としては、権力が決してむき出しのものとして出て来ないということである。つまりボカされ、温和な形で現われる。事実日本には露骨な残虐な政治的支配はあまりなかつた。権威が何かありがたいものとして絶えず現われているので、そのために、それが根本的にはやはり権力の支配であるということが却つて人民の間には意識されないでいる。日本古来の家族主義といわれるものも権威信仰であり、恩恵を施すことが家長の意志のみにあつて法律のように客観的規範がないから、家長から恩恵を受けている間にも家族員には一種の不安定な感じが存在する。それは客観的規範に訴えて主人に抗議することが許されないからである。たまにそんなことをする女中があると可愛さあまつて憎さが百倍ということになる。このような関係は日本の政治史を見るとよくわかる。普通には残虐な支配はないが、いつたん権威信仰の雰囲気的なわくに入つて来ないとみると逆に非常に残虐になる。これは家族的原理の中に入つて来ないものに対する「敵」への憎しみに外ならない。徳川時代のキリシタンに対して、また現代の思想犯に対して、支配者がいかに残虐にふるまつたかがこのことを物語つている。日本には権力が権力として力として意識されないという特徴がある。ヨーロッパに於けるような権力崇拝がないのである。日本の政治家達を見ていると、所謂やり手というのが軽蔑される。即ち雰囲気的な統一を破つて自己を主張するものに対して、集団のもつ嫌悪の感情である。また責任の主体をボカして支配するということが行われる。俗に黒幕による支配といわれるもので、支配者を単数にしないで責任の帰属がわからないようにする。一人の人間が自己の意見をもつて行動するということが嫌われる傾向がある。立候補という制度でいい人が出にくいのはその一例である。日本の過去に於いて天皇と別に法皇による院政というものがあり、幕府にも執権というものがあつたのもそれである。中心になる権威が赤裸々な人間の支配としてあらわれず、雰囲気的な支配としてあらわれるのが特色である。

このような権威信仰から発生するところの日本社会の病理現象を若干あげてみよう。

一、自由競争の倒錯的形態。自由競争がさかさの形をとつて現われる。権威信仰は、自ら権威に対する羨望を起し、そこから権威に対して接近しようとする競争が起る。ところがその場合、下から上に昇る通路が選挙というような形で公に保障されていないから、専ら上の権威によつて引き上げられるほかはない。そこで下から上への道がきわめて偶然的で見透しがつかない。その結果、積極的に自己を引き上げようという意欲よりも、ひとを引き下げようという努力になつて現われる。例えば徳川時代の御殿女中の競争意識のようなものである。御殿女中が御気に召すかどうかということは客観的に見透しがきかず、唯、殿様の非合理的な「気分」によるほかないから、いきおい同輩がお互いにそねみ合い、嫉妬し合つて、頭角をあらわすものを皆でよつてたかつて引き下げる。これを消極的な平均化の傾向といってもいい。

これが如何に日本社会の現実と関係があるか。まず我々には他人の幸福を喜ぶという気持が乏しい。即ち日本人の中に多くある傾向、他人の恋愛を岡やきすること等、これに反してアメリカ人などは真から他人の幸福を喜ぶようである。それは人間の素質が違うからではなく、アメリカなどでは実際として誰でも一定の道を歩めば到達できる客観的可能性が与えられているが、そうでないところでは偶然の非合理性が支配するからである。誰でも恋愛ができる社会では、他人の恋愛を羨やむ気持も起らない。日本に於ける官僚攻撃の心理の中にもこの倒錯的な心理がある。これは官僚崇拝から来る変形で、あいつ、うまいことをやってるという意識だ。それでは真の官僚批判にはならない。

二、抑圧委譲の原則。アメリカの軍隊内務令の中に「上官の合法的命令には服従の義務あり」というのがある。ここには客観的価値の独立がある。これを「上官の命令は陛下の命令である」という軍人勅諭と比較すると違いがハッキリする。日本では法は治者が作り、治者はその法に拘束されないのである。客観的価値の独立している社会では上官が不当な圧迫を加えた場合、下位者はその客観的価値の名に於て、世論にアピールしたり、上位者に抗議したりする。ところが、権威信仰の社会では、それができないので、上役から圧迫をうけるとそれに黙って従ってその鬱憤を下役に向ってはらす。これが抑圧委譲である。職場で叱られて家へ帰って細君にどなりちらすというのも、職場と家庭との間に抑圧委譲が行われている。また、よく上役をへこませたといってやたらに痛快がっている人があるが、その心理はやはり一つの権威信仰の現われであり、即ち抑圧委譲のひねくれた現われの一つである。更に国際関係に於ける政治心理にも抑圧委譲の原則があらわれる。政治的自由のない社会ほど対外的発展に国民が多く共鳴する。抑圧された自我が国家の対外的膨脹にはけ口を見出し、自分自身が恰も国家と共に発展して行くような錯覚を起す。英雄に自己を投影させ、強者と自己合体する。また、支配者がこれを利用して戦争を起し、不満を爆発させる。ファシズムのもつとも熱心な信奉者になつたのは中間階級である（中小工業者・インテリゲンチャ等）。プロレタリアートは組織の力で資本の攻勢に当つたが、miserable な立場におかれた中間層は、分散的孤立的で、しかもプライドをもつが故にプロレタリアートとは合流せず、対外的膨脹に自分の敗北意識からの救いを求めて行つたのである。例を日本の歴史にとつてみても、明治十年頃起つた自由民権運動が挫折した後、日本の民衆は日清戦争以後の対外的膨脹に、抑圧された国内生活のはけ口を無意識的に見出して熱狂したのである。

最後に一つの問題を提出する。

日本人の政治的見解は一体保守的であるか、進歩的であるかということである。外国人の日本人観を見ると全然反対の見方がある。或いはきわめて保守的と見、或いはきわめて進歩的と見る。これは一見矛盾があるように思われるが、実はそうではない。個人が権威信仰の雰囲気の中に没入しているところでは、率先して改革に手をつけるものは雰囲気的統一をやぶるものとしてきらわれる。これがあらゆる保守性の地盤となつている。従つてそこでは変化を最初に起すことは困難だ。しかしいつたん変化が起りはじめるとそれは急速に波及する。やはり周囲の雰囲気に同化したい心理からそうなる。しかもその変化も下から起ることは困難だが、権威信仰に結びつくと急速に波及する。したがつて一つのイズムを固守するという意味の保守主義はあまりない。日本の保守主義とは時々の現実に順応する保守主義で、フランスの王党派のように保守的原理を頑強に固守しないのである。本居宣長の「今の世は今のみのりをかしこみてけしき行ひ行うなゆめ」の歌は日本人の特徴をよく現わしている。この現実の時勢だから順応するという心理が日本の現在のデモクラシーをも規制している。現実への順応の態度、それは権威から来るもの、外から来るものである。デモクラシーが内容的な価値に基礎づけられないで、権威的なものによつて上から下つて来た雰囲気に自分を順応させているだけである。保守性と進歩性がこうした「環境への順応」という心理で統一されている。こういうデモクラシーは危つかしいデモクラシーである。何故なら情勢によるデモクラシーであり上から乃至外から命ぜられたから「仕方がない」デモクラシーだから、情勢がかわり或いは権力者がかわれば、いつひつくり返るかわからない。最初の話にもどつていえば、権力が自己目的的になると権威信仰が生れる。だから権力に対して常に如何なる目的意義があるかと追求する習慣を身につけることが必要である。権力に対して“Why”という問いをつづけることによつて、はじめてデモクラシーはしつかりと根をおろすようになるのである。

（「潮」四号、昭和二十三年五月、岩波書店従業員組合）

偶感

血盟団の井上日召が書いた自伝のなかに、日召が獄中で佐野・鍋山・三田村等々の当時の共産党指導者（尤も蔵原惟人を除いて他はすでに全部転向を表明していた人々だが）と次の様な問答する所がある。一寸引用して見ると——

「君達は唯物論を絶対的な真理だと信じてゐるのか」

「信じてゐる」

「然らば尋ねるが、物とは何か？」

するとと彼等はすべて申合せたやうに、机や椅子を指して「これだ」と答へる。そこで、「これらの物はお互が認識した刹那に変化しつつある。即ち一切の存在は常住の相は一つもない。そんな不安定なものを基礎にして組立てた理論などが絶対的な真理であり得ないことは明かではないか」

といふと相手は最早答へられない。

――というのである。日召の自信たつぷりな書きぶりをどこまで信用していいかは問題だとしても、この問答自体はなかなか面白いと思つた。「物とは何か」といわれて即座に机や椅子を指したのは突嗟の質問に面喰つたからでもあろうがあまりにプリミティヴすぎる。これでは敢て弁証法的唯物論を俟つまでもなく形而上学的な唯物論乃至素朴実在論の答とちつとも変らない。いや、そんな上等な哲学を持ち出さなくつたつて小学生だつてこれと同じことをいうだろう。僕がこういう例を持出したのは、唯物論といえばおしなべて「事実」に立脚する真理であり、観念論と名のつくものはおしなべて頭の中で勝手に考え出した幻想、せいぜい抽象的な思弁だといつた風な一刀両断的な考え方が、ともすると今日でもこの国の進歩的評論家といわれる人の論調のなかに潜んでいる様に思われるからだ。近代観念論の問題意識を自らのものとして一度も持つたことのない我国において、唯物論もまた近代観念論によつて媒介されたものとしてでなく、むしろその直接性において現われる傾向が強いのは理解出来ないことではない。しかしこうした考え方が唯物論信仰乃至は――逆説的表現を用いれば――観念的唯物論ではあつても、断じて弁証法的な唯物論のそれでないことは確かである。史的唯物論のこの様な非歴史的な理解にとつては、カントの「コペルニカス的転向」などというものは凡そ無意味な観念論者の妄想にすぎず、哲学史の上に咲いたあだ花でしかないことになろう。だが、「存在は意識を規定する」ということなら、すでに中世のスコラ哲学者でも主張している。(だから今でもカトリック哲学者はカントを目の敵にする。）改まっていうまでもなく、精神と物質といずれが本体であるかという様な従来の観念論と唯物論の問題提起の仕方がカントによってあの様に徹底的に批判され、現代唯物論もこの認識批判の試練をくぐって生れたからこそ、それまでの唯物論から質的に飛躍しえたのだ。「吾々ドイツの社会主義者は……カント、フィヒテ及びヘーゲルの流を汲んでいることを誇りとする」という有名なエンゲルスの言葉は伊達や見得でいわれたのではない。それは往々理解される様にドイツ古典哲学の成果から「弁証法」という便利な道具だけを抜き出して来てこれを旧来の唯物論に接木したという様な機械的な関係では決してない。ドイツ古典哲学とマルクス主義との全問題意識の体系的関聯を把握することによってはじめてこの言葉の真の含蓄が明かになるのである。いままで我国においてこうした把握の仕方――たとえばルカッチの『歴史と階級意識』に見られる様な――が非常に乏しかつたということは、色々原因はあるだろうが、そこには思想や哲学をいつも、いわば御馳走として、ちやんと皿にもられたものを喰べるだけで、それがどこでどうして料理されたかを究めようとしない、安易で無精な後進国根性が作用していることは否定出来ない。その意味で、マルクス主義哲学というとすぐエンゲルスの『フォイエルバッハ』や『反デューリング論』にとびついて行くといった態度自体すでに問題がある。むしろわれわれにとって大事なことは、若きマルクスの著作例えば『ヘーゲル法律哲学批判』や『神聖家族』乃至はルーゲやバウエルとの文通などに就いて、史的唯物論がドイツ古典哲学との内面的格闘を通じて生長して行つた過程を着実に学び取るということにあるのだ。そこにはじめて史的唯物論の真に歴史的な同時に主体的な把握の道が開かれるであろう。

（「未来」第一巻、昭和二十三年七月、潮流社）

盛り合せ音楽会

S君、とうとう締切日が、来てしまいました。昨夜の豪雨がこの二、三日来の蒸し蒸しした空気をすつかり洗い流して久方ぶりにカラリと晴れわたつた日曜日の朝、女房に本日来客謝絶の旨を厳かに申渡して悲愴な決心で原稿紙に向つてはみたものの、きれぎれの想念が雲の様に頭の中を去来するだけで一向に構想がまとまらず、さつきから、ただなんの意味もなく、原稿紙の左隅に小さく印刷された「文房堂製」という文字の上をなぞつているところです。

あなたは音楽についてのエッセイのようなものでもと所望されましたね。からめ手からおだてられてつい何か書けそうな錯覚を起したのが凡夫の浅ましさとつくづく後悔しています。第一、僕はちかごろ音楽的雰囲気に触れるチャンスをさつぱり持たないのです。先日クロイツァが「第九」を指揮したときに、なんと終戦後はじめて日響を見た様な次第でそれも僕の属しているある同人雑誌で総聴

（？）をやるというので一緒にひつぱられて行つたまでです。ときおり広告で見て気をひかれるリサイタルもありますが、プレイガイドに出向いて切符を買う繁雑さと、わが懐具合とをこもごも思い浮べただけでうんざりしてついその儘になつてしまいます。夜のラジオで時折聴きたいと思つても、生憎茶の間のすぐ隣りの室に子供が寝ているとあつては、フォルテがなりひびく度ごとに、女房から警戒警報を喰つてあわててヴォリュームをしぼるといつた具合で、大抵面倒くさくなつて消すのがおちです。何かしら絶えず追いまくられている様なこの頃の生活ではそれだけにかえつて折々音楽の世界への焼けつく様な思慕に襲われるのですが、まるでベルトに乗つてはこばれてでも来る様に次々と眼の前に堆積する「仕事」は、否応なしにそうしたはかない思慕を押しつぶしてしまうのです。だから今さら原稿の種に困つたからといつて日頃の御無沙汰をたなにあげて、ミューズの神に秋波を送つたところで、一向霊験あらたかでないのもあたりまえで、こうした苦吟もまずまず自業自得というわけでしょう。

しかし考えて見ると僕は以前から、よし音楽ファンであつたにせよ、音楽会ファンではどうもなかつた様です。まだ世の中も落着いていて、四谷見附から日比谷まで五銭の青バスに乗り、一円五十銭のB券席で音楽を聴いてから、資生堂で十五銭のアイスクリームを喰べて帰つたそのかみの時代でも、僕はついぞ日響――ではないその頃の新響の定期会員だつたことはなかつた。ただプロを見ては時たま出かけただけです。それにどうもあの日比谷公会堂というところは昔も今も苦手です。同じ音楽会場でも明治生命の講堂などは比較的好きで、そのせいかそこで聴いたリサイタルは今でも多く印象に残っています。しかし大体からいうと僕は音楽会に出向いて行くよりも、家で静かにレコードを聴く方がすきですし、さらにいうなら、レコードをかけたり針を取換えたりするよりも、一層のこと自分で歌ったり弾いたりするのが一番好きなのです。（もっともこの「歌う」という言葉と「弾く」という言葉は「うなる」と「叩く」という言葉に置きかえた方がヨリ客観的な表現なのですが、ここではただ自分の気持を言っているだけですから、まあ勘弁して下さい。）これは結局僕が殆んど生きることと同様に愛している音楽の領域でさえも、いかに徹底して不精であり物ぐさであるかということをなにより証明する事実なのでしょう。ただ音楽会というものに対して由来あまり熱心でないのは単に出不精という以外に僕は僕なりの「信念」から出ている事でもあるのです。あまり人に話したこともなく、一寸照れくさいのですがまあ今日はその信念なるものでも御披露することにしましょうか。

僕はピアノが一番すきなので、ピアノ・リサイタルはほかの音楽会に比べては足をはこぶ方ですが、僕がいつもうんざりさせられるのは、なによりも曲目の選択し方なのです。小綺麗に印刷されたプロを見て御覧なさい。大抵は古典音楽と浪曼派と現代音楽とから夫々一曲か二曲ピックアップして大小ほどよくあしらったというたぐいのものです。例えばバッハのプレリュードとフーグから一曲二曲、ベートーヴェンのソナタが一つ、ショパンのエチュードとかバラードから数曲、おしまいはドビュッシィかラヴェルの小曲といった風の配列がまずおきまりといってもいいでしょう。僕はこういった音楽会を「盛り合せ音楽会」と呼びます。古典から現代までのピアノ音楽史を僅か一晩のプロに圧縮して聴かせてくれると思えば有り難いのかも知れませんが少くも僕にとっては有難すぎて迷惑です。なぜなら僕は音楽を楽しみに音楽会に行くのであつて、音楽史の勉強に行くのではありませんから。そうして僕は上の様な「盛り合せ」音楽会からは、たとい演奏がいかによくても十分の楽しみは決して得られないのです。考えても御覧なさい。バッハのフーグの醸し出す音楽的情緒とラヴェルの「水の戯れ」の醸し出すエフェクトとはまつたく異つたものです。それは殆んどベートーヴェンとショパンとの間だつて同じです。音楽を通じて、「人類の哀れな女々しい魂を鞭うつ頑強な精神」を与えようとしたベートーヴェンがもし現代に生きて自分の曲とショパンの変ホ長調のノクターンとが並んでプロに載つているのを見たらどんな顔をするでしょうか。モーツァルトのソナタを聴いてその清冽な和音がまだ耳から消え去らないうちにドビュッシィの「沈める寺」のあの調性も定かでない模糊とした雰囲気のなかに入り込むことを要求されて当惑するのは、当惑するのがおかしいのか、それとも要求する方が無理かどつちでしょう。形式と構造を全く異にし、従つてその「精神」も全く異質的な曲を次々と事もなげに弾きまくるステージのピアニストと、それをまた当然至極と心得て拍手を送つている聴衆とを見比べながら僕はいつも何ともいえない複雑な感情に苦しめられるのです。

僕の論法を進めて行くと何々アーベントといつたふうに同一人の、もしくは同傾向の作品だけを選んだ音楽会以外は無意味だという結論にならざるをえません。恐らくこんな暴言は楽壇人や音楽通をもつて任ずる人々は決して吐かないでしよう。音楽はそんなに頑なものじやないといつて叱られるにきまつています。僕もべつに僕の趣味を押しつける気は毛頭ありません。そういう盛り合せ音楽会で感興を得られる方は存分にお楽しみになるがいいのです。ただ僕は自分の感性にさからってまでそうした人々の仲間入りをしたいとは思いません。

或はこういつた抗弁が予想されます。「音楽会は曲自体の鑑賞が目的なのじやなくて、むしろ演奏を聴きに行くのだ。誰々が何々の曲をいかに解釈しいかに演奏（もしくは指揮）するかということが興味の中心なので、そういう意味からは、むしろプログラムがなるべく片よらずに古典から現代曲まで広く及んでいることが望ましい。対蹠的な傾向を持つた楽曲の処理の仕方によつて、その演奏家（乃至指揮者）の特徴と長所短所をはつきりと知ることが出来る」——しかしこの議論に対しても僕は納得出来ません。音楽会はコンクールの審査会とは違う筈です。一体、曲の鑑賞と演奏の鑑賞とをそんなに切り離せるものでしようか。優れた演奏とはその楽曲の内包するイデーなり情緒なりを高度に再生産する事に成功した演奏です。断つて置きますがその意味は何も譜面の指定通り機械的な忠実さで演奏したのがいいという意味では勿論ありません。場合によつては、演奏者が自由にテンポや強弱記号を変更することによつて、却つて原曲に新らしい生命を吹き込むことがあるのは、われわれがラジオやレコードで聴く欧米の名演奏家或は名指揮者の演奏を通じてよく知つていることです。けれども演奏者の解釈にも自から限度があります。ちようど、法律の解釈と同じことで、自由法学が法解釈の流動性をどんなに主張したところで、成文法の解釈は自から一定の枠を越えることは出来ないのと同様に、いかに天馬空を行く奔放な演奏者が現われても、ベートーヴェンの曲から印象派音楽のエフェクトを引き出すことは不可能です。とすれば、むしろ絶妙な演奏によつてベートーヴェン的精神を強烈に聴衆に刻印すればするほど、聴衆の側ではせいぜい五、六分の間隔を置いて演奏される次のショパンなりラヴェルなりの曲にすぐさま気分を適応させるのに困難を感ずるのが当然ではないでしようか。楽曲自体の鑑賞から全くきりはなされた演奏の興味として残るものは純然たるテクニック――それもつきつめていえばいかに正確な早さで指が運動するか、いかに平均された力で各指が鍵盤を押すかという物理的な問題だけになつてしまいます。曲からの直接的インプレッションの意味を不当に軽視しようとする傾向は、ひつきよう知的ディレッタンティズムの表現にすぎません。そうして事実、日本ではとくに音楽が他の芸術のジャンルに比べて一層閉鎖的で大衆化されていないために、この領域でとくに知的ディレッタンティズムのばつこが甚だしい様な気がするのです。音楽会というところは、瑞々しいすなおな感受性をすつかり失つていながら、あれこれのピアニストやヴァイオリニストの演奏批評や比較論に口角泡を飛ばす「悟性の化物」がとぐろを巻いている場所だといつても過言ではないでしよう。

どうもいつの間にかえらい気焔になつてしまつて恐縮です。引込みがつかなくなつた序でにもう少し発展しましょうか。僕の反盛り合せ音楽会論はかねてからの考えなのですが、どうもあまりにそうした音楽会が当然視されて、僕の様な疑問を出す人がないので、実は内心少からず心細く感じて、これはやつぱり俺の根性の方がよつぽどひねくれているんじやないかなと思つたこともありました。

ところが或時、ラートブルッフの『社会主義の文化論』(G. Radbruch, Kulturlehre des Sozialismus)を読んでハタと膝を打つたのです。ラートブルッフという人は御承知と思いますが、ドイツの有名な法哲学者でワイマール時代に、社会民主主義者として理論的にも実践的にも大いに活躍し、最後まで反ナチの立場を守り抜いた学者ですが、上の書物のなかに資本主義的階級文化の頽廃性を色々と述べている中に、精神的文化の無差別的享受性ということを現代の特徴として論じています。彼がいうところはこうです、現代の人々はあらゆる異質的な思想文化を次から次へと流行を追つては呑み込んで行きその結果は完全な無良心(Gesinnungslosigkeit)に陥つている。朝にトルストイを読むかと思うと夕にニーチェを迎え、今日はハウプトマンを愛読するかと思うと、明日はホフマンシュタールに耽溺するという具合に。一体これでいいのだろうか。「ゲーテの様な人でさえ、自分の本領でないものを避けねばならぬということについて敏感な意識を持つていた。クライストやジャン・パウルという様な天才を、彼等の天分は承認しながらも強く拒否したのである。ところが現在ではこれとあれを同時に美しいと感じる事が許されるかどうか、両者を同時に享受出来る自分という人間は一体何なのか、という様なことは、誰もてんで疑問さえも思つてみないかの様だ。これはたしかに何でも入れうる容器（Gefäss）ではあつても人格（Persönlichkeit）ではない！」

どうです、お分りになつたでしよう、僕が膝を打つたわけは。僕の反盛り合せ音楽会論をこれ以上うまい言葉で根拠づける事は出来ません。今日と明日、朝と夕どころか、夕べの一と時に、バッハとベートーヴェンとショパンとドビュッシィとラヴェルとを同時に聴いて同じ様に享受しうる精神とは一体全体何物なのでしようか。それはゲーテを遙かにこえる殆んど神に近い豊富な感受力を持つた魂か、さもなければ——凡そ一切の内面性を欠いた張子の様に虚《うつ》ろな魂だということにならないでしようか。

しかもこう考えて来ると事は決して音楽だけの問題ではない様です。ラートブルッフが指摘した様な教養の無政府的受容の傾向は今日幾層倍かに拡大されて、わが祖国日本のあらゆる領域に発現しています。もともと明治以来、食うものも食わずに次から次とヨーロッパの「新知識」をつめこんで来た光輝ある伝統を持つこの国の小市民インテリ層は、しばらくサーベルの力で閉ざされていた「教養」の水門が終戦で一度に開かれると共に、どつとばかりなだれ込んでマルクスござれ、サルトルござれ、キリストござれヤスパースござれ、親鸞ござれウェーバーござれ手当り次第にがつがつと呑込んだそのすさまじさは、誰よりあなたの様な編集者が一番よく御承知でしよう。そうでなくてさえ、不均衡な、からだのたべものとあたまのたべものの間のひらきはますます大きくなつて、きつしりつまつた教養のリュックがやせさらばえた肩に喰い込んでいるさまは痛々しい限りですが、本人は結構得意の様に見えます。しかもこのリュックの中味の雑多なことときたら、トルストイとニーチェどころか資本論入門からそれと全く別の門まであるのですから、「人格」より「容器」への転落もここに至つてきわまれりと云わねばなりません。だいたいラートブルッフの批判した様な教養の断片性と総花的性格は高度資本主義の下での生活の機械化と類型化に伴つてどこにも現われて来る現象なのですが、日本の場合は、本来の後進国根性と敗戦による劣者心理《インフェリオリティー・コンプレクス》によつて輪をかけられた焦躁感が、そうした一般現象の上にオーヴァラップしているためにヨリ一層露骨な形態をとるのでしょう。しかも、われわれが最も恐れなければならないのは、こうした教養内容の無政府的氾濫それ自体ではなく、その様な氾濫する「文化」の洪水のなかに形成されて行く一定の精神態度です。いいかえれば次から次へと相異なり相矛盾するものを受け入れて行くことに憧れ、それに疑問を感じなくなつた精神とは、裏をかえせば救いのないニヒリズムではないでしょうか。そうして第一次大戦後のドイツにおいて、ラートブルッフの警告した八方美人的受容性（Allseitige Empfänglichkeit）の心理こそは、冥々のうちにナチズムの制覇をはぐくんだ土壌であつたのです。

むろん、だからといつて盛り合せ的音楽会がそのまま一直線に将来のファシズムに通じるというのではありません。いかに陽気のかげんでも僕の神経もそこまでたかぶつていません。けれども戦後やかましくいわれる日本人の主体性の欠如ということも、誰の目にも明かな政治や社会問題についてだけ指摘されるのでは十分でないので、存外無意識のうちに看過されている一見何でもない様な身辺の現象のなかにひそんでいるものを剔抉して行くことが大事じやないかと思うので、つい音楽会論から脱線して風呂敷をひろげてしまつたわけです。それともやつぱり僕の感性は少々異常でしょうか。

どうやら予定の枚数にこぎつけた様です。S君、こんなものでも雑誌に載りますか。採否は一切おまかせします。

（「評論」昭和二十三年八月号、河出書房）

現代自由主義論*

ひとは通常自由主義が歴史的に主張し来つたもろもろの「自由」を実質上の自由と形式上の自由に分ける。実質上の自由とは生命・身体の自由とか、企業の自由とか居住・移転の自由とかいうように、一定の具体的生活内容における自由であり、之に対して、思想言論の自由及び政治的自由が形式上の自由と呼ばれるのである。いわば前者は自由主義の実現せんとする目的であり、後者はそうした実質的自由の実現のために要求された手段であるともいえよう。劃然と二つに分けるのは一見おかしいようだが、しかも自由主義の歴史的特質として重要なことは、この実質と形式、目的と手段の間の二義的な相応関係についてのオプティミズムである。いいかえれば、形式的自由が完全に実現されれば自から実質的自由は齎らされるという信仰が長く自由主義の生命を形造つて来た。人民の生活を抑圧し人格の解放を妨げている障害はもつぱら政治権力の恣意的な行使にあり、従つて思想と言論の自由の確保によつて政治権力を批判し、参政権を通じて権力をコントロールする事が可能となれば、いわば自動的に人民の実質的自由が実現されると考えられた。だからそこでは人民の意思の発現をはばむ人為的な抑圧機構の排除ということに自から関心が集中し、その発現の結果、果して意図された内容的自由が齎らされるかどうかということについての疑惑は殆ど存しなかつたのである。自由主義の闘争において、終始形式的側面が優位を占めたのは当然であつた。かくして十九世紀における自由民主政の世界的進展はかく形式的に把握された「人民の意思」をば政治的支配の唯一の正当性的根拠にまで高めたのである。ところが「人民の意思」の勝利が普遍的に承認されたまさにその瞬間から、その内容的自明性はくずれはじめたのである。エンゲルスが晩年普通選挙の実施を社会主義への路として期待をかけたことは、十九世紀社会主義が終始形式的自由の実質的自由への転化についてのオプティミズムから訣別していなかつたことを示しているが、ボルシェヴィズムによつて「人民の意思」の純形式的把握が覆えされ、人民から発しながら逆に人民意思を積極的に形成する「前衛」理論が主張されることによつて形式と内容との鋭い分裂が露わとなつた。「自由への強制」というルソーの問題が全く異つた次元において再び日程に上つて来たのである。そうしてドイツ・ファシズムが政治的自由と寛容の体制の真只中から、まさにその形式的自由を足場としてあの兇暴な支配権を獲得したとき、自由主義の悲劇は頂点に達したのである。

現段階における自由民主主義《リベラル・デモクラシー》の陣営はこの様な歴史的試練を経てその相貌を一変するに至つた。それはもはや近代的自由の内容と形式との一致についての素朴な信仰を決定的に棄てている。形式的自由の実質的自由への必然的転化ということはここでも既に信ぜられなくなつた。それは思想・言論の自由と公権への参加を手放しに解放しないでこれを特定の生活様式に対する忠誠によつて限定しようとする。それは巨大な宣伝網と教育組織によつて国民の不断の等質化を行う一方、異質的なものは断乎として政治的権利を制限し乃至剝奪する。「選挙によつて多数を占めたいかなる政治勢力にも国家の指導権を引渡す用意のある」(ラートブルッフ)相対主義的原則はもはやその儘では妥当しない。いな、ある場合には他国民の選挙に干渉することすら許容されるのである。

現代の自由主義は、この様に手放しの相対主義と放任主義を捨てて、自由の実質を形成する――とそれが考えている――特定の生活様式を積極的に擁護し、「人民の意思」をその目的へと陶冶して行く態度をとつているために、その一時陥つた政治的無力を脱して誕生期の如き旺盛な戦闘性をとりもどしつつあることは否定出来ない。しかし自由主義がかく実質的目的を第一義として、形式的自由を従属的地位に置いたということは、自由主義が他のイデオロギーに対して従来持つていた最大の特色を放棄したに等しい。なぜなら、あらゆる政治的イデオロギーが自己を絶対化し排他的になる傾向を本来具有している中にあつて、己れの積極的内容はどこまでも堅持しつつ、しかも他のイデオロギーに対しても自己主張の権利を平等に認める寛容の精神を本質としたことが、自由主義をして一段高い道徳的優越性を保持せしめた所以ではなかつたか。もしそれが異質的なものを拒否して、社会の等質化を徹底し、その範囲内でのみ批判と政治的活動の自由を容認するにとどまるなら、「全体主義」の名で呼ばれているコンミュニズムとその点では本質的に差別はなくなり、もっぱらその実質的価値について世界史の審判を受けねばならぬ。両者の間にあるものは自由対強制の対立ではなく、もしいいうべくんば、一つの種類の「自由」へ強制するか、それとも他の種類の「自由」へ強制するか、という対立にすぎない。自由主義はこのディレンマに面して、どこまでその本領たる形式的自由の優位を保持しうるだろうか。

（思想の言葉、「思想」昭和二十三年九月号、岩波書店）

＊原文は無題。今回収録にさいして題名を付した。「思想の言葉」からの転載については、以下同様。

車中の時局談議

長野行の列車は数日前の運賃値上がてきめんに響いてか、驚くほど空いていた。ここ数年来たえて感じられなかつた様なゆつたりした旅行気分が上野を出たときから車中にただよつていた。軽井沢を過ぎたころから、私の席から通路を隔てた向い側のボックスに座を占めた人々の間に、いつとはなしに政局談がはじまつていた。私はこうした際の常套手段として、手帳をとり出し、何か自分の用件を書きつける様なさりげない体裁をよそおいながら全神経を耳に集中した。話は闇屋に対する警察取締りの種々相からはじまつて経済統制論へと移つて行つた模様である。

A（闇商人らしき男）……だつて統制はやめられねえわけだよ、統制経済やりや、わいろをとつてもうけるのは役人と社会党の大臣だからな。

B（上高井郡のものと称す、恐らく中農というところであろう。）それにいま統制をやめて見ろ、役人は失業して喰えなくなつちまうもん、な。統制続けてるのは役人の失業救済だつて永江（農相のこと）も白状してる始末だ。

A　とにかく商人は民自党の自由経済でなきや駄目だ。

B　百姓だつて同じこんだ。俺やこの前の選挙のときや、社会党がいいと思つてかかあにまで書かせたのに、社会党の野郎共ろくなことやらねえ。こん畜生、もう頼まれたつて社会党にや投票しねえぞ（周囲に笑声）。

A　林（長野県知事）もあんな無能だたあ思わなかつたな。やつぱり社会党にや人がいねえよ。どだい今の政治家はみんな粒がちいせいな。芦田あ博士かもしんねえが大臣の柄じやねえ。

C（背広服。職業不明なるもいわゆる地方の亜インテリの典型）芦田は単なる策士ですよ。片山だつて一介の弁護士だ。むかしの政治家はたいてい素封家で、みんな自分の身上をつぶして政治に尽すいしたもんだ。ああいう政治家はいなくなつたよ。いま昔の面影の残つてる政治家はみんな追放になつちやつた。でなけりや芦田や片山などとても総理大臣になんかなれたものじやない。

A　全くそうだな、どうして明治時代の様な政治家が出ねえのかなあ、西尾なんて馬鹿野郎は僅か五十万円ぱつかしでつかまりやがつた。五十万円なんて今時そこらの家の中にでもコロがつていらあな。

C　だけれど、考えて見ると政治家が年三万円でくえるわけがないんだよ。政治にやどうしたつて金がかかるからね。だから昔は素封家が身上を犠牲にして政治に金を投げ出したんだ。乞食みたいに金をほしがる必要がなかった訳だ。（この男しきりに素封家政治家論をくりかえす。）

A　だけんど西尾だつて松岡だつて小学校しか出てねえのに大臣や議長になるんだからえれえもんだ。もとはといやあ旋盤工かなんかだつたからな、全く大した代物にや相異ない……だけどあれだな、やつぱり役者が揃つてるなあ民自党だな。

B　そりやさうだ。こんだあ（内閣が）民自党になりや、長野県からもえらい大臣が出るぞ。（植原悦二郎氏を指す。）

C　こないだ県の世論調査でも民自党は圧倒的だね、社会党はがた落ちだ。

A　あれで社会党左派はいいところがあるな、主義を通すもん。共産党は外から押えられているから駄目だ。やつと牢屋から出て来ていい気持になつてるが、戦争でも始まりやまたみんなぶち込まれるにきまつてる。

C　この頃は会社でも人をとるとき興信所で調べて共産党はとらない様にしている所が大分出て来たですよ。

A　この前の選挙のときや、月給取りがみんな社会党に投票したんだ。社会党内閣になりや月給が上ると思つてな、物価のことあ考えなかつた。ところがどうだ。月給と物価のいたちごつこになつちまつた。こんだあ連中も分つたろうな。幣原の時分にやまだよかつた。あれからだんだん悪くなつた。とにかく連立はいかん。

このあとまだしばらく警察官の不正のことなどについて話が続いていたが、あまり書きつづけて変に思われてもという考慮から、私は手帳をしまい込んで眼を窓外に移した。引込線がにわかに殖えて列車が小諸駅に近づいたことを告げていた。

＊

私がたまたまキャッチした車中談議の一くさりをここで紹介したのは、それが何か貴重な、めずらしい材料を含んでいるからではない。むしろそこに交されたさまざまの断片的な意見のなかにはなんら新奇なものはない。それはこういう階層の人々がこういう機会に表明するであろうと想像される考え方のステロ版にすぎない。現にここでいわれているさまざまの命題は色々の新聞によつて最近取り上げられている民論調査の結果とほぼ一致している。それにも拘らず私は目の前でこうした批判を聴かされたとき、やはりある新鮮な驚きを覚えないわけに行かなかつた。それはほかでもない、これらの人々の政治的事実に対する直観的な把握がきわめて正しいものを含んでいるにも拘らずそれから引き出された政治的判断は全く反動的な方向を取つているということだ。現在の統制経済が官僚の政治的＝経済的利害と密接に結びついていること、社会党が選挙民の期待を裏切つたこと、嘗て永らく地方政治のリーダーシップをとつていた豪紳（大地主層）の没落によつて、明治以来支配階級の政治家を支えていた一種のエトスが喪失して、政治的支配がいわば無性格化したこと、共産党に対する内外の圧力が急激に強まつたこと――これらは皆現代日本政治を特徴づける重要なファクターであり、それが悉く民衆の素朴な感覚で捉えられている。ところが、こうした事実認識がまた見事に、ことごとく後ろ向きの価値判断を形成するためのデータとして働いているのである。かくて現在の統制経済の実状は計画経済一般の破たんとして、社会党の実践は社会主義一般の失敗として判断されて、結局民自党的「自由」の謳歌となり、現在の政治倫理の喪失は民主主義の無倫理性の表現として判断されて、アンシァン・レジームへの郷愁を呼び起し、従つてまたプロレタリア運動の弾圧も、一時の変態期から過去の常態（！）への復帰として当然視されることとなる。これは一体どういうことなのか。むろんこうした大衆の車中での放談を直ちに現在の民論にまで普遍化し現在の進歩的動向にケチをつけようとする商業新聞の浮薄な日和見主義に対しては鋭い警戒を必要とする。しかしそうした警戒は本誌の読者諸君にはまず無用であろう。むしろ諸君については私はその反対のこと――つまりこの様な種類の「民の声」の過大評価でなくて過小評価――を恐れる。大衆の上の様なザインの認識とゾルレンの判断との落差に対して、フフンそんな事は分り切つたことさ、といつた態度でそこに含まれている重大な問題に対して不感症になつている傾向がインテリの間に見られないだろうか。あるいは、是を以て未組織の小市民の浮動性の表現として片づけ、組織労働者の闘争を通じての階級意識の形成こそ本来の民意であり、そうした「民意」は現在急速に昂まつているという事実——私はそれを決して否定しない——に安んじて、事態を不当に楽観視する傾向が民主陣営のなかに存在しないだろうか。今日なお広汎な大衆の間に、上の様な認識と価値判断とのいわば鋏状差《シェーレ》が見られるということは、終戦後あれほど活発に啓蒙活動が行われたにも拘らず、進歩的陣営の思想のせいぜい結論だけが受取られて、そこに到達する論理過程が一向大衆の肉体化していない事を物語つている。そうして、一定のデータから正しい意味を汲みとる思想的訓練が普遍化していない限り、いいかえれば大衆の価値判断を一定の方向に流し込む鋳型の様なものを進歩的思想がつき崩して行くことに成功しない限り、急進陣営によつて試みられる一切の現実暴露戦術はかえつて全く逆の効果を生む恐れなしとしないのである。ドイツ共産党のワイマール共和国に対する仮借なき攻撃は、ワイマール体制の死刑執行人として、テールマンの代りにヒットラーを登場させる結果となつて現われたことはあまりに生々しい実例ではないか。ファシストはドイツでもイタリーでも大衆の意識の世界というより意識下の世界、合理的論理ではなくして非合理的な「論理」に喰い入ることにかけては一切の民主主義陣営を凌駕していた。ラスキがドイツ・ファシズムの分析のなかで、「労働者階級の陣営が分裂して、お互の間でこみ入つた理論的紛争をはてしもなく続けている間に、大衆に向つてたつた一つの事を、ただそれだけを言いつづけたところのファシストによつて一撃の下に打倒されてしまつた」所以を委細に解明している (cf. Reflexions on the Revolution of our Time, 1943) のを読んだとき、私はどうしても他人事と思えなかつたのである。今日なにより必要なことは、前に言つたザインの認識とゾルレンの判断との間の鋏《シ》状差《エーレ》をうずめて行く具体的な論理過程を大衆が身につけることである。事は決して浮動的小市民だけの問題ではない。はつきりした目的意識を以てザインとゾルレンを結びつけている様に見える組織大衆乃至は進歩的インテリゲンチャでも、その結びつきの道程が隅から隅まで踏み固められていないと、いつなんどき自分の意識下の、平素自覚しない広大な世界を支配する生活感情によつて復讐されないとも限らない。ちようど、異常なショックを受けたときに、とつくの昔に忘れたと思つていた方言が飛び出すように、危機的な瞬間において人間を捉えるものは、いつもこうした「無意識の論理」だからである。車中や床屋や湯屋できかれる大衆の論議は、それがくつろいだ、いわば無責任な環境での放言であるために、かえつて彼等が組織的行動をとつている時よりも彼等の心底を暗々裡に規定する価値規準を正直に露呈する場合が多い。こうした形態での「民の声」を過小評価することはその意味できわめて危険なのである。

（「未来」第二巻、昭和二十三年十二月、潮流社）

1949

勉学についての二、三の助言

1

学生諸君に学問の指針なり生活態度なりについて参考となることを述べてくれという注文ですが、一口に学生といってもピンからキリまであり、専攻もちがつて来れば自から学び方もちがって来るでしょうから、まずどういう学生を相手にものをいうのかという事を大体きめてかからないとどうにも話の運びようがありません。そこで私はほぼ旧制の高等学校もしくはそれに準ずる学校に学ぶ諸君を眼中に置いて述べることにします。六・三・三制が実施されると今迄の高等学校はなくなるわけですが、大体新制大学のいわゆる教養学科もしくはジュニア・コースといわれているものは、学問の程度や年齢においてほぼ昔の高等学校に相当するようですから、そこに学ぶ諸君にも大体以下お話することは妥当するのではないかと思います。せきたてられて筆をとつたので、十分に意をつくさず、まとまりも悪いかもしれませんが、何か一つでも諸君の御参考になることがあれば幸いです。

2

諸君がどんな学問に向うにせよ、まずぶつかるのは語学だろうと思います。これはたしかに日本の学問にとって大きなハンディキャップで、知的吸収力のいちばん旺盛な青春期を動詞の変化や接続法の暗記に費さなければならないということは全く残念なことで、日本の学生には本来ヨーロッパの学問内容を理解する手段にすぎない語学の勉強で学生時代の大半のエネルギーを費してしまい、しかもそうしてともかくあるレヴェルに到達した語学力を卒業後は——学者になるとか翻訳の仕事をするとかいう特殊の例外を除いて——急速に喪失してしまうのが普通なのですから、考えてみれば随分無駄なはなしです。だから一層のこと外国語教育を止めてしまって、最良の翻訳を通じて外国の古典なり現代文化なりを吸収させた方がいいというような考え方も出て来るわけですが、私個人はやはり中学以上の学校で語学に相当の時間を割くということは意味があることだと思っています。それは何も日本が後進国だからということではなしに、日本語の構造というものが元来、合理的な思考の表現には適していないので、どうしてもヨーロッパ語を通じてそうした訓練を積むことが必要だという見地からです。綿密な推理や、辛抱強い討論をきらい、すぐ論理外の感情や直接行動に訴えようとする日本人の傾向はもとより複雑な歴史的・社会的地盤から生れたものですが、一つには、日本語そのものの性格に由来するように考えられます。むろん、こういったからとて、私はいままでの外国語教育のやり方をまで是認しようというのではありません。むしろそれは右のような目的に沿うためにも根本的に改められねばならないでしょう。しかしここではそういう教え方の問題に立ち入るべき場合ではありませんので、ともかく語学が必要だという前提の上に立つて、学生諸君が語学を学ぶときの心構えといつたものから話を進めて行くことにします。いうまでもなく私は語学が専門ではありませんから、以下述べることも、そういう専門的な見地からはきつと文句が出るだろうと思いますが、私はただ語学で身を立てようというような人々ではなく、自分のそれぞれの専門の勉強のために一日も早く外国書を読みこなせるようになりたいという人々に対して、私の乏しい経験から多少とも参考になるだろうと思うことをお話するだけのことです。

外国語をマスターするのに一ばん大事なことは、外国語のスタイル或はさらにはつきり言つてしまえば、外国語の「癖」に慣れることです。それにはなんといつても多読するのが第一ですが、多読といつても実際問題としては自からかぎりがあります。そこでまずおすすめしたいのは、何でもいいから自分の実力で比較的容易に読める本を選んで、それを頭から読んで行くのです。という意味は、一一文法を考えたり、この関係代名詞はどこにかかるかというようなことを一切考慮しないで、英（独仏）語から直接内容を理解するようにつとめることです。はじめは眼で見て行くだけではむずかしいから音読するのがいいと思います。音読して自分の声を耳にききながら即座に理解してゆくのです。一度読んで分らぬところがあつても、それに拘泥しないで、もう一度そのパラグラフのはじめから、少しテンポを落して読んで行く。それでも分らなければ、更にゆつくりと読み直す。要するに大事なことは決して、ひつくり返して――つまり日本語の文法に直して読まないで、原語の配列をくずさないで理解するように練習することです。こういう読み方に慣れると読書のスピードがぐつとちがつて来ます。それにどういう場合に一定の語法をつかうかということも自然におぼえられて来るはずです。卑近な例を挙げていえば、but という字には「しかし」という意味と、否定をうけて「何々ではなくして」という意味と、それから except という意味とがある、というふうに抽象的におぼえたのでは実際文章でぶつかつた場合に一つ一つあてはめてみないと分らないわけです。ところが平常棒読みをしていれば、そういう操作を経ないで、文章のつづき具合からして直ちにそのどの場合かが明らかになり、ほかの読み方をしようと思つても、不自然でとうてい出来ない筈です。これがつまり言葉の「癖」に慣れるということです。近頃は中学生ならともかく高等学校（旧制）の学生のうちにも、フレーズの「公式」を集めたようなものを暗記している学生を見かけるのですが、あんなことは愚の骨頂で、そんな暇があつたら何でもまとまつた論文なり小説なりを一冊でも多く読んだ方がはるかに実力がつきます。同じ理由で、単語集をおぼえるのもあまり感心しません。単語をおぼえたいなら、その単語の出てくるセンテンスを全部暗記した方がずつと効果的です。というと大変なようですが、ちようど音感を学ぶ際に、単音でおぼえるより和音でおぼえる方がやさしいのと同様に、意味を持つた文章として頭に入れて置く方がポツリと単語を暗記するより却つて容易で、そのうえ忘れないものです。これは、私はその方はよく知りませんが、心理学的にも証明されることだと思います。

知らない単語が出てくるとすぐ辞書を引くというのも実はあまり感心しません。出来るだけ前後の関係から意味の見当をつけるように努めることです。私など決して言葉を多く知っている方ではないのですが、生来不精だものですから、読書の際、側に辞書を置かない習慣が前からついているので、今まで知らない字が出て来てもつい面倒になって大体の推察でそのまま読過してしまうのです。同じ未知の語に何度も出くわしているうちに、その語が使われている状況の類似性がだんだんハッキリして来て、そこから逆にその意味が確定されて来るものです。このようにして一度も辞書を引かないで意味をおぼえてしまった言葉が相当あります。あの有名な『蘭学事始』の中に、そうしたおぼえ方の適例が出ています。あの場合は辞書がないから止むなくそういう面倒な方法をとったので、立派な辞書がある今日は通用しないやり方のように思われますが、必ずしもそうではないので、寧ろ私にいわせれば、今日はあまり便利な辞書が出来てしまったので、辞書に頼りすぎて、いつまでたっても読書力がつかないという状態じゃないかと思うのです。無論私のように不精なのは決して褒めたことではなく、知らない字が出たら引くのが正しい勉強の仕方には違いありませんが、解毒剤のつもりで少し極端な自分の場合を挙げてみたのです。P・O・DとかザンデルスとかラルースとかいつたPと同じ外国語で説明してある辞書を使うのが、無論本筋のやり方です。

3

以上は一応抽象的に語学の勉強の仕方について述べたわけですが、さて実際にどういうものを選んだらいいか、ということもしばしば尋ねられる問題です。これはむろん文科方面の学生と理科方面の学生ではちがつて来るので、私がここで言つているのは文科、しかも主として法律学、政治学、経済学といつた社会科学をこれから勉強しようという学生諸君の場合です。こういう諸君には、私は躊躇なく歴史書をすすめます。むろん語学を勉強するためだけなら、対象は何でもよく、要はやり方にあるわけですが、読書力をつけるという意味からも、単語を自然に多くおぼえるという意味からも、将来の社会科学の勉強に役に立つという意味からも条件が最もそろつているのは歴史書です。ドイツ語を勉強する人はよく哲学ものを選びます。なるほど哲学ものは、頭を論理的に訓練するという見地からは適当のように思われますが、難点は、哲学ものはたいてい出て来る単語が限定されているために、抽象的な言葉ないし表現にばかり熟してしまつて、事物的感覚的な言葉ないし表現をさつぱりおぼえないことです。それだけでなく、私は実証的な学問をやらないうちに、哲学書をよむことにあまり賛成しません。このごろはどうか知りませんが、以前には高等学校の学生などでカントの三批判書とかニーチェのものとかをレクラムで読んでいる「恐るべき子供たち」をよく見受けました。その意気は壮としますが、どうも色々な意味で感心出来ないことです。ああいうものを理解するためには語学力とか頭のよさということだけではどうにもならない「何ものか《エトヴァス》」を必要とするので、二十歳やそこらで読みこなせたらどうかしているのです。はなはだ失礼な言い方ですが、そういう人の大多数は一種の知的な「とつちやん小僧」でなければ幸いです。社会科学の基礎は哲学だから、先ず哲学をやるべきだという奇妙な考え方も少からず通用しているようですが、これは勿論、論理的な順序と時間的なそれをゴッチャにした議論で、個別科学の知識もなくて哲学の問題の所在が分るはずがありません。それで分るような哲学ならそれこそ安楽椅子での抽象的思弁で、経験諸科学の中に浸透してこれを支える力などはじめから持つていない代物です。もつとも今までの日本の哲学者先生の少からずが大学の哲学科に入つていきなりカント、ヘーゲルにとりつき、ついぞ社会科学を本格的に勉強したことのない人達ですから、そういう先生達の説く「哲学」は、なまじ社会科学など知らないうちの方がかえつて体得しやすいかも知れません。少くともヨーロッパの一流の哲学者は同時に、自然ないし社会科学者としてもすぐれた業績を持つています。英米系統の哲学者が実証的＝経験的な方法から瞬時も離れないということはよく知られていますが、例えば、抽象的思弁の典型のように誤解されているドイツ観念論なども決して超越的に科学を基礎づけているのではなく、経験諸科学に内在して、これを方向づけるだけの豊かな実証性に支えられて居り、そこに偉大さもあるわけです。目下もてはやされている実存哲学の驍将ヤスパースにしても、医者としての、精神病理学者としての経験と問題意識から出発しているところに意味があるので、ヤスパースの思惟構造のそうした底辺をぬきにして、てつぺんの実存哲学だけをかつぎまわることは滑稽です。

どうもだんだん脱線して語学の勉強に哲学書を読むことがいいかどうかという問題から、そもそも個別科学を修める前に「哲学」にぶつかつてゆくことの可否という問題に論点が移つてしまつたようです。それは私が頭の中に旧制高等学校の学生を描きながら書いている為で、ちようどこの頃は語学を集中的に勉強する時期であると同時に、多かれ少かれ「哲学青年」になる時期でもあるので、二つの問題が重なつて論じられたわけです。（ほぼ同じことが新制大学のジュニア・コースについてもあてはまると思います。）ともかく話を前にもどしましょう。

そういうわけで哲学ものを選ぶとしたら、やはり、原理的なものより哲学史とか思想史とか思想の史的発展を述べたようなものの方がいいでしょう。ただその場合にも著名な哲学者について、哲学史に書いてあることをおぼえただけで、その思想が分つてしまつたような安直な気持におちいらないように警戒しなければなりません。哲学史はそこで取扱われている対象よりもむしろそれを取扱う仕方を通じてその史家自らの哲学を知りうる点に意味があるのです。

哲学的なものに向う傾向とは正反対に、はじめから法律なり経済なりの専門的な原書にとりついて悪戦苦闘している人もあるようです。これは大学（もしくは新制大学後期）に入つてからなら大いに結構なのですが、高等学校（もしくは新制大学前期）のうちに、例えばイェーリングの『権利のための闘争』とかマルクスの『資本論』などにぶつかつて行くのは考えものです。例えばイェーリングでしたら、サヴィニーなどの歴史法学の登場という背景なしには、その所論の意味はまるで分りませんし、マルクスの場合はむろん古典経済学の勉強と少なくも併行して読まなければとうてい理解出来ないのですから、法律学なり経済学なり本格的に勉強をはじめないうちは無理で、エネルギーの損失がいたずらに大きいだけです。

そう考えてくると、語学の勉強のうえでも、また内容がこなしやすく、しかもどの社会科学にとってもグルンドになるという意味でも、高校時代には歴史書を読むことが一ばんだということになります。私自身歴史学界の一隅にいるものがこういうことを言うと我田引水のようですが、これはおそらく多くの社会科学者の賛成を得られることではないかと思うのです。では、どんな歴史書がいいかと問われるとおいそれと返事も出来ませんが、まあ有名な歴史書なら読んで損することはありません。とにかく現在比較的手にはいりやすいものという条件を考慮すれば、いくらも選択の余地はないでしょう。英語では例の H. G. Wells の “The Outline of History” または “A Short History of the World” が一番多く入っていますし内容もすぐれています。G. P. Gooch のもの（沢山ありますが Home University Library にある “A History of Our Time” などは比較的入手しやすいでしょう）も非常にいいと思います。何といっても歴史叙述では英米系統にいいものが多いようです。ドイツ語では Burckhardt のものが市場には割合よく出ています。例えば Kröner 叢書の中の “Weltgeschichtliche Betrachtungen” など。やや思想史的ですが、T. Ziegler の “Geistige und soziale Strömungen im 19. und 20. Jahrh." などはそれこそ読んで血となり肉となる書物で古本屋でもよく見受けます。フランスの歴史書は私はあまり知りませんし、どういうものが入手しやすいかということも詳にしませんが、C. Seignobos の "Histoire politique de l'Europe contemporaine, 1814–1914" などは定評があります。

以上はただ思いついたまま例示して見ただけで、このほかにも適当なものがいくらもあるでしょう。こういったしっかりした歴史書を比較的たんねんに読むと同時に、出来たらニューヨーク・タイムズのウィークリーのようなものを私が上に述べたような流儀でどんどん読みまくつて行けば、語学の勉強をしながら歴史と現代とのつながり方について色々学ぶことが多いと思います。

4

ここで歴史と現代とのつながりということを申しましたから、この機会に一応語学の勉強とは切りはなして、歴史の学び方といったものについてすこし話して見たいと思います。

歴史の勉強に際しては、私はまず第一に方法論にとらわれずに対象そのものに付けということを主張します。そうでなく、歴史観として唯物史観とその他の史観といずれが正しいかを比較して、態度を決定したうえで、歴史的対象にぶつかつて行くという方法をとると、いつまで経つても、対象の中に入りこんで行くことが出来ないか、さもなければ始めから豊富な歴史的事象のあるアスペクトだけしか視野に入つて来ないという結果になりやすいのです。歴史の方法と対象とは相互に規定し合っているもので、対象と懸命に格闘してこそ、はじめてどの方法がヨリ有効であり、ヨリ実り多いかということがだんだん分つて来るわけです。さもなければ必ず図式主義におちいつてどうにも動けなくなつてしまいます。歴史の無限の豊饒さの前に謙虚であればこそ、かえつて恐れを抱かずに身体ごと対象にぶつかつて行くことが必要なのです。

私がさきに英米系統の歴史書がすぐれていると言つたのは、そこには図式への拘泥が少なく、具体的な人間の動きが生き生きと描かれているからです。どんなに理路整然とした方法論に貫かれていても、もしその歴史書がその時代の生きた人間の活動を読者の前に形象化するだけの力を持たなかつたならば、それは死んだ歴史叙述です。そういう意味では歴史は学問と芸術のちようど接点に位置しているといえるでしよう。日本では残念ながらこうした歴史叙述が甚だ乏しい。いわゆるアカデミックな史家は、有職故実の学の伝統を継承しているために煩瑣な考証に首を突つこんで、巨視的な構成力に欠け、他方広い意味で唯物史観の影響下にある史家たちの労作はともすれば、理論が裸のままで歴史のなかに登場して来るために、人間と人間のぶつかり合いが範疇と範疇の関係としてしか描かれない傾向があります。またある場合には歴史叙述の主体性とか階級性とかいう美名に名を借りて、実は自分のせまいエモーションで歴史的対象を好みの色に塗りあげて行く例すらなしとしません。いずれにしても歴史は殺されてしまいます。マルクスの『フランスにおける内乱』とか『ブリュメール十八日』などを見てごらんなさい。けつしてこんなことはありません。まるで劇のように生き生きと、しかも客観性をもつて描かれています。

なぜ日本の場合には、こういうことになるのでしょうか。これはひとごとではなく私自身への批判として考えていることなのですが、私はなにより歴史家が自分の目の前にいる人間を見る眼が貧しくひからびているということの結果ではないかと思うのです。歴史と現代とをつなぐくさびは言うまでもなく人間です。歴史の中の人間の動きを注目することによつて、それだけ、現実の人間を深く立体的に観察する眼が養われるのですが、逆にまた、現実の人間を見る眼が肥えているだけ、それだけ錯雑した歴史過程のなかに躍動する人間像を浮びあがらせる力も生まれて来るわけです。日本にすぐれた伝記がきわめて乏しいという事実になによりわれわれの人間観察力の鈍さが現われているではありませんか。

そういう意味で、せまい意味の歴史書を読むだけでなく、ジョン・モーレーとかエミール・ルートヴィヒとかシュテファン・ツヴァイクとかエドウァード・カーとかいつたすぐれた伝記作家のものを読むことが歴史の勉強、ひいては社会科学一般の勉強にも非常に大事なことです。歴史を学ぶということは、要するにたえず人間を再発見してゆくということにほかなりません。いな、社会科学自体の究極の目標もそこにあります。さきほど、ユネスコが世界各国から社会科学者を集めて平和問題を討議させましたが、その際の共同声明（雑誌『世界』の二十四年一月号に載っています）のなかに、平和の基礎としての社会的洞察を民衆に与えることが、人間の学（The Sciences of Man）としての社会科学の重大な役割だ、と述べているのを見て、私は今更のように感動しました。日本の法律、政治、経済学者はあまりに専門的に分化し、他方あまりに「理論」の整合性をよろこびすぎて、人間をトータルに把握するという、一ばん平凡な、しかも一ばん肝心のことを忘れていたのではないでしょうか。「機構」の分析もたいへん結構ですが、機構といったところで具体的には肉体と感情をもった人間の集団によって担われているもので、そうした感性的人間と離れた意味での「客観的」存在ではありません。そういう平凡なことが看過されると、どんな精緻な理論も人間を内部から突き動かす力を持たなくなってしまうのです。

学問の意味をここまでつきつめて来てはじめて、「学問とは本を読むことだけではない」という、この頃よく言われる命題の正しい意味も理解されて来るわけです。人間と人間の行動を把握しようという目的意識につらぬかれている限り、映画を見ても、小説をよんでも、隣りのおばさんと話をしても、そこに広くは学問一般の、せまくは歴史の生きた素材を発見出来るはずです。そうした日常生活のなかで絶えず自分の学問をためして行くことによって学問がそれだけ豊かに立体的になり、逆にまた自分の生活と行動が原理的な一貫性を持って来ます。

そういうふうに学問と生活とを不断に媒介する努力が行われないところでは、歴史や古典を読むことが何かそれ自体現実逃避的な、有閑事であるかのように考えられ、その楯の反面として手や足を肉体的に動かすことが激しければそれだけ「実践的」であるかのような、奇妙な「行動主義」も生れて来るのだろうと思います。現在のように社会的激動がはなはだしい時代には、とかく腰を落ちつけて大部のものをじつくり勉強するといつた精神的余裕がなくなるのももつともなことですが、諸君は何のために最高学府に入つたのか、又は入ろうとするのか、ということをここでもう一度考えて頂きたいと思います。もし現実の状勢が緊迫しており、学問なんかするより実践運動の方が大事だと考えられるならば、なまじ大学などに入るより、いきなり生々しい労働運動の真只中に飛びこんだ方がいいでしょう。学生運動というものはむろんこれからの社会運動にとつて少からぬ役割を持つでしょうが、真実の階級闘争の行われる場がそんなところにないことは明瞭ですから。大学に入つて、理論の方はパンフレット的な解説書ですませて、あとは実践運動だというのでは、およそ大学に入るということの意味がないわけです。きびしい批判的精神によつて貫かれていない行動は、極言すれば「いわしの頭も信心」と選ぶところはありません。学問に打ちこむということは実に苦しいことであり容易ならぬ知的な勇気を必要とします。そうした認識への情熱を経験しない人は、何年学校に居てもついに学問の何たるかを理解しない人です。わが国では昔から「文弱」などという言葉が示すように、知恵と「強さ」とは本来相容れないような考え方が支配的ですが、ややもすると進歩的学生のなかにもそうした伝統的な観念が裏返しになつた形で忍び入つているように思われます。学問することの厳しさ、durchdenken することの苦しさに堪えられないような学生に、私たちは日本の将来をゆだねることは出来ません。ラディカールということは本来「事物の根源から」という意味です。諸君、真にラディカールに学問しようではありませんか。

（「大学生活」天野貞祐編、昭和二十四年五月、光文社）

ジョン・ロックと近代政治原理

1

ジョン・ロックは一言にしていうならば十七世紀に身を置きながら十八世紀を支配した思想家であつた。ヨーロッパ近代思想がルネッサンスと宗教改革にはじまるという「常識」があまりに普遍化されたために、われわれはともすれば十六・七世紀からフランス革命までの時代を一まとめにして観念しがちであるが、少くも思想史的には、十七世紀と十八世紀の間には截然とした段階が画されることを忘れてはならない。両世紀にみなぎる思想的雰囲気はむしろ対蹠的ですらあった。十七世紀には大陸にも英本土にも宗教戦争の暗い激情が渦まき、狂熱の嵐が吹きすさんでいた。近世理性哲学や自然科学が既に希望に満ちた発足を開始していたとしても、そこでの思考の諸範疇は依然として深く中世的な伝統に規定されていた。哲学や自然科学にとって、そうした伝統からの離脱は、なんらか外部的な敵とのたたかいである以上に、自己の裡なるものとの血みどろの格闘を意味していたのである。(例えばケプラーにおける占星術と天文学との交錯のごときにその典型が見られる。)

ところが十八世紀の舞台においてわれわれは全くちがつた光景を見る。ここでは激情と迫害の暴風は去つて、静謐な理性と寛容の日ざしが照りわたつている。学問や文化はその肌着に附いた血痕を洗いおとして、宮廷やサロンにおける賢人《サージュ》たちの Entertainment となる。ここにはじめて本来の「啓蒙」の幕がひらけるのである。デカルト・スピノザ・ホッブス・ライプニッツというような十七世紀の思想家とバークリ・ヒューム・コンディヤック・ヴォルテール・モンテスキュー・ルソーというような十八世紀のそれとを名前だけ並べてみてもひとは容易にその両者のトーンの相違を感知するであろう。同じく啓蒙哲学の名で呼ばれながら、この二つの系列は、文章や論理形式のわれわれにとつての親しさという点だけでも段ちがいである。前者の「近代性」はどこかまだ厳めしいスコラ的な「論証」と取付きにくい神学的用語の衣をまとつている。ところが後者ではすつかり俗化《セキュラー》した論理と表現がむき出しで現われて来る。ライプニッツの『弁神論《テオディツェー》』はヴォルフにおいて『人間の幸福増進のための人間の行為に関する合理的思想』となり、スピノザの『神学・政治論』やホッブスの『レヴァイアサン』乃至『ビヘモス』(これらの名称は周知のように旧約に由来する)はルソーにおける『社会契約論一名政治的権利の諸原則』へと発展する。そうしてこのような両世紀を隔てる巨大な溝を橋渡し、それを媒介する地位に立つているのがまさにジョン・ロックなのである。ロックの著作に感じられる色彩と諧調――打ちくつろいだ文体と平明な論理、凡そ権威的でなく説得的な叙述、感情や宗教的偏執によつていささかも曇らされない明晰な理性――は完全に十八世紀のものである。彼の哲学の十八世紀に与えた影響の大きさは測ることが出来ない。本来の認識論や経験的心理学はロックにはじまるといわれる。その倫理学はベンサム・ミルの功利主義に先がけ、教育論は既に『エミール』を思わせる。バークレー・ヒュームが彼から出発したのはもとより、ヴォルテールもモンテスキューも彼を師とした。彼は百科辞書家によつて賢人ロック(le sage Locke)という尊称を与えられた。しかし何より特筆すべきは、彼の思想の実際的影響である。彼の思想は狭い学界を超えて、啓蒙の時代精神として拡がり、その真理も誤謬も広く常識化して行つた。そうしてこの実際的影響の面で就中巨大なのが彼の政治理論であることは更めていうまでもない。ロックは近代的認識論の祖であるという以上の意味において近代的政治原理の祖であつた。彼が十八世紀を完全に支配したのは就中この領域であつた。「百年の間というもの、ヨーロッパはロックの諸観念に依存しつづけた。あらゆる方面でそれを修正し発展させはしたが、なんら根本的な変更は加えられなかつたのである」(A. Cobban, Edmund Burke and the Revolt against the 18th Century, 1929, p. 16)。更に彼の政治哲学はモンテスキューを媒介としてアメリカの独立宣言と憲法のなかに織り込まれ、それはまたフランス革命の人権宣言へと流れ込んだ。しかも所謂「一七八九年の精神」に対して猛然戦を挑んだエドマンド・バークもまた自他ともに許すロックの嫡子だつた。凡そ人間の自由と平等が語られ代議政と権力分立が問題となり、寛容と説得による政治が論ぜられるところ、そこには必ずロックがある。自由主義政治原理の世界的普及はハロルド・ラスキ教授をして、「ロックは当然至極として受取られてもはや読まれない政治学的古典の一つとなつてしまつた。これ実に概嘆すべき重大な誤謬である」(Political Thought in England from Locke to Bentham, p. 26) といわせるまでに彼の思想を常識化したのである。

しかしヨーロッパ人にとつての「常識」は必ずしもわれわれ日本人のそれではなかつた。戦時中、あの暗黒時代には西欧の口真似をして「近代の超克」を尤もらしく唱えていた事がどんなにカリカチュアだつたかは今日誰でも知つている。未曾有の価値の顚倒を経験した筈の敗戦後でさえ、新憲法における人民主権の原則は共産党以外のあらゆる政党にとつては驚倒せんばかり「急進的」に見えた事を忘れてはならない。十七世紀末にロックによつて展開された諸政治理論がいま漸く新憲法のなかに実現されて、これからの日本政治の究極的なノルムになろうとしているのが否みえないわれわれの現実なのである。むろん現在の日本が二百六十年も前のロックの原理では到底理解出来ない問題に当面していることもまた疑をいれない。にも拘らず、いなまさにその故にこそ、今日われわれは更めてこの自由主義の生誕期に立ちかえつて、ロックの政治思想の歴史的かつ論理的な諸前提を吟味してみる必要があるのである。

2

ロックの政治哲学を集約したものとして、最も重要なのはいう迄もなく、"Two Treatises of Government" である。この著の根本的動機は序文の中に示されている様に、「吾が国の偉大なる再興者たる現在のウィリアム王の王座を確立すること、彼の正統性を人民の同意のうちに基礎づけること……及びイギリス人民の正当かつ自然な諸権利に対する愛と、それらを守り抜こうとする決意とが相俟つて、まさに隷属と破滅の淵に臨んでいた国家を救つた次第を全世界の人々の前にジャスティファイすること」、すなわち、一言にしていえば、一六八八年の名誉革命の合理化にあつた。彼の政治理論がこの様に新らしい事態を創設するよりも寧ろ、既成の現実を確認するために書かれたということは忘れてはならない事である。実は名誉革命自体が既にそうした確認的性格を持つていた。それはなんら新たにイギリス社会の基礎を変更する革命ではなく、夙に十五・六世紀から永い間かかつて進行した巨大な社会的変革——いわゆる囲い込み《エンクロージュア》運動はそのただ一つの徴表にすぎない——を通じて新たなる生産力を掌握していた、毛織物マヌファクチュアを先頭とするブルジョアジーと、資本主義化した地主(landed gentry)階級がいまや決定的に政治的ヘゲモニーをも自らの手に収めたことの公けの告示にほかならなかつた。ヨーロッパ大陸では、資本はいまだ封建貴族やギルド勢力との闘争において絶対君主の強力な援護を必要としていたが、イギリスではすでにチュードル王朝時代に本源的蓄積期を経て本来の封建勢力は著るしく衰頽していたから、十七世紀初頭には階級間の均衡力としての絶対主義はすでに存在理由を喪失していた。かくて「イギリス革命の他のすべてのブルジョア革命に対する特質は、革命期の英国には強力な非ブルジョア的な階級が存在しなかつた事にある」(F. Borkenau, Der Übergang vom feudalen zum bürgerlichen Weltbild, S. 440)のであり、さればこそ、ジェイムス二世の旧教主義に対する反抗は文字通り挙国的な形態をとつて、オレンヂ公ウィリアムを迎えたのであつた。エドマンド・バークが名誉革命を回顧して、「わが国民が行つたことは、実質的に見ても、また憲法の観点から見ても、革命の実行ではなくしてむしろ革命の防止であつた。……国民は(革命後も)依然として同じ位階、同じ秩序、同じ特権、同じ選挙権、同じ財産法、同じ服従関係……同じ上院、同じ下院、同じ団体、同じ選挙人を保持したのである」(On the Army Estimates, Works, 1906, vol. III p. 248)といつているのは、やや誇張された表現ではあるが、この革命の歴史的性格をよく衝いている。

むろんイギリス革命の全過程は周知の如き紆余曲折をたどつた。名誉革命に勝利した階級は決して最初から坦々たるコースを歩んだわけではなかつた。すべて革命は一切の社会的不満を充した火薬庫

に点火する。エンゲルスのいう様に、

「自営農民《ヨーマンリー》と都市下層民的要素《プレベイアン》がなかったならば、ブルジョアジーだけでは、この戦をとてもあそこまで戦い抜くことは出来なかったであろうし、またチャールス一世を断頭台に登らせることは出来なかったであろう。当時すでに収穫に適するまで熟し切つていたブルジョアジーのこの戦果さえ、それを刈り取るためには、革命はかなり行き過ぎることが必要であった。」（「史的唯物論について」――『空想より科学へ』イギリス版への序文、岩波文庫版、九一頁）

結局クロムウェル革命からプロテクトレート政権の成立、更に一六六〇年の王政復古を経て八八年の名誉革命まで、政治的比重関係は右左と動揺しながら、ついに落着くべき地点に落ちついたのである。だから十七世紀イギリス革命全体がチューードル期以来の社会的変革の政治的表現であつたとするならば、名誉革命はイギリス革命の経過した政治的諸過程の総決算にほかならなかつた。かくして議会と王との久しい抗争は結局立法権の優位に基づく混合政体＝立憲君主政体において政治的安定点を見出した。そうしてこの時定まつた基本的政治原則は十八世紀を通じて根本的な変更を見ず、政治力の中核も名誉革命の勝者たるジェントリー層、大企業主、シチーの金融閥等の聯合勢力の手から逸脱することはなかつた。十八世紀のイギリス政治が一六八八年の原理の註釈であるといわれる所以である。しかも他方において名誉革命はともかく世界最初の市民革命として、大陸諸国においても進歩的動向の等しく仰ぐべき標的となつた。イギリスにおける「既成事実」は大陸ではいまだ「理念」であった。そうした「事実」は理念に高められることによって必然に美化される。イギリス立憲政における実質上の寡頭支配的性格は無視乃至看過されて、そのレジームは凡そ一切の自由と進歩の体現のごとく讃仰された。名誉革命原理の決定版ともいうべきロックの政治理論が本国のみならずヨーロッパをも永きにわたって支配しえた根拠の一つはまさにここにあったのである。

3

ロックの政治哲学が出発点と推理の過程において甚だラディカルでありながら、最後にはいつも穏和な結論に落着いているという点でも、それはイギリス革命の、現実に辿った過程とさながらに照応している。それは革命過程に現れた反動・保守・漸進・急進さまざまの思想的動向を自らのるつぼの中に一たび投込んだ後、そこから名誉革命の歴史的成果を基礎づけるに適したエッセンスをいわば絞り取った様なものである。その際ロックがとくに念頭に置いた政治理論に二つあった。一がロバート・フィルマー卿（Sir Robert Filmer）の、他がトーマス・ホッブスのそれである。彼の Two Treatises のうちの第一部は、全巻フィルマーの "Patriarcha"（1680）との直接的対決にあてられている。フィルマーの著は、王権神授説の典型的なもので、スチュアート王朝の有力な思想的武器であったから、ロックがその論破に全力を尽した事は当然である。しかしロックがこの著を出した頃はすでに絶対主義の歴史的敗北は決定的となっておりそのイデオロギーとしての神権説の運命もほぼ予見されていた。だからここでロックは恰も戦の帰趨既に決した敵を追打ちする将軍の様な余裕と自信に満ちた態度で、ときに皮肉な嘲笑をすらたたえつつ論を進めているのである。後世の学者が第二部に比して一層時代的制約の多いこの第一部を重要視しないのも当然である。ちようどエンゲルスの著によつてオイゲン・デューリングの名が今日普及していると同じ様に、もしロックのこの著がなかつたならばロバート・フィルマーはさほど歴史の上にポピュラーな人物として残らなかつたであろう。しかし現在われわれ日本人がこの第一部を読む際の感慨はまた別のものがある。君主の統治権は、神がアダムに与えた支配権が歴史的正統に従つて代々伝えられた結果であるという論拠、君主の臣民に対する絶対無制限の権利は父としてのアダムの子に対する権利に淵源し、政治的主権は家長権の延長であり、国家は家族の拡大であるという説、従つて子が永遠に父を崇めねばならぬと同じく、臣民は君主の命に絶対服従する義務をもち、之に違反する者は祖先に対する背反であると同時に神意に対する反逆であるとなす説——こうしたフィルマーの考え方は、ついさきごろまで疑うことを許されなかつた日本の「国体論」に必要な変更を加えてそのまま《ムタティス・ムタンディス》妥当するではないか。実際フィルマーがアダムから当時の君主まで支配権が相続される系譜の不明確に心を悩ませていろいろ詭弁を用いているのを見ると、彼が日本に生れなかつたのが不運に思われる位である。この点で、バートランド・ラッセルは今次戦争中に書いた大著『西洋哲学史』（A History of Western Philosophy）のちようどロックの章でこのフィルマーの説を紹介しつつ、次のように述べている。

「恐らく日本を除けば、政治権力をなんらかの意味で親権と同等に扱う様な考え方は近代人には思いも及ばぬだろう。なるほど日本では、フィルマーに酷似した説が今日でも通用し、あらゆる教授や学校教師はそれを教える義務があることになっている。ミカドは天照大神からの一系の相続者である。他の日本人もまた彼女の子孫であるが、ただ分家に属している。それ故ミカドは神聖であり、彼に対する一切の抵抗は瀆神である。この理論は主として一八六八年に発明されたものなのだが、現在では世界創造以来伝統によって連綿として受けつがれて来たと信ぜられている。」(op. cit. p. 620)

そうして、ラッセルは、古代エジプトや、スペインの征服以前のメキシコ・ペルーにもこれと類似の思想のあることを指摘して、現在の文明世界ではこうした考え方がいかに馬鹿馬鹿しく思われようとも、「人類発展の一定の段階においてはそれはきわめて自然なのである。スチュアート時代の英国は既にこの段階を通過したが、近代日本はまだだというだけのことだ」(同上)と結んでいる。われわれとしては是を単にラッセルらしい皮肉と言つてすましてはいられないのである。その意味で、フィルマーの族長権説に対するロックの微に入り細をうがつた批判を精読する必要だけでなく、同時に根気をもいちばんよく具えているのは、恐らくわれわれ日本人かもしれない。親権の名の下に実は母の権利は無視されて、それが父権とすりかえられるということに絶対君主制の族長権による根拠づけのからくりがあることを暴露しているところなど(2nd T. §53)ロックの分析は今日なお生々しい感銘を与える。

フィルマーの名が明らさまに出ているのに対し、ホッブスはどこにも直接名指されていない。しかし、ロックの政治理論の積極的な展開である Second Treatise がホッブスの社会契約説を少くも念頭に置いて論を進めていることは読者には容易に知られる。ホッブスの問題提起はアナーキーか専制かの二者択一であつた。この場合の専制は君主専制よりもむしろ国家専制であつた――だからそれはクロムウェル独裁をも合理化しえた――が、ともかく立憲制による政治権力の制限を根本意図とするロックにとつては、ホッブスの提出した二者択一は到底承認されえぬ所であつた。ロックにおける自然状態と戦争状態の峻別はその必然の要請にほかならない。元来主権の絶対性は近代国家の本質的属性であり、市民社会の存立を背後から保障しているイデオロギー的支柱として近代国家が危機に陥つた場合にはいつでも前面にあらわれて来る。名誉革命後のイギリスに於ては、内におけるホイッグの政治的ヘゲモニーの確立と外に於けるスペイン及びオランダ海上勢力の撃破によつてブルジョアジーはもはや国民的統一の破壊を恐れる必要はなくなつていた。ロックの著書には最高権力（supreme power）という言葉はあつても、主権（sovereignity）という用語はもはや殆んど現われない。ホッブスを最後として国家についての第一義的な関心は「誰が」という問題から「如何に」という問題に移つて行く。いわゆるホッブス的な国家学に代つてバーク流の政治学が英国の伝統となる。それはいわば「危機の理論」から「均衡の理論」への推移であり、その転換を最初に成就したのがロックなのである。

しかし Treatise の第二部が暗々裡に予想している理論上の「仮想敵国」はホッブスだけではなかつた。フィルマーにせよ、ホッブスにせよ、いずれも政治的には反革命の陣営に属して居り、これらに対するロックの駁撃が終始革命派の立場からなされていた。ところがロックは——というよりはロックを理論的代弁者とする一六八八年の勝利者は、革命の戦線のなかにも容易ならぬ反対派を見出さねばならなかつた。前にも触れたところのイギリス革命に於ける「行き過ぎ」を代表する動向がすなわちそれである。ジョン・リルバーン（John Lilburne）らに率いられるクロムウェル軍隊内の所謂レヴェラーズ（Levellers）は徹底した民主主義の立場から普通選挙を要求し、代議政をただ直接民主政に代る止むをえざる悪としてのみ容認し、王に代る議会の独裁化に対して反対した。またウィンスタンレー（Winstanley）其の他の所謂ディガーズ（Diggers）は地主の土地囲込みの中止と入会地の回復を唱え、或は更に進んで貨幣の廃止による一種の農業共産主義をも主張した。それらの動向はクロムウェル政権自体によつて抑圧されたところのインデペンデントの最左翼に連り、都市小市民・徒弟・労働者及土地を奪われた下層自営農民らの要求を反映していた。近代的ジェントリー層と都市商工業者は右に王乃至之と結託した反動的貴族、カンパニー勢力などと戦い、左にこれら急進的動向を抑えながら国家権力の中枢へと勝利の進軍を続けたのである。ロックが素朴な労働価値説に基づいて、神によつて全人類の共有として与えられた土地、生物がいかにして個人の排他的所有権に転ずるに至つたかを述べるとき（2nd Treatise, Chap. V. 参照）、また、貨幣経済の行われている社会では、人はすべて個人的に消費し切れる以上の財産を貨幣形態で蓄積することに黙示の承認を与えているのだと云って貨幣及び土地財産の不平等を合理化しているとき（op. cit. §47–50）、それは一方では私的所有に対する王権の不当な干渉を排除する意味を持つと同時に、他方では上の様な「行き過ぎ」に対処する意味をも含んでいることは否定されえない。ロック理論の持つこのような二面的性格は、彼の代議政や多数決や革命権に関する論議を批判的に理解するためにはつねに念頭に置かねばならぬことである。

4

以上はロックの理論的立場がどの様な歴史的状況のなかから、どの様な思想的動向との対決において成長して来たかということのごく大ざっぱな見取図である。さて、こうした見取図を手にしながら、ロックの政治思想の構造内容にふみ入って行くわけであるが、ここでは紙数の関係もあり、通常の叙述方法のように、彼の Second Treatise を、「自然状態」の概念から章を追って分析して行くやり方を取らず、むしろそこに含まれている豊饒な材料のなかから、近代的政治原理の形成に最も大きな意味を持ったと考えられるいくつかの原則を抽出して見ることにしよう。その方が却って彼の理論構成がまとっている時代的な制約にわずらわされずに端的にその現代的意味を把みうると思われるからである。

一、近代的自由の中核としての自己立法の観念

ロックは「自由」の概念を「拘束の欠如」という消極的な規定から、自己立法――人間が自己に規範を課する主体的自由――という積極的＝構成的な観念に高めることによって、政治的自由主義の原則を体系的に確立した最も早い思想家の一人であった。

「法《ロー》の下に生きる能力を持つ被造物としての人間のあらゆる状態において、法のないところに自由はない。自由というのは他の人間から拘束や暴力を加えられないことなのだから、こうした自由は法のないところには本来ありえないのである。」(2nd Treatise, § 57) 従って、「社会における人間の自由は国家における同意によって確立された立法府以外のものに服せず、その立法府が自らの委託された趣旨によって発布した法以外には、如何なる意思の支配も拘束も受けないということの裡に存する。」(op. cit. § 22) すなわち政治的自由とは代議政において具体化される人民の政治的自律以外のものではない。このように、法を自由に媒介させる能力を人間のうちに信ずるかどうかという一点に近代的政治原理の全運命は賭けられていたのである。まさにこの点においてロバート・フィルマーは「自由とはほしいままの事をなし、好むままに住み、如何なる法律にも拘束せられない事である」という観点から出発して、「人間が自分自身に向って法を与えるなどということは本来不可能である」という正反対の帰結に到達したのであった。フィルマーよりもずっと相似た思想構成をもって出発したホッ

ブスとロックが政治的立場において全く対蹠的になつたのも結局この点の微妙な把握のちがいに端を発するのである。「人間《ホモ》は人間《ホミニ》に対して狼《ルプス》である」とは有名なホッブスの命題であり、そこから自然状態＝戦争状態という等式が引き出されて来るのであるが、ホッブスのこうした「性悪」説もまた決して人間の理性的判断力の蔑視乃至否定の上に構築されているのではなかつた。そこに、ホッブスをフィルマーら反動主義者と明瞭にわかつモメントがあつた。他方ロックにおいてもホッブスと同様、「自己保存」(self-preservation) は人間行動の基本原則であつた。両者においてともに善悪は快楽と苦痛との関係において把握された。(ホッブスについては、例えば、Leviathan, Part 1, Chap. 6. ロックについては、An Essay concerning Human Understanding, Book II, Ch. XX 参照) 理性のはたらきはいわばこうした快苦の計算乃至推論にほかならなかつた。ここまでは同じなのだが両者の分岐は恰もこの地点からはじまる。ホッブスにおいては、自由とは「運動を妨げる外的障害の欠如」(De Cive, IX 9) と考えられたから、このような理性の行使による快苦の計算が完成する過程は、即ちそうした可能性としての自由が意思決定によつて終焉する過程を意味した。熟慮とは自由に結末を与えること (de-liberation) だつたのである。理性の光に導かれて自然状態から社会状態へ移行することが自然権としての自由の放棄を論理必然的に随伴せざるをえない抑〻の根拠はまさにここにあつた。従つて法は自由に媒介されるどころか、束縛としての法と自由としての権利は永遠の背反関係を運命づけられることとなつたのである (Leviathan, Part 1, Chap. 14)。しかるにロックにおいては理性的計算の完成はそのまま自由の完成を意味する。行為の前に行為の善悪を精査し勘考し判断する機会を持つこと自体が自由の前提なのであり、「我々自身の判断によつて決定せられている事はなんら自由の拘束ではない」(Essay, Book II, XXI 47–9)。それではこうした理性的判断の基準はなにか。ロックにおける道徳的な善(moral good)は一方の足を個人の快楽に置くと同時に他方の足を客観的法則の上に置いている。「道徳的な善悪とは我々の自発的意思による行為の或る法則への一致又は不一致である」(Essay, II, XXVIII 5)。むろんロックはカントの説いたような義務と傾向性の峻厳な対立を知らなかつた。彼は善悪判断の基準としての客観的法則の下に、㈠神の法則、㈡公民法、㈢公衆の意見或は流行《ファッション》の法則という三者を理解していたのであるが、こうした法則の遵守に伴う報償と、それの違反に伴う処罰という契機を通じて、それは他方における快楽主義に媒介された、理性をもつた思慮ある(prudent)人間は目前の一時的快楽よりも将来の永続的快楽を選ぶことによつて自から客観的規範に従つて行動すると考えられたのである。

こうした人間観を基底とするならば、ロックが政治社会以前の自然状態を無秩序ではなくしてそれ自体一つの秩序と考え、そこでの自然権をホッブスのように無制約的な自我の主張と見なかつた所以は容易に理解される。上の三つの法のうち、第二の公民法を除いたあとの法は自然状態においても妥当する。(それをロックは“Treatise”において自然法として展開させた。)ということはつまり人間の自然的存在そのものが本質的に規範的制約の下に立つているということだ。政治社会における法と自由との相即は実にこうした個人の原初的な社会性によって担保されているのである。自利と他利、私益と公益、快楽と道徳の究極的一致というロックの思想こそは後にスミスからベンサムに流れ込んでイギリス・ブルジョアジーの強靱なイデオロギー的伝統をなしたことは更めて説くを要しないが、ただロックの場合には、後の功利主義とちがって、自由と規範との内的結合はなお神への被縛性の意識に強く支えられていることを忘れてはならない。"Two Treatises" においては自然状態における人間相互の連帯性――他人の自由の尊重――は合理的計算の結論としてではなく、むしろ端的に神の下僕としての人間の義務として説かれている（2nd Treatise, § 6 参照）。彼においては、自己保存という原基的な欲望も神によって植えつけられたものであり、さればこそ、それ自体のうちに既にある道徳的要請をふくんでいるのである。どこまでも内在論的に快楽の追求から出発する限り、道徳の客観的契機は出て来ない。ホッブスにおいては欲望の追及が善であり、しかもすべての人が必然に欲望を追求するのであるから、善を追求すべしという命題は一切の意味を失ってしまった。ロックは快楽主義のなかに超越的な契機を持ち込むことによってこの帰結を免れたのであるが、それだけ論理的には不徹底に終らざるをえなかった。規範的自由という観念を純粋に押進めて行ったのはいうまでもなくルソーからドイツ観念論への発展であった。

二、一切の政治権力が人民の信託（trust）に基づくこと、従つて政治的支配の唯一の正当性的根拠は人民の同意（consent）にあるという原則

ロックによれば「政治権力とは各人が自然状態で持つていて、社会の手に、従つてまた社会が自らその上に立てた政府《ガヴァナー》に、人民の福祉と財産の保持のために使用されるという明示又は黙示の信託によつて譲渡したところの権力を指す」のであり、従つて「この権力は社会を構成する人々の契約と協定及び相互の同意にのみ由来する。」（2nd T. § 171）

これは上の第一原則のコロラリーである。人民の同意によつて確立された法の拘束を受けることはなんら自由の制限ではなく、むしろその本質であるが、これを裏返せば人民の同意を媒介としない如何なる政治権力の行使も、いかなる法規範の設定も人格的自由に対する侵害となる。そこでロックにおいて、政治的社会の本来の主体的構成員は、自己の生命財産に対する完全な権利能力を持つものだけであつて、このことによつて彼は、一方において財産管理能力なき未成年の子に対する父権と、他方自ら戦争状態を惹起したために生命財産の自由を喪失した捕虜（奴隷）に対する専制権との両者から政治権力をハッキリと区別したのである（op. cit. § 169–174）。

前述のように政治社会以前の自然状態においてもすでに自然法が妥当する一つの社会をなしていたのであるから、畢竟ロックにあつては自然状態から国家状態への移行はなんら質的な断絶ではなく、

生命財産の権利をヨリ確実に保全しうるといういわば量的な差しかない。自然状態において各個人が法の執行者であることの不便（inconveniences）をなくするという功利的な動機が政治社会の創設へと導いたわけである。政治権力の限界性、それの合目的性への要請はその必然の結果である。信託の条件は従つてひたすら人民の財産権の保持にある。〔ロックにおいては財産権（property）という言葉は狭義の財産のほかに自己の生命に対する権利をも包括している（cf. op. cit. §173)。〕国家の目的が私的所有権の保持にあるという思想はむろん彼にはじまるものではない。しかしこの命題を最も徹底し、執拗なまでに貫いて行つた最初の思想家はロックであつた（op. cit. §85, §87, §88, §124, §134 等)。このテーゼや、上述した土地囲込み乃至貨幣蓄積の合理化というような点は、ロックの階級的立場が最も鮮明に表示されている個所である。

　同意を政治的支配の唯一の正当性的根拠とすることは考え方によつては随分ラヂカルにひびくが、ロックはかなり広く黙示の同意という観念をひろげ（cf. op. cit. §119)、また代表と多数決原理を導入することによつて実際的結果は著しく穏和になつている。この点とくに問題となるのは後者である。いわゆる原始契約（pactum unionis）は当然それに加入する全個人の相互契約の総和として成立するが、その原始契約には、今後の国家意思の決定は一切多数決に従うということが条件となつている（op. cit. §99)。「自分自身が適当と思い現実に同意を与えたこと以上には社会のなんらの法令にも拘束されないとしたならば別に自然状態のとき以上なんら特別に新らしい取極めがないことになるのではないか。」(§97) むろんそうした政治社会の多数決による意思決定はつねにそれに先立つ自由討議と慎重な熟慮によって、すべての側の論拠を自由にはかりにかける(weigh)ことが前提とならねばならない。理性的人間の自主的判断ということがどこまでもロックの理論の基底になっている。だから彼は政府が選挙人や立法府の議員を買収脅迫し自由な判断を不可能にすることを以て重大なトラストの違反と看做した(op. cit. §222)。しかしそれにも拘らず、いなむしろそれゆえにロックは多数者の支配と個人的自由の関係については漠然と楽観していた。(例えば、政府の課税権について、「なるほど、政府は莫大な費用がなくては維持出来ず従って、政府の保護を夫々分前として享有しているものはすべて政府の維持のために自分の財産から応分の金額を支払うのが適当である。しかしその際にも、彼自身の同意——即ち多数の同意が、彼等自身もしくは彼等の選んだ代表者を通じて、与えられねばならない」(§140) というような表現の仕方にそれがあらわれている。) 政府は政治社会の基本的目的に反する法の制定乃至執行をなしえない事はいうまでもないが、国家目的から当然に流出するこうした制限以上に、多数者に対して特別に個人の権利の留保はなされていない。(この点については、イェリネック『人権宣言論』参照。) まさにこの問題に関するロックのオプティミズムがやがて彼の嫡流のうちに「自由への強制」を説くルソー的民主主義と、之にはげしく抗議したバーク的自由主義の分裂を生み出して行くのである。

三、力は権利を生まぬという原則

是もまた同意のみに政治的支配の正当性を基礎づける原則から自然に導き出される。ロックは別にこうした抽象的命題をかかげたわけではないが、彼は一貫して征服或は簒奪が服従を義務づけないことを説いている。それは国内におけると国際間におけるとを問わない。「征服と統治関係の樹立との間の距離は家を壊すことと新たな家を建てることとの距離と同じだ。」(§175)「むろん征服者は実際自分を主人と考えがちであり、他方、自分の権利を争って主張したくも出来ないのがまさに敗者の状況である。」(§184) しかしたとえ征服者が剣の力で被征服者の同意を強要して政府を樹てたとしても、その同意は無効である。「泥棒が私の家に侵入して咽喉に短剣を突付け、私の所有物を彼に渡す証書に署名させたところで、彼はこれによって何らかの権限（Title）をえた事になるだろうか」「王冠を戴く者がやった事でも、小悪党のした事でも侵害は侵害、犯罪は犯罪であることに変りはない。」(§176) 此処には早くもルソーの民約論第三章の立場が殆どそのままの口吻で現われている。ロックによれば正当な戦争における征服者は敵戦闘員の生命を自由にしうるが財産に対しては戦争による損害賠償以外には一指も触れえない (§179)。なぜなら敵は自ら進んで戦争状態を齎したことによって既に生命に対する権利を喪っているが、しかし彼の財産を奪うことは、彼の妻子の相続権（それは自然権である）を侵害する事になる。同様に道路に人を脅迫する追はぎを殺してもいいが、彼の金を取上げて放免する事は許されない（§182）。こうした考え方はロックがいかに権利関係を事実関係から峻別しようとしたかを示している。この点を押進めて行けば当然にルソーやカントの様に、社会契約自体が純粋に「恰も《アルス・オブ》」という仮説として、権利根拠の問題として提出されねばならないことになる。しかしロックはそこまでの方法的自覚は持たなかつた。彼において自然状態より政治的社会への移行はどこまでも歴史的事実であり、これを疑うことは、サルマナッセルやクセルクセスの兵隊が、成人して軍隊に編入されるまでのことをあまり聞かないからといつて、彼らが嘗て子供だつたという事実を否定するのと同様に愚劣な事なのである（§101）。彼は政治社会が歴史的には族父権からはじまり、それが君主専制政に成長して行つたことを十分認め、古代の生活様式の、従つて行政事項の簡素を考えるとき、そうした政治形態への同意がむしろ自然であつたといつている（§107）。だからロックとしては、後世の社会契約説の批判者が攻撃したほど図式的＝抽象的に思考したわけではない。しかも自然状態そのものが彼にあつてはやはり法の支配の下にあつたわけであるから、権利関係と事実関係を区別したことは彼の思想構成の中では一見するほど大きな不斉合を生んではいないのである。

四、いわゆる三権分立の原則（checks and balances）

ロックが Treatise の第十二章において、立法権、行政権、聯合権の三者を区別したことが、モンテスキューによつて受継がれ、聯合権の代りに司法権が置かれることによつて、近代憲法の基本原則の一つになり、アメリカ憲法やフランス革命の人権宣言の中に採用されたことはあまりに有名である。しかしこの発展のうちには多分にロックの思想の誤解が含まれて居り、その責任はモンテスキューにある。聯合権（federative power）――その下に宣戦・講和・条約締結等の対外関係の処理が考えられている――については、ロック自らもそれが大抵は行政権と結合している事を認めている（§ 147–8）ようにその性格はあいまいだからしばらく別問題としても、立法権と行政権とは、なるほど分離すべき事は主張されているが、アメリカ憲法のように、夫々対等の独立性を持つものとは考えられないで、むしろ立法権の行政権に対する優越が説かれているのである。彼が具体的に問題としていたのは王と議会との関係であり、彼が最も恐れたのはイギリス革命の経験が示したように、王が議会の召集を怠り、或は恣に之を解散し、乃至は武力を以て議会を威嚇して之を傀儡化することであった。彼は立法権をもって国家の最高権力（supreme power）となし、他の一切の権力は之に従属すべきことを到る処で力説している（例えば § 134, § 143, § 150, § 153）。ただ「立法権が常置でなく執行権が一人の人間の手にあり、それが同時に立法府にも関与する様な国家では、その一人の人間もまた最高と呼ぶことが許されるかもしれない。」（§ 151）その場合でも彼はすべての最高権力という意味ではなく、法の最高の執行者にすぎない。彼はいわば「国家の映像（image）、幻影（phantom）乃至代表と看做さるべきものである。」（象徴としての君主！）従って「若し彼がこの代表性、この公的意思を無視して、彼の私的意思で行動する場合には彼は転落して一個の私人にすぎなくなり、服従への権利を失う。社会の各員は社会の公的意思以外には服従の義務を負わないからである。」(§ 151) ここで彼が公的意思(public will) といっているのは具体的には人民の代表者の同意によって制定せられた法を意味する。それはやがてルソーの普遍意思 (volonté générale) の概念へと発展して行く運命をもっているのである。

五、「法による行政」の原則

立法権の優越に基づく権力の分立と不可分に結びついているのが法による行政の理念である。「いかなる国家においても、立法権すなわち最高権力をもつ者は予め公布され、人民によく知られている恒常的な制定法 (established, standing laws) によって統治する義務があり、決して即席の命令 (extemporary decrees) によって統治してはならない。」(§ 131)「行政は公布された制定法によってなさるべきであり、その適用を個々のケースによって変更してはならぬ。富める者も貧しき者も、宮廷の寵臣にも田に耕す野人にも一つの規則《ルール》が妥当せねばならぬ。」(§ 142) 法における予測性 (Berechenbarkeit) の要請、従って抽象的法規範 (法律) の具体的法規範 (命令・執行) に対する優位、罪刑法定主義、法の前での平等というごとき近代法治主義の基本原則がここに既に悉く芽をふき出している。むろんロックは形式的な合法性に甘んじたのではなく、法内容の実質的な正当性——つまり自然法への適合性を要求した。従って例えば人民の生命財産を同意なくして任意にする事を許す様な法はそれ自体無効であつた。しかし一体如何なる機関がその無効を判定するか。問題は主として、最高権力を君主が把持している場合に起る。この場合には立法権の制定した法の実質的正当性を判定する機関はない。また議会の存する場合でもロックは法の欠缺を補う必要、乃至は法の機械的適用が苛酷な結果を生む場合それを補正する必要等からして、君主が一定の場合法規なしに或は法規に反して行動する権限(いわゆる大権《プレローガテイヴ》)を認めているが(§ 160)、そうした際にも若し議会召集権が大権に属しているならば、君主の大権濫用を実質的に審査する機関がやはり存在しないことになる。この場合、人民の自由と財産の安全はいかにして保障されるか。ここで問題はもはや実定法の範囲を超えて次の革命権へと移行するのである。

六、人民主権に基づく革命権

ロックは前述の様に主権(sovereignity)という言葉を避けて居るが、一切の政治権力を究極的に人民からのトラストに基礎づける彼の立場がいわゆる人民主権を意味する事は明瞭である。「いかなる人でも、たとえ立法府でも、愚昧或は邪悪にも被治者の自由と財産を害する企画を企てたり実行したりする場合には、つねに共同体(community)はこうした企画から自らを救う最高権を留保している。」(§ 149)ロックによれば通常の場合は立法府が最高権を持つているのであるから、人民の最高権が発動するのは、もはや合法的手続では人民の自然権を保持出来ぬ場合であり、従つて彼はこの問題を主として「統治関係の解体《デイソルーション》」として取扱つている。それは地上でのアピールの手段を奪われた人民の「天《ヘヴン》へのアピール」にほかならぬ。これは「人間の造つた一切の実定法に先行し優位する一つの法」(§ 168) によつて正当化される。名誉革命の合理化としてこの思想がアメリカ独立戦争にいかばかり大きな cause を与えたかは周知の事に属する。ただこの革命権の肯定は外見ほどラディカルなものではない事に注意せねばならない。ロック自身それが最も危険なものであり従つて「大多数のものが不都合を感じ、それを厭い是正の必要を感ずる程に不都合の度が大きくなる迄はこの権利は発動しない」(§ 168) ことを認めている。また事実上も、「一人或は少数が抑圧されただけで、全体としての人民 (The body of the people) がべつにそれに関係ないと思つている場合には、政府を擾乱することは不可能だ。恰も怒号する気狂いや、頑強な不逞の輩が安定した国家を顛覆しようとしても、人民がそのいずれにもついて行こうとしない場合には、出来ないのと同じことである。」(§ 208) 更にまた、ロックによれば通常君主の身体の不可侵が認められている体制では、彼の名において発せられた命令や行動がいかに不正であろうと、国民の反抗は通常君主に直属する官吏乃至君主の任命した者に向けられて君主自身には何等の責任が帰せられない。(この理由で彼はこうした君主制を共和国に比してヨリ安定した賢明な政体としている。)(§ 205)

こうして革命権の行使は道理上も事実上もよほどの場合でなければ起りえない。ロックは当時行われていた意見として、「人民は無智でありいつも不平を抱いているから、政府の基礎を不定な輿論乃至人民の気まぐれの中に置くことは、それを確実に破滅にさらすことに等しい。また人民が古い立法府に対して憤激したときはいつでも新たな立法府を立てうるのでは如何なる政府も永続出来ないだろう」という反対論に対して次のように答えている。

「人民というものはある人々が考えるほどそんなにたやすく彼らの古い様式から脱却出来るものではない。」多年慣れた枠《フレーム》は、「たとえ全世界が改正の機会到来を認めていてさえ」容易に改めようとしない。「古い憲法を捨てる際の人民の遅々たる渋り様こそが、英国の現代までの多くの革命に際して、依然として王・貴族・平民という古い立法府を維持させて来たのであり、一時大して効果のない試みによつて中断されたこともあるにはあつたが、すぐもとに引戻してしまつたのだ。」(§ 223) ロックはここでイギリス革命における急進主義の敗退を回顧しているのである。ロックは自ら革命の渦中で体験した「英国民の保守性」と呼ばれている現実的基盤の堅固さを信じたればこそ、革命権の是認によるマイナスの面よりも、それが政治権力の牽制に役立つというプラスの面にヨリ大きな比重を置きえたのであつた。

七、思想信仰の自由と寛容の原則

寛容思想の発展がロックの "Four Letters concerning Toleration" を除いては考えられない事も周知に属する。ロックは良心の自由は外的強制を以て侵す事は出来ないという立場から、寛容への権利を以て自然権の一つに数えた。(3rd Letter, Chap. II 参照)と同時に、彼は宗教的迫害の齎す不利益をいろいろ挙げて——例えば被迫害者が外国に亡命する事によつて、その知識と技術を利用する機会を失い、逆にそれだけ外国を利する、とか、迫害された思想は地下にもぐつてますますラヂカルなますます陰険なものとなる、とかいう様に——実際的利害の方面からも反対している。彼の生きた十七世紀は初めにのべたようにまさに大陸でも英国でも不寛容と宗教的熱狂の時代であつた。大陸では三十年戦争の血腥い嵐が吹きすさび、英国では革命が宗教闘争とからみあつたために愈〻凄惨さを加えた。この世紀の中頃には、果しなき「神々の争い」に対する倦怠と嫌悪の一般的感情を背景として、大陸(とくに亡命者の国オランダ)にも英本国にも寛容と信仰の自由の思想が成長して来た。人々は宗教が国家権力と結び付くときに如何なる結果を齎すかを痛切に学んだ。ロックは畢竟こうした一般的動向を代表したケンブリッヂ・プラトニストや広教派(Latitudinarians)の影響を受けつつ、宗教と政治権力との完全な分離を主張するに至つたのである。恰もロックの『書簡』の出版と同年(一六八九年)発布された「寛容法」(Toleration Act)においてこの立場は実現された。ただロックの説く寛容も無制限ではなかつた。カトリックや回教徒、無神論者などは、いずれも政治的統一を破壊し、或はクリスト教文明の根本原則を認めぬという理由で寛容から除外されていた。寛容の権化のごときロックにおいてすら、こうした除外がなされていることは形式的意義での自由主義というものが絶対的には存立しえず、それが一定の現実的意味を持ちうるためには、つねに具体的状況における「敵」に対する自由の否定を伴わねばならぬ事を示したものとして注目に価しよう。

5

私はさきにロックの思想がいかに彼をはぐくんだ歴史的環境と密着していたかを叙べた。しかしこのことは決して、ロックが時代的風潮に迎合し、人々の好尚に気を配りながら理論を打樹てたという風に誤解されてはならない。むしろその逆である。彼が晩年に自ら「もし私に誇るべき何かがあるとすればそれは、私が誰に好かれようと嫌われようと全く構わずに、ひたすら真理を愛し、真理を求めたことにある」（一七〇三年十一月十七日　コリンズ宛書簡）と述懐しているのは、そのままに受取っていい言葉である。ロックにはホッブスに見る論理的な鋭さがない代りに、どこまでも独断的な断定を避け、慎重に一歩一歩、経験を手がかりとしながら思索を進めて行く手堅さがある。彼は親しい友と語り合う事を何より好んだが、その際、メーシャム夫人によれば「彼ほどすこしも権威ぶらず、独断的なところのない人は居ない。彼ほどひとが自分の意見に反対しても怒らぬ人は居ない。」（R. I. Aaron, John Locke, 1937, p. 50）自由な討議と他説に対する寛容という自由主義の要請はロックが身を以て実践したところであつた。また彼は家計簿なども細大もらさずにつけていたらしく、そうした点は実にきちんとしているが他面決して情緒に乏しい冷やかな性格ではなく、ユーモアを解し友情に厚かつたという。むしろ、彼と親しかつたピエール・コストによると、ロックは本来はきわめてエモーショナルな人間ですらあつた。『エッセイ』などの著に見られる散文的なまでの冷徹さは、従つて完全に意、図的なそれとして理解されるのである。

ジョン・ロック――ここに近代イギリスの典型的なジェントルマンが立つている。

後記

本稿は嘗て某誌に連載された「近代思想の系譜」における筆者の担当を果す目的で執筆した旧稿をもととして、それに若干の補筆を加えたものである。全体が解説風の体裁になつているのはそのためである。当時はまだロックの "Two Treatises" も訳されていなかつたので、この案外読まれていない政治学上の古典を幾分でも紹介するという意味も兼ねて書いたのであるが、その後二種類も翻訳が出たので（松浦嘉一氏のと、鳥井博郎氏、但し全訳かどうか詳にしない。）今日（一九四九年）はそうした意味もあまりなくなつてしまつた。しかし目下のところ全体の構成を根本的に書改める余裕もないので、不本意乍ら殆ど旧稿の体裁のまま発表した次第である。本特輯号への寄稿の約束をこうした形で果すのは甚だ心苦しく、とくに、辛抱強く締切を延期された編輯部には何とも申訳がたたないが、筆者の個人的事情御諒察の上、御寛恕を請うほかない。学生諸君がロックの原典を読まれる場合、いくらかでも手引になればというのがせめてもの筆者の念願である。

（日本法哲学会「法哲学四季報」第三号、昭和二十四年八月、朝倉書店）

政治学入門（第一版）

1

一昨年でしたか、最高裁判所長官候補の推薦について色々取沙汰されている頃、私の研究室にある大審院の判事が知人の紹介状をもつて訪れました。法学部の一員とはいいながら政治思想史という様な司法関係とはまず縁の薄い学問をやつている私にとつてはむしろ珍らしい来客なので何事だろうと思いましたが、要件をきいて見て更にびつくりしました。もう頭もかなり薄い年頃のその判事がややはにかんだ様な微笑を口もとに湛えながら切り出した話というのは要するにこういう事なのです。今度の最高裁判所長官の詮衡については、司法部内にいかに複雑な動きがあるかは、すでにお聴き及びのことと思う――というのですが、実は私はそうした内情は殆ど知らなかつたのでその旨答えると、その時までの司法部内の動きのあらましを話してくれましたが――とにかく今度のことはいままで少くも表面は政治的無風地帯であつた裁判所内に公然と政治的な策動を導入する結果になつた。各種の自薦他薦運動が部内に入り乱れ、その醜悪なことと見るに堪えない。いままで政治的なことにまるで無経験な司法官が、ひとたびこうした問題に足を突込むとまるで無茶苦茶な権謀術策ぶりである。ことに××派の策動が甚だしい。自分らは××派が勝を制することには反対であり、それを何とか阻止したいが、先方があらゆる下劣な策動を試みているときに、こちらが上品に構えていては到底勝目がない。先方の運動を成功させないためには甚だ不本意だけれどもこちらも相当の思い切つた対抗手段を用いねばならぬのではないかとこの頃考える様になつた。ついては貴下は政治学を専攻しておられると伺つたので、そういう点について何か示唆を与えて頂きたいと思つて伺つた次第である——とまあこういうわけなのです。あまり突飛な相談に何と答えていいか一瞬戸惑つていると、私の困惑の表情を読みとつたその判事は、すぐ畳みかけて「あの、大学の政治学の講義ではそういう政治的な術策のことは教えないのですか」と訊いて来ました。私はすぐさま「冗談じゃありませんよ」と吐き出すように答えましたが、決して冗談を語つていると思えない相手の真剣な眼とぶつかつてハッとして慌てて語調を和らげて、付け加えました——大学で講義する政治学というのは決して所謂政治的な術策ではなく、また現実の政治問題を直接対象とするのでもないこと、むしろ、普通そこでは、政治学の方法論、たとえば政治学がいかにして一個の科学として可能であるか、といつた問題が主要な内容をなしていること、或は人によつては主権の理論とか、議会制度・三権分立・政党・地方自治・直接民主政といつた近代国家の政治組織の概略的説明から、進んで近代民主政に対するチャレンヂとしてのフアシズム独裁政とかボルシェヴィズムなどを問題にするが、いずれにしてもそれを学んだところで別に政治家として必要な基礎知識に事欠かないというわけでなく、またそれを目的としてもいないということ、だから折角の御訪ねだがあなたの問題に答えるにはおそらく大学の研究室は最も不適当な場所だということこういつた事を縷々説明して諒解を求めたのです。それでも何だかあまりそつけない様な気がしたものですから、私は「まあ是でも御覧になるといくらか参考になるかも知れません」といつて、マキアヴェリの『ディスコルシ』（『ローマ史論』という題名で訳されています）と『君主論』を貸してあげたようなわけでした。

　私がこの小さなエピソードを最初に掲げたのは、この判事の話の中には政治学という学問を考える上に実にいろいろな重要な問題が含まれていると思つたからです。しかしそのことに入る前に、一寸傍道ですがこの話の後日譚を序でに披露して置きましょうか。それから暫くして問題の長官も決定し、私も毎日の仕事に追われてその後の経緯がどうなつたかなどということは別に気にも留めなくなつた頃、或日研究室に出勤すると、机の上に一通の封筒と新聞包が載つていました。見ると例の判事さんの置手紙で、新聞包はいうまでもなく私の貸してあげたマキアヴェリの本です。達筆で走りがきしてある文面の趣旨は、いつぞやは突然御邪魔して大変失礼した、拝借した書物はまことに興味深く読み、眼前の動きと照しあわせて実に参考になることが多かつた。まあとにかくわれわれの心配した様な結果にならず無事に済んだので、大変遅れて申訳ないけれども今日書物返却旁ゝ御挨拶に伺つた次第である。御目にかかれなくて残念だが今後ともよろしく——という様なことでした。私はあの時「何か御参考になれば」とは言つたものの、むろんルネッサンス時代のイタリー自由都市のために書かれた書物が当面の事態の解剖に役立つと思つたわけでは毛頭なく、むしろ苦しまぎれの御愛想で貸したのですが、こう正面きつて感謝されて見ると、お世辞とは思いながらもなにかこそばゆい様な感じで、もし万が一、本当にマキァヴェリのあげた諸原則が、最高裁判所長官候補の推薦をめぐる司法部内の動きに生きた適用を見出したとしたなら、これは一体どうしたことなのかなどと考えながらひとりで首をかしげたり苦笑したりしたことでした。

さて本題に戻つて、政治学という学問を政治的な駆引の仕方を教える学問か何ぞのように思つたということは、ちようど商法の学者に「先生の様な学問をして居ればさぞ金儲けは上手になるでしような」とたずねたという話と好一対のように見えますが、私達は決してこの判事の非常識をわらう事は出来ないのです。第一、商法を金儲け法と間違う人はまず知識階級のなかにはいないと思いますが、政治学とは一体どんな事をする学問かときかれて即座に一応の返答の出来る人は自然科学といわず、文化科学を学んでいる人でもあまりいないのではないかと想像します。これは実は答えの出来ない方があたりまえなので罪はむしろ政治学の方にあるのです。政治学というのはそれほど輪郭や方法のハッキリしない学問なのです。試みに政治学者といわれている人を一人々々つかまえて、上の様な質問を出して御覧なさい。恐らく同じ名前の下にこれほどちがつた内容が理解されている学問があるだろうかと呆れるのがオチです。極端な言葉をつかえば政治学者の数だけ政治学があるとさえいえるでしょう。私が上の判事に話した大学の講義内容というのも凡そこんな問題が扱われるという大体の見当だけで、実は答えになつていないのです。例えば議会制度や地方自治といつたつて、国法学や憲法・行政法の対象でもあるわけで、決して政治学の独占ではありません。問題はむしろ、同じ議会制度なら議会制度を政治学はどういう角度から、どういう方法でとりあげるかというところにあるのですが、そうなつて来るともう政治学者の間でも忽ち意見が分れて第三者にはさつぱり公分母が感じられない有様です。社会学などという学問もやはり方法や対象のハッキリしないという点ではまず他にひけをとらない方ですが（之に就ては本書の社会学の項で触れられるでしょう）、社会学は何と言ってもまだ若い学問でやつと十九世紀になつてから生存権を主張しはじめたわけですから無理もありませんが、政治学というのは逆に社会科学のなかではもつとも伝統の古い学問で、まだ今日の意味での法律学も経済学もなかつたギリシアの昔からちやんと立派に存在し、むしろその頃はいちばん威張つていた学問です。プラトンやアリストテレスの国家学乃至政治学は夫々二人の雄大な思想体系の頂点に位置しています。政治学（Politics）という言葉自体、ギリシャの都市国家の名称であるポリス（polis）から由来しているわけです。そんなに由緒ある学問でありながら、数千年を経た今日に至つてもまだ精緻な理論構成をもつた隣接社会科学と肩をならべるだけの纒まりも科学性も持たないというのが偽らない実状です。とくに日本ではまた一段とこの学問が未発達で、すぐお隣りの法律学が——といっても私のいうのは法律解釈学のことですが——明治時代からぐんぐん隆盛になつていち早く世界的水準に達したのと実に顕著な対照をなしています。日本でなぜこの様にとくに政治学がひ弱い生長しか遂げなかつたかということにはそれなりの事情があり、それについては此処で触れる暇がありませんが、しかし政治学が他の社会科学に較べて、一番長い歴史をもちながら一番足踏みをしている学問だということはヨーロッパやアメリカでも共通に認められている事なのです。現に「政治学は今日なお石器時代にある」などと言つている学者もある位です。上の様な判事の質問が出るのは政治学の内容が殆ど常識化されていないこの国なればこその現象かもしれませんが、いちばん政治学が盛んで、その関係の書物が多く出版され、しかもそれが学者だけでなく一般市民にも広く読まれているアメリカでさえ、政治学がどの程度まで科学的客観性を持ちうるかということや、政治学に固有な方法が果してあるかといつた様な、いわば最も原理的な問題が今日にも絶えず蒸しかえし論議されている状態なのです。政治学を学ぼうとする人はまず自分が取組もうとしているのはこうしたいわば頼りない学問なのだということをしつかり自覚してかからなければなりません。(1) 例えば経済学ならアダム・スミスの国富論と、マルクスの資本論を読了しただけでも、まあ兎に角経済学を勉強した人として通用しますし、資本主義経済機構の根本はそれだけで一応理解出来ます。(近代経済学の人には叱られるかもしれませんが。) 政治学にはこういつた意味での「便利な」古典というものはありません。J・ロックの『民政二論』(Two Treatises on Civil Government, 1689) やJ・J・ルソーの『民約論』(Du contrat social, 1762)、J・ベンサムの『政府論断章』(Fragment on Government, 1767)、D・トクヴィルの『アメリカ民主政』(La Démocratie en Amérique, 1835–40)、J・S・ミルの『代議政体論』(Representative Government, 1863)、T・H・グリーンの『政治的義務の諸原理』(Lectures on the Principles of Political Obligation, 1895)、W・バジョットの『物理学と政治学』(Physics and Politics, 1869)、J・ブライスの『近代民主政治』(Modern Democracies, 1921) というような書物はそれぞれ近代デモクラシーを理解するために是非読まねばならぬ政治学上の「古典」ですが、それらは決して『資本論』を註解書と首つ引で学んで行くといった意味での包括性と普遍性を具えた書物ではなく、この中のどれか一冊か二冊を読んで政治学を卒業したというわけにも行きません。政治学の研究者はいわば近代的なビルディングの立ち並んだ都市の真中で石器時代の仮小屋に住んでコツコツと土台石から造り上げて行く覚悟が必要です。こうした辛労とバツの悪さにめげない者だけが、途中で裏切られたり失望したりすることなく、この途を最後まで歩み通すことが出来る人です。

（1） 政治学が科学としての客観性を持つためにどういう障害と困難があるかということについては私はさきに『科学としての政治学――その回顧と展望』(『人文』第二号) で簡単に触れておきましたから、ここでは略します。なお、日本の政治学の発達を制約した歴史的諸条件とそれを克服する方途については最近蠟山政道氏の『日本における近代政治学の発達』というすぐれた研究が出ました。

2

さて次には愈々政治学はどういう問題をどういう方法で取上げて行くべきかということを述べなければならない順序ですが、この短い論稿のなかで政治学の取り上げるさまざまの内容を洩れなく解説するなどということはとても不可能です。しかも上に述べた様に政治学の対象というのは極めて漠然として居るのですから一応私の考えで洩れなく問題だけでも列挙したとしても、ある人が見たら重要なテーマが落ちているでしょうし、他の人が見たら、とり上げるに値しないテーマが入っているという様な結果になるでしょう。それでここでは議会制とか政党論とかいった個別的な対象をそれ自身として論ずることは一切止めて、ごく一般的に、「政治」という分った様で分らない「怪物」をつかまえる手掛りとして、政治の最も普遍的な、最も一般的な構成契機は何かといった問題を考えて見たいと思います。その方が政治学概論ではなく、政治学入門であるべきこの小論にヨリふさわしい行き方だと信ずるからです。むろんそれについても決して「普遍妥当的」な解答があるわけではなく、自然私の独りぎめになってしまうことは覚悟の前ですが、大体がごく一般的な問題ですから、勝手に政治学の具体的な対象範囲に区画をつけるのよりはまだしも個人流儀が許されるでしょう。

私は「政治」の構造を考えて行く上に、まず日本の過去の有名な政治家が政治についてたまたまの機会に語った箴言を挙げてそこから論を進めて行くことにしましょう。

まず第一に、「政治は力である」という定義があります。これは最初の平民宰相といわれ、遂に東京駅で凶刃に倒れた原敬の言葉です。次に「政治は倫理である」――これは台湾の経営、日ソの国交調整に尽した事や関東大震災の復興計画などで有名な官僚政治家後藤新平の言葉です。最後に「政治は妥協である」――この言葉は政友会↓政友本党↓民政党↓新党クラブ↓政友会と政界を渡り歩いてそのために政界夢遊病者などと悪評を受けた床次竹二郎が言ったことです。この三様の政治についての考え方はそれぞれ三人の政治家の人格や行動と関連させて理解するとなかなか含蓄があるのですが、そんなことはともかくとして、この三様の把握はいずれも「政治」の本質的な契機に触れており、三者相俟つて「政治的なるもの」の構造をよく表現していると考えられます。すなわち第一の原敬の定義は政治の権力的な側面を示し、第二の定義は文字通り政治の倫理的な側面を示し、第三の定義は政治の技術的な側面を示しています。この権力と倫理と技術という三つの次元が一つの立体を構成するときそこに真の意味での「政治」が現われるのです。この夫々の次元が政治学の上にどういう意味をもち、どんな問題を含んでいるかということを次にごくかいつまんで述べて見ましょう。

イ、権力としての政治（Politik als Macht; political power）

これはひとが「政治」について最も連想しやすい側面です。政治はなによりも権力です。権力はいわば政治の体軀です。従つて政治学にとつては政治権力の分析ということは不可欠の課題になります。政治権力とは何か、政治権力を他の種類の社会力（例えば経済力とか私人の行使する暴力）などと区別する契機はどこにあるか、というような問題がまず浮び上つて来るわけです。ところで権力は具体的には支配（Herrschaft）として現われます。権力が一定の地域においてそこに住む人間を継続的に支配することに成功したとき、裏からいえば、一定の地域の人間が一定の権力に対して継続的に服従する関係が成立した場合、われわれはそこに政治団体（political association, Politischer Verband）の発生を認めることが出来ます。われわれが今日見る様な国家というのはこの政治団体の典型的なものですが、決して政治団体と同義語ではなく、政治団体の一つの歴史的形態です。さて、どんな政治団体でも、その歴史を昔にさかのぼつて行くと、遂にはその内部に支配機能の専門的分化がなく、成員の地位がつねに全く平等で、その結合が血縁を基礎にしているような氏族共同体（tribe community, Sippengemeinschaft）に逢着します。こうした氏族共同体がいかにして崩壊して、血縁的結合が漸次地縁的結合に変り、その内部に支配形象（Herrschaftsgebilde）が樹立されるようになるかということは、きわめて困難な古代史の課題でいろいろ論争がある点ですが、政治学ではそれをまさに政治権力の発生の問題として取上げるわけです。この場合決定的な標識《メルクマール》は、物理的強制（暴力）が組織化されて一定の人間（支配者）の手に集中するということで、政治権力はこうして組織化された暴力を独占することによつて、なによりまず対外防衛と対内秩序の維持という任務を専門的に担当する様になります。太古の簡素な政治団体から今日の複雑に発達したそれに至るまでその支配機構をギリギリの所まで裸かにして行くとそこには必ず、この様な組織化された暴力が現われます。今日の国家においては軍隊と警察がつまりそれです。こういう物理的強制の手段を持たなくては政治権力ということは言えないのです。という意味は誤解しては困りますが、政治権力はつねに物理的強制手段を行使して支配するということではありません。それどころかしよつ中、軍隊と警察を使わなければ支配目的が達せられない様な政治権力は政治権力としては落第です。刑務所が満員であることは国家の名誉ではなくして不名誉です。その意味で政治が効果をあげているかどうかは「夫々の場合における暴力の行使量によつてではなくして、むしろ暴力が避けられ他の代用物が発見せられる度合によつて定まる」（C. Merriam, Political Power, 1934, p. 21）といえるでしよう。（この問題は後の「技術としての政治」に関係します。）にも拘らず、物理的強制手段をいわば切札として持つているということがどこまでも政治権力の特性であり、他の方法が用をなさない場合、それはつねに最後の手段 (ultima ratio) として発動されるのです。（参照、M. Weber, Wirtschaft und Gesellschaft, 1 Teil, Die Typen der Herrschaft, S. 29）

右の様な観点から政治権力の歴史的発展をふりかえつて見ますと、ますます広い地域の人間が単一の政治権力の支配に服従するに至り、それに応じて権力の組織性がますます高度になつて来た事が分ります。つまり政治団体の外延の拡大化と内包の集約化とが併行しているわけです。それを裏付けているのは生産力と交通形態（コミュニケーション）の発展です。たとえば日本でいえば、徳川時代は既に封建社会としては最高度に組織化された政治的秩序を持つていましたが、それでも御承知のように親の仇を討つという様な慣習が公認されて居りましたし、また親が子を懲戒する権利とか、夫が姦通した妻を現場で殺害する権利とかが法的に認められて居りました。これは今日において国家権力に集中している刑罰権がまだある程度家族団体に留保されていた事を示しています。それだけ、政治権力の駆使しうる技術的手段が生産力の低位に制約されて狭隘だつたわけです。ちようど封建的な地方的割拠が今日のように民族国家に統一される様になつても、国際社会に単一の政治権力が打建てられるまでは、国際社会の秩序維持のための物理的強制手段（軍備）は依然として各個別国家の手に残されて居り、従つて、戦争という直接的暴力行使が国際法のなかに公然たる地位を占めざるをえないのと同じことです。国際社会の組織化とか世界国家とかいうことが今日のやかましい問題となつたのも、コミュニケーションが世界的な規模で発展して、民族国家という政治団体の歴史的形態がもはや現実の事態に適応出来なくなつたからで、単に道徳的乃至は宗教的な要請ではないのです。それで今日では政治権力の問題は単に国家内部の支配関係だけでなく、同時に国際政治学の課題として考察されなければなりません。

それはともかく、上の様に物理的強制手段を独占していることによつて少数者の多数者に対する支配が可能になります。政治権力は具体的にはつねに少数者の手に握られています。（これを少数の法則 Das Gesetz der kleinen Zahl といいます。）これは古代の専制国家であろうと、ブルジョア・デモクラシー国家であろうと、或は「プロレタリア独裁」国家であろうと同じことです。こういう相違は、少数の支配者と多数の服従者との関係のしかたつまり少数者の権力がいかにコントロールされているかのちがいであつて、現実の政治権力の把握者はどんな場合にも少数です。その意味で「多数が支配し少数が服従するというのは自然に反する」というルソーの言葉（『民約論』第一部第四章）は永遠の真実であり、デモクラシーを多数支配と呼ぶことは、一つの擬制《フイクシヨン》――ただきわめて有意義な擬制――にほかなりません。さてそれでは一体どういうわけで多数の人間が少数者に物理的強制手段の独占を許しているのでしょうか。昔から今まで世界中到る処、少数の人間が多数の人間を服従させているということは考えて見ればまさにラスキのいうように「驚愕すべき現象」“The striking phenomenon”(Grammar of Politics, p. 21) ではありませんか。早い話が、ギャング団の行使する暴力は誰でも不当な暴力という印象を持つのに、警察官の行使する暴力――というのはむろん個人的暴力ではなく、国家機関として行使する暴力の意味ですが――は通常の場合には当然視されるのは何故でしょうか。私はさきに暴力の組織化ということを政治権力の重要な標識として挙げたわけですが、今日の様に発達した国家の中でも大規模なギャング団などは随分それなりの組織と秩序を持っているものもあります。にも拘らず、それはやはり一般にアブノーマルな権力と看做されています。ですから政治権力は単に暴力を組織化することによってだけでなく、同時にそれをその政治団体の内部での唯一の正常な暴力と認めさせることによってはじめて多数者を支配しうることが分ります。ではこの正常な暴力と不当な暴力とはどうして判別されるのですか。法律的な立場はそれに答えるのに、暴力が法に依頼した、つまり合法的なものであるかどうかという規準を以ってするでしょう。しかし政治学としてはその答にとどまっていることは出来ません。なぜなら、ある場合には非合法の暴力が従来の合法的な暴力に代って自らを合法的な暴力に高めることに成功することがあります。革命とかクーデターはそれです。そうすると、古い合法性をもった政治権力はもはや正常なものと看做されなくなります。ですから、形式的な合法性（Legalität）という観点をさらに突進めて行けば、必ず政治権力の実質的な正統性（Legitimität）という問題に到達するのです。政治団体の多数の成員は、彼等を支配する少数者に対してなんらかの実質的な正統性的根拠を認めているからこそ、彼等に甘んじて物理的強制手段の独占を許しているわけです。その意味ですべての政治権力に対する服従は心理的な服従で単に物理的な力に隷属しているのではありません。もし大多数の成員が政治権力を自己に対する赤裸の暴力的抑圧としか感じなくなったときはそれこそ、その政治団体は革命の前夜にあるといわねばなりません。むろん、こうした正統性的根拠は必ずしもつねに明白に被治者に意識されているとは限らないでしょう。むしろ権力に惰性的に服従しているのが普通です。しかしその際にも立入って分析して行けば必ずなんらかの――合理的であれ非合理的であれ――正統性がその支配関係に妥当していることが見出される筈です。

こうした政治権力の支配根拠を主な類型に分類することが学者によって色々試みられていますが、ここではそれに立入る暇はありません。例えばM・ウェーバーの伝統的、カリスマ的、合法的という支配類型の有名な区別はまさにこうした正統性を基礎にした分類ですし、同じ様な問題をメリアムは政治権力のマイランダ（Miranda）とクレデンダ（Credenda）というカテゴリーで表現して分析を試みて居ります。これらはむろん「理想型」で、現実の権力がどれかの型にピッタリはまるわけではありません。

ただ大体の歴史的傾向をいえば、政治権力の正統性的根拠は超越的非合理的なもの（例えば天命とか神による授権とかいった）から内在的合理的なもの（例えば人民の同意という様な）に漸次推移して来たということがいえるでしょう。二十世紀初頭の多元的国家論（Political Pluralism）はいわば正統性の合理化を最も極端に押しつめた考え方として出て来たものです。しかし実際の政治はもっとジグザグな進み方をするものでウェーバーの所謂政治的支配者の「カリスマ」（例えば独裁者の非凡な能力に対する民衆の信仰）が今日でも大きな役割を占めています。ともあれこの正統性の観念を枢軸として、政治権力がいかなる条件の下に安定し、いかなる条件の下に変革されるか、権力がいかに編成され、いかに分配されるか、更に権力を獲得しようとする運動形態にはどういうものがあるか――といった問題が次々と登場して来るわけです。政治学はどこまでもリアルな批判的な態度でこうした問題を解いて行かなければなりません。

ロ、倫理としての政治（Politik als Gerechtigkeit, political justice）

権力としての政治が政治のリアルな契機だとすれば、これは政治のアイディアルな契機です。政治的正義ということはプラトンの昔からつねに政治の究極の価値規準として掲げられて来ました。この問題はすぐ前に述べた政治権力の Legitimität ということと関係はありますが同じ問題ではありません。一は、政治権力が事実上ジャスティファイされる理由の問題であり、他は政治権力の奉仕する客観的な価値の問題です。どんなに客観的には正義人道に反した政治権力でもそれが継続的に一定の被治者を服従させている限り、それは被治者の心理のなかになんらかの主観的な根拠づけをもっている筈ですから……。従って倫理価値の客観性を全く否定し、正義人道などというものはすべて政治権力が真の支配目的を隠蔽するための装飾であり、偽瞞であるという立場をとる限り、この第二の契機は単なる仮象にすぎず「イデー」ではなくしてもっぱら「イデオロギー」だということになり、第一の権力的契機のなかに解消してしまいます。政治を赤裸々な権力闘争とのみ見る、いわゆる実力説（Machttheorie）と呼ばれる立場がそれで、国家論や政治学の上でもソフィスト以来しばしば説かれる主張です。新らしい所では、L・グンプロヴィッツ、F・ラッツェンホーファー、F・オッペンハイマーなど墺太利に興った社会学的国家論（Soziologische Staatslehre）がほぼ典型的に代表しているでしょう。ところがこうした考え方を論理的に貫いて行くと遂には「勝てば官軍」というシニカルなニヒリズムに到達してしまい、凡そ文化に対して積極的な態度決定をすること自体が無意味なものとなりますから、実はこの立場はそれほど純粋な形で現われることは稀なのです。たとえば初めの方で私があげたマキアヴェリの書物などは一見すると政治からあらゆる倫理的な契機を抜き去ったように見えますが、実は彼の思想のなかには virtù というまぎれもない政治的倫理が核心を占めています。またマルクス主義国家論（例えばレーニンの『国家と革命』）にしても凡そ一切の既成の政治権力のまとう道徳的宗教的仮面をはぎ、そのイデオロギー的性格を暴露することにかけては無慈悲なまでリアリスティックですが、実はそのリアリズムがそのまま未来の社会における真の人倫の実現に対する火のような渇望と、それをめざす実践への強烈なエネルギーに転換するところにその歴史哲学の真の特徴があるわけで、いわばそこには政治の倫理的契機が最も逆説的《パラドキシカル》に表現されているのです。こういう様に昔から大きな意味をもつた政治思想は正面からであれ、或いは裏口からであれ、結局倫理的なものを自らの立場のなかに導入しているということは、政治が究極において倫理的価値にかかわっていることを示しています。といつてもこの場合の倫理というのは決して個人倫理（Privatmoral）のことではありません。むしろ個人倫理の次元が超克されるところに政治の次元がはじまるので、マキアヴェリが近代政治学の最初の樹立者といわれる所以もそこにあるわけです。政治的行動を特色づける外面性や集団性はそもそも個人倫理の立場とは相容れないものです。カントが道徳的善を次のように基礎づけていますが、ちようどこれを裏返しにしたのが政治的行動の原理だとさえいえるでしょう。

「善なる意思はそれが与えた影響とか齎した結果によつてではなく、なんらかの措定された目的に到達する能力のあるなしによつてではなく、ただ意思することによつて、つまりそれ自体として善なのである。……最大の努力にも拘らずその意思によつて何事も遂行されず、単に善なる意思のみが残つたとしても（むろん単なる希望という意味ではなく、われわれの力で可能なかぎりの一切の手段を尽すという意味でいうのだが）、それは恰も宝石のようにそれ自身だけで輝きを放つており、己れの全価値を自らの内部に持つているのである。役に立つとか効果がなかつたとかいうことはこの価値に何物をも加えず何物をも減じない。」（Grundlegung zur Metaphysik der Sitten, 1ster Abschnitt）政治的行為はこれとまさに逆に、善なる意思だけでは無意味で外部的に影響を与え客観的に有効な行為だけが勘定に入ります。「成功は政治の絶対目的である。」（ラッツェンホーファー）従つて政治的責任はもつぱら結果に対する責任であり動機の善はなんら政治的責任を解除しないのです。いな善なる意思すらも政治目的のための手段として利用されます。「国のために死ぬ」というのは個人倫理の立場であり、政治は戦争においてそれを「国のために殺す」行為に転換させるのです。こうした「政治」の苛烈な法則、政治的次元の独立性が一切容認された上で、なおわれわれはヨリ高次の意味で政治における倫理的契機について語らねばなりません。いかなる万能の政治権力もその前に頭を垂れなければならない客観的な倫理価値があり、それを全く無視して存続することは不可能です。古から今日まで現実の政治史というのは、抽象的なアイディアリストが考えるほど正義や人倫の実現をめざして発展して来たものではむろんありませんが、さりとて単に「勝者の正義《マイト・イズ・ライト》」という命題の実証されて行つた過程ともいえません。そこにはヘーゲルのいう「歴史における理性」（Vernunft in der Geschichte）が抗い難く貫徹されております。客観的正義に対する畏敬を持たず自己の上になんらの道徳律を認めない傲慢な政治権力は一時いかに隆盛を誇ろうとも必ず歴史の審判の前に潰え去ることは最近の世界におけるファシスト独裁国家の運命がなによりよく物語っています。「少数の人を永久に瞞すことは出来る、多数の人を一時瞞すことも出来る、しかし多数の人間を永久に瞞すことは出来ない」というリンカーンの言葉、或はまた、「目的は手段を神聖にするというのは正しくない。手段は真の進歩のためにはむしろ目的よりも重要だといえる。というのは目的というのは……人間相互の外部的な関係を変えるにとどまるが、手段の方は正義のリズムによるか暴力のリズムによるか、そのどちらかによつて人間精神を形づくるからである。もし後者すなわち暴力によるとせば、たとえどんな形態の政治であろうとも強者の弱者への抑圧をとどめえない。これこそ私が革命の時の方が平時よりも却つて道徳的諸価値の擁護を必須と見做す所以である」というロマン・ロランの言葉はそれぞれ最も簡潔に最も美しく、政治における倫理的契機を表現したものといえましよう。現実の政治は一方の足を権力に、他方の足を倫理に下しつつ、その両極の不断の緊張《シユパンヌング》の上に、進展して行くのです。

ハ、技術としての政治（Politik als Kunst, political technique）

これは政治が最も具体的に現象する面です。政治を一つの技術として把えるのも随分昔からある見方で、むしろ十七世紀以後、ヨーロッパ大陸の近代政治学はまずこうした政治技術論として発達して来たのです。それは当時の絶対主義国家の支配技術の問題として、国家術数（Staatsklugheit）という名で実際政治家によつて考究されました。その伝統がずつと残つていて、例えば、イェリネックの一般国家学（Allgemeine Staatslehre）などでも理論的国家学という名の下にいわゆる法律学的な国家論と社会学的なそれとが理解され、之に対して政治学は実際的或は応用的科学として「技術学」と呼ばれて、一定の国家目的を達成するのにいかなる手段が適合するかという実用的な問題を取扱うものとされて居ります。ですから、某判事が政治学を権謀術数を教える学問だと思つたということは、この意味からしても決して全くの見当ちがいではなく、むしろそれが本来大陸政治学の伝統だつたことが分ります。またもしマルクス主義政治学という様なものがその国家論と一応別に打建てられうるとしたならば、そこでは恐らく革命の戦略戦術という政治技術論が圧倒的に重要な役割を占めるだろうと思います。マキアヴェリの著作にしても結局、外国勢力の介入によつて四分五裂したイタリーの統一のための戦略戦術論に尽きるといえるでしょう。

　政治における技術的契機は、政治の最後の切札としての暴力の使用を最少限度に節約して政治的組織化の目的を最大限度に達成しようという「権力の経済」の要請から生れたものです。政治家が一般民衆に対し、政党指導者が政党員に対し、夫々自己の権力への服従を確保するために駆使する手段、或は、反対政治権力の指導者と大衆とを切り離すために用いる術策、更にまた国際間の外交政略等はすべて政治的技術の研究のための広汎尨大な素材を提供しています。それではそうした千変万化の方《テク》策《ニック》が何故一定の法則的考察の対象になるのでしょうか。それはつまりそうした政治的技術というものは結局、人間を動かすという共通の目標をもつており、人間の行動様式そのものに一定の規則性があるからです。

政治的価値は上にも述べたように効果本位ですから、政治は人間を把握するために、人間心理のあらゆる構成要素を自由自在に利用します。しかもその対象となるのは個人ではなく集団ですから、政治的な働きかけの有効性は、その集団成員の精神的レヴェルの最大公約数によつて限界づけられます。そこに人間集団の状況反応に、時代の相異をも超えた類型性が生れて来るゆえんがあります。だからこそマキアヴェリはローマ史の史実を材料としてそこから政治行動の諸原則を抽出しえたのであり、従つてそれがまた四世紀も後の日本の或る政治的状況に生きた適用を見出したとしてもそんなに驚くには当らないわけです。『ディスコルシ』の第一巻三九章とか第三巻四三章などを御覧なさい。そこには人間の行動様式の恒常性従つて法則性が繰返し強調されています。

むろん今日の政治技術の問題はマキアヴェリの時代と比較にならないほど複雑になりました。社会的な分化が進めば進むほど、人間と人間の感性的直接的な接触は、組織を通ずる媒介的関係に変りますから、政治技術においても個人的な手練手管が物をいう余地は少くなります。（逆にいえばそうした個人的陰謀や「腹芸」がまだ一応の政治技術として通用する社会はそれだけ近代化されていないという証拠です。）とくに産業革命以後とどまることを知らないコミュニケーションの発達は、政治権力の駆使する技術をも驚くほど高度化しました。ラヂオ・新聞・映画・テレヴィジョン等あらゆる科学的技術の成果が政治的宣伝のために動員され、屋外集会やデモンストレーションが新らしい政治的統一のシンボルとして、原始的な祭祀や儀礼に代る地位を占めるようになりました。「権力の経済」は極度に進歩して今日の民主主義国家では、物理的強制手段の占める地位は心理的強制手段のそれによつて殆ど圧倒されている様な実状です。アメリカの政治学において「宣伝」とか「世論」とか其他いろいろの選挙技術の研究が最も発達しているのは現代の政治における技術的契機の重要性をなによりよく示しています。

しかも技術としての政治を問題とする場合、今日はもはやこのような狭義の政治技術だけをとり上げているのでは足りません。現代のように政治目的自体が警察と国防という様な単純なものから飛躍的に拡大し、行政機能が交通・衛生・産業・土木・教育・宗教といつた社会生活のあらゆる面に網の目のようにはりめぐらされるようになると、いわば政治全体が著しく社会技術としての性格を帯びて来ます。そこでは自から政治学の体系も国法学と結びついた権力論が背景に退いて、市民生活と日常的に接触する技術的側面が重視され、むしろ行政学と癒着するようになるわけです。こうした傾向が最も顕著にあらわれているのはやはりアメリカです。例えば最近一部の翻訳が出たC・メリアムの『体系的政治学』(Systematic Politics, 1945) を御覧なさい。いきなり最初に「統治の基礎」として提示されているのは人格の調整 (personality adjustments) という問題です。そこでは内省的人間と外向的人間、劣性複合《インフェリオリティー・コンプレックス》と優性複合、マゾヒストとサディスト、強迫観念症とヒステリー症というような人格のさまざまの類型が挙げられ、今日の政治の問題が昔のように善人と悪人といつた簡単な人間類型論ではなく、むしろずっと複雑な性格間の利害や価値体系の錯綜から出発しなければならない所以が強調されています。そうして更に進んで階級とか、圧力団体《プレッシャー・グループス》とか、宗教団体とか少数民族とかのさまざまのグループの間の社会的調整が論じられるのです。そうして政治家というのはメリアムによると、「社会を構成している孤立した技術家《テクニシャン》（ここではむろん本来の意味でいわれている——丸山）と多忙な消費者との間に立つブローカー」(op. cit. p. 330) だということになります。階級闘争とか、人権闘争とか敵味方の区別とかいうことから出発するドイツ政治学とは何と調子のちがうことでしょう。しかもメリアムはアメリカ政治学者の中では政治権力の理論づけに最も意を払っている学者の一人なのです。私はアメリカ政治学の方法論においてテクノクラティックな考察の肥大とともに政治の権力的、乃至暴力的契機が動もすると軽視される傾きがあるのは、政治学としてはやはり一面的であると思うのですが、しかしそれはそれなりにこの国において、政治が社会技術としての面を百パーセントに発揮している現実を反映しているわけです。

さて以上でごく簡単に政治を構成する三契機とそれぞれの問題の所在をスケッチして見ましたが、それでは一体この三契機は相互にどういう関係に立つのでしょうか。さきに私は政治が権力と倫理の緊張の上に進展すると述べましたが、それが緊張関係を保ちつつ、決して分離しつ放しにならないのは、まさに第三の「技術」的契機が両者の対立を不断に媒介しているからです。権力が政治の現実 (Realität) であり、倫理が政治の理念 (Idee) であるとすれば、技術はこの現実を理念に媒介する機能（Funktion）だといえるでしょう。技術としての政治がその媒介機能を十分に果してこそ、政治における理念と現実はよく平衡を保ちうるのであつて、それが欠けると、政治的思惟はシニカルな権力万能主義と、まるで現実ばなれした抽象的理念への耽溺との間を急激に往復して安定性がなくなってしまいます。それは個人たると国民たるとを問いません。アングロ・サクソンが政治的国民だといわれる所以はつまりこの権力と倫理との不断の媒介に長じているという事なのです。この点で、トーマス・マンが今次大戦におけるナチ独逸崩壊の直後に、ドイツの国民性について反省した一論稿『ドイツとドイツ人』"Germany and the Germans"は深い示唆を与えます。そこでマンは政治が一方において悪魔的なものに触れながら他方において道徳、理想に連なつて居り、その意味ですぐれた政治家は必ず良心と行動、精神と権力との統一をいかにして守るかを本能的に知つていることを述べた後、ドイツ人の政治観をほぼ次のように説明しています――こうした精神と権力との関聯のなかに不断に身を処して行く術をドイツ人は偽善と看做す。「内面性」を重んずるドイツ人が政治を見るときはもつぱらその悪魔的な面から、虚偽、虐殺、欺瞞、暴力――というようなものとして眺める。そこでドイツ人は自ら政治をする立場に立つとしばしば自分が悪魔になり切らねばならぬと思い込む――マンはあれほど傍若無人に政治的ニヒリズムを代表したナチに対して、多くのドイツ人が圧倒的な支持を惜しまなかつた精神的な根拠をここに求め、そうした考え方の精神史的な系譜を探つているのです。むろんマンの解釈はナチの制覇した原因の説明として見ればきわめて一面的かつ抽象的ですが、英米政治家の偽善に対するドイツ人の本能的な反撥が実はドイツ人の政治的未熟さに由来していることの指摘はさすがにマンの眼の確かさを示しています。個人の場合でも、平素全く政治的環境から遠ざかつている人、或は日頃政治的訓練を蔑視している人がなんらかの拍子に突如政治的世界で行動する機会を持つと、往々職業政治家を唖然とさせるようなエゲツない権力主義者に変貌することも同じ根拠に基づくわけです。政治的技術を不断に駆使している「現実」政治家はこの点かえつて権力行使や「権謀術数」の限界性を意識する機会が多いのです。

3

「政治」というものは以上の様につねに三つの側面を持つているものですが、その相互の比重関係は環境と状況によつて不断に変動します。そこに一つは、「政治」の科学が直面する大きな困難があるのです。またそれぞれの国家の歴史的な発展様式の相異によつてその国の政治構造において或は権力的契機が圧倒的意義をもち、或は技術性がずつと表面に出て来ることは右の簡単な説明のなかからも理解出来ると思います。そうして政治学というのも結局夫々の国家の政治的現実に根ざしつつ発展するものですから、どうしても政治学には一種の国民的個性の色彩が濃くまつわり付く事になり、それだけ問題意識自体の普遍性が乏しくなるわけです。例えば前述したF・オッペンハイマーの系統を継ぐG・ザロモンは、やはり、「理念と行動との相関関係は政治の必然的前提である」ことを認めなから、政治学の現実的任務を述べる段になると次のように言っています。

「迷信・魔法・悪魔狩り・異端訴追——こういったものすべてが政治的イデオロギーの半宗教的世界には現存している。この様な偶像・魔術・幽霊についての知識はただ『啓蒙』(Aufklärung)でのみありうる。従って科学としての政治学は、イデオロギーに関する理論として、仮面を剝ぎ、幻想を曝露する作用をなす。」(Allgemeine Staatslehre, 1931, S. 157) これをメリアムが『体系的政治学』の序文で、「政治の諸過程は、人類が成果も目標もなくただ蛆虫のようにのた打っていることではなく、闇から光へ、隷従から自由へ、漂流から克服へ推移した過程の一部をなしている」(op. cit. ix) といい、その著書の最後の言葉を「自由な世界における——自由な国家のなかでの——自由な人間——こうしたものを未来の政治は齎らすだろう」(p. 345) と結んでいるのと比較して御覧なさい。前者の「政治学」にはなんという陰惨苛烈な色調がただよい、後者のそれにはまたなんという明るい楽観的な展望が開けていることでしょう。これは決してザロモンとメリアムの性格のちがいではなく、結局独墺の政治的現実とアメリカのそれとのちがいにほかなりません。この二人の学者は学問に対する同じ忠実さと真剣さをもって、夫々当面する課題に立向っているのです。もしザロモンがみずからの国の現実に眼をつぶってメリアムの口真似をしたとしたならば、それこそドイツ人にとっては歯の浮くような言葉としか映らないでしょう。このことはわれわれ日本の政治学者がよく心得なければならぬことです。われわれはなにより日本の政治学者として、まず、日本の政治的現実の要求する課題に向って答えなければならないのです。アメリカの政治学がいかに発達しているからといつて、その体系なり構成なりをそのまま模倣した「政治学」が何冊生れたところで、それでこの国の政治学が隆盛になるわけではありません。むろんこういつたからとて私は単に機械的な模倣を排しているので、学問の上での狭隘な「民族主義」を唱えているのでない事は断るまでもないと思います。

最後にもう一つ政治学の勉強についての注意を述べて置きましょう。政治学は究極において「人間学」であり、政治現象をどこまでも人間行動の力学として捉えて行くのですから、今後それが豊かに発展するためには広汎に人文諸科学の成果を吸収せねばなりません。例えば権力的契機の分析に際しては法学・経済学・社会学・民俗学・歴史学などに、技術的契機については心理学・文化人類学・精神病理学・経営学等に夫々依存することが大きいでしょう。そこにややもすると政治学が諸社会科学の雑ぱくな寄せ集めに終る危険性もあるわけです。周囲のビルディングの壮麗さに眼を奪われて、その材料をただ自分の仕事場につみ上げただけでは石器時代を脱出することは出来ないのです。しかし他面において、政治学がその建設準備のためにあらゆる文化領域の錯雑した相互連関のなかに足を踏み入れねばならないのは、現代文明における政治の占める地位から必然に規定されたコースです。この森に分け入る労をさけて、嘗ての新カント派の亜流が試みたように、対象から先験的な政治概念を構成することによつて政治学の自律性を獲得しようとしても、それはせいぜい書斎における学者の体系的趣味を満足させるのがオチです。むろんそうした方法論議も一定の歴史的役割は果したのですが、今後において政治学を研究しようとする者はもはやこうした綺麗ごとではなく、むしろ周囲の社会事象に対して、従ってまたそれを対象とする一切の科学に対して不断に貪らんな眼を輝かせながら、その中に「政治的なるもの」を鋭敏に嗅ぎ付けて行かねばなりません。そうした旺盛な食欲と自主的な消化力によってはじめて政治的現実への逞しい滲透力をもった理論が打ち建てられるのだと思います。

その意味では、狭義の社会科学書だけでなく、文学なども単にディレッタント的な興味で読まなければしばしば最も良い政治学の勉強になります。政治も芸術も全くちがった方法によってではありますが人間行動をトータルに把えようとするものです。われわれはすぐれた文学作品を読んで、一定の状況に対して人間がいかに反応するか、人間の他の人間に対する働きかけ方にはどういう類型があるか、という様なことについて無限の示唆を与えられます。トルストイの『戦争と平和』やドストエフスキーの『悪霊』、『罪と罰』、『カラマーゾフの兄弟』のような作品はテーマ自体が政治学の問題に関連していてそうした点からだけでも、そこらの政治学と銘打った本よりははるかに立派な「参考書」ですが、そのほかに手当り次第に思い付いた作品をあげてみても、例えばアナトール・フランスの『ペンギンの島』は政治権力の発生やその腐敗の諸条件について、同じ著者の『神々は渇く』や、ロマン・ロランの『愛と死との戯れ』其他一連の革命劇は、革命心理について、スタンダールの『パルムの僧院』は絶対主義の支配様式について、トーマス・マンの『マリオと魔術師』は独裁者と大衆の問題についてそれぞれ貴重な暗示を与えてくれます。これはほんの一例にすぎません。いな、凡そ政治的社会的な背景を欠いた恋愛小説からでも、人間相互間の吸引と反撥の諸条件についてなにほどかを学ぶことが出来るでしょう。むしろ問題は、その作品が政治的対象を扱っているかどうかではなくて、そこで人間がいかに立体的に、またダイナミックに把えられているかということにあります。その点、変てこな政治小説や暴露文学はかえつて得るところがありません。要するに政治学の問題は単に議会や閣議や党本部や待合といつた処だけではなく、われわれの周囲に日々演じられている現象のうちに、いなわれわれ自身の行動の裡にいくらでも転がつているということを忘れないで下さい。大事なのはそれを見出し掘り下げて行く態度です。ゲーテが医学について「それは人間の総体を扱うものであるから、人間の総体でもつてぶつかつて行かねばならない」(Die Medizin beschäftigt den ganzen Menschen, weil sie *mit* dem ganzen Menschen beschäftigt.) といつた言葉はそのまま以て政治学に移すことが出来ると思います。（一九四九、八、二五）

（「社会科学入門」（第一版）、昭和二十四年十月、みすず書房）

1950

ラスウェル「権力と人格」(一九四八)

1

H・D・ラスウェルがC・メリアム、T・V・スミス、F・シューマンらと並んで所謂「新シカゴ学派」の驍将の一人であり、フロイトの精神分析学の方法を政治学に導入した先駆者の一人であることについてはここで喋々を要しないであろう。彼の主著たる *Psychopathology and Politics*(一九三〇年) *World Politics and Personal Insecurity*(一九三五年) 乃至は *Politics: Who gets, what, when, how*(一九三六年) などは、その立場に賛すると否とを問わず、苟も政治学の根本問題を論ずるものが一度は通過しなければならない文献に属する。また世論とか宣伝とかいうコミュニケーションの問題や諸種の政治的神話や象徴の研究、乃至は政治における暴力という様な問題に関するラスウェルの実証的研究はつねに政治学界に新鮮な刺戟を与えて来た。彼の業績はイギリスの政治＝社会学界でも漸次注目を浴びている様で、最近(一九四八年)彼の主要な論文を集めたものが、"*The Analysis of*

Political Behaviour" という表題の下に、K・マンハイムの編纂にかかる The International Library of Sociology and Social Reconstruction の一冊として刊行された。我国では夙に戸沢鉄彦教授によってラスウェルの政治的人格の理論がその基底にあるフロイト学説と共に取り上げられたが、その後、彼の立場も少からず変化発展を遂げたにも拘らず、その理論を体系的に叙述乃至解説する試みはもとより、彼の夥しい個別研究も殆んど紹介されていない。要するにラスウェルはわが政治学界の共有財産たる事からはまだ遥かに遠い存在である。

ちなみに彼は現在エール大学の法学部教授の職にある。

ここに紹介しようとする著書は元来ニューヨーク医学アカデミーが毎年主催する「トマス・ウィリヤム・ソルモン記念講義」においてラスウェルがなした講義が基になつたもので、「権力と人格*の力学《ダイナミックス》」というのがオリジナルの題目であつた。(この題の方が一層内容が明確になつていい様な気がする。)そうした由来からして本書は決して大著とはいえないが、またそのためここには彼の理論のいわばエッセンスが含まれており、最近のラスウェルを窺うにはまず好適の著書といえよう。

＊　パースナリティーという言葉はむしろそのまま訳さぬ方がいいほど適訳のない言葉であるが、本書ではあまり頻繁に用いられるので、不適当と知りながら簡便のために「人格」と訳した。

2

本書は本論が十章から成り、それと著者とエイブラハム・ケープランが共同で書いた「権力と勢力について」（On Power and Influence）と題する一篇が付録として収められている。後者は著者の権力論に関する独特の用語や概念について作った精密な定義のリストともいうべきもので、恐らく本論の理解の便宜のために付けたものであろう。本書のテーマとは直接関係のない言葉の定義やあまりに細部にわたる叙述を含むのでここでは本論の展開に必要な限り聞き触れるにとどめた。十章の表題をまとめて掲げると、（一）序論・権力の意味、（二）政治的役割と政治的タイプ、（三）政治的人格、（四）性格と人格の多様性、（五）政治的現実と無意識的なるもの、（六）民主的指導と政策学、（七）民主的人格の形成、（八）指導原理——挑発の減殺、（九）指導原理——積極的行動、（十）資本主義・社会主義及び現在の歴史的時期、以上である。これを更に内容的に見ると、ちようど第五章を境として前半と後半の二部に分けることが出来る。第一章から五章までは、政治的人格、いわゆる政治人（homo politicus）の形成される生理学的、心理学的及び社会的諸条件についての原理的＝分析的考察であり、第六章以下は民主主義社会を擁護し伸長する様な指導者をいかにして育成するかという政策論が中心になつている。著者はこの区別を、観想的な（contemplative）アプローチと操作的な（manipulative）それとして分けている。

つまり前半部を政治的人格の生理学及病理学とすれば、後半部は、予防医学乃至治療医学に相当するわけである。従つてまた本書の湛える色調も前後部でガラリと一変する。前半において著者の叙述はどこまでも対象の冷徹な分析に終始し、いわゆる「客観主義的」であるのに対して、第六章以後においては著しく評価的な態度が前面に現われ、筆致は巻末に近づくに従つて熱情性を加えて行くのである。

まずはじめに、われわれは著者が「権力《パワー》」というきわめて多義的な概念をいかなる意味に用いているかということを見定めて置かなければならない。これは本書では主として第一章「権力の意味」及び付録の「権力と勢力」において述べられているが、そこでの説明は、既にこれまで著者の発表した論著において詳細に展開されている理論や術語を前提としているので以下においては随時、既著からの説明で補充しながら著者の権力概念の輪郭を描いて見よう。

権力関係の前提となるものはまず社会における諸々の価値（values）の存在である。価値とは富（wealth）、健康（well-being）、社会的尊敬（respect）、愛情（affection）、開明（enlightenment）、技能（skill）とかいつた人間の欲求の対象であり、権力はこうした価値をうるための基底《ベース》であると共に、それ自体一つの価値でもある。人間の社会的相互関係はこうした「価値」の観点から見れば各人が既得の価値を失つたり、或はそれを増したり、或は更に別種の価値を獲得したりして不断に浮沈する厖大な過程であるといえよう。その際、ある人間（或は人間集団）又は生活様式（culture）が他の人間又は生活様式の持つている価値を増す場合にはその関係乃至状況を indulgent（以下かりに価値賦与的と訳す）といい、減らす場合には deprivational（以下、価値剝奪的と訳す）という。（cf. *Analysis of Political Behaviour*, p. 203）そうして、人間関係においてある行為の型（pattern of conduct）の遂行が命ぜられ、それに違反した場合に、なんらかの価値の重大な剝奪（severe deprivation）が課せられる事が期待される様な場合、われわれはそこにはじめて権力関係の存在を語ることが出来るのである。価値の剝奪はさまざまの形態をとる。例えば剝奪される価値が権力である場合は官職からの罷免として、尊敬の場合は社会的特権の喪失として、健康の場合は肉体の切断（mutilation）として、富の場合は罰金として、技能の場合は練習の禁止として現われる。こうした価値の剝奪を含む政策《ポリシー》を著者は「決定」（decision）という特殊の言葉で呼ぶ。「決定」は単なる選択（choice）ではなく、どこまでも制裁——即ち価値の剝奪——を現実的若くは潜在的に伴う選択である（*Analysis*, p. 37）。かかる意味での決定の作成への参与がすなわち権力だという事になるのである（Appendix, p. 223）。従つてこの様な権力概念の設定から当然に次の様な帰結が引き出される。

まず第一に、著者の権力概念は一見新奇な用語で蔽われているにも拘らず、違反に対する制裁に決定的な契機を認めることによつて、結果においては政治学や法律学での伝統的な権力概念に著しく接近している事に注意しなければならぬ。著者自身も是を認めている（p. 13）。

しかし第二に、それは所謂国家権力のみを問題とするのではない。こうした把握においては、通常の政府関係以外の広汎な社会関係がとり上げられると共に、逆に政府機関の多くの行為が権力関係からオミットされることになろう。この点で著者の見解は正統派よりも多元論や機能主義に近いといえる。例えばウォール・ストリートやさまざまの圧力団体の行動、一会社の労働者に対する訓練《ディシプリン》、労働組合のピケットなどが、当然考察の対象となる。著者が権力の制度としての government という場合、それは通俗的《コンヴェンショナル》概念での「政府」ではなくて、もっぱら機能的意味でのそれである（p. 14）。

こうした権力の定義づけはむろんそれだけでは未だ抽象的＝形式的でありその具体的な implementation はやがて第二章以下で追々解明されるわけであるが、ともかく著者は権力を端的に decision と考えた方が、B・ラッセルの有名な定義のように権力に「意図された効果の産出」という様な漠然たる規定を与えるより、少くも政治学にとってヨリ有効である事を強調している（p. 19）。

3

しかし本書のテーマは権力過程一般にあるのではなく、どこまでも権力と人格との相互作用（interplay）にあるのであるから、次に生ずる問題は当然、上の様な意味での権力を追求する人間類型がいかにして生れ、いかにして生長して行くかという問題、すなわち所謂「政治人」（homo politicus）の形成過程の分析でなければならない。これが第二章と第三章の課題となる。この問題は、既にラスウェルが "*Psychopathology and Politics*"（1930）以来、最も精力的に進めて来た研究分野である。政治的人格形成過程に関してラスウェルは、フロイトに依拠しつつ、次の様な基本的方式を樹てた。

(cf. *Psychopathology*, p. 261–3)

$$p\{d\}r = P$$

この場合pは私的動機(private motive)を、dはその動機の公的目標(祖国とか階級とか政党とか)への転位(displacement)を、rは公的利益の名における私的動機の合理化(rationalization)を、最後のpはいうまでもなく政治的人間を表わす記号である。この方式自体についてはむろんここで詳述する限りでないが、問題はそれが上に述べたような権力概念とどう関係するかという事である。権力は前述の様に富や技能や学識と並ぶ一つの価値であるから、権力追求者《パワー・シーカー》とはつまり他の諸々の価値追求機会よりも権力価値追求の機会を優先して選択するタイプに外ならない(p. 22)。こうして他の価値に対して相対的に権力価値が強調されることを著者は権力の accentuation と呼ぶ。それでは、ある特定の人格にこの様な権力の強調が起る前提条件は何であろうか。ここで著者は——同じくフロイトに発する——基本的仮設を設定する。すなわちそうした権力の強調は、自我(self)が蒙ったなんらかの価値の剝奪に対する補完(compensation)だということである(p. 39 f.)。自我が価値剝奪の結果起る、周囲からの低い評価に打克つために、他のいかなる価値よりも権力が有効であることが期待される場合に、権力の追求がなされる。しかしその場合、(イ)単に自我の満たされぬ渇望に対する補完の要求(demands)が存在するだけではまだ十分ではない。(ロ)その渇望を家族とか部族とかいつた第一次的サークルから、第二次的グループ象徴（即ち政党・階級・祖国といった公的目標）に転位し、しかも公共の利益の名においてこうした私的動機の転位を合理化するような機会が存在していること、（ハ）更に権力を有効に追求し増殖するに適した最少限度の技能（skill）が獲得されていること、などの条件が具備されることが必要である。ここで「自我《セルフ》」というのは第一次的我（primary ego）より広い概念であつて、第一次的我が、自己と同一化（identification）したすべてのシンボル――例えば家族、友人、同郷人、同宗派人、等――を包含する。そうして第一次的我と第二次的サークルとの間に同一化が行われる過程を一般に「転位」というのである。そこで以上を要約すると、ラスウェルのいう「政治人」とは、「すべての価値との関係において自己の権力の最大化を要求し、その権力が（他の）権力を決定することを期待し、権力位置及びその潜在能力を増進する手段として他者との同一化をなすところの人間である」（Appendix, p. 223）ということになる。ここで用いられる demands と expectations と identification という三つの契機は、つねに彼の理論の基本的カテゴリーをなしている。その際注意しなければならないのはこうした政治的人間の社会的なあり方は、その生育した文化型態（pattern of culture）とか、社会構造とか、或はその時代が社会的危機の時期か、それとも危機の中間期かという様な色々の契機によつて制約されることである（p. 33-6）。例えば同じく、他の価値や他の人との関係において相対的に権力にアクセントが置かれても、その文化型態における価値のハイアラーキーの中で、抑〻権力価値が比較的低い地位しか占めていない場合と、権力の価値としてのランキングが高い様な社会における場合とは、その現実的意味は著しく異つて来る。だから、成吉思汗の育つた文化圏の様に、軍事的権力が極めて高い価値位置を占めているところで、権力への accentuation が行われると、そこに最も激烈《ドラスティック》な意味での「政治人」が生れることになる。

ラスウェルはこの様な政治的人格の規定と、従来の伝統的な「政治人」――ホッブスの homo lupus に最もよく象徴されている様な――の構成要素との比較を試み、結局従来の概念は政治的類型の形成されるただ一つの場合、しかも極限状況におけるそれにすぎず、現実の複雑な政策決定 (decision-making process) 過程を包括的に理解する指標とはなりえないと批判している (p. 54-8)。

ところで、権力は以上の様に価値の剝奪に対する補完であるが、すべての人間がこうした補完として権力を追求するわけではない。剝奪を受けても人間関係への積極的な参与をやめてそのまま引込むだつてある。例えば、価値の剝奪が圧倒的な力となつて迫り、その結果運命があまりに苛酷に映ずると、通常、人は補完を求めようという希望も持てなくなつて権力の舞台から引退し、極端な場合は自殺してしまう。そこで一体どういう条件が揃つたときに人間或は人間集団は引込まないで進んで権力を追求するかという事が著者によつてきわめて立入つて分析される (p. 40 f.)。とくに価値の剝奪に抵抗する条件として著者は一方の deprivation が他方の indulgence によつてバランスされ、就中、この両者が夫々極端になることから生ずる緊張ということを重要視している (p. 44)。例えば子供は服従しないと体罰を喰つたり菓子を取り上げられ、服従すると食物とか愛情とかの indulgence が与えられるのは通常よく見られるが、その際、愛情・食物などの価値の享受が一定の辛い技能の修得（古典の勉強等）を厳重な条件としている場合、子供は好きなことをしたい衝動と勉強の要求との間のはげしい相剋を経験し、この少年時の体験が蓄積されて其の他の社会的環境と結びつくと、やがて権力への集中として現われる。――としてフレデリック大王やアレキサンダー大王等の実例が挙げられるのである。また、生れながら権力を得、或は嘗て権力が挑戦された経験のない者は自由に他の価値を追求出来るからして、権力への渇望がむしろ薄く、之に反して、折角ある技能を覚えたのに、それを発揮する地位につけず期待を裏切られた人とか、また社会で相応の地位を占めるのに必要な資格（例えば学歴）を欠いている人とかはそれだけ権力の accentuation に赴き易い。不況期の学生や失職した知識人が政治運動に入るのは前の例であり、後者に属する人は、権力への過程として屢〻ジャーナリズムの世界に入る。更に例えばハンニバルの様に幼少の時から父親にローマへの憎悪とカルタゴへの忠誠を吹き込まれ、或は瑞典王グスターフ・アドルフの様に両親から新教主義のチャンピオンたるよう教育されたりして、幼時に一定の政治的使命を教え込まれると、第一次的我《プライマリ・エゴ》のヨリ大きな集団への同一化（転位）を促すに有利な条件となる事はいう迄もない。他方教師とか牧師とかの家庭から不均合なほど多くの官吏を輩出しているのは、平素家庭で公生活の言葉遣いが多く用いられ、公生活を合理化するような話を不断に聞かされているからである。また僻地の出身者が田舎者の無骨という屈辱感を拭うために成功への道を極力追求する例もしばしば見られる。ナポレオンはコルシカに生れ、ヒットラーとローゼンベルクはいずれも辺境から出た。(Blighted careers make politicians という諺!)——この様にラスウェルは古今東西の実例を縦横に引用しつつ、剝奪の補完に向わせる諸条件をいろいろと列挙しているが、この辺でとどめておこう。

著者の分析の特色はどこまでもフロイトの流れを汲んで、「人格構造の形成に際して幼少年期(の経験)の決定的な重要性」(p. 52) を強調することにあるのである。

4

さてこの様な政治的人格が生成される過程において、その基本的性格の相違に応じて政治的タイプや役割にも色々のヴァリエーションが生ずるのは自然である。第四章「性格と人格の多様性《ヴァライエティー》」はこれを取扱っている。ここでの著者の目的は、「医学・精神医学・心理学・社会心理学の領域で進められた人格成長の基本形態についての研究と、政治的諸類型の研究とを今迄よりももっと密接にリンクさせよう」(p. 61) というところにある。そうして、種々の性格型のうち、とくに政治的タイプと政治的役割の解明にとって有効なものとして、ラスウェルは三つの型を挙げる。第一は、強迫的性格 (compulsive character) であり、第二は劇化的性格 (dramatizing char.) であり、第三は、冷徹型性格 (detached char.) である。就中、著者の重視するのは前の二者である。この各々についての著者の説明を簡単に要約するのは中々困難だが、大体の特徴を挙げれば、最初の強迫的性格は、人に対する振舞がきわめて一本調子であり人間関係を処理する仕方が窮屈で、物事をキチンと区切りをつけ、細部まで慎重に決め、新奇なことを好まず、状況を非主体化（desubjectivize）し、どっちかというと画一性を押付ける傾向をもつのに対し、劇化的性格の方は、一体に派手で、他人からきわだつために色色な手を打ち、またひとが打てば響くように情緒的反応を示すことを要求する。仕事の細部の分類はルーズだがその規模は、強迫的性格よりも広く豊かで、ニュアンスと多様性を愛し、状況を客観化せずにむしろ、心理的次元に浸つたままで居る様なタイプである。ここで著者は具体的例証としてXYZという三人の実在人物を登場させて、実験する（p. 63–88）。これは精神医学其他の立場からのインタヴューとか同僚親友の証言とか、日常の生活状況に実際タッチして観察した結果とかの、いろいろの調査法によつて得た結果をサマライズしたもので、（この場合三人とも判事という職業を共通にしているので、一層相互の比較が容易である。）之によつて性格型と政治的役割との具体的関係を一層明瞭ならしめようとするのである。実例だけに中々興味があるが、残念ながらここでは到底紹介しきれない。

　さてこの例を土台として、ラスウェルは基本的性格型と、従来の伝統的な政治的指導者の類型として屢〻挙げられる煽動者とか革命家とか官僚型とかいつたタイプがどう結びつくかという問題をとり上げる。容易に想像される様に煽動型は大抵劇化的性格から生れる。煽動型に適した技能《スキル》は雄弁とか文章術である。その特徴は、周囲の人間のどんな微細な感情的な底流をも敏感に見抜く感覚をもつている事である。これは例えばヒットラーの最大の資質の一つであつた。之に反して、強迫型の性格は自己の周囲の感受性の変化に対して融通無碍に適応することが出来ない。むしろ前述の通り一定の鋳型に否応なく人間関係をあてはめて行こうとする。X判事の場合のようにそうした傾向が支配的である場合には、いわゆる小役人タイプ（petty bureaucrats）が形成される。ラスウェルはここで画一主義、責任回避、傲慢、猜疑心といつた官僚主義の精神分析を試みている。

第三の冷徹型の性格というのはある表面的な点では強迫的性格に近いが、人間関係における愛憎の情念がすつかりたたき固められ、精神生活がいわば灰色の壁と土色の絨毯の室の中で営まれる様なタイプである。この型からは有能な判事や調停者、外交上の折衝役、科学者などがうまれるが、生々した感動が欠如しているため、無慈悲で破壊的な行為に出ることがある。非常な激動不安の時代に助言者或は大臣として最後まで生き残つた様な政治上の人物の内的生活をもつとよく知りえたならば、多くの純粋な冷徹型を発見出来よう（例えばフーシェ？）。また、しばしば強迫型の部類に入れられる高度の知性を具えたファナティックなどもよく吟味して見ると実はやはり冷徹型に属するかもしれない（例えばカルヴィン？）——と著者はいつている。

5

精神分析学的な立場の最も顕著な特色が人格形成において自我の無意識的世界の作用を重要視する

にあることは周知のとおりである。例えば上にのべた私的動機の公的利益の名における合理化ということも、無意識であることによって、意識的な正当化（justification）と区別され、同様にその点で第二次グループとの同一化も、意識的な加入（affiliation）と区別されるのである（cf. *World Politics and Personal Insecurity*, p. 45 & p. 37n.）。そこでこうした考え方に立てば、政治的人格においてもさまざまの形で無意識の契機が成功のハンディキャップとして働くことが当然予想される。次の第五章「政治的現実と無意識的なるもの」はこれをテーマとする。ここでもさまざまのヴァライェティーが提示されている。例えばアルコール中毒とか種々の肉体的神経的欠陥が政治家にとってマイナスの作用をすることは周知の通りであるし、また愛情や学問とかいった他の価値の追求に溺れて権力を閑却する場合も少くない。ラスウェルはこうした権力の閑却《ネグレクト》の基底にあるダイナミックな源泉として、権力行使に対する内心の無意識の恐怖という事を非常に重大視している（p. 96–7）。

権力の閑却がもう一歩進むと、他人を公然と挑発するふるまい——例えば傲慢とか、テロ行為による復讐心の挑発——によって権力への支持を自ら遠ざける様な段階にまで移行する。権力者の挑発行為（provocation）に対する著者の見方もきわめて特異なもので、これは自我が自己懲罰への無意識的な要請《デマンズ》からして、自我に対して価値の剝奪が加えられるように環境を誘導して行くための一つの手段だと見るのである（p. 98）。この問題はマイネッケによって分析された様な、権力の必要と正邪の規準との間の意識的な相剋——所謂国家理由《レーゾン・デタ》の問題——とはどこまでも区別されるのであって、むしろ著者によれば、意識の面がこうした権力と倫理の相剋という形で表われる場合には、無意識の次元はまた別の意味をもつ事になる。

権力にとつてマイナスに作用する無意識的なものとして更に重要なのは、人事の問題である。自分で意識しない感情的要素が働いて、後継者や側近の人選を誤る場合は非常に多い。その結果、政治家がやがて自分を裏切るような者を乾児にしたり、企業家が自分の周囲をイエス・マンで固めたり、大学教授が第三流の頭脳を後継者にしたりすることになる。こうしたダイナミズムが何故起るかという事が人格の科学的研究にとつてはきわめて大事なことである。ある人間を個人的に知らなくても、その人の周囲にどういう人物が集るかということで、その人間のイメージを描きうる。こうした面からの研究方法——例えば「ヒットラー周囲の人々」といった様な——をラスウェルは“the technique of impact analysis” と呼んでいる。

以上が大体、政治的人格形成の基本的諸過程である。要するにラスウェルの立場は、「政治的類型が一種の噴出装置のようなものから生れ、それが絶対に間違いのない正確さで、揺籃からクレムリンまで彼を推進して行くという風に考えない」で（p. 107）、それがどの様な文化型に生れ、どの様な社会階層に育ち、どの様な時期（危機か、それとも危機と危機との中間か）かといつた個別的環境に着目する。（これを situational analysis という。）そうして、権力とか富とかの価値を形成乃至分配するのに関係したすべての制度を調べ上げて、その中から、代表的な状況を選び出し、そこで権力への

accentuation がなされる諸条件を解明して行こうとするわけである。こうした諸条件が明晰になるに従つて、人間の尊厳というデモクラシーの目標価値を実現するにふさわしい政治的人格の形成に役立つような諸政策を樹立する見透しが開けて行く。かくて、ラスウェルは人格の客観的分析からして、第二部の、積極的な政策論へと筆を進めるのである。

6

政治的人格の基礎理論についての上の様な観想的なアプローチから、民主主義を擁護発展させるための操作的アプローチに転ずるにあたつては、まず、ラスウェルの政策学（policy sciences）という独特の概念を一応説明しなければならない（第六章「民主的指導と政策学」）。政策学とは「社会における政策作成の過程を明かにし、或は政策問題についての合理的判断の作成に必要なデータを供給する」学問である（p. 120）。元来、アメリカ政治学の基礎をきずいたJ・W・バージェスがドイツ国家学の研究に欧州に赴いたとき、彼の頭にあつたのはほぼこの様な学問の構想であつた。その際、バージェスが state という意味のまぎらわしさを避けるために Staatswissenschaft という言葉を避けたのはよかつたが、その代りに Politik を “political” science と訳したのは妥当でなく、このドイツ語にピッタリはまる英語は policy である。バージェスの尽力で出来たコロンビアの “Faculty of Political Science” は、むしろ “Faculty of Policy Science” と改名した方が、本来のバージェスの意図にもかなない、政治学を狭隘なアカデミーの学科分類から解放することにもなろう、とラスウェルは提言している(p. 124)。幸い、第一次とくに第二次大戦の危機に促されて、人間関係を扱う諸科学間の綜合研究が著しく進捗した。こうして、人間行動の理論(theory of human behavior)が現代の「政策学」の中核を占めるようになつた。従つてそれは社会史・社会学・心理学・医学・精神医学等、人格と環境の相互交渉に関する一切の学問分野からその知識を供給されねばならぬ。いなむしろアカデミーの世界よりも、経験に富んだ行動人から最も多く裨益を受けるであろう。政策にアクセントを置くといつても、「客観性」を攻撃するわけではなく、むしろ客観性をしてその所を得しめ是を民主主義の目標価値に奉仕させるのである。

ところでラスウェルの有名な言葉に従つて、「誰が、何を、何時、如何にして得るか」が政治の不変のテーマであるとするならば、上の意味での「民主主義の政策学」を論ずるに当つても、まず民主主義における「誰が」の問題、いいかえれば民主主義的権力の主体の問題を一応ハッキリさせて置く事が先決条件となる。ここで著者は、指導者とエリットとの区別に注意を喚起する(p. 109)。エリットとは指導者が徴募される源泉となるところの社会構成(social formation)をいう。非民主主義の下では周知のようにエリットは、大地主・大工業家・大銀行家の家柄とか或は主要な政党幹部や高級官吏乃至将校出身者に限定されるのに反して、民主主義においてはエリットの出て来る特別のカストは存在せず、それは全社会的な拡がりを持つている。之に反して疑いもなく指導者はいかなる社会にも存在する。だから、どんな政治も少数の政治で、ただそれが一人の名で行われるか、少数の名で行われるか、多数の名で行われるかのちがいがあるだけだという見解（例えばブライス）は、少数の指導者による政治という意味でなら正しいが、制限されたエリットによる政治という意味なら誤である。近代社会では指導者はますます国内、国際問題について巨大な impact を行使するようになつたが、指導者の選出と責任の全社会的な基盤が廃せられない限り、それは民主主義と矛盾しない、とラスウェルは考えるのである。

そこで「民主主義の政策学」の基本課題は民主的指導（democratic leadership）という事に帰着する。それはどこまでも少数のエリットの専門的訓練の問題ではなく、むしろ広汎な市民を、民主主義の基本価値を擁護伸長するような人格に形成し、是に指導者の合理的選択をなすに足る知性と技能とを賦与するという巨大な問題である。民主主義的諸価値が世界的規模において挑戦されて居る現在において、こうした課題がきわめて切迫した要求であるにも拘らず、「民主主義の政策学」はきわめて貧弱な発達しか遂げていない。従来むしろ独裁政乃至専制政がもつぱら利用して来たような、知的資源の動員を今こそ民主主義的価値の擁護と伸長のために組織化しなければならぬ——と、ラスウェルは声を大にして政策学の必要を叫び、以下の数章において民主主義的人格の形成という問題を中心として、その具体的展開を試みるのである。

7

さてここでもう一度、本書の前半の基礎理論にふりかえつて見よう。権力論の出発点は社会における諸々の経験的価値の存在であつた。この観点から見れば、民主主義社会とは権力とか富とか尊敬とかの重要価値が広く社会成員の間に分配され、夫々の価値の間のバランスがとれている様な社会であるという事が出来よう。(cf. Legal Education and Public Policy, in "*Analysis*" p. 36) 従つて民主主義を維持乃至伸長するという事は、こうした価値変数 (value variables) 間に不断の平衡 (equilibrium) を保つという問題に言い換えられる。権力と尊敬との間に相互補強関係がある事はもとより、この二者への広汎な参与は知識の源泉が開放されている事を条件としている。また、権力・尊敬・知識の分散は相当の程度において富の全社会への分散に依存している事も古くからの政治学の公式だ。こうした価値が特定の人間或はカスト（階級とか身分とか）に集中乃至独占されると、種々の形の独裁政乃至寡頭政（権力の場合）とか金権政治（富の場合）が生れる。ところでこの基本法則を当面の民主主義的人格の形成というテーマに適用するとどうなるか。ラスウェルの基本的仮設は、価値の剝奪《デプリヴェーション》から来る自己の低い評価に対する補完として権力が追求されるという事にあつた。そこで権力の過度の accentuation が行われる前提は結局自我の過度の devaluation にほかならない。周囲の環境によつて、こうした重大な価値剝奪を蒙つた場合、人はその与えられた諸条件に従つて、自ら専制者を志すか、それとも他の専制者を押し立てて之に絶対的服従を捧げる。「暴君の出現は、devalued self が誰か他人に依存しようとする大衆的要求の極端な徴候である……暴君が大衆に向つて自分を押しつけているように見えても実は、大衆が潜在的な暴君に大衆自らを押しつけているのである。」(p. 163) 従つて逆にいえば「他人を尊重するに足るだけ十分に自己自身を尊重する人々」の間においてのみ民主主義は発達する。万人がこうした積極的な価値賦与を受けうる様に配慮すること――これがまさに民主主義の政策学の目標であり、民主的指導者の任務でなければならない。

こうした民主主義的価値の平衡とその破壊の問題はちょうど人体における諸器官の有機的作用間の平衡を維持する問題と似ている。ラスウェルは政策学を医学にたとえて是を社会精神医学 (social psychiatry) という名で呼んでいる。それは医学における健康と病気というようなカテゴリーを社会過程に適用して、民主主義社会の平衡を危くする様な人間の破壊性 (human destructiveness) を発見し之を矯正して行かねばならない。この仕事は一見した所より遥かに困難である。何故ならば、前述のように、自我の devaluation とかその補完のための第二次的サークルとの同一化というような政治的人格形成の基本過程はラスウェル的見地によれば圧倒的に無意識の世界で行われるからである。人間の破壊的衝動と実行は、表見的には到底破壊的と思われない様な社会生活の連鎖の一環から、当事者の予見と意図を超えて発生するものであり、それだけに全社会過程の極めて綿密な検討が必要になつて来るのである (p. 110 f.)。

むろん人間の破壊的衝動と実行を抑止することは、民主主義社会だけでなく、あらゆる政治的社会の存続にとつて必要であり、従つてどんな社会でもそのための意識的乃至無意識的な調節機能を具えている。こうしたもののうち最も普遍的な現象としてラスウェルは洗滌作用（catharsis）という事を挙げている。（これも医学的カテゴリーの適用であること論を俟たない。）社会に対する或は指導者に対する敵意は種々のヴァライエティーをもつた洗滌作用によつて消散させられる（p. 127 f.）。例えばアメリカやソ連の工場で、労働強化とか警察の抑圧といつた何らかの価値剝奪的な変化があると、健康上の理由による休業が殖えるという結果が屢々報告されているが、これなどは労働者の反感が社会体制に向けられる代りに、労働者の肉体に内向したものである。また病的夢想、例えば自分の親方《ボス》に災害が起る事を想像して敵意を消散させたり、酒や文学に逃避したりするのも同じ作用である。こうした個人的な場合だけでなく、他人との共同動作が洗滌作用を営む場合も多い。社交や儀式などへの参加、とくに近代文明の産物である映画・スポーツ等の集団的娯楽は屢々こうした意味をもつ。ラスウェルによると、二九年の恐慌以後アメリカに輩出した多くの共産主義的乃至は反共的政治運動の多くは、アメリカの社会体制を変革する力を殆んど持つていなかつたので、結局典型的な洗滌作用を営んだにとどまつた（p. 129）。

　民主的秩序ももとよりこの様な洗滌作用によつて自己を防衛しうるが、それは消極的な効果にすぎない。むしろ洗滌を支配手段として完璧の域にまで利用したのは専制国家であつた。民主主義社会の防衛は単なる現状維持ではない。従つてわれわれは価値変数の平衡を維持するために、こうした消極的機能に頼ることなく、もつと積極的に民主主義的人格の形成される条件を探究しなければならぬ。

民主的人格の形成においても一般の政治的人格の場合と同様に最初第一次的サークルで組成された動機をヨリ大きなサークルに転位し、それを公共の福祉の名において合理化するという基本的過程が包含されている。従つて、この各々の段階において、消極的には破壊的な性格構造の形成を防止し、積極的には、民主的性格型が育成される様に環境を配慮するという事が根本課題になるのである。そこで真先に登場する問題は、個々人の基本的性格形成(basic character formation)が、民主主義社会の平衡にとつていかなる意味をもつかという事でなければならない。それには、なにより第一に、幼年期や青年期における経験を基礎として発展するところの政治的イメージの生長過程を精細に調査することが必要である(p.156 f.)。例えば、よき(或は悪しき)父、よき(或は悪しき)母のイメージは第二次的サークルにおける同一化の諸象徴(母国とか政党とか、宗教団体とかの)にまで、いかに延長乃至補完されるか。第一次的サークルにおける価値剝奪とか価値享受とかの経験は政治的イメージの形成にどの様に影響するか〔それに従つて政治的指導者は或はキャンデー(富)を取上げる人として、或は秘密(知識)の提供者として、或は射撃や馬乗り(技能《スキル》)の教師として表象される〕――こうした問題が歴史的事例や実態調査を通じて微細に観察されねばならぬ。更に第二には、第一次的サークルにおいて価値を増進し乃至は価値剝奪を避けるために試みられるさまざまの戦術《タクティク》を分析することが、後に動機が転位される諸過程を評価する上に重要である。幼児はあらゆる不満を他からの「挑発」と解し、之に対して彼の自由になる一切の手段を用いて「全体的《トータリー》に」反応する。ところがやや成長すると、自分の一番ドラスティックな反応（例えば泣き喚くこと）を非常時用としてとつて置くことを覚える。権力関係とは前述の様に、挑戦者に対して極端な剝奪を課し又は課すことを以て脅かす様な関係であるから、その意味では、「誰もが生れた時は政治家であり、成長すると大抵の人はそこから抜け出る、といつても言い過ぎではない。」（p. 160）従つて何人も極端な剝奪を以て他人を脅かすようなことのない社会では、この原初的「政治家」からの脱皮過程は完璧に行われるわけである。

要するにこうした考察の基底に横わるのは、破壊的な性格は自我の devaluation を生ぜしめる様な人格相互関係の産物だという、前に述べた著者の基本命題である。ラスウェルはこれを「社会的懊悩の仮説」（The social-anxiety hypothesis）と呼んでいる。自我の価値貶下は具体的には他者の価値の強調として表現される。そこからして人間は特定の政治的イメージの前に唯々諾々と頭を垂れて、自発性と自己決断を放棄する様になる。社会的懊悩を地盤としている限り一切の革命も「裏切」られる運命をもつ（ソレル）。そこでは、他人に新たに鉄鎖を課することによつて自己の自由を確認する様な傾向をもつた人間が新たな革命権力を掌握し、その結果大衆は依然として隷属状態にとどまる。これは政治の悪循環にほかならない。

更に社会的懊悩と並んで著者が重視するのは「性的＝政治的自由の仮説」（The hypothesis of sexual-political freedom）である。性的衝動が権威によつて禁止され或は強力に制限されると、そこから起る緊張は人格形成に際して種々阻害的な作用をなし、やはり奴隷的（専制的）性格を生じ易いことはファシズム国家などで実証されている。結局のところ社会的懊悩から解放されて居り、健康な性的発達が阻害されない様な環境においてのみ、真に自由な人格は成長する。政策学の指示する途はどこまでも悪循環でなく螺旋的な発達でなければならぬ。

ラスウェルはこの様な人格形成の諸段階と、環境に対する反応様式について現在までに知られた成果がなお甚しく貧弱である事を概嘆し、あらゆる文化圏、社会層、及び時期を通じての人格形成の調査を世界的規模において実施することの急務とその具体的な実施法とを示唆して、「民主的人格の形成」に関する第七章を結んでいる。

8

民主主義の政策学は単に若年期の性格構造を分析して民主的人格の形成に資する事を以て足れりとするのではなく、更に歩を進めて広汎な政策決定過程において民主的原理をいかに適用して行くかという戦術を提示すると共に、自由社会において涵養さるべき思考の技能の問題を探究する。これが第八章及び九章の「指導の諸原理」のテーマである。まず八章においては消極的乃至予防的な戦術として、社会の一切の制度が人間の破壊的衝動を出来るだけ挑発しないように調整するという問題がとり上げられる。ここでラスウェルの叙述は俄かに現実性を増して世界政治の生々しいトピックに触れて来る。最初に経済社会における景気循環のサイクルの科学的研究によって、政府統制を導入すべき戦略地点を発見し、それによって高度の雇傭水準を維持するという課題が論じられ、自由主義経済学の不毛を打破し、経済外的な要請を体系的に経済学に導入する端緒を開いたケーンズの画期的な貢献が指摘される（p. 175）。しかしラスウェルによれば、世界政治における挑発的契機を減縮するという問題になると、とても経済制度の場合のように簡単に行かない。国際政治の場合には世界政府がないので、ケーンズが用いた政府統制の呼び水もここでは用をなさないのである。この領域では、問題解決の手段として暴力（戦争）に訴える蓋然性を予期することなくしてはいかなる政治家も行動できない。こうした暴力の予期によって緊張は一層促進される。その際、戦争のもたらす災厄に対する恐怖はなんら有効なチェックとはならないだろう。文字通りの全体的破滅という事は一寸信じられない以上、専制国の支配者は国内で権力を失う確実性よりも戦争の勝利というバクチを選択するにちがいないからである。こうした状況の下において「政策学」は果して何を貢献しうるだろうか。スターリン氏と政治局員は「ブルジョワ」学者の指導する歴史・政治学・心理学の演習に出席するわけではない。しかしなお政策学の処方はある。それは一言にしていえば、物理的防禦と心理的攻勢（physical defence, psychological offense）という事である（p. 178 f.）。物理的防禦とは、万一の場合の戦争準備を具えて何時でも戦争の用意と能力ある事を率直にソ連に表明する事だ。なぜ是が必要かといえば「成功した事は何であれ再び繰返される強い傾向がある」からだ。一たびソ連が公然もしくは隠然の威圧に成功すれば、それは恐らく続行され、民主主義国は無限の退却を余儀なくされる。そこで確固たる物理的対策によつてソ連に威圧が軍事的外交的成功を齎さぬ事を知らさねばならぬ。と同時にアメリカは、世界の人々とくに米ソの中間にある諸国の民衆の精神にアピールする事が必要だ。これが心理的攻勢である。それは生易しい仕事ではない。過去一世紀にわたつて人間の精神を獲得する闘いは、マルクス主義の封建主義及び資本主義に対する闘争によつて代表されて来た。中傷と否認を雨の様に浴びながらマルクシストの分析と診断は益々多くの人の精神を捉えた。これは決して単に宣伝のためとはいえない。資本主義国家における私的独占と、失業の増大にしても、資本とファシズムとの関連にしても、彼等の分析が史実によつて実証された部分が少くないからこそ、それは前進を続けたのだ。だから心理的攻勢が成功するためには、歴史的発展に関して相手よりも一層普遍的で一層説得力の強い解釈の上に基づかなくてはならぬ。(その具体的なプログラムは本書の最後の章で扱われており、ここでは単に暗示にとどめている。)——この様に論じ来つて、ラスウェルはさらに米ソ関係の将来の色の可能性を予想している。むろん世界共同体での有効な集団的制裁の制度を強化することが、暴力の期待を減縮するための必須の措置であるが、そこにも二つの世界の間の価値体系を調整するという極めて困難かつ危険な課題が横わつている、と著者は見るのである。

なお社会制度の挑発性を縮減する戦術として、著者は以上のほかに、愛情や尊敬という様な価値に沿つて社会制度を再組織する問題——たとえば職場での親密性と労働能率との関連の如き——とか、破壊的でなく純粋に民主的な性格の人から指導者を選択するために、全国人事考試局（National Personnel Assessment Board）を設立する問題とかにも触れているが、紙数がないので先を急ぐこととしよう。

9

さて次は挑発の防止という消極的立場から一歩を進めて民主的指導の積極的な行動原理の問題である（第九章）。民主主義社会の平衡は諸価値への広汎な市民の参与によつて保たれるから、そうした価値参与への期待を喚起し、それが裏切られぬ様に配慮することが基本的な戦術となることはいうまでもない。そこで著者は主要な価値について、一つ一つその配分の問題を取り上げている（p. 188–196）。まず、民主主義的行動の共通目標を市民に明確に認識させること（開明への参与）から始まつて、政策決定過程における意見と批判の役割（権力への参与）、万人を彼にふさわしく尊重すること（尊敬への参与）、正邪の市民的規準を確立し、選民とか人種的蔑視などの考え方に惑わされぬようにすること（徳性への参与）、其他、富・福祉・技能等の価値獲得の機会を万人に開放すること、等々に至るまで、民主的行動の具体的な戦術が論じられるのである。そうして、開明性への参与の特殊のテクニックとして、精神観察の方法、とくにフロイトの自由観念連合（free association）に触れた後に、著者は愈々民主的市民とその指導にふさわしい知的思考技能の考察に入って行く。これは前述のように共産主義的世界観に対するアメリカ民主主義の思想的武装としてきわめて重要な意味をもつている。

指導に必要な思考様式を著者は五つに分ける。第一は目標思考（goal thinking）すなわち、民主的政策の目的を明晰にする思考に習熟する事である。これは単に民主主義の公式をお題目として唱えることでは足りない。目標価値に関する言葉は意味が曖昧なのを常とするから、是を概念的に定義するだけでなく、一定の環境なり素質なりが人間の社会的反応に及ぼす蓋然的な効果を測定しつつ、そうした定義と実験的データとを結合させて行く能力が必要とされる。第二は導出的思考（derivational thinking）で、是は例えば神意とか形而上学的原理とかの高度の抽象的叙述で人間の尊厳性をジャスティファイする技能である。ラスウェルはこの様な思考は結局最も曖昧な概念から、最も曖昧さの少いものが論理的に導き出されるという事を証明するだけであつて、自分は大した興味を持てないと率直に「白状《コンフエス》」している。しかし彼によると人間というものは宗教的哲学的なシンボルの軛を負つているものなので、目標を宗教から引き出そうが哲学から引き出そうがそれは夫々の志向に任せて、要するに肝腎なのは共通目標のために人々が力を合せる事だというのである。第三は傾向思考（trend thinking）でこれは自分を事件の流れの中に置いて、目標価値が実現されている程度を認識する能力であつて、歴史的思考或は年代的思考と呼ぶことも出来よう。第四は科学的思考或は要素《フアクター》思考で、目標変数とそれを条件づける変数との間の制約関係についての一般的方式を立て、是を実験観察によつて確認しつつ進んで行くことである。最後は投射的思考又は発展的思考（projective or developmental thinking）である。これはいわば未来図であり、そこには目標に向つて動くための色々な方法についての発明や想像に対する評価が含まれている。

さてこれらの思考方法が相寄つて、全体として活用されることによつてはじめて人間精神は民主化過程にとつて重要な種々様々の出来事のなかで正しい方向を見出して行く事が出来る。民主的指導者はこのうちの一つの道具に過度に信頼することなく、以上の思考技能を適当に配合して駆使しなければならぬ。これを配図的思考（configurative thinking）という。上の五つの思考様式の綜合としての配図的思考こそは民主的指導に必須の知的技能にほかならない。

ところでラスウェルによれば、アメリカの従来の社会的思惟は必要以上に導出的思考（すなわち道徳的宗教的正当化）と科学的思考（すなわち自然科学的方法）に重点が置かれ、その反面、目標の明確化と未来の投影図が軽視されていた。とくに殆ど不具的な欠陥をなしているのは後者、すなわち将来の政策に関する創造的構想を含んだ発展的思考の貧困である。著者は、上述の様なソ連に対する心理的攻撃をなすに際して、まさにこの点に最大のウイーク・ポイントを認めるが故に、特に最後の一章を割いて自ら発展的思考の具体的適用を試みようとするのである。第十章「資本主義・社会主義及び現代の歴史的時期」がすなわちそれである。

10

発展的構成は過去において多くの人々によつて唱えられたが、その最も典型的なものが、「現代における歴史的発展傾向は資本主義から社会主義への推移にある」というマルクス＝エンゲルスの理論である。この理論の特質は著者によると発展的構成と科学的＝法則的な思考とを混同する点にある。発展的構成は未来に関するプランを包含するから、それはどこまでも蓋然性の問題であつて必然性乃至不可避性の問題ではない。もし資本主義の没落と社会主義の勝利の「不可避性」という教説を上に述べた科学的思考に引き戻すならば「財産の社会化の程度は生産過程の技術的相互依存性（technological interdependence）の程度に比例する。従つて生産手段が相互依存的になればなる程、コントロールの集中性が増す」という提言になる。それ以上進んで未来社会の不可避性を言うのはもはや一つの「宣伝」にすぎない（p. 209）。

　しかしマルクシストの発展的構成は十九世紀の欧洲で造られたいろいろの未来図の一つであつて、それらに共通した特徴をもつている。それはカスト社会から自由社会へという形で進歩が要請されるという点である。マルクスによると、近代資本主義は封建君主的エリットを放逐した限りにおいて反カスト的だつたが、後の段階ではそれ自ら少数の支配的カストを造りはじめたので、この新たなるカスト支配を覆すことによつて産業プロレタリアートは自らを解放するというのである。ところが他方資本主義の弁護者も同じような「不可避的」進歩の歴史観を発展させた。この場合は進歩は自由市場と自由政府の世界的普及と同視されたのである。かくて資本主義と社会主義は自由社会に対する楽観的な期待において奇しくも歩調を揃えている。ラスウェルによればこの両者の楽観はテクノロジーの巨大な発展によつて等しく裏切られつつあり、彼等はその不可避性の教説によつて実は彼等自身の予言と目的を打崩すことに貢献しているのである。

まずマルクスは少くも二つの大きな可能性を勘定に入れなかつた。第一に彼は生産力及び技術の発展が生産手段の集中をもたらす事を正しく認識したが、それをコントロールする少数者が相対峙する国境の両側に分れたために、両者の間で一切のテクノロジーを駆使して行われる戦争は殆んど地球自体を壊滅させる（つまり一つのローマでなく二つのカルタゴになる）という可能性を看過した。第二に世界の権力政治の指導者たちが、新たなカスト社会における自己の権力を固めるために、近代の科学技術的な暴力手段を管理するエキスパートから徴募された少数の支配者による「兵営（或は警察）国家」に地球を変貌させる可能性を看過した。かくして世界革命による自由社会の構想は歴史上にも類稀れな悲劇的逆説によつて、その反対物へと転化しつつある。

しかし他方自由企業の主張者も大きな誤謬を冒した。彼等はどこでも生産的雇傭の高い水準を維持するのに失敗し、その代りに通商と投資のための新領域を不断に拡大することで危機を引き延して来た。北米或は西欧で安定出来なかつた経済が何故アジアやアフリカ其他の地域を市場に加えれば安定するかという事について彼等は何等の証明を提示していない。其間に資本主義はそれ自体一つの政治組織に変貌しつつあるにも拘らず、この推移を「実業」とか「競争」とか「自由企業」とかいう様なおしやべりで隠蔽して来たのである。実はその組織の内部では独占＝政治家——ラスウェルは私的独占体の所有者かつ経営者を純粋な実業家と区別してこう呼んでいる——とか政党政治家とか、政府官吏とか軍人層とかいつた諸グループの間に苛烈な権力闘争が行われている。そうして実業家や独占資本家たちは不安感に悩まされた揚句、これまで政治的手段によつて「世界市場」から除外されていた地域を市場化することによつて「自由を恢復」せんとする戦争に乗り出す誘惑にかられる。ところが戦争で利益をうるものは階級としての軍人及び警察官だけであり、戦争は企業を安定するどころか、兵営＝カスト国家を出現させるだけである（p. 212–216）。

　要するに資本主義者の「一大世界市場」の神話には社会主義者の「一大社会主義共同体」の神話が、一方の「完全市場」の観念には他方の「完全政府」の観念が夫々対応している。両者とも定義の上では完璧だ。そうして両者とも不快な事実に面すると、それを一時の摩擦《フリクション》とか、他方のシステムの妨害のせいにして片付けてしまう。実は資本主義と社会主義とは同じボートに乗つて居り、しかもそのボートは沈みつつあるのだ。現代の最大の問題は資本主義か社会主義かではなく、両者ともに人類の破滅か、或は兵営牢獄国家（garrison-prison state）下における隷属に直面していることにある——これが歴史的傾向に対するラスウェルの診断であり、この現実の認識の上に立つてはじめて自由を恢復する諸条件と戦術が生れると彼は主張するのである。彼のいう「心理的攻勢」とは畢竟、社会主義者をも自由企業論者をも共に緊縛している「不可避性」のイデオロギーを打破して、配図的思考――それは当然に右の様な「蓋然性」の見地に立つ発展的思考を包含している――の普及によって人類を啓蒙することにほかならない。

第八・九章で述べた民主的指導の戦術と、配図的思考方法とを綜合してラスウェルは、全体関連の原理（contextual principle）という言葉で呼び、その提唱を以て本書全体の締めくくりとしている。これは要するに物事のどんな部分を理解するにせよ、その全体との関連においてはじめてその意味を捉えうるという考え方で、ゲシュタルト心理学やマリノフスキーの方法論などで既に輝かしく確立されているが、社会制度を論ずる場合、こうした考え方がともすれば閑却されて、色々の概念が全体との有機的関連なしに無批判に使用される。例えば私有財産制といってもそこには有効なコントロールの程度において一端から他端までの差があるにも拘らず、漠然と慣用されている。それは煽動家の手にかかると感情的なシンボルになる。全体関連的原理を用いると、「純粋な」資本主義とか「純粋な」社会主義とかいうものは「純粋な」民主主義とか「専制」とかいうものと同様現実には殆んど存しないことが分明する。かくてそれはわれわれの眼からイデオロギー的な遮蔽をとりのぞき、色々の理論や操作を誇大に強調しないで、それらを様々の状況に応じて自由に駆使する事を可能にする。これこそデモクラシーの政策学の最も基礎的な方法論である。政策学者としてのわれわれの任務は人間社会を自由人の共同体へと導くような政策に影響を与えることにある。その仕事は遅きに失しないうちになされねばならぬし、われわれにはそれが出来る筈である。——殆んど無慈悲なまでにリアリスティックな彼の現実分析も最後はこの様な楽観的期待によつて結ばれている。

あとがき

以上、私は出来るだけ論旨の本筋が理解される様に心掛けながら、なるべく著者の叙述に即して本書の内容を要約したつもりである。これに対する私自身の感想なり疑問なりは、多々あるが既に予定の紙数を超過して殆んどここに述べる余裕がなくなつてしまつた。冒頭でも述べたようにラスウェル的な政治学が殆んど我が国に根を下していない現状に鑑みて一応その色調《トーン》といつたものを読者に伝えたいという気持があつた上に、本書が彼の基礎理論を既知のものとして論を進めている個所が多いために、彼の既著による補足を最少限度に加えて行かなくては到底理解し難いと思われた事が意外に叙述を冗長にする結果となつたのである。是が私の勝手な思い過しならいざ知らず、少くも私にとつてはこれほど骨の折れる書評をした事はなかつた。何とも訳しようの分らぬ言葉の続出、（従つて以上の紹介の中でも誤解或は不適訳のないことを保し難い。）殆んどスコラ的な概念分析が忽ち今日のホット・ニュースの論議に転化するめまぐるしさ、文字通り古今を貫き東西にわたる挙証人物の登場、かと思うと真面目なのかふざけているのか分らぬ様な筆致、〔一例を示そう、近代文明の発明した「洗滌作用」の一つとして著者はスポーツ見物を挙げ、こういっている、「大量の人々が、ガス或は電気発動機で推進される動く板の上にかなりの時間坐（或は立）つたあとで、再び腰を下す。その間、一定の限られた人数の逞しい青年達が、小さな物体を一個所から他の個所へ打つたり運んだりする互の努力をば、許された方法で妨害しようと試みる。」(p. 129) つまりこれは人々が交通機関にのつて野球や蹴球の試合を見物に行く洗滌作用をそのまま医療過程にたとえているのである！」凡そこのような難所奇所を縫いながら私はともかく最短距離を通つて一貫した意味連関を読者に伝えようとした。が著者の基礎理論に対する私の理解の浅さと多くの実例をカットして抽象的な叙述にとどめねばならなかつたことのために、きわめて不徹底な紹介に終りはしなかつたかと深くおそれている。

著者の立論の出発点をなす「価値」が徹頭徹尾経験的な概念でありながら、他方人格の尊厳とか自由とかを目標価値《ゴール・ヴァリュー》とすることは如何に論理的に説明さるべきか、総じて著者の観想的《コンテンプラティヴ》分析と操作的《マニピュラティヴ》なアプローチとの方法論的関連如何、さてはその理論的基底をなすフロイト的立場の妥当性（もつとも本書を十八年前の『精神病理学と政治学』と比較すると、その後の斯学の発展を反映してかなり直訳臭が薄れてはいるが）というような根本問題についてはいずれ又私なりの考えを述べる機会もあると思う。ここではただ著者の“*Analysis of Political Behaviour*”に編纂者として序を書いているC・リュトキンスの次の言葉を以て、そのまま本書に対する私の感想として置こう。——「この書物はどこまでもアメリカの書物である、背景においてアメリカ的であり、羨望すべき素材の豊富さと学者のチーム・ワークの点でアメリカ的であり、規準の脱落と技術の不断の浸蝕という問題に鋭く目を見張っているという点でアメリカ的である。」

（「日本政治学会年報　政治学」昭和二十五年十月、岩波書店）

歴史と伝記

A　旧制大学教師
B　彼の甥、新制大学教養学部二年生
C　Bの妹、新制高校三年生

A　やあ、今日は二人とも何時になく神妙な顔でやって来たね。何かまたアプレ・ゲール学生ぶりを発揮してお母さんから叱られたんだろう。

B　いやだなあ、「また」ってこないだの事ですか。僕だって平生はいたって真面目で勤勉な学生なんですよ。あの時はなにしろ二年ぶりの同窓会でしよ、たまには特別例外の無礼講もやりたくなりますよ。

C　叔父様つたら、御自分の学生時代のことは棚にあげて何かつていうとアプレ・ゲール、アプレ・ゲールつて仰言るの本当に癪だわ。隠したつて叔母様からちやんと昔々その昔の行状記は微細にわたつて聴取してますョゥだ。

A　あれッ、そんな事、のり子が話した？　うそつけ、あれが叔父さんの学生時代の本当のことなど知つてるはずがないし、第一本当であろうがなかろうがそんなつまらん事をお前などに話すなんて教育上甚だよろしくない。

B　ハハハ……。どうやら藪蛇ですね、叔父さん。そこで、この機を逸せず今日の用件に入りますが……。

C　叔父様の御仕事邪魔して悪いんですけど……。

A　何だい一体、勿体つけないで早くいい給え。

B　実はCちやんの学校に出すリポートの事なんです。こないだからCちやんは書けない書けないつてベソかいてるんですよ。もつともこれは毎度のことで大抵Cちやんのリポートは実質上僕との共同製作、甚しき場合には僕の単独製作になつてしまうんですが……。

C　余計なこと言わないでよ。

B　だつて事実じやないか。ところがね、叔父さん、今度の歴史のリポートには僕も弱つちやつたんです。だつてその課題が「歴史的認識とは何か」つていうんですよ。大体ロバート・テイラーがどうの川路龍子がどうのいつて騒いでいる程度の女学生に歴史的認識もへちまもないと思うんですがね。

先生も随分無茶ですよ。

A　なるほど大変な問題を出すんだね。

B　いつかもそうなんです。社会科のリポートだといつて、「現代における金融資本の役割」なんていうのを持ち込んで来るんですよ。これだつて専門学科の方へ行かなけりや本当は僕にも無理なんですが、まあこの方は綜合雑誌なんかで多少かじつていますから何とかデッチ上げてやりました。だけど今度のには流石デッチ上げ名人の僕もすつかり手を上げちやつて援軍を請いに来たわけなんです。

A　しかしともかくCちやんの学校はなかなか進歩的じやないか。

C　あーらいやだ、ちつとも進歩的じやないわ。校長先生のお話つたらいつもハンコで押したようにきまつているのよ。「本校の校是は四恩、すなわち天地の恩、君の恩、親の恩、師の恩を肝に銘じ報恩を勉学修養の基とするにあります」つていう調子。朝礼のときにこの四つの恩に感謝のお祈りをするの。それから今度補導主任になつた先生なんか、卒業生の話だと戦争中は報国隊の陣頭指揮や何かでずいぶんはでに活躍なさつて、生徒は大分いじめられたらしいわ。今でも太平洋戦争のことを大東亜戦争、大東亜戦争つていうのよ。西洋史と社会科の先生は大学を出たてのホヤホヤで気持は若くつていいんだけど、なにしろ御講義がむずかしくつてサッパリ分らないの……。

A　なるほど、君の恩や親の恩から金融資本まで覚えるんじやCちやんも楽でないな。しかしともかく歴史なり社会科なりでそういつた問題をとり上げるようになつただけでも叔父さんなどはうたた時代の推移に対して感無量というところだね。僕らの中学時代はまだ満洲事変前で、本当にファッショになる前だが、それでも国史はむろん天孫降臨の神話から始まつて、歴代天皇の御聖徳と臣民の皇室に対する絶対の尊崇と忠誠が世界に類なき我が帝国の伝統であるという趣旨でもつて全体が書かれていたし、上級教科書だと、それまでの政治史と戦争史から多少広くなつて文化史的な考察が入つて来るが、それでも大体は支配層中心に述べられていて、今の教材のように、民衆の生活様式とか経済的生産の機構とかいつた事はほとんど教えられなかつたものだ。それにもう一つちがう点は、今の歴史教育は以前のように国史、東洋史、西洋史をバラバラに教えるのでなく、世界史的な連関に意をはらう様になつて来た事だろう。もちろんまだまだ不十分ともいえるだろうが、相対的に言つたら驚くべき進歩だ。

僕等の時分には歴史というのは「暗記物」といつて、年代、人名、事件などを丸暗記することが主たる勉強で大抵の生徒からは嫌われた学科だつたが、今の様な教科書なら生徒も相当興味をもつはずだがね……。

B　ところが今でもやはり「暗記物」ですね。教科書や学習指導要領がどんなに進歩したつてそれを果して学生が消化しきれるかどうかという事は、具体的な教え方と学び方によると思うのです。Cちやんなんか見てると、結局試験の前にキュウキュウいつて頭から暗記してるだけで、ちつとも昔と変わらないですね。

C　だつて暗記するよりほか仕方がないじやないの。とにかく歴史は苦手だわ。

A　そりやね、歴史の勉強は単なる暗記じやないけれど、ある程度、いな相当程度の暗記的な要素はどうしたつて避けられないさ。この点はむしろB君の方に注意したい事だがね、僕が旧制大学の入学試験の答案を見たり、また大学生と話したりしていると、恐ろしく高度の歴史的範疇――とくに経済史的範疇などの言葉を使うくせに、ごく基本的な年代や事業乃至は人物の業績などを知らなかつたり間違えたりする者が少くないんだ。いかにも知識のバランスがとれていないという感じがするね。例えば前期的商業資本などという難しい言葉を知つていながら、一五八八年（無敵艦隊撃滅）と一六八八年（名誉革命）とをとり違えたり、資本主義の帝国主義段階を論じながら、ディスレーリやセシル・ローズの事なんぞ丸で知らなかつたりするのでは困るわけだ。これは中学・高校時代に戦争中のために、歴史――就中西洋史をろくにやらないでいて大学に入つてからいきなり高級の歴史書にとびついたためだろうと思つて同情するが、片輪は片輪だね。

B　大分耳が痛いな。確かに僕等は歴史だけでなく、いろいろの勉強にそういつたアンバランスの点がありますね。しかしどうも従来の経験では試験勉強で覚えた年代や人名・事項などは試験がすむと大半忘れちやう事も確かですね。だからやはり糞暗記じや駄目だと思うんです。

C　あたしなんか始めつから試験が終わつたらみんな忘れちやうつもりで勉強するのよ。その方がサバサバしてていいわ。

Ａ　ひどい事になつたな。それじやまるでひき肉の機械みたいなものじやないか。だけどいかに立派な歴史の教科書をつくつたつて学生が歴史に対して自発的に興味を覚えない限り、ただ従来と同じように受身の丸暗記的勉強に終わつてしまう事は確かだ。そういう自発的興味はむろん先生の教え方如何にかかる事が大きいが、他面学生の主体的な心構えの問題でもあるね。

Ｃ　じや叔父様、あたしみたいに歴史が最大の苦手というような人はどうしたら好きになり、また勉強しやすくなるんでしよう。

Ａ　そう開き直られても、格別これを一服呑めば効験あらたかといつた薬があるわけじやないさ。しかしＣちやんは歴史が嫌い嫌いというけれど、いつか叔父さんのところから持つて行つたシュテファン・ツヴァイクの『マリー・アントワネット』を夢中で読んでたじやないか。

Ｃ　だつてあれは伝記小説つていうのか歴史小説つていうのか知らないけれど、とにかく小説でしよう。あんなおもしろい小説ないわね、あたし読み出したら止められなくて、とうとう夜あかししちやつてお母様に大目玉くらつたわ。

Ｂ　そうかなあ、僕はツヴァイクの伝記ものにはいささか異論があるな。始めは僕も『エラスムスの勝利と悲劇』とか『マジェラン』などおおいに愛読したんですよ。ところがどうも三つ四つ読んで行くといつもきまつた型と構成が鼻につき出して来たんです。ジョセフ・フーシェやマリー・アントワネットなどフランス革命をバックにしているものでも、個人の心理過程を歴史的シチュエーションから抜き出して追究しているために、一見人間関係の非常に具体的な絡み合いを捉えようとして、かえつて人間性を抽象的に類型化する結果に陥つているような気がするんです。

Ｃ　あら、あたしは絶対反対だわ。お兄さんのは屁理屈よ。だつて一個の平凡な女にすぎなかつたマリー・アントワネットがあの苛酷な運命のなかに人間的に鍛えられ成長していくプロセスがとても生き生きと描かれているじやないの。少くもあたしは、いつかお兄さんにやかましくすすめられて読んだ羽仁五郎先生の『ミケランヂェロ』なんかよりずつと惹きつけられたわ。あの本にはルネッサンスの事やフィレンツェ自由都市の歴史のことは色々書いてあるけれど、肝じんのミケランジェロという人間がいくら読んでも――なんていつたらいいのかしら――ちようど彫刻のようにハッキリした形像になつて浮びあがつてこないじやないの。

Ａ　Ｂ君もＣちやんもいつぱし生意気な批評をするようになつたね。二人の主張の中には伝記というものの本質についてなかなかおもしろい問題が含まれているが、それはひとまずさし置いてさきほどの問題にかえろう。Ｃちやんのように学校の歴史が苦手な者でもツヴァイクならツヴァイクの歴史小説はおもしろく読むわけだ。そこでああいつた優れた伝記なり歴史小説なりを読むことが歴史に対する能動的な興味を喚起するひとつの路線という事が一般的にいえるだろうね。

Ｂ　だつて叔父さん、ああいつた伝記小説や歴史小説はＣちやんの言つたようにどこまでも小説で科学としての歴史とはちがうでしょう。

Ａ　むろんそうさ。しかしね。例えばさつきのマリー・アントワネットを例に取れば、Ｃちゃんあれを読んで、ともかくフランス革命のごく一般的な事件の経過は覚えたろう。

Ｃ　とてもよく分かつたわ。それであたしあれを読んだあと、改めて学校の御講義のフランス革命のところを読み直してみたの。そしたら部分的にはまだよくわからないところもあるけど、何か全体の動きが前よりずつとよく頭に入つたわ。だからとつてもおかしいのよ、年代なんかも一七八九年前後だけは今でも馬鹿によく覚えてるの。まるでボーッとした背景のなかに一八世紀末だけくつきり頭の中のフィルムに映つているみたい……。

Ａ　それでいいんだ。そこらのカストリ雑誌に出ている歴史小説や伝記小説のたぐいは年代や事実などでも随分いい加減なのがあるが、優れた伝記作家のものはむろんフィクションの形をとつているが、専門の歴史家に劣らぬ史料の考証を基礎にして書かれている。だから少くも事件のエレメンタリーな継起についてはまず信用していい。ただし——これが大事な点だが——事件や人物について解釈したり批評したりしたところは決してそのまま盲従しちやいけない。これは歴史書一般についていえる事だが、伝記いわんや伝記小説に関してはとくにそうだ。例えばフランス革命を題材とした小説や戯曲には前のツヴァイクのものとかエミール・ルートヴィヒの『ナポレオン』とか、アナトール・フランスの『神々は渇く』とかロマン・ロランの『獅子座の流星群』『愛と死との戯れ』その他、一連の革命劇とか、少し古ければディッケンズの『二都物語』などいずれもきわめて優れた興味の深い作品だが、こういうものだけ読んでフランス革命の本質なり、ジャコバン主義の歴史的性格なりを理解したつもりになつたら大変な間違いを冒すよ。ここではあくまで本格的な歴史の勉強への自然な興味をおこすステップとしての意義をいつているわけだ。Cちやんはマリー・アントワネットを読んでそれがきつかけとなつて講義のフランス革命のところが前よりハッキリしたといつたが、もう一歩進めればああいう宮廷の生活に対する関心からひいてブルボン王朝の由来とかアンシャン・レジームの社会状態とかいうものを突込んで知りたいという欲求が出てくるだろう。こうして問題を時代の前後に発展させて行くと同時に、またフランス革命におけるナポレオンならナポレオンと、十七世紀イギリス革命におけるクロムウェルとの対比に思い至るという事もありうる。そこで今度はクロムウェルの伝記を読み、そこから更に英仏ブルジョア革命の発展過程の異同というような問題意識に目覚めて一層本格的な文献に立ち向うという様な具合に進んで行けば糞暗記的でなく、ヨーロッパ近世史の全体の輪郭がだんだん頭に入つてくるはずだ。優れた伝記や歴史小説から入るということは当該の時代や民族のたたえている歴史的個性なり雰囲気なりに対する直観というか、一種の感情移入ができるようになる点でも非常に役に立つもので、こうした感覚的親近性なしにいきなり本格的な歴史的研究を読むと、勢い「勉強」的な要素が強くなつて息がつづかなかつたり、或は概念的な理解に終わつたりしがちなものだ。早い話が君たちはむろんのこと、僕らの世代の人間でも歴史のなかで一番縁遠い気がするのは東洋史だろう。ところが僕等の親父の時代の人間は中国の昔の歴史などについてわれわれよりずつとナチュラルな関心を抱きまた常識も具えている。これはその頃の人は少年時代に水滸伝とか三国志とかに血湧き肉躍らせた経験を必ず持つているからなのだ。

B　しかし他面またそういう風な入り方をすると、歴史における個人の役割というものを過大評価して英雄主義的史観に陥る危険性があるんじやないでしようか。

A　そりやないとはいえない。三国志的教養に育つた人はとくにそういう危険がある。しかし英雄の過大評価も困るが、過小評価も感心しないね。むろん歴史の科学性を確立しようという動きはどこの国でもまずこういう英雄史観とそれに必然的に随伴する勧善懲悪史観に対する反逆から出発したわけだ。それで歴史過程を個人よりも集団の動きとして把え、大量観察によつてその中の法則性を見出そうとした、T・バックルの『英国文明史』やF・ギゾーの『ヨーロッパ文明史』などはそうした立場の最も代表的なもので、日本でこうした方法に従つてはじめて日本史を科学的に見直そうとした試みが田口卯吉の『日本開化小史』や福沢諭吉の『文明論之概略』だ。こういう見方が史的唯物論とか社会経済史学派の発展段階説などによつてますます盛んになり、それと共に歴史叙述が段々精緻になつて行つたわけだが、物事にはどうも弊害は免れない様で、とくに亜流の歴史家の手にかかると世界史的な個人が色々の社会集団の利害や歴史的傾向の単なる「反映」や「結節点」にすぎなくなり、具体的な人間の代りに「範疇」の擬人化が登場する様になる。そうなつてはもう歴史は死んでしまうのだ。むろん、一体何が歴史的英雄の標識かということは大いに問題だがね。

B　ところで日本にはいい伝記が少いという事をよく聞きますが、どういう訳でしょう。

A　そりや色々理由はあるだろう。例えば明治以後の政治家の伝記など、「決定版」は大抵誰々伝刊行会という様な名で出ているが、まるで頌徳表みたいなのが多い。これは一つには、本格的に資料を蒐集するためにはどうしてもその家の当主なり近親なりと懇意にならねばならず、そうなると今度は都合の悪い面が書けなくなるからだ。という事は更に突詰めれば、学問的立場からの客観的な批判と個人的悪口とをハッキリ区別しうる意識が社会的に普遍化していないという事になるだろう。しかしそうした制約のない昔の人物や外国人の伝記についても日本に優れたものが少いとすれば、これはまた別箇の原因がなければならないはずだ。結局、われわれの人間を観察する眼が浅薄皮相だという事じゃないかな。それでも明治時代の歴史家の書いた伝記には比較的いいのがあるよ。例えば山路愛山のものなど今読んでも仲々たいしたものだ。後世色々な意味で悪評高い徳富蘇峰にしたつて、昔出した『吉田松陰』など名著だと思うね。伝記だけじやなく、どうも歴史書一般に明治時代の人の方が面白いものを書いた。そりや史料的には今から見れば不十分なのは当然だが……。

B　すると歴史の本の面白さは歴史学の発達に逆比例するわけですか。

A　まさかそう一般的にはいえないだろう。日本の場合、アカデミーの歴史学は有職故実史学の伝統がやがてそのままヨーロッパの文献学的歴史に癒着してしまい――むろんこれにはとくに日本史の場合は政治的条件が大きく作用したわけだ――他方さつきも一寸言つた様に鼎軒や諭吉の流れを汲んだ民間史学は大正末期からマルクス主義の強い影響を受けたが、それが或は公式的な経済的決定論として理解されたり、或は新カント派の流行と競合して方法論や「史観」論議にエネルギーを費したりして、結局いずれの学派も歴史の主体としての人間を見失ってしまったことが致命的なのじゃないかと思う。明治時代の史学にみなぎっている潑剌とした生気と一種の気魄は結局明治という時代の一般的性格の問題に帰着して、ここじやとても話し切れないが……。

B　叔父さんのいわれた人間を観察する眼の貧しさということは他人だけでなく、自己観察についてもいえるわけですか。

A　それは相互に密接な関係があるさ。一方的にどっちが原因でどっちがその反映という事もなかなかいえないが、日本人が自己分析がとくに苦手なのは争えないね。それは自叙伝というものが質量ともにきわめて貧困な事がなにより証明しているだろう。ついでにCちゃんにも言って置くが、自叙伝というのは叔父さんがさき程いった様な伝記から歴史の本格的な勉強に入って行く場合のちょうど境界点に位置する一番大事な関門だ。なぜならここには一般の伝記の様な叙述の主体と客体との間の時間的空間的なズレがないから、個人とそれをつつむ歴史的環境の生きた関連を比較的最も正確に、しかも直接感覚的に汲みとることができるからだ。その意味でまた根本史料を読む練習にもなる。例えば『フランクリン自伝』はわれわれを一読直ちにアメリカ独立戦争の精神的背景の只中に引き入れてくれるし、ゲルツェンの『過去の思索』は難しい理論の助けを藉らずとも、十九世紀ロシアニヒリズムの発酵する複雑な歴史的社会的条件を端的に会得させてくれる。歴史の勉強でこれ程功徳のあらたかなものはないよ。それだけに日本の歴史的人物がほとんど自叙伝を書いていないのが残念だ。

C　学校の国語で白石の『折たく柴の記』の一節を教わつたけれど、あれはやはり自叙伝でしょ？

A　あれは素晴らしい自叙伝だ。僕は『折たく柴の記』と『福翁自伝』と『河上肇自叙伝』がいろいろな意味でまず日本の三大自伝だと思うね。これらはいずれも日本思想史上の不朽の傑作として残るだろう。

B　自叙伝とは一寸カテゴリーがずれますが、自分が参加しもしくは精密に観察した歴史的大事件を自ら記録し叙述したようなものがありますね。有名なマルクスの『ルイ・ボナパルトのブリュメール十八日』とかエンゲルスの『革命及び反革命』などの類です。ああいうのも叔父さんのいわれる歴史叙述の主体と客体との間の時間的＝空間的距離の短さという意味ではやはり本格的な史料研究に進むいい通路になるわけですね。

A　そうだ、そういうジャンル——三宅雪嶺の著書の標題をつかえば『同時代史』ということになるが——としては君のいつたマルクスの本などあらゆる点で模範的なものだろう。自分が生きた時代なり或は自ら渦中にあつた事件なりを歴史的に書くという事は、直接の見聞事項が多いという点では書き易い様に見えるが、実際は木を見て森を見ない結果になりがちで、実に至難の業なのだ。ことに革命などという社会的激動の真只中にあつて、そこに働く複雑な政治力のダイナミックスをあれ程見事に分析し再構成したマルクスの力量には只々頭が下るよ。

C　なんだか叔父様のおつしやる事わかる様な気がするわ。実はね、ほら三月頃一寸新聞にも出てたでしよ、あたしの学校で「好ましからぬ先生」のパージの問題で一騒ぎあつたのよ。あたしも嫌だつたけどクラスの自治委員に選ばれちやつたんで、生徒大会の世話役をやつたり、P・T・Aの役員と交渉したり、都教育委員に面会に行つたりして、これでもなかなか活躍したのよ。まだあの問題は提訴中で片付かないけど、あたしとしてはいろんな意味でいい経験もしたのでこないだから事件の発生からはじめて生徒大会の模様とか、P・T・Aの空気とか大体の経過をノートに書きとめてみたの。

A　ほう、これは感心だ。Cちやんもあながちロバート・テイラーを追いかけまわしてるだけでもないんだね。

B　どうだい、一つ「或る女学生の手記」というのを出版したら。ベスト・セラーになつたら夏休みに信州でも旅行するか。

C　いやよ、折角ひとが真面目な話してるのに腰を折らないでよ……。ところがね、叔父様、実際書いてみると、客観的な記述つていうことが始め考えてたのよりズット難しいつて事がつくづくわかつたわ。

A　どんな点が具体的に困つた？

C　そうね、なかなか一口にいえないけど第一、事実を確定するつて事自体が生易しいことじやないのよ、誰々が何時どういう場所でこういつたという簡単なことでさえ、なかなか本当に確かめるとなると大変なの。抑々言つたか言わないかも問題ですし、また言つたとしても一体どういう意味で言つたかという点が反対の立場にある人々の間で解釈がまるで違うのよ。たしかに同じ言葉でもそれだけでは色々な意味にとれるので、結局その言葉の出た席の雰囲気とか、その人の平素の言動とかいろんな背景と絡み合わせて大体見当をつけるよりほか仕方がないつて事悟つたわ。それともうひとつ弱つたのは実際事件の内部にいてあまり細かいことまで見てると、いざ書くとなつた時、どの点をどのくらい力点を置いて書くか、どの点は省略するかという様な選択がとてもむずかしいつて事ね。結局あの事件全体の意味つていうことについて自分なりの考えを持つてないと、個々の事実の取捨選択ができないわね。時間的な順序に従つて、のべつ幕なしに確定された事実を並べたてて行つてもきりがないし、第一そんなもの読んでも何が何だかさつぱりわからないでしよ。

A　Cちやんは大変な勉強をしたね。いまCちやんが言つた事はみんな歴史叙述という事の本質につながる問題なんだ。事実の確定は史料批判に当るし、確定された事実の選択は史料操作の問題というふうに、大体昔から歴史家が歴史を書くときはCちやんが当面したのと同じ問題を同じ様な順序で解決して行かなければならない。とくにCちやんの貴重な発見は最後に言つたこと、つまりいわゆる個別的な「事実」をいくら積重ねても歴史にならないという事だ。無限に多様な個別的「事実」からどれを選択するかは結局その「事実」に対して歴史家がどれ程重要性を付すかという事できまつてくる。重要か重要でないかの規準はまた歴史家が史料に臨むに先立つて抱いている歴史観の全体からきまつてくるのだ。これがむずかしくいうと歴史叙述の主体的契機という問題だ。その意味で史料からの純粋の帰納では決して歴史は書けない。もしそういう意味で客観的実証的な記述と自称する歴史書があつたら、大いに警戒が必要だよ。注意して読めば君達でも必ず行間に隠されたその著者の一般的なものの見方或はもつと大きくいえば世界観というものを見抜けるはずだ。著者自身それを自覚していない場合には、大抵その時代の支配的な道徳意識とか、その社会の伝統的因襲的な価値観念に無批判的に依りかかつてることが多い。

B　誰だつたか外国の歴史家が「『事実』をどんなに注釈抜きで併列してもそれは一つの『解釈』である」といつているのを読んだ記憶がありますが、それもつまり今叔父さんの言われたのと同じ問題になりますね。

A　まあそういうハッキリした言い方は誤解される危険があるが、根本的にはその通りだと思うね。それはね、Cちやんのように現代史――Cちやんの今度の仕事だつて小さな現代史だろう――を自分で書いてみれば一番身に沁みてわかる。現代史という奴は史料がなくて困るんじやなくてありすぎて困るんだ。毎日の新聞だけだつて大変な量だろう。しかも新聞がすでに厖大な社会事実をジャーナリズムの見地から選択してできたものだ。この選択された事実の報道がその限りでは誤りないと仮定しても――この仮定も実は大問題なんだが――、毎日の新聞記事をつなぎ合わしたつて現代史にはなるまい。新聞が全く載せずもしくは詳しく書かない事実で歴史的には大きな意味をもっている事だってある。結局こちらが一定のパースペクティヴを持たない限りただ厖大な素材の前に呆然とするだけだ。現代社会という全体性の規定づけがきまってはじめて個別的事実の選択ができるので、その逆じゃない。ところが過去の時代を対象とする場合にはこの道理がともすると忘れられて、何か個々の史料から自動的に客観的な歴史的事実が出て来るような錯覚に歴史家も読者も陥ってしまうのだ。これはいわば史料のフェティシスムス（物神崇拝）ともいえるだろう。歴史書を批判的に読むためにもその点を注意しなけりやいけないね。

C　すると歴史を書く場合にその全体性のパースペクティヴつていうのはどうして得られるの。みんながてんでにすき勝手な見方をとればいいつてわけじやないでしよう。

A　むろんそうだ。もしそれでいいなら、歴史の科学性などはまるでない事になつてしまうからね。そこではじめて社会科学の理論というものが必要になつて来るわけだ。社会科学を勉強して歴史的世界の構造的認識を深めて行けば行く程、個別的な史料を選択して再構成する規準が恣意的なものでなく、ヨリ客観的な妥当性をもつて来るのだ。

B　しかしさつき叔父さんは、範疇や概念が裸のまま飛び出してくるような歴史は死んだ歴史で、生きた人間の動きを捉えなくちや本当の歴史にならないといわれたでしよう。すると社会科学の理論にあまり拘泥しすぎてもいけないという事になりませんか。

A　むろん理論は理論、歴史は歴史で二つを一緒くたにしちやいけないさ。しかも社会科学の理論そのものが歴史学の成果から絶えず新たな栄養分を吸いとりながら発展して行くべきもので、両者はお互に補強し合う関係にある。結局、理論も歴史も、社会的現実の学問的な再構成だという意味では根本的には同じなので、ただその再構成の仕方がちがうんだ。歴史の方は現実を不断の発展と変化の相において捉えて行くのだが、理論は同じ現実の不断の流れをある時点においていわば人為的に中断して、現実の断面構造とそれを構成する諸契機の相互的な関連を法則的に認識しようとするのだ。だからいま「ある時点において」といつた事が大事なので、社会科学上のどんな理論にしろ、またそこに提示されている諸範疇にしろ根本的に歴史的制約を持つているので、決してその時点と離れて勝手にどんな時代にも使えるものではない。それを忘れると「主権」とか「資本主義」とか「所有権」とか「法治国」とかいう本来、近代社会においてのみ妥当する範疇を古代や中世の出来事に無批判的に適用する誤りを冒すことになる。「理論」を軽視する素朴実証主義的な歴史家はさつきも言つたように大抵その社会の常識的な用語によりかかつているからかえつてこの種の非歴史的な見方に陥りがちで、その結果、大化の改新が「社会主義」とされたり、もつと甚だしくなると、我国は高天原に八百万神が神集いに集まつて事を議して以来「民主主義」の伝統が続いているといつたふうな迷論が飛び出たりするのだ。歴史叙述におけるいわゆる「公式主義」の危険は理論を持つことから生れるんじやなくて、概念や範疇を固定的に理解してそれを無理に複雑な歴史的事象に当てはめようとするのがいけないのさ。繰り返していう通りどんな場合にも歴史的現実の主体としての人間を見失っちゃ駄目だ。これは社会科学理論についてもいえる。ところがともすると社会科学者は制度とか機構というものをそれを担い動かしている人間から切り離して論ずるから、理論がなにか冷たいよそよそしいものとして歴史家に映じ、ますます両者の乖離が甚だしくなるんだ。その点ではとくにわれわれ日本人は英米流のプラグマティックな考え方を学ぶ必要があるね。

B　そういえば英米にはビアードとかグーチとか歴史家として一流で同時に立派な理論家だという学者が多いし、また社会科学者も気軽に歴史を書く様な気がしますね。

A　そりやドイツやフランスだつてそういう人はいないわけじやない。ただドイツの場合は、十九世紀の歴史意識が大体西ヨーロッパ的な自然法思想に対する反逆として発達したものだから、歴史というものは本来非合理的なもの、個性的特殊的なものの認識でそれに対して理論はそうした個別的特殊性を抽象した法則的認識だというふうに、歴史の実証性と理論の合理性とが夫々一方的に強調されてしまい、それが「理論」的認識に対する歴史家の伝統的反情となつてランケ以来尾をひいているのだ。

B　歴史的相対主義の危機などということをよく聞きますが結局そのことですか。

A　いや、トレルチやマイネッケが問題にした歴史主義の危機ということにはもつと大きな思想的な問題が含まれているが、しかしそのことと無関係じやない。少くもその一つの現われだ。マイネッヶの小さな論文集の題に『歴史的感覚と歴史の意味』（Vom geschichtlichen Sinn und der Sinn der Geschichte）というのがある。„Sinn“という言葉が二様の意味を持つところからちよつとシャレたわけだが、これを使つていま僕がいつた事を要約すれば、こういう事になるだろうね。社会科学の理論というのはつまり歴史的対象の意味を明かにするものだ。ただ歴史の意味ばかりいかに滔々と論じても、肝じんの対象に対する直観的な滲透力が欠けていると、読者にその時代なり人間なりの息吹を生き生きと感じとらせる事ができない。それじや歴史家として落第だ。さりとて、歴史的感覚がいくら豊富でも理論を持たないと、無限に細分される個別的事実の密林に分け入つて、歴史叙述がトリヴィアリズムに堕してしまう。しかもその「事実」なるものがさつきから言つている様に実は問題なんだ。だから本当の歴史家というものは豊かな歴史的感覚と共に、歴史の意味を十分掘り下げうる能力をも具えている人であり、そういう人によつて書かれたものが最もすぐれた歴史だといえるだろう。むろんそれはそうざらに転がつている才能じやない。だから歴史書を読んで見給え、大抵はどつちかに片寄つている。どつちもないのは論外だ。ところで……オヤCちやん、いつの間にか舟を漕いでるじやないか。

B　オイオイCちやん……。しつかりしろよ。一体誰の用で来たと思つてるんだい。

C　アー、あらいやだ、御免なさいね、叔父様。だつてなんだかあんまり御二人の話がはずんじやつて難しくなつちやつたんですもの、途中で口をはさんじや悪いと思つて黙つてきいているうちについウトウト……。

B　冗談じゃないぜ。まさにCちゃんのリポートの「歴史的認識」っていう問題の佳境に入りかけたところじゃないか。

C　アラッそりゃ大変、どうしましょう。叔父様、誠に済みませんけど、あたしの聞かなかったとこ、もう一度手短かにお話してくださらない？

A　ハッハ。Cちゃんにかかつちゃかなわないな。

B　いいですよ、叔父さん。大体僕が伺つたことを帰つてから話してやりますから。どうせ例によつて結局書かされるのは僕なんだから……。

A　いや、別にそう突込んだ話をしたわけじゃないし、そのテーマを本当に論ずるのならまだまだ残つている重大な問題がたくさんあるよ。Cちゃんはともかく事柄は小さいにしろ、自ら見聞した事の歴史を自分で苦しんで書いてみたね。その経験が一番大事なんだ。その経験は今後Cちゃんが歴史の勉強をしたり、歴史の書物を読んだりする上に必ず生きて来るよ。じゃ今日はもう大分おそいからこのくらいできり上げよう。あまり一度にゴタゴタと話したから、あとで考えたらわからない事が色色出てくるかもしれない。そうしたら出直して来給え。またCちゃんを快く眠らす様な話をしてあげるから……。

（「学生と読書」清水幾太郎・大河内一男編、昭和二十五年八月、日本評論社）

ラスキ「現代革命の考察」（昭和二十五年）

『現代革命の考察』と銘打つてはいるが、この書物は「革命」についての体系的理論的研究でもなければいわゆる狭義の戦略戦術論でもない。原名は容易に連想されるようにE・バークの有名な『フランス革命の考察』に意識的にちなんで付けたもので、バークが一世紀以上も前に反革命の立場からイギリスの国民に訴えかけたのとちようど逆に、ラスキは基本的に彼の意味での〃革命〃の立場に立つて、ナチス・ドイツとの死闘の真只中にある同国民に、第二次大戦の包蔵する根本問題についてアピールしようとしたのがこの意図である。従つて叙述内容からいえば、むしろ〃現代文明の考察〃とでも呼んだ方がより適当と思われる位、きわめて広汎な諸点にわたつている。

右の成立事情から明かである様に、この書は第二次大戦において英米とソ連がファシスト国家を打倒するという共通の目的のために嘗て見られなかつた程緊密な共同戦線を結成した時代の産物である。現代世界政治の驚くべき急テンポの発展は、その後数年ならずして、同じ戦列にあつた東西の巨大国家を最も激しい対立関係にまで押し流してしまつた。

こうした激動にゆすぶられ、あまつさえ朝な夕な新聞の煽情的な見出しや記事によつて心理的に圧倒されている今日の人々が卒然として本書に接したならば、或はこの書物にただよう雰囲気と色調は何かしら時代がかつたものに映るかもしれない。事実、本書の中の具体的な事例や個々のプランの多くは今日既に歴史的なものになつている。

しかしながら、ラスキがこの書物のなかで、真向から取組んでいる課題は決して第二次大戦といつたある特定の時期と出来事に限られたものでもなければ、既に解決済みの問題でもなく、むしろ文明世界が好むと否とを問わず、今世紀後半において対決せざるをえない最大のテーマに属しているのである。

この書でラスキは彼の根本理念をいろいろの言葉で表現している。「計画された民主主義」とか「個人的自由と社会的保障の間の均衡」とか、しかしそうした言葉なりその抽象的な定義自体はかくべつ新奇なものではない。それは現代世界において修正資本主義者から社会主義者に至るかなり広い幅の陣営に共通する目標だからである。

私はラスキの特色はむしろこの目標を単に教科書的に説いたり、天降り的に押しつけたりせず、つねに現代政治の動及び反動の生々しい力学のなかから内在的に追及していこうとした態度にあるのだと思う。この態度のゆえに彼の思考はつねに、いわば限界状況において展開されざるをえなかつた。

そこからして、彼の立場には何かしら不安定なものが感じられ、それがある人々にはきわめて冒険的なものに見え、他の人々にはむしろ日和見的なものに映ずるのである。

ラスキのコンミュニズムに対する態度には最もよくそれが現われている。例えば本書の「ロシア革命」の章と、本書のすぐ翌年に出た、『信仰・理性・文明』におけるボルシェヴィズムに関する叙述とを子細に読み比べたなら、その間のトーンの相異が直ちに感知されるであろう。（戦後の所論、例えば『近代国家における自由』の新版序文などでは再び前に戻っている。）

こうしたラスキの「動揺」をひとは何と批判しようと勝手である。しかし問題は彼が「正統」自由主義者と「正統」共産主義者の両側からの非難を浴びながら、何故最後まで「危い橋」を渡ることを止めなかつたかにある。私はそこに却つて、現代文明の苦悩を全身で生き抜こうとするラスキの凄烈なまでの意欲を感ぜずにはいられない。

ラスキは宗教改革以後の近代世界が、今日すでに到底姑息な解決を許さぬほど深い病患に蝕まれているという現実を些かのためらいもなく認識した。しかも共産主義者の途を歩むには、彼の西欧民主主義の伝統に対する愛着はあまりに深かつた。ロシア革命の世界史的意義を偏見なく承認しながらも、あの様な型の革命が払う犠牲の巨大さは到底その目的を償いえぬものと思われた。かくて本書にいう「同意による革命」(revolution by consent) がこのヂレンマからの唯一の活路として残されたのである。

従来の社会民主主義が現実に辿つた様な「同意による改良」にとゞまらず、さりとて「暴力による革命」の途を避け、革命という社会の巨大な質的転換をいかにして民主主義的方式を維持しつつ達成しうるか。その課題がいかに巨大な困難を包蔵するかを知りすぎるほど知りながらラスキは敢てその方向に懸命の模索をつゞけたのである。

そこに賭せられているのは決して単に狭義の国内の社会体制の問題ではない。なぜならもし「同意による革命」が不可能なら、それに不可避的に代るものは全世界をまきこむ恐るべき大規模な殺りく闘争にほかならないからである。いやしくもこの巨大な二者択一の意味を真剣に考えるほどの者なら、西欧民主主義と共産主義との間を何とかして架橋しようとする晩年のラスキの懸命な努力に徒らに嘲笑を浴びせはしないであろう。

最後に、本書の読み方について参考までに一言しよう。この書物は初めにもいつた様に厳密なアカデミックな著作ではなくどこまでも一つのアピールである。同じテーマが何度も繰返し述べられるのもそのためである。従つてこれをあつさりと通読するとそうした繰返しが目立つて却つて感銘がうすい。ところが辛抱強く味読して行くと随処にきわめて貴重なまた切実な暗示にぶつかる。そういつたジャンルの本だと私は思う。

（「日本読書新聞」昭和二十五年十月十八日号）

恐怖の時代

専制政治は恐怖の上に成立つとはトマス・ホッブス以来、政治学上の古典的原則であり、デモクラシーと恐怖とは水と油以上に相容れない。ところで一九五〇年末の日本の状況を眺めるとき、ひとは到る所、あらゆる職場において恐怖の蔭を読みとらないであろうか。労働者やサラリーマンは明日をも知れぬ首切りと失業の不安に駆られている。中小企業者や農民は税金の攻勢と「安定恐慌」の津波の前に戦慄する。大学から小学校に至るまでの教員は、多少とも「思想的」傾向をもった者はレッド・パージにおののき、そうでない者も、近来とみに昔日の権威を加えた校長や自治体ボスのにらみをひしひしと背中に感じている。ジャーナリストはプレス・コードに兢々とし、一見昂然たるかに見える共産党員も、嘗ての暗い日々の回想が再び鮮かに脳裏に甦えるにつれて、不安と苦痛の面持を蔽うべくもない。このような社会の各層に共通する不安と恐怖の雰囲気のなかで、生長するものは、他の何かではあつても、民主主義の教科書に書いてある個性の自由と尊厳の確立ではないことは確実だ。

近頃日本の労働運動や学生運動を批判するのによく英国の例をもつて来て、そこで相互の人格の尊重とか問題の理性的自律的な処理とかがいかに根強い気風をなしているかを説教する論者が少くない。しかしそうした比較対照が、大衆や学生の日常生活において享受する安定感の程度が彼我どれほどちがうかという問題との関連なしになされるならば、それは真の比較とはならない。早い話が、現在の日本の状況において失職の恐怖、妻子を路頭に迷わすことに対する顧慮が圧倒的多数の人々の職場での言動をいかに深刻に規定し、彼等の一部を「行き過ぎ」にする反面、大部分の人々を「行き足らず」にしていることか。一寸でもこの現実に対する感受力を持つほどの者なら、現在既成政治家や商業新聞論説記者たちが、あたかも「自由社会」の確立のためには之を外部から「攪乱」する一部矯激分子の除去だけが課題であるかのような素朴な考え方にどうしてあれ程容易に安住していられるかを怪しまずにはいられないだろう。しかし彼等は果してそういう単純な論理を真に信じているのだろうか。むしろ目をつぶつて自分自身も信じない「確信」を説き続けているのではないか。現在において、安定感を失つているのは決して先に挙げた様な非権力者層だけではない。むしろ広義の権力者層乃至その扈従たちの間にはある意味で更に大きな恐怖感が瀰漫しているのである。ここにまさに現代の精神的状況における最大の特徴がある。

急進的な労働者を「不逞の輩」と極めつけて平然たる傲岸な政治家も、赤退治に蛮勇をふるう資本家も、左翼学生の処置に臆病だといつて教育者を嘲笑し慨歎する「硬骨」思想家も、一歩進んでその内面的心理をのぞいて見れば、自己の立つている社会的地盤と自己の依拠する価値体系が現在蒙つている挑戦に結局は堪え切れないのではないかという懸念と疑惑に多かれ少かれさいなまれていない者はなかろう。その意味では、「自由党と火付け泥棒は一匹も管内に入れ申さぬ」とうそぶいた嘗ての福島県令三島通庸の天真爛漫な無邪気さはもはや現代の支配層にはおしなべて喪われているのである。

　こうした事態から何が生れるか。ある人々は支配層における内面的自負の喪失と恐怖感の増大をもつてまさしく「革命」と「解放」の日の切迫した徴候と看做すだろう。巨視的な展望としては或はそうもいえるかもしれない。しかしもつとぢかの日常性の観点からはそう簡単に達観するわけには行かない。なぜか。第一に右の様な状況からさしあたり発生するものは、支配層と被支配層との間の恐怖の悪循環である。権力者層は自己の支配の維持に対する内心の疑惑が頭をもたげる度ごとにますます強硬な言説と行動を以てその疑念に打克とうとし、そこからして反対勢力に対するヒステリックな弾圧を愈々大規模に組織化して行く。他方これに挑戦する勢力は、弾圧が強化されるほど、どうしても広汎な大衆的背景から切り離されて孤立化せざるをえない。そうした孤立化と、次の弾圧の予期とはまたその陣営内の恐怖感を高める。それは一部を「脱落」させると同時に、他の戦闘的分子をいよいよ「前衛的」にし、「鉄の規律」を強化させる。云換えれば、見解の相異と分派行動との区別がますます実際的に困難になり、同志間に猜疑心理が蔓延する。しかも敵の苛烈な弾圧のうちに「強さではなく、却つて弱さの表現」を見出すことから来る勝利の確信と弾圧の恐怖のコンプレックスは、冷静な客観的判断を困難にし、その運動をいよいよ狂熱的に赴かせ易い。かくてそれはまた支配層の恐怖を煽り立て、結果として更に大きな弾圧を招来するに至る。しかもその際、注意すべきことは、恐怖感というものは、殆んどつねに事実に対する恐怖よりも想像に対するそれの方が大きいということである。これによつて上の恐怖の悪循環は単に循環にとどまらず、幾何級数的に拡大再生産されて行くのである。

私は恐怖心のかもし出す悲観的な社会的効果だけをことさら強調するつもりはない。ただ私のいいたい事は、もしわれわれが民主的雰囲気が少しでも伸長すること、少くもこれ以上縮減しないことを望むならば、いかなる勢力に属しいかなる立場にあるを問わず、徒らに恐怖心を挑発し増大する様な言動を自制することがさし当つての緊要事であるということだ。現代のようにコミュニケーションの発達した時代には、社会心理の激動の振幅は昔とは比較にならないから、政治的目的のために恐怖心を激発する結果は、容易にその目的に逆作用し、適当の時期において之を収拾しようとしても治まりがつかなくなる。そうして「敵」の陣営を萎縮させる効果よりも、中間者を敵に追いやり、或は「味方」の陣営に恐怖をもち込んで、阿諛迎合の輩を自己の周囲に結集させるマイナスの結果の方がしばしば大きくなる。そうした政治心理の力学はもつともつと真剣に考える必要があるのではないか。私はそういう意味からも、一方においてレッド・パージの問題などをともすると共産主義がそもそも言論の自由を生命とする民主社会と相容れるかといつた抽象的原則論の観点からだけとり上げ、それが現実の効果として日本の民主的雰囲気を増大させるかそれとも逆にいよいよ減退させるかという問題として考えない、反共自由主義者の議論に不満を感ずると同時に、他面、共産主義者の日常の不用意な言動が無益に相手の恐怖心をかき立てていること――その具体例は挙げるまでもなかろう――に対して深甚な反省を要望せざるをえないのである。

（思想の言葉、「思想」昭和二十五年十二月号、岩波書店）

1951

病床からの感想

1

療養所に入つてから半年を越えた。それはある意味ではもう半年という感覚であり、また別の感じからいえばまだ半年ということになるが、いずれにせよ、この間に追放解除をはじめとする国内政治の動向は急テンポに進展し、日本をめぐる国際関係も問題のサンフランシスコの講和条約調印式を旬日のうちに迎えるまでに急迫した。日本の運命を大きく決するのつぴきならない既成事実が慌しく作り固められて行くのをベッドに横たわりながら見つめていると、やはりいいしれないはがゆさと焦燥感がこみ上げて来る――。

ここでは、病人と「世の中」との通路の圧倒的な部分を占めているのは、いうまでもなく新聞とラジオだ。むろん面会に来てくれる先輩友人知己から断片的には色々のニュースをきくけれども、何といつても社会から原則的にひき離されている身には隔靴掻ようの感を禁じえない。清水幾太郎さんのいわゆる「現代の魔術」に抗することは、こうした環境ではほとんど絶望的に困難である。これを憐れんでくれた人たちが岩波から『ニュー・ステーツマン・アンド・ネーション』の最近号を借出してくれた。まさに旱天に慈雨の思いである。片端から読んで行くと当然のことながら、朝鮮停戦問題にせよ、対日講和条約にせよ、西独再軍備にせよ、アメリカ国内の動向にせよ、日本の新聞・ラジオが伝える模様とは調子がガラリと変っている。それみろ――という気持が湧き上ってくるのを抑えることが出来ない。そうした心理のなかには、きわめて不健康なものが潜んでいることに気が付くと、私の連想は自然に十年前に遡って行った。その頃父がとっていた『タイム』と『ネーション』をむさぼり読んだ気持がやはり海外新聞雑誌のなかに少しでも客観的な報道を探し出そうというまの焦だたしい気分に多分に共通していたことを思い出したからである。とめどなく拡大する日華事変、中国民衆の激しい抵抗、ノモンハン事件、スペイン内乱、ナチス・ドイツの国内事情――そういった事態の真相は東西枢軸国家の隆々たる勃興ぶりだけを書きたてる日本の新聞からは全く知ることが出来なかった。そこで私たちは日本のためにどうみても望ましくないと思う方向へ、目かくしされたままぐんぐん引張って行かれ、しかもそれをおしとどめる力がないという暗澹とした無力感からいつの間にか、妙にひねくれた心理――日本で一般に公にされた報道と反対の事実とか、いわゆる「反日」的、反枢軸的傾向の記事を海外誌のなかに懸命にあさって、それにぶつかると快心の笑をもらして友人知己にふれまわり、一種の高尚な井戸端会議的雰囲気のなかで僅にうつぷんをはらすといったアブノーマルな精神状態に我知らず陥ちて行つたのである。これは当時、時局に便乗するのをいさぎよしとしなかつたインテリが多かれ少かれ経験した心理ではないかと思う。むろん、なによりも政治的思想的自由の抑圧がこうした気分の醱酵に対して責を負うべきことはいうまでもないが、アブノーマルはどこまでもアブノーマルでそうした精神的な自慰からは積極的に現実を押しすすめる力は生れる道理がない。あれから十数年後の現在また、われわれが極めて一方的な報道と見方の大波のなかに呑み込まれようとするとき、この過去の経験は心すべきことではなかろうか。客観的な事実の探究はこの後いかに努力してもしすぎることはないし比較的多様な報道を知る機会に恵まれた人々が、そうした便をもたない圧倒的多数の国民に材料を提供して少しでも公正な判断に資することとの必要はいよいよ切実なものとなつて行くであろうが、その際、情勢の困難に負けて、単なる「真相への逃避」に終らないためには、そうした認識が平和を守りとおす強い決意に不断に媒介されていなければならない。

2

今度のサンフランシスコ会議に提出される講和条約草案については、ここに詳しく論ずる能力はいまの私には精神的にも肉体的にもないけれども、新聞だけを通じて見ても、いつわらない全体の印象は何か非常に無理をしているという感である。この感じがどこから来るのか、恐らく一つは草案作成の手続から、一つは内容から来るものであろう。むろんその双方は関連しているが、一応前者についていえば、今年のはじめ二度にわたつてダレス特使が日本を訪問してから、ロンドン・パリに飛んでいわゆる米英草案をつくり上げ、桑港会議にもつて行くまでのやり方にはいかにも「強引」で、権力政治的モメントが露骨に出ている。それがソ連や中共に対する関係だけならともかくとしても、イギリスやインド及び東南アジアの諸国との間にさえ、十分な談合によつて相互の意見の相違が合理的に調整されたとは必ずしもいい難いからである。(『ニュー・ステーツマン・アンド・ネーション』ははつきりそのことで不満を表明している。) 肝腎の中国調印問題で中共か国府かを日本に選択させるという様な奇妙な結果になつたのもその無理のあらわれにほかならない。内容については既にいわれているように、千島・南樺太・台湾の帰属が中ぶらりんになつていることとか、法的根拠の疑問な琉球・小笠原の信託統治とか、賠償義務の不明確とかいずれも問題の解決をただ先にのばしただけである。

しかしそうした個々の点よりなお重大なのは、もちろん今度の講和条約の国際政治的意義であり、それを集中的に表現しているのが、講和条約と日米安全保障条約の抱き合せである。さきに全面講和は望ましいが、事実出来ないからまず可能な国とから順次に講和を、という様な論議で単独講和を主張していた論者も、もはや今度の講和が、中国及びソ連を明白な仮想敵国とした向米一辺倒的講和であることを否定するものはなかろう。ところで日本が長期間にわたり最大の兵力をもつて莫大な人的物的損害を与えた当の中国を除外し、剰えこれを仮想敵国とするような講和とは、それだけで果して講和の名に値するかどうか。印度をはじめ東南アジア諸国が意外に強硬に米英草案に異議をとなえ、桑港会議への出席すら躊躇しているのは、ひとえにそれが極東問題の平和的解決に資し得ないどころかそれを逆に困難にし、東西の分裂の溝をいよいよ深めることを恐れているからにほかならない。もし今回の桑港会議でアジア諸国の調印を得られなかつたら、日本は地理的、歴史的、経済的に最も近い隣人たちから孤立して遠く西欧諸国と友好関係を結ぶという結果になる。思えば明治維新によつて、日本が東洋諸国のなかでひとりヨーロッパ帝国主義による植民地乃至半植民地化の非運を免れて、アジア最初の近代国家としてさつそうと登場したとき、日本はアジア全民族のホープとして仰がれた。日本の勃興がアジアの民族独立運動に与えた限りない刺激はいまさら述べるまでもなかろう。他方、またアジアの非運の挽回ということが明治初年の進歩的自由主義者の夢にも忘れえぬ目標であつた。ところが、その後まもなく、日本はむしろヨーロッパ帝国主義の尻馬にのり、やがて「列強」と肩をならべ、ついにはそれを排除してアジア大陸への侵略の巨歩を進めて行つたのである。しかもその際、日本帝国の前に最も強力に立ちはだかり、その企図を挫折させた根本の力は、皮肉にも最初日本の勃興に鼓舞されて興つた中国民族運動のエネルギーであつた。つまり日本の悲劇の因は、アジアのホープからアジアの裏切者への急速な変貌のうちに胚胎していたのである。敗戦によつて、明治初年の振り出しに逆戻りした日本は、アジアの裏切者としてデビューしようとするのであるか。私はそうした方向への結末を予想するに忍びない。

3

こんどの講和条約草案は、比類なく寛大であるとして、米国の好意に感謝せよというような語調が政府当局の発言にも大新聞の論説にもうかがわれる。もとより、ダレス特使の努力に対しては、個人的に、御苦労様という気持を表明することは自由だが、何かアメリカが自国のインテレストをさしおいて、日本の為を計ってくれるかのように考えて、感謝感激するのは滑稽を通りこして悲惨というほかない。(むろん同じことはソ連についてもいえよう。)こうした当然のことを強調するのも、日本人の政治殊に国際政治に対する見方が、恰もA国はB国を先天的に好いているとか、C国を先天的ににくんでいるかのように考える女学生的センチメンタリズムを多分に脱していないからである。「うつろい易きは人の心」というが、国際政治情勢のうつろいやすさは、また格別である。最近、アメリカからの一帰朝者から聞いた話だが、アメリカでは、現在、中国人に対する悪感情が、急速に増大し何十年と米国に居ついた中国人が、続々本国送還命令を受けて悲憤慷慨しているということである。むろんこれは米国の対華政策の急激な転回と照応しているわけであるが、それにしても、米国の幾十年に亙る伝統的な親中国態度を知るものにとつては、驚くべき変化といわねばならない。しかし、事は対中国だけの問題ではない。今日、アメリカの不倶戴天の敵として立ちあらわれているソ連に対する判断を例にあげよう。ここ数年のアメリカ有力政治家の演説のなかで、ソ連ないし共産主義を文明に対する野蛮、光明に対する闇黒として性格づけないものは、殆んどない。しかし、つい先だつての一九四二年、「文明の希望は勇敢なるロシア軍の輝かしい軍旗の上にかかつている」という声明をしたのは、ほかならぬアメリカきつての反共闘士ダグラス・マッカーサー将軍その人であつた。

私はここで、いささかも揚げ足とりをするつもりはない。ただ、国際関係を正しく判断するには一時の情勢やスローガンに捉われずに、幅ひろい弾力的な考え方をすることが、いかに必要であるか、ということをいいたいだけのことである。かつて明治二十年代の初頭に、徳富蘇峰が次ぎのように言つた。「我国民の運動するは恰も長竿を立つるが如し。一方に向つて傾かざれば必らず他方に向つて倒る。而して聳然として直立すること能はざるは真に残念ながら我国民の短所と云はざるべからず。」もつともこういう名言をはいた蘇峰自体、聳然として直立することができなかつたのは悲喜劇であるが、それはともかく、「ものの見方」の弾力性にとぼしいことと、一辺倒的行動とは密接な関係があるに違いない。われわれがそうした固定的な思考態度を脱却しない限り、今後何度でも国際政治から手ひどいしつぺがえしを受ける破目になろう。そのショックが大きければ大きいだけ、かつての平沼首相のごとく複雑怪奇といつてすましているわけにはいかないのである。

（「世界」昭和二十六年十月号、岩波書店）

自分勝手な類推

思想史を勉強していていつもしみじみ感じる事は、思考の方法なり価値判断なりにおいて実にさまざまのニュアンスとヴァラエティに富んだ古今の思想の林に分け入つて、夫々の立場を歴史的背景の中に位置づけながら、生き生きと再生する事のむつかしさである。それを思うたびに私はいつもさまざまの性格に扮しなければならない俳優の仕事を連想する。むろん同じく対象を追体験し再生すると言つてもそこには学問と芸術の本質に根ざす大きな違いがあるわけであるが、思想史の場合にしても単に思想の陳列をデパートの売子の様に一通り解説するだけならともかく、偉大な思想家ととり組んでその発想の内的な必然性を見きわめ、語られた言葉を通じて語られざるものをも読取ろうとすると、どうしても概念的な構成力を越えた一つの全体的直観とでもいつたものが要求され、それだけ芸術的表現力に接近して来る。自分の理論を展開する時と違つて、思想史を書く場合にはどんなに肌の合わない立場なり考え方でも、超越的に一刀両断するというわけに行かず、一度はその思想の内側に身を置いてそこからの展望をできるだけ忠実に観察し体得しなければならない。それは丁度嫌いなあるいは苦手な役をふり当てられた俳優の立場に通ずるものがある様な気がする。その上思想史の叙述で大事なことは、さまざまの思想を内在的に把えながらしかもそこにおのずから自己の立脚点が浸透していなければならない事で、そうでないとすべてを「理解」しつぱなしの虚無的な相対主義に陥つて、本当の歴史的な位置づけが出来なくなつてしまう。芝居でもそういう事はないのだろうか。よくあの役者はうまいけれども悪達者だという風な批評があるが、それはつまり一応ある役になり切つている様に見えながら何か俳優自身の主体性がしつかりしていないために、結局その演技がもう一つ人の感動をよび起さないのではないかと思う。――もしこういつた類推が成立つなら、思想史で平素悪戦苦闘している僕のような人間は、少くも他の専門の学者方よりは俳優の仕事の苦労に対してヨリ切実な共感を持つているという自惚れていいわけであるが、さてどんなものか。

（「素顔」一号、昭和二十六年十月、山本安英の会）

1952

竹内好「日本イデオロギー」（昭和二十五年）

かつて本書に収録されている『日本共産党論』の最初の部分が『展望』に載つた際、是に対して進歩陣営から聞えて来た反響が彼の所論の内容的当否を吟味するよりもむしろ、「著者の意図如何を問わずその客観的役割は」云々といつた調子が勝つているので、やり切れない気持がしたことを覚えている。何かというと人の演ずる「役割」の客観的な判定者の位置に自分を据えたがる傲岸さ、しかもその傲岸さを自分はいさゝかも意識しない救い難いほど善良な魂――これこそまさにコンミュニストを筆頭とする日本的進歩主義者の盲点として竹内氏が指摘する当のものであり、そういう批判の仕方自体あまりにみじめな形で彼の診断の正しさを実証していたからである。幸い（！）なことにその後刊行された『現代中国論』や講和・安保両条約締結前後から吉田書簡問題に至る彼の筋の通つた、しかも説得力の強い発言（本書「若い女への手紙」を見よ）などによつてその「客観的役割」なるものの評価も大分ちがつてきたようであるが、問題は評論家竹内好の正当な、または不当な位置づけにあるのではなく、日本の官僚主義的思考＝行動様式に対する彼の一貫した思想的対決から果して進歩陣営がその後どこまで学びとつたかということにある。

彼の病理診断によると「明治になつて身分制が廃止されたのはいわば形式的な廃止であつて実質的にはそれを国民的規模に拡大することによつて復活している」（一一四頁）から、爾来官僚主義はわれわれ日本人の分子構造をなしている。そこでは反官僚主義すらも官僚主義の鋳型をチャント身につけて現われるほど事態は深刻なのだ。そこでこうした悪循環を断切るためには、彼によれば官に対して野を主張するだけでは駄目で、官と野の対立自体にいわば根源的に対立することが必要となる。本書の評論はさまざまの領域に亙つているが、それらに共通して流れる基本的なテーマはほぼここにあるといつて間違いなかろう。そうした論理を執拗に模索しているところに彼を通常の「庶民主義者」から区別する特質がある。（その意味で私は、雑誌社で没になつたという曰く付きの「指導者意識について」が一番面白かつた。）

むろん官と野の対立に対立するということは、どこまでも新たな思考次元を設定するという問題であつて、何らか実体的意味での第三者的立場の主張ではなく、またそうであつてはならない。なぜなら官と野以外の第三の立場などというものは現実にはありえないからである。竹内氏は彼の立場自体の実体化に対しても警戒を怠らない。彼の所論がしばしば逆説的な形態をとるのはそのためである。「役人的でないものほど役人にだまされる。結核は農村をおかす。子供はオトナよりオトナ的だ。」

「民衆は民衆であるために官僚化される。」「インテリが民衆から孤立しているのは、かれがまだインテリになり切っていないからだ」等々。だからこうした逆説は本来彼において、官僚主義を排撃する論理がまさしく官僚的な押しつけがましさを持つという日本イデオロギーの宿命から何とかして脱れようとする苦しまぎれの便法にすぎないのであって、決してそこらの自称賢人たちの愛好するシニシズムの遊戯ではないはずだ。しかしそうした方向は、いかに思考操作上の問題とはいえやはり現実のイデオロギー闘争自体から一定の距離を意識的に保とうという努力として現われるから、実践の世界で悪戦苦闘している人々の眼には一種のもどかしさ、あるいは更に進んで小姑的な意地悪さとして映るのも止むを得ないところかもしれない。

本書から積極的な処方箋を期待されることは著者として最も迷惑なことであろう。否定的な形でしか結論が出て来ないことは本書の問題意識自体に内包される必然的な制約なのである。そうした処方箋を期待する民衆の心理に喰入る進歩的、反動的あらゆる形態での官僚主義の支配にこそ著者の鋭利な刃は擬せられているのだから。従って大事なことは著者の限界を指摘することではなく、むしろまさにその「限界」と見えるもののうちに著者のわれわれに対する最大の警告を読みとることなのである。若しそれ、著者の設定した現実との距離が緊張感を失って現実からの遊離に転落するかどうかは著者自身の問題にほかならない。諸君は諸君の足下を見よ！《マインド・ユア・オウン・ビジネス》

（「日本読書新聞」昭和二十七年九月十五日号）

1953

ファシズムの現代的状況

1

本日は現代のファシズムを中心としたお話をするお約束をしたわけですが、御承知のように、ファシズムというのは、歴史的にも論理的にもきわめて複雑多岐な現象で、今日お話することはごく限られた角度から、限られた範囲でのファシズム論だということを先ずお断りしておきます。

このようにファシズムが複雑な現象であるところから、自然その定義や解釈も多岐に分れています。ことに第二次大戦の結果、国際的に最も尖鋭なファシズムを代表していた日独伊三国が敗北し、その罪状が天下に明るみになったので、もう表向きにファシズムを主張する力は非常に弱まり、その反面として、ファシズムという言葉が政治的敵手を罵倒するスローガン化してしまったところから、いよいよもってファシズムという概念が混乱してしまいました。そういう政治的タクティックとして使われる場合を度外視して、一応社会科学者の議論に限定しても、見解は区々に分れています。一々は申しませんが、これを大別すると大体広狭二つの考え方があるように思います。ファシズムを比較的狭く解釈する考え方によりますと、ファシズムとは、スペインとか東欧諸国とか南米のような後進国、あるいはドイツとかイタリーとか日本のように高度資本主義国ではあるが、比較的に近代国家の形成が遅れ、それだけ急激な資本主義化が行われたために、国内、ことに農業部面に封建制が根強く残り、政治にもデモクラシーの経験を長く持たないような国にだけ見られる特殊現象であつて、英・米のような先進国には、原則的に起り得ないものだというのであります。こういう考え方から必然的に導き出されるのは、ファシズム国家というのは必ず一党独裁であり、必ず議会制を否認し、必ず全体主義を唱え、必ず自国至上主義・排外主義を主張するものだという解釈です。これは主としてアングロ・サクソン系の国において支配的な考え方でありまして、従つて日本でも西欧的教養に育つた人々の間に一般的に見られる考え方です。戦後の日本は政治・経済・文化あらゆる分野でアメリカの影響が圧倒的に強いので、自然右のような狭いファシズム観は常識化、あるいは俗流化しております。保守政党などが、「極左、極右を排す」という場合の、極右が——それだけがファシズムに当るというわけです。これに対して、非常に広い解釈としては、マルクス主義者の間に——必ずしも全部ではありませんが、有力にある、あるいはあつた定義を挙げることができます。それは、ファシズムを現段階における独占資本の支配体制とほとんど同視する考え方です。ここでは例えばブルジョア民主主義・社会民主主義・ファシズムの三者の間の差はミニマムに押し下げられ、例えば「ファシズムは社会民主主義の積極的支持にたよるブルジョアジーの戦闘的組織だ」といわれます。この最広義の規定と最狭義の規定との間に、いろいろのニュアンスを帯びた多様な見解があるわけです。しかしここではその定義の問題には深く立ち入らぬことにします。およその私の考えは、御参照をお願いしておきました雑誌『思想』の「ファシズム特輯」(昨年十一月号)に書いた小論の中に述べたつもりです。ただ日本の現状から見まして、ファシズムを問題にする場合、広すぎる解釈に陥る危険と、狭すぎる解釈に陥る危険とどつちが大きいかと言えば、私は国民全体としては、狭すぎる解釈に陥る危険の方をヨリ警戒しなければならないと思います。ファシズムというと、もつぱらドイツのナチスやイタリーのファッショのようなもの、あるいは日本で言えば戦争までの右翼や東条のような勢力ないしイデオロギーだという考え方が一般には非常に強い。逆にいえば、ああいう極端な形態になりさえしなければ、ファッショじやない、ということになると、もうファシズムというのは過去の問題にすぎないとか、あるいはそこまではいわなくても、ともかく議会があつて政党が対立している限りは、ファッショなんてまだまだ縁遠い話だというような呑気な気持にどうしても陥つてしまう。ことに問題を国際的に見る場合、われわれは国際政治をリアルに見る訓練が乏しく、とかく建て前と現実とを混同して、図式でもつて割り切る傾向がつよいので、アメリカは自由民主主義の国柄である。自由民主主義とファシズムとは正反対である。故にアメリカはファシズムと縁がない——というような簡単な三段論法が存外大手をふつて通用しております。私は、一部の論者のように、現在のアメリカの支配形態を完全なファシズム体制だとは毫も思いませんが、あとで二、三例示しますように、あらゆる徴候から見て、そこには歴然としたファシズムの傾向が現われており、しかもそれはますます増大していると判断します。それで、今日は、一つには右のような狭い解釈が当らないということ、つまり、ファシズムという現象が、決して近代社会の外部から、その花園を荒しに来た化け物ではなくて、むしろ近代社会、もっと広くいって近代文明の真只中から、内在的に、そのギリギリの矛盾の顕現として出て来たということを中心として若干お話してみたいと思います。

2

さきほどの『思想』に書きました論文の中で、私は、ファシズムの政治的機能の最も重要なモメントの一つとして、「社会の強制的同質化」あるいは「強制的セメント化」という言葉を用いましたが、まずその意味をもう少しハッキリさせることが、とくに今日のファシズムを理解する手がかりとなるでしょう。ファシズムは、ある場合には公然たる暴力により、ある場合には議会立法の形をとり、またある場合には教育・宣伝等心理的手段によるなど一切の政治的手段を駆使して、その社会を反革命と戦争の目的のために全面的に組織化しようとする内在的傾向をもっております。そのためにファシズム勢力がある程度浸潤したところでは、どこでもこうした「強制的同質化」ということが大きな規模で組織的に行われるのです。例えば最も顕著な場合としてドイツのナチズムの場合でいいますと、ナチスはこれまであった民間のいわゆる自発的グループないし結社（voluntary association）を、政党・労働組合はもとより、宗教団体や文化団体に至るまで、しらみつぶしに解体させた上で、あらためて指導者主義に則った上からの単一的な階層組織のなかに強権的に統合しました。これによって国家全体をば、一つの軍事的組織――いわば全く等質的な粒子からなる巨大な火の塊――に改造したのです。反対勢力を弾圧したり、言論を抑圧したりするだけなら、古来無数の政治権力がやって来たことで別に珍しくもないのですが、ファシズム的抑圧の特質はどこにあるかというと、第一に、それがなんら積極的な建設や理想目標の達成のための「止むをえぬ害悪」として行われるのではなく、むしろ国内国外の反対勢力の圧服ということ自体が目的化しており、そこから容易にこうした反革命なり戦争なりの組織が組織自体として絶対化されるというニヒリズムが発酵するという点、第二に、その抑圧の仕方が、単に反対勢力をつぶすだけでなく、およそ市民の自発的活動の拠点やとりでとなるグループ結成を妨げ、こうして社会的紐帯からきり離されて類型化されたバラバラな個人を「マス」に再組織するという行き方を多かれ少かれ取る点、この二点にとくにその顕著な特色が見られるように思います。この第二の点がつまり私のいう同質化にあたるわけです。ナチでは「グライヒシャルトゥング」(Gleichschaltung) という言葉が盛んに使われましたが、この言葉はファシズムに内在する強制的等質化の傾向を最もよく表現しております。ヒットラーは政権獲得の前にも後にも何万人といった大集会を好んで行いました。彼が「大衆集会では思想が除去される。これはまさに私の要求する精神状態であり、こうした大集会では私の演説にとつて絶好の反響板ができるから、私は誰彼となくこういう集会に出るように命令する。そこでは人々は、インテリもブルジョアも労働者もみんな好むと好まざるとに拘らずマスの一部となる。私は人民を混ぜ合せる。私は彼らにただマスとしてのみ語りかける」(H. Rauschning, Hitler Speaks, p. 209–210) といつているのは、ファシズムの右のような傾向を実に端的に露呈しています。ここでいうマスとは、労働者とか技師とか教師とかいつた職業的・階級的規定、あるいは何々教会の信者とか何々クラブの会員とかいつたおよそ人間の社会的活動に個性を付与する要素を一切取りさつた、砂のように無性格・無規定な人間の量的な塊です。それぞれの社会的規定を荷つた人間は「混ぜ合せ」られることによつて、このような個性を洗い落した「マス」になるのです。こういう「マス」の状態におかれた人間は最も受動的であり最も非理性的に外部からの刺激に反応します。ここにファシストのデマゴギーが猛威を発揮する素地があるわけです。ファシズムが大集会を好む反面、自発的な小グループの結成に最も警戒的であるのも、またおよそ「インテリ臭い」理性的批判とか客観分析とかを軽蔑し憎悪するのも、もちろん、それらが反ファシズム勢力の培養基となる可能性があるからですが、根源的にはそうしたものが右のような意味での人間の「マス」化を食いとめる働きをするからにほかなりません。

　ファシズムは一方でこのように人間を等質的なマスに解体すると同時に、このマスでつくられた社会組織をセメントのように固めます。このプロセスがファシズムの「革命」とか「新体制」とかいわれるものですが、本来ファシズムは現代社会構造を科学的に分析して、そこから社会的矛盾を解決する積極的建設的なプログラムを立てて行くといった合理的なイデオロギーではなく、むしろ現代社会の矛盾から発生した社会主義や共産主義に対するヒステリックな痙れん的反応とでもいうべきものですから、そうした矛盾、例えば階級対立・恐慌・失業・植民地問題といったものを根本的に解決する理論や施策をもたず、現実にも日独伊などのファシスト国家は戦争に訴えるほか、これを解決できなかつたので、本当は「革命」でも「新体制」でもないのです。最も急進的なナチズムの場合でさえ、従来の資本家的生産様式には一指も触れず、ただこれまでの企業経営者が指導者という名に、労働者が従者（Gefolgschaft）という名にそれぞれかわり、各々ナチス党の指導下にある一種の身分組織のなかに編成されただけのことでした。ただ資本主義の自由競争段階にみられたような資本の投下や輸出、商品生産流通の自由が広汎に制限され、他方労働者もストライキ、ピケッティングその他の資本に対する一切の自主的闘争手段を奪われたわけです。近代社会の階級構造を根本的には維持しながら、近代の中世に対する最も大きな特色である社会的流動性《モビリテイ》をなくして身分的に固定させたところに、社会的セメント化の核心があります。経済の分野だけでなく教育や文化の領域でも自由競争が廃止されて同様な階層的身分的編成ができました。

近代階級を身分的に固定するというところに現われているファシズムの倒錯した中世主義はなかんずく国民のイデオロギー的統制において最も顕著に現われます。すなわちそこでは政治的イデオロギーはもちろん、学問芸術分野に至るまで、厳格に「正統」とされた考え方に画一化され、一切の「異端」は非アリアン的とか反国体的という名で統制的に排除されます。こういう上から定められた規準への画一的な服従においてファシズムの等質化傾向は最も露骨に表現されます。

3

ナチスのような場合は、強大な社会主義政党とそれを支持する組織労働者の勢力を徹底的につぶさなければ、右のような強制的同質化とセメント化ができなかつたので、いきおい手荒な変革が行われ、それだけ「革命」的な外観を呈したのですが、条件がちがえば、ファシズムにおける同質化のやり方や程度もいろいろちがつて来て、もつとなしくずし的に、つまり「革命」的でなく行われるのは当然です。この点でとくに注目すべきは第二次大戦以後、つまり現在の世界におけるファシズムのあらわれ方です。はじめにも申しましたように、第二次大戦における枢軸の敗北によつて反ファシズム勢力は戦前と比較にならないほど高まつたので、もはや戦後のファシズムはファシズムの看板では出現できず、却つて民主主義とか自由とかの標語を掲げざるをえないことになりました。そこできわめて事態は複雑になつて来て、民主的自由や基本的人権の制限や蹂躙がまさに自由とデモクラシーを守るという名の下に大つぴらに行われようとしているのが現在の事態です。もちろん、健全な、というか本来のリベラル・デモクラシーの建て前でも、野放しの言論・集会の自由が主張されるわけではなく、直接的な暴力行使や基本的人権を原則的に否認するようなイデオロギーにまで自由を認めることはデモクラシーの自殺になることが、ナチスの権力獲得のにがい経験からも確認されているのですが、この「自由を否認する者には自由を認めない」という論理は現実には屢〻今日の段階におけるファシズムの強制的同質化の口実として使われる結果となっています。しかも今日では反革命の世界的総本山が嘗ての枢軸国から、多年自由民主主義の祖国と自他ともに許して来たアメリカに移ったので、いよいよもって、どこまでが自由民主主義の範囲内での、止むを得ぬ最少限としての自由の制限なのか、それとも自由の看板の下での実質的なファッショ化か、という弁別が実際に見分け難くなってしまいました。しかし弁別の基準そのものは、本来ハッキリしています。自由民主主義の本来の建て前ではアメリカの独立宣言や、ジェファースン・リンカーンの伝統をみても分るように、人民が圧政に抗する最後的手段としての革命権が肯定され、権力に対する批判が許容される——というよりむしろ進歩の原動力として積極的に歓迎され、とくに少数意見が尊重されます。嘗てのアメリカの大審院の判決中の有名な言葉として、「意見を異にする自由は大した問題ではないような事柄にだけ限定されるのではない。(言論自由の) 実質的なテストは現存秩序の心臓に触れる事柄について見解を異にする権利にある。われわれの憲法の星座のなかに恒星があるとすれば、それは、上下いかなる官吏といえども、政治……宗教ないし他の意見に関する事柄において、何が正統《オーソドックス》であるかを命じたり、言葉や行動でそうした事柄についての信条を告白することを市民に強制したりするようなことが出来ないという点にあるのである」といっておりますのは、簡潔に本当の自由民主主義の原則を表現しております。現存秩序の心臓に触れる事柄が公然と論議され対立意見が闘わされる自由があるかないか――それが凡そ一国に市民的自由があるかどうかのテストだというのです。自由の名の下における強制的等質化はまさにこれとちょうど逆です。ナチスが天下をとつて間もなく、ドイツ新聞全国連盟の指導者ヴィルヘルム・ヴァイスは、共産党・社会民主党系はもとより自由主義系の新聞についても大規模なパージが行われたことを回顧して連盟大会での演説で次のように述べました。「一年前においても既に、国民社会主義革命の後に、ドイツの新聞は少くも一三〇〇人のユダヤ的およびマルクス主義的ジャーナリストから自由になつた旨私は報告することができた」と。(Robert A. Brady, Spirit and Structure of German Fascism, p. 94) つまりここでは自由は異端・異質的なもの（赤・ユダヤ人・黒人等）を排除することであり、同質者――同じ意見・同じ考え方――同じ信条をもつ者――の間だけに自由が認められます。現秩序に反対するどころか、現秩序を積極的に礼讃する者だけに認められる自由――これは自由の完全な同語反覆《トウトロジー》化であり形骸化にほかなりません。「思想の自由」はアメリカで名判事と謳われたホームズがいつていますように、己れの憎む思想に対して自由を認めるところにこそ核心があるので、「俺と同じような考えの奴には自由にしやべらせる」というのは実質的には無意味だからです。

さて、こういう基準に照して今日のアメリカを見ますと、この「自由世界」の元締の国での社会的雰囲気は、色々な資料に表われているところでは、前者の意味での「自由」観から、後者の意味での「自由」観に驚くほどの勢で移行しているのを認めないわけには行きません。官界・財界・労働界・教育界・文化界等あらゆる分野での「忠誠審査」はまさに大審院判決のいう信条告白の強制であり、F・B・I（連邦捜査局）や非米活動委員会の赤や「同調者」の摘発は、アメリカ国内に未だ嘗て見られなかつたほどの規模で思想的恐怖をまきおこしているように見えます。例えばアメリカではこの二、三年の間に相ついで各州が教師の忠誠審査法を制定しました（現在三三州）が、連邦大審院判事のウィリアム・ダグラスは、この法律を違憲とする少数意見を代表してこういつております。「この法は不可避的に学校をスパイ機関に変えるものである。校長は探偵となり、学生・父兄・一般社会は密告者になる。」このダグラスの意見は果して思いすごしでしょうか。必ずしもそうはいえないようです。すでに一九四七年七月の『ハーパーズ・マガジン』には、次のような記事が出ています。「新しく登場した忠誠とは何か。それは就中画一性《コンフオミテイー》ということである。それはアメリカの現状――その政治制度・社会関係・経済的現実――を批判せず文句をつけずに承認することである。それは人種問題や医療の社会化や公営住宅やないしわが国の外交政策の賢明さや正当さを問題にすることを排斥する。それはいわゆる『私企業制度』をアメリカニズムと同視し、これに対するいかなる挑戦をも極悪非道なものと看做す。それは進化を放棄し、かつては人気のあつた進歩の観念を非難し、アメリカを以て完璧な完成品とみるのである。」カリフォルニア州の非米委員会がブラック・リストに載せた書物のなかには、チャールス・ビアードの『アメリカン・リヴァイアサン』やルイス・マンフォードの『技術と文明』のような、碩学の定評ある名著まで挙げられ、現に、こういうリストに載った本を教科書につかつたということがパージの一理由になつた大学教授もあります。『ニュー・リパブリック』の今年の一月一九日号の社説では、マッカーシー旋風のすさまじい影響をのべて、この調子では、いまにだんだんリストが過去の人物にさかのぼつて、ジョン・デュウイからジョン・スチュアート・ミルに及び、さらにトーマス・ジェファースン、ミルトン、しまいには聖書まで「破壊的」、「反アメリカ的」ということになるだろうと皮肉つておりますが、こういう「反国体的」というレッテルの拡大は、とつくにわれわれ日本の方が「先進国」ですので、色々のアメリカからの報道を読むと、そぞろに感慨をさそわれます。まことに『キャピタル・タイムズ』の主筆ウィリアム・イーヴデューが昨年九月のシドニー・ヒルマン賞授賞式の演説で述べましたように、「多年にわたつて健全な理性を維持して来た偉大な国家が、いまやヒステリーとデマゴギーに屈伏している光景を見てはまさに瞠目せずにはおられない。……もし彼（シドニー・ヒルマン）が今日生きていたならば、彼は今日アメリカ人の生活に跳梁せる恐怖によつて勢づけられた全体主義のおぼろげな輪郭がアメリカの地平線に現われたことに深い憂慮を抱くにちがいない。」(Nation, Oct. 11, 1952)

こういうように「正統」と「異端」という考え方が社会的にまんえんすれば、別に国家権力による直接的弾圧をしないでも、つまり、憲法の建て前の上では言論・集会・結社の自由がちやんと認められていても、人々は「赤」や同調者とみられることの恐怖から自発的に触らぬ神にたたりなしという態度をとるようになり、実質的には権力による強制的同質化と同じ結果が出てまいります。自由主義者はデリケートな問題には極力沈黙を守るようになり、さらに次の段階には、「沈黙の自由」もなくなつて、大声をあげて俺は反共だと怒鳴らないと完全に安全ではない、ということになる。これは決して誇張ではありません。『ニューヨーク・タイムズ』の有名な軍事記者を二十年もやつているハンスン・ボールドウィンという人がいます。よく日本の新聞にも記事が出る人ですから、ご承知の方もあるでしようが、まあ以前の日本でいえば平田晉策とか伊藤正徳とかいつた人に当ります。この人が一九四七年十二月の『ハーパーズ・マガジン』に、アメリカ政治に対する軍部の圧力の増大を論じた論文を載せましたが、その際冒頭につぎのように言つています。「私が強調しなければならないことは、私はヘンリー・ウォレスの追随者でもなければ、況んや共産主義者ないしその同調者ではない。私にとつてロシアは全体主義的独裁制である。私はトルーマン・マーシャル政策に同意し、共産主義の脅威を押し止めねばならぬと信じている。私は『赤い星』(赤軍の機関紙――丸山)で漫画化され、『プラウダ』で罵倒され、『デイリー・ワーカー』(アメリカ共産党機関紙――丸山)で非難されているのだから、この点はこれ以上くだくだのべる必要はないと思う。」ハンスン・ボールドウィンですら、これだけの前置きをしなければうつかり物がいえないとは驚き入つた次第ではありませんか。一九四七年まだトルーマン＝アチソン・ライン華やかなりし頃にして既に然りです。アメリカの政治学者や評論家の最近書くものをみておりますと、べつに言わなくてもいいような個所で一言ロシアや中国や共産主義の悪口を一席述べておいてそれから徐ろに自説を展開しているような文章がますます殖えております。この点も日本のインテリの多くは多少とも身に覚えのあることで、戦争中に、ほんの一寸した批判をいうときには、まず大東亜戦争の意義とか米英の野望とかいうことを述べたてて厄払いのおまじないをしたのを思い出させます。しかし恐ろしいのは最初は東亜協同体とか共栄圏ということを「おまじない」のつもりで使つていても、いつの間にか自己偽瞞によつてそういう思考法が身についてしまうことです。俺は赤じゃないということで左に一線を引くことにだけ気をとられている中に本人の立場は自ら意識しないでも段々右に移行するということは例えば最近話題になつているオーエン・ラチモアの場合にも見られることで、この点でもマッカーシーやヒッケンルーパーなどの無茶苦茶な赤呼わりは着々と成功しているといわなければなりません。彼等はさしずめアメリカの蓑田胸喜や菊池武夫というところでしょう。

　現在のアメリカの思想的雰囲気を最も露骨に示す例をもう一つだけ挙げておきましょう。昨年の六月に『デイリー・ニューズ』が「あなたの友達の一人が共産党員だということが分つたら、あなたはどうしますか」という質問を出したとき、マンハッタンのある技師長は次のように答えました。「私は恐らく世界でもつとも驚愕する人だろう。なぜなら私の生涯を通じて私は神を愛する人々とつき合つて来たから。ある友人の一人が正式の党員証をもつた共産主義者だということを発見する場合、私は私が扶養して来たすばらしい家族一同と共に非常な失望を味わうことになろう。私は法を遵守する市民として彼を射殺するであろう。」ここで「法を遵守する市民（の本分）として」(as a law abiding citizen) という但し書きに注意して下さい。この技師長によれば「法の支配」あるいは「法の前での平等」という立憲主義の最も重大な原則が、コンミュニストのアメリカ市民には全く適用されないだけでなく、さらに進んで彼の生命自体を抹殺することがむしろ「法の支配」の当然の帰結とされています。実際に彼がそういう行動をとるかどうかということは問題ではなく、こういう答に表現されている考え方が重要なのです。異質的なものの排除イコール自由の実現という論理のこれ以上に「見事」な例証があるでしょうか。

以上もつぱらアメリカの例を挙げたのは、何も好んでアメリカの暗黒面を並べたてるというつもりではなく、ただ反革命のための強制的同質化というファシズムの機能が戦後自由民主主義の仮面の下に現われるときに、どういう形をとるかということを、自由民主主義の伝統が最も強い——従つて思想的伝統からいえばファシズムの思想とは最も遠いはずのアメリカについて検討したまでのことです。つまりアメリカのように本来の自由主義の原則が長く根をおろしていたところでさえ、自由を守るために自由を制限するという考え方は、現在の客観情勢の下ではズルズルとファシズム的な同質化の論理に転化する危険があるとするならば、わが日本のような、自由の伝統どころか、人権や自由の抑圧の伝統をもつている国においては、右のようなもつともらしい考えの危険性がどれほど大きいかは言わずとも明らかであろうと思います。

4

ところで、ファシズムの強制的な同質化とセメント化のプロセスによつて、個性も理性的批判力もなく、外部からの刺激に受動的に反応するだけの、砂のように画一的なマスが造り出されるということを先ほど申しましたが、実はこうした意味における国民のマス化は、現代の高度資本主義の諸条件の下で不可避的に進行している傾向なのであつて、ファシズムはただその傾向を急激に、また極端にまで押しつめたものにすぎないということを忘れてはなりません。この点は掘下げて行くと大変に大きな問題になつて、とても短時間に立入つたお話はできませんので、ごく大づかみのことだけ申し上げますが、大体近代社会はその産業組織にせよ政治体制にせよ、組織化がすすむに従つて一方、ピラミッドの尖端がますます鋭角的になり、そこに権力が集中すると共に他方、ピラミッドの底辺はますます末広がりになつてそこに原子的な大衆が形成されて行く内在的傾向があります。よくいわれる資本の集中と集積に伴う階級の両極分解はその最も大規模な表現ですが、資本陣営内の相互関係においても、いわゆるカルテル・トラスト・コンツェルン・シンヂケート等の結合組織が強固になるにつれて、そうした企業連合体の最高執行部（peak association）――大抵巨大企業の代表者によつて構成されています――が企業運営についての根本方針、例えば政府や議会に産業立法についての圧力をかけたり、労働組合に対する対策を定めたりする権限をにぎつて、それに加入している多くの会社の経営者は実際にはますます従属的地位に置かれ、自分の会社の独自な手が打てなくなります。アメリカの National Association of Manufacturers やイギリスの Federation of British Industries、ドイツのナチ以前の Reichsverband der Deutschen Industrie などはこうした実業界の中央権力として最も著名なものです。つまり会社相互間に指導者と大衆の関係がますますあてはまるようになつて来るわけです。ナチの経済体制はすでにワイマール時代に広汎に「自主的」に進行していたこのような企業間のピラミッド的組織化を徹底させこれを法制化したにすぎません。さらに一企業の内部組織においても官僚化つまり階層制の発展が顕著に見られること御承知の通りです。一体資本主義体制は自由企業などという名で呼ばれますが、資本主義が今日のように独占段階に達しない前でも、およそ資本制企業の内部構造ほど本来権威主義的なものはありません。このことはA・D・リンゼーのような人でも「近代産業は寡頭制的かまたは君主制的であつて、いずれにしても民主制的ではない。……一方民主的な政府と他方寡頭制的なコントロールの下にある生産組織をもつた近代社会は、内部が二つに割れた一軒の家のようなものである」(A. D. Lindsay, Religion, Science & Society in the Modern World, p. 56) として指摘しているところです。会社の人事は全く経営者の自由な判断で上から任命され、権威は上から下へ、責任は下から上へという仕組になつています。アメリカの経済学者ロバート・ブレイディーはアメリカをはじめ各国の実業界が出している色々の文書を詳細に分析して、それが「内容と観点においてドイツ・ナチの綱領と立論の線が殆ど同一である」(Brady, op. cit., p. 380) という断定を下したのも決して突飛ではありません。藤原銀次郎氏がその著『工業日本精神』をドイツのクルップ社長に贈つたところ、クルップ社長は「あなたの書いている日本精神というものが、私の会社のクルップ精神と全然一致している。……これが自分には非常に喜ばしい」という感謝の手紙をよこし、その著を全会社重役に回覧させたということです(藤原『実業人の気持』四三頁)。こういう素地があればこそ、資本制が組織労働者の強力な挑戦に脅かされる場合には、どこでも実業と軍部ないしファシズム政党との同盟が比較的ナチュラルにできるわけです。

リンゼーのいう政治的デモクラシーの進展と経済的寡頭制によつて引き裂かれた近代社会の矛盾は、結局デモクラシーの理想を経済組織にまで及ぼすか、それとも、いつそ政治の面でもデモクラシーを切り捨ててしまうかしなければ、縫い合せられないのですが、その後の方のやり方がとりもなおさずファシズムの途にほかなりません。

しかし実は政治的デモクラシーの方にも問題があるので、近代の議会政治という仕組自体の中からも執行権の集中や指導者主義の傾向が出て来ており、議会政治を動かす政党の内部がまた中央執行部と「陣笠」とのピラミッド的なひらきが大きくなりつつあるのですが、こうした点を述べる余裕がもうないので略すことにして、ただこの近代デモクラシーを支えている国民の日常的な生活環境自体が先にのべた「マス」化を促進するあらゆる条件を具えていることを最後に一言付け加えておきます。

つまり近代生活の専門的分化と機械化は人間をますます精神的に片輪にし、それだけ政治社会問題における無関心ないし無批判性が増大します。簡単にその重要な契機を例示しますと、まず技術的専門家に特有なニヒリズムが挙げられます。凡そ特殊分野のエクスパートに通有の心理として、自分の技術なり仕事なりを使つてくれさえすれば、それを使う政治的社会的な主体が何かというようなことについては、全く無関心で、いわば仕事のために仕事をする。毎日仕事に忙殺されるということそれ自体に生きる張りを感じる。これは単に自然科学の技術者に限らず、官庁とか大会社のような厖大な機構のなかで一つのデスクを受持つている事務のエクスパートにも屢〻見られる精神傾向で、これが結果的にはいかなる悪しき社会的役割にも技術を役立て、いかなる反動的権力にも奉仕するということになり易い。これをテクノロジカル・ニヒリズムとでも呼ぶことができるでしよう。これとちようど相表裏して、現代政治の技術的複雑化からして、政治のことは政治の専門家《エキスパート》でないと分らないから、そういう人に万事お任せするというパッシヴな考え方が国民の間に発生し易い。エキスパートに対する度を超えての無批判的信頼が近代人の特色の一つだとエリヒ・フロムも指摘していますが、これが政治の分野にまで及んで、政治的無関心を増大させ、デモクラシーを内部から崩壊させて行くのであります。一体、デモクラシーとは、素人が専門家を批判することの必要と意義を認めることの上に成立つているものです。アリストテレスが、『政治学』の中で、「家の住み心地がいいかどうかを最後的に決めるのは建築技師ではなくてその家に住む人だ」ということを言つていますが、まさにこれが民主主義の根本の建て前です。同じように料理がうまいかどうかを決めるのも、腕自慢のコックではなくて、それを食べる人です。どんなに最新の技術的知識をふるつて作つた料理でも、主人やお客さんがまずいといえば、コックはその批判に従わねばなりません。「そんなはずはない。それはあなた方の嗜好のレヴェルが低いからだ」とか、「文句があるならお前が作つてみろ」というような言い分は通りません。デモクラシーもその通りで、政策を立案したり実施したりするのは政治家や官僚でも、その当否を最終的に決めるのは、政策の影響を蒙る一般国民でなければならぬというのが健全なデモクラシーの精神です。政治のことは政治の専門家に任せておけという主張はこの精神と逆行するものですが、とかく近代社会の分業と専門化に伴つてこういう考え方が起り易く、これがファシズムの精神的培養源になるわけです。

さらに現代生活において国民大衆の政治的自発性の減退と思考の画一化をもたらす大きな動力があります。それはいうまでもなくマス・コミュニケーションの発達によるわれわれの知性の断片化・細分化であります。現代の新聞・ラジオ・映画・大衆雑誌等は、多かれ少かれ人々の知性を原子化《アトマイズ》する作用をします。言わば質的知識が量化されると申しましょうか。一例をあげますと、ニュース映画などで、最初に、朝鮮戦争でのナパーム弾による凄惨な被害のシーンが出ると、忽ちその次には「今年のパリの流行は」というようなテーマで華やかなファッション・ショウの場面に変る。議会の問答が一寸出るとすぐフット・ボールの試合場面が続くと言つた具合です。こういう風に全く無関連な印象を次々と短時間に押しつけられると、一つの事柄について持続的に思考する能力というようなものは段々減退して刹那々々に外部からの感覚的刺激に受動的に反応することだけに神経をつかつてしまう。ある事件や事柄の歴史的社会的な意味というようなことはますます念頭から消えて行くのです。こういう知性のコマギレ化に並行して、思考なり選択なりの画一化が進行します。今日のマス・コミュニケーションは必ずしも露わに画一的な結論を押しつけない、むしろ素材そのものを巧妙に取捨して、人々があたかも自主的に一つの意見を選択したかのように信じこませる。これは近代の広告技術などに最も端的に現われています。昔の広告のやり方は、あの「がまの油」という落語にあるように、例えばインチキでも大衆の面前で、直接薬の効果を実験して納得させた。だからああいうヘマな失敗もやる。現代の最も進んだ広告は、非常に間接的な方法をとります。例えば、何々石鹼が一番いいとは露骨にいわないで、良い石鹼と悪い石鹼を見分ける基準を教えたり、美人に化粧品を持たせたり、「二十歳以下の人は使つてはいけません」というような逆説を用いたりして、購買者が暗示や自己偽瞞によつて、自主的な判断でもつてある商品を選んだかのように錯覚させるのです。現代のマス・コミュニケーションとそれに支えられた政治権力は、基本的には全くこれと同じ手段によつて国民の政治的思考を類型化し画一化し、いわゆる「世論」を作り出して行くといえるでしょう。

こういうようにファシズムの強制的同質化を準備する素地は近代社会なり近代文明なりの諸条件や傾向のなかに内在しているものであつて、それだけに根が深いといわなければなりません。これに抵抗するためには、国民の政治的社会的な自発性を不断に喚起するような仕組と方法がどうしても必要で、そのために国民ができるだけ自主的なグループを作つて公共の問題を討議する機会を少しでも多く持つことが大事と思われます。ファシズムが一番狙つたのが労働組合を先頭とする自主的結社であることは、それ自身、こうしたグループが国民の受動的なマスへの転化を食いとめる機能のいかに重要な担い手であるかを物語つているものといえましょう。

大変いろいろの問題をつめてお話しましたので、繁簡宜しきを得ずお聴き苦しかつたと思いますが、その点御諒承をお願い致します。

（信濃町教会における集会の談話による。「福音と世界」昭和二十八年四月号、新教出版社）

内村鑑三と「非戦」の論理

明治の思想史において最も劇的な場景の一つは、自由と民権と平和のわれ人ともに許すチャンピオンたちが二十年代の終りから三十年代にかけて相ついで国家主義と帝国主義の軍門に降つて行く姿である。日清戦争直後の徳富蘇峰の「転向」は彼が桂に拾われて昨日まで仇敵のように弾劾していた藩閥政府の勅任参事官の椅子に納まつたそのあまりの露骨さの故に世の指弾と嘲笑を浴びたが、これなどはむしろどこか喜劇性を帯びていて、それほどパセティックな感じがしない。それよりもわれわれの胸を梅雨空のような重苦しい圧迫感で締めつけるのは、二十年の初めに井上哲次郎ら官僚国家主義者の挑戦に対して果敢に反撃していた一団のキリスト者がそれから十年も経たぬうちに、キリスト教と神道との「統一」に苦心惨憺しはじめたり、中江兆民や山路愛山のような良心と節操ある在野の思想家が——蘇峰とちがつてどこまでもその在野性を貫きながらも——対露関係の切迫と共に「余輩は しか有ることと、しか有るべきこととを区別せざるべからず……大勢は冷酷なり、孟子あるが為めに七国は干戈を休めず、トルストイあるが為めに世界は其武装を解かず」（愛山、余が所謂愛国主義、独立評論、明三六）として、日本帝国主義の思想的ラッパ卒たる役を自ら買つて出る経緯である。三国干渉、ドイツの膠州湾占領、ロシアの遼東半島租借、フランスの広州湾租借、イギリスの威海衛租借、そうして最後に維新以来一貫して日本の進歩陣営にとつての理想国だつたアメリカのハワイ・フィリッピン併合——極東に吹きすさぶ列強帝国主義の嵐の前には彼等のかつて掲げた旗幟はあまりに心細く頼りなげに見えた。しかも彼等が「しかある」ことと「しかあるべきこと」とを区別した瞬間、その「リアリズム」は彼等の主観的意図を越えてしかある現実を正当化する論理に転じたのである。その滔々たる流れに抗しながら、恐らくかつての同志の脱落を「ブルータス、君もか」という思いをもつて見詰めていたのは万朝報に拠る一団、すなわち幸徳・堺らの社会主義者と、キリスト者の中ではただ一人内村鑑三であつた。

内村鑑三も決して「先天的」な反戦思想家だつたのではない。周知のように彼は日清戦争の際には、『朝鮮戦争の正当性』という論文を英文で書いて広く海外に訴えようとした程の積極的な主戦論者であつた。その意味では、彼もまた、こと戦争に関する限り「転向者」だつたわけである。ただ、大抵の思想的転向は客観的情勢に押され、その流れに沿つての転向であるのに反し、内村の場合は逆に一般的思潮の推移と正反対の方向への歩みであつた。日清戦争の勝利は国民の国家的自負を急速に高め、しかも転がり込んだ二億両の償金は日本資本主義にとつての厖大な注油となつて、その全ベルトは唸りを挙げて回転した。戦勝の結果としてのこうした精神的物質的景況にとつて三国干渉につづく帝国主義の中国分割は鎮静剤ではなく、むしろ逆に興奮剤として作用したのである。この中にあつて内村はまさに勝利の現実から非戦の論理を導き出した。日清戦争の齎らしたものは何か。「其目的たりし朝鮮の独立は之がために強められずして却て弱められ、支那分割の端緒は開かれ、日本国民の分担は非常に増加され、其道徳は非常に堕落し、東洋全体を危殆の地位にまで持ち来つたではない乎。」（戦争廃止論、明三六・六）日清戦争に際して燃え上つた彼の愛国的情熱が激しかつただけ、それだけ彼の失望と悔恨は大きく、それがそのまま戦争否定への精神的エネルギーに転化したのである。「殊に余の大失錯とも称すべきことは、日清戦争の際に余の拙き鉄筆を揮て世界に向て日本の行為を弁護した事である。……然るに其局を結ぶに及んでその全く利欲のための戦争でありしを悟て、余は良心に対し、世界万国に対し、実に面目なく感じた。……余は爾来一切明治政府の行動に就て弁護の任に当るまいと決心した。」（余の従事しつつある社会改良事業、明三四・十二）やがて来る日露戦争に対する態度はすでにこの時に決まつていた。まことに「彼れ（内村）は容易に信ぜざる也、而も一たび信じて彼れの信念となるや、彼れの信仰は変じて熱となる也」（国民の友、二二七号）という山路愛山の言葉は、彼の非戦論についてもそのまま妥当するわけである。

内村の非戦論が単にキリスト教的福音の立場からの演繹的な帰結ではなく、帝国主義の経験から学び取つた主張であつたということは、彼の論理に当時の自称リアリストをはるかにこえた歴史的現実への洞察力を付与する結果となつた。彼は近代戦争がますますある目的を達するための手段としての意義を失いつつあること、いいかえれば、戦争の精神的物質的コストの異常な増大は、いわゆる「正義の戦争」と「不義の戦争」の区別をますます非現実的なものにして行く傾向をすでに鋭く指摘している。「人類が進むに従て戦争の害は益々増して其益は益々減じて来ます、随て戦争は勝つも負けるも大なる損害たるに至ります、戦争は其代償を償はず、其目的を達せざるに至ります……斯かる場合に臨んで最も慧き国民は最も早く戦争を止める国民であります。爾うして最も愚かなる国民は最後まで戦争と其準備とを継続する国民であります。」（戦争廃止の必要、明四一・八）「若し戦争はより小なる悪事であって世には戦争に勝る悪事があると称へる人がありまするならば、其人は自分で何を曰ふて居るのかを知らない人であると思ひます、戦争よりも大なる悪事は何でありますか……若し無辜の人を殺さなければ達しられない善事があるとするならば、其善事は何んでありますか……悪しき手段を以て善き目的に達することは出来ません、殺人術を施して東洋永久の平和を計らんなど云ふことは以ての外の事であります。」（平和の福音、明三六・九）戦争と軍備によつて平和が生れるというのは、「日本国の政治家のみならず世界万国の政治家」の最大の迷信である。戦争は他の何かをもたらすことがあろうとも平和だけは決してもたらさない、「戦争が戦争を止めた例は一ツもない、戦争は戦争を生む……世に迷想多しと雖も軍備は平和の保障であると云ふが如き大なる迷想はない。軍備は平和を保障しない、戦争を保証する。」（世界の平和は如何にして来る乎、明四四、傍点原文）こうした内村の論理がその後の半世紀足らずの世界史においていかに実証されたか、とくに原爆時代において幾層倍の真実性を加えたかはもはや説くを要しない。

彼が最も強く非戦を主張し、明治政府とその代弁者たちに対して仮借ない筆鋒を向けた明治三十年代から四十年にかけての時期は、恰かも日本が西欧帝国主義に対する植民地・半植民地の抵抗を代表する役割を一擲して、自らも帝国主義の尻馬に乗つて中国分割に積極的に参与するようになる大きな国際的転回の機に当つていた。内村が日英同盟をまさにこの転回の決定的な兆候と見ていたことは興味がある。日英同盟はイギリス帝国主義が南阿戦争においてその偽善と破廉恥とを遺憾なく発揮した折に締結された。日章旗とユニオン・ジャックの街頭に氾濫する光景を万朝報社の一室から眺めながら内村は書いた、「チャムバーレンの政府と同盟して日本はチャムバーレンの敵を敵とするに至つた。……我等今やチャムバーレンと同盟して南阿に於ける是等の自由の戦士を敵とするに至つた……彼等の失望落胆は如何計であらう、彼等は東洋に君子国あるを聞いた、然れども此君子国は今や薩長人士と云ふ其最も下劣なる分子の支配する所となりて、強に屈し弱を圧するの術に慣れて、十字架星下に自由の為めに戦ひつつある者があることを憶はない。……此日英同盟なる者は実は日英同盟にあらずして……北清に於て分捕に従事せし者の類がチャムバーレンと同盟して更に東洋全体に於て分捕を継続せんとするのである。」(日英同盟に関する所感、明三五・二) そうしてボーア人が苦闘の限りをつくして遂に英軍に圧倒された時、内村は「嗚呼余の愛するボーアよ、汝は竟に汝の自由と独立を失へり……汝に最後の止めを刺せし者は東洋の日本国なることを、余は此事を思ふて此無恥の政府の下に日本国に生れ来りしを恥づ」（ボーア人を慰む、明三五・六）といつて、日英同盟の役割をどこまでも世界史的な関連の下に捉えようとしたのである。

内村は日露開戦になつて以後は、非戦論者としてはむしろ出征遺家族の援護と、一日も早い平和の回復のために力をつくすべきを説いた。彼は積極的に反戦運動を展開することなく、ただ開戦後も断じて戦争を弁護しないという態度を確く守つた。これは深く彼の思想を貫く非政治的ないし反政治的傾向に根ざしているが、今それには触れない。帝国大学教授井上哲次郎はかねて内村の最も激しい弾劾者であつたが、内村が開戦後、非戦論を以前ほど声高く唱えないのを冷笑した。しかしながら、もし内村が積極的に反戦論を継続したならば、井上らは愈ゝいきりたつて彼を攻撃したにちがいない。こうした二また論法は昔も今も御用評論家の愛好するところである。

内村を「小慷慨家」とあざけり、「国家は実在す、空想にあらざる也」と天晴れリアリストを以て任じた樗牛らの立場と、彼によつて、「腐儒詩人の空想」と嘲罵された内村の立場と、いずれが果して歴史の動向をヨリ正しく指さしていたか。

これは単に学校の試験問題ではない。

（「図書」昭和二十八年四月号、岩波書店）

福沢諭吉

豊前中津藩の廻米方を勤めていた百助の末子として大阪に生まれる。百助は財務に長じていただけでなく経学詩文にわたる広い教養の持主であったが、軽格のためにその才能を発揮できないことに終始憤懣を抱きながら諭吉三歳のときに世を去った。母を通じて知ったこのような父の生涯と、さらに諭吉みずから中津で体験し見聞した下士の生活のみじめさとは、封建的階層制に対する深刻な怨恨《ルサンチマン》を彼の幼い脳裏に刻みつけた。一八五四年（安政元年）長崎に出て蘭学を学び、翌年には大阪に赴いて緒方洪庵の門に入った。五八年（安政五年十月）藩命により上京し、築地鉄砲洲にあった奥平家屋敷内ではじめて塾を開いた。（これが今日の慶応義塾の濫觴である。）六〇年（万延元年一月）、幕府軍艦奉行木村摂津守に従って渡米し、爾後六一年（文久元年）と六七年（慶応三年）と前後三回にわたって海外に旅し、広くヨーロッパ諸国とアメリカ合衆国をめぐって幾多の貴重な体験を得た。諭吉の名を一世に高くした『西洋事情』（1866–1869）の著はこの産物である。この間彼は幕府に翻訳方として出仕していたが、幕末の内外の情勢の急激な進展は諭吉をきわめて複雑な政治的立場に置いた。彼は幕藩体制の歴史的命数の尽きたことを感知しながら、他方、現実に反幕の主導権を握っていた薩長勢力に対しては激しい憎悪と軽蔑を感じていた。彼は何よりも内乱を口実とする外国勢力の介入をおそれ、そのために急場の打開策として一時は大名連邦を、のちには「大君のモナルキ」すなわち徳川将軍による絶対主義政権の樹立を構想さえした。しかしまもなく当面の政治的な二者択一が尊攘派と佐幕派の決戦という形で現われるにおよんで、彼はこの選択を拒否して非政治的諦観に沈んでいった。とはいえ彼の洋学の研究と教授はこの間一刻も中断することなく、やがて維新後いわゆる文明開化時代の到来とともに啓蒙思想としての諭吉の最も絢爛とした活動が始まる。

封建的学問と道徳に対して大胆な挑戦を試みた『学問のすゝめ』の連続的刊行（1872–1876）は守旧派の憤激と攻撃を浴びながらも圧倒的な影響を与え、偽版を合わせると計三百万冊以上といわれるほど広汎に流布した。『文明論之概略』（1875）もまたこれに劣らぬ反響を呼んだ。他方彼は神田孝平、加藤弘之、西周、津田真道ら当時第一級の洋学者とともに「明六社」を組織し、七八年（明治十一年）には東京から第一回の府会議員に選ばれ、翌七九年には東京学士会院の初代会長に推され、また交詢社の設立に尽力するなど多彩な社会的活動をなした。しかし諭吉は、維新政府からのしばしばの招請にもかかわらず、あえて官途に就こうとせず、かえって学者の官僚化を批難した。これは官尊民卑の風潮に対する抵抗であると同時に、幕臣としての節操を貫こうとする彼のいわゆる「瘠我慢」精神の表現でもあった。ただ彼は維新政府の意外な開明性には非常に好感を寄せ、一方では率先民権論を唱導しながら、他方絶対主義政府による上からの近代化に対しても鞭撻を惜まなかった。八〇年伊藤博文、井上馨、大隈重信から政府機関紙の発兌を熱心に説かれてついにこれを承諾したのもこうした見地からであつて、その企図は「明治十四年の政変」に現われた伊藤・井上の「裏切」によつて崩れたが、やがて諭吉の素志は翌年の『時事新報』の創刊として結実した。

爾後彼の活動舞台は一はこの新聞に拠っての文筆活動と、他は慶応義塾の経営および教育の仕事とに主として集中された。

『時事新報』や彼の諸著作において諭吉の論じた基本的なテーマはほぼ二つに要約されよう。第一は社会的価値が政治権力に集中する伝統的傾向（彼のいわゆる権力の偏重）を能う限り排除しようという志向である。ここから経済、学問、教育、宗教などの各文化領域の自律性を極力強調し、したがつてそうした領域への政府の介入に反対する一貫した態度が生まれる。そうした諸々の文化領域の多様な自主的発展を可能にする基盤は諭吉によれば独立の気性をもつた人民にある。独立の精神は倫理的には自由平等の人間関係として、論理的には認識対象の客観的・合法則的把握——諭吉のいわゆる「数理学」的思考——として現われる。この二者のうちに諭吉は近代西欧文明の世界的優越の究極の秘密を見たのである。諭吉は自由民権運動をもやはりこうした社会的価値の分散の一つのケースとして、その限りにおいて支持したのであつて、彼がついに絶対的な民権論に与しなかつた重要な思想的根拠はここにあつた。こうした彼の考え方に影響を与えた西欧思想家としては中でもバックル、ギゾー、トックヴィル、スペンサーらが挙げられる。諭吉の第二の基本主題は国際権力政治の渦中における日本の国権の擁護伸長であつた。元来この主題は第一のそれと密接な関連において提出されていた。すなわち「一身独立して一国独立す」というのが諭吉の反覆説いて倦まないテーゼであつた。しかし第一の命題が彼の生涯を通じてほとんど一貫していたのに対して、諭吉の国権論は前後を通じて少なからず質的な変容を遂げる運命を持つたのである。すなわち日本をめぐる国際情勢がとくに明治十年代における朝鮮改革問題を契機として険悪化するや、諭吉の国権論は初期に纏つていた自然法的な色彩を漸次脱ぎすてて、あらわな国家理由《レーゾン・デタ》の主張へと移行して行つた。現実の国際政治に対する彼の発想はヨーロッパ帝国主義に対抗する東洋の共同防衛ということにあつたが、儒教主義に骨髄まで犯された朝鮮と清国の状況に対する彼の焦躁と絶望は、反射的に東洋における近代化の推進力としての日本の使命に対する諭吉の確信を強め、そこからして彼の対外的主張は現実には日本帝国の大陸進出への衝動と歩調を合わせる結果となつた。日清戦争に対して終始最強硬の主戦論を唱え、軍費醵集運動に進んで発起人となつた諭吉はまた当然にその勝利を最大の歓喜と満足のうちに迎えたのである。しかも諭吉の思想において国際関係が国内問題よりも終始優位を占めていたために、こうした国権論の発展は国内政治に対する彼の態度をいよいよ妥協的に赴かせ、自由と進歩の原則は抽象的には最後まで維持されながら、その具体化の日程は先へ先へと押しやられてしまつた。

しかし諭吉の後世への最大の足跡は、このような政治的帰結にあるのではなく、むしろ、日本人の思考様式と日常的な生活態度に対するその透徹した批判にあるといわねばならない。あらゆる形態での「惑溺」からの解放、討論と会議の意義づけ、男女間の新しいモラルの確立、教育における自発性と想像力の尊重などのための諭吉のめざましい奮闘は、彼が脳出血でついにふたたび起たなくなる最後の瞬間まで止むことがなかつた。無位無官の在野思想家として終つた諭吉の輝かしい生涯は、その掲げた独立自尊の大旆とともに、彼の冒したあらゆる過失と偏向を超えて日本国民の胸奥に生き続けている。

（『世界歴史事典』第一六巻、昭和二十八年六月、平凡社）

明治時代の思想

思想の第一次的な担い手はインテリゲンツィアであり、したがつてインテリゲンツィアの社会的存在様式においてその時代なり社会なりの思想の特質は最も鮮明に現われる。呪術師、神官、僧侶、読書人、儒者などとして多かれ少なかれ一つの封鎖的なカーストを形成し、「世界」に対する正統的な解釈をその社会に提供する地位を独占していた前近代社会における知識層に代つて、資本制社会においてはじめて「自由なる」インテリゲンツィアが発生し、それとともに思想もスコラ的形式性を脱却する。近代的知識層が身分社会の臍帯から解き放たれてマンハイムのいわゆる「社会的に浮動する」階層に転化する過程と、公権的組織（教会とか権力機構の一環としての学問所）による正統的思想の配給に代つて、多様な世界解釈が知識の市場において自由競争をおこなうようになる過程とは密接に照応しているのである。徳川幕藩体制の崩壊はともかく日本史上空前の規模において、右のような二重の意味での自由な知性を産み出すチャンスを与えた。これが明治の思想界を、とくにその前半期においていちじるしく多彩豊富にした第一の原因である。さらに明治時代の開幕が「開国」にはじまつたという事情、換言すれば従来かぼそいルートから、しかも厳重な統制下に流入するにとどまつていたヨーロッパの思想文化がいまや怒濤のように押しかかり、伝統的な思想と混淆して激しい渦紋をまき起したということが、この時代の思想界に空前の活況を与える第二の原因となつた。このヨーロッパ思想の紹介・翻訳・翻案・変容などがまた知識層の重要な任務であつた。明治時代はかくて自由な知識層の自由な思想活動が活発におこなわれ、しかもそれがあるていど大きな社会的な指導性をもつたという点では、それ以前の時代はもとより、大正・昭和期に比しても画期的であつたといえよう。それはこの時代に学者、ジャーナリスト、文学者——これが近代社会における狭義の知識層の三大類型であるが——の間に少なからぬ「思想家」が存在したということにも現われている。近代日本のその後の発展過程はある意味において右の三者がしだいに思想性を喪失し、学者は大学教授として専門化し、ジャーナリストはサラリーマン記者となり、文学者は私小説家にステロタイプ化されていく過程とも見られる。それはまた彼らの多数、とくに前二者があるいは官僚機構のなかに、あるいは資本制企業組織のなかに、あるいは何々壇と呼ばれる準カースト的組織のなかに編み込まれてふたたび社会的に錨附けられ、少数者はアウトロウとなつて「正常」な社会交通から放り出され、いずれにしても近代的知識層としての社会的浮動性を失つてゆく過程でもあつた。むろんこうした徴候はすでに明治時代にも現われている。例えば最も初期のインテリゲンツィア集団たる明六社同人の間において、早くも洋学者官員化の問題をめぐつて論争がおこなわれていることは、知識層の封建的身分的編成の解体が間髪を容れず天皇制的再編成に切り換えられていつたこの国の特殊性を暗示しており、また明治の後半期においては、教育勅語その他諸々の天皇制的シンボルによる国民思想の新たな「正統化」が進行し、それとともに大衆とインテリの乖離がようやく露わになつていつた。けれども相対的に見れば、明治時代は思想の社会的定着性が全体としてまだルーズであつたことは否定できない。

このような思想の担い手の浮動性と思想流通の自由性は、かならずしも明治時代の思想が内容的に無定形でただ雑然と多様であつたことを意味しない。むしろその点ではこの時代の思想は、大正・昭和時代に比して多様のなかにも内面的な共通性がはるかに濃かつた。「明治の精神」という言葉が——たとえそこで意味されているものが具体的にはさまざまであるにしても——しばしば用いられるのは偶然ではない。明治の思想を一般的に特色づける思惟傾向は第一にその相対的な開明性であり、第二にその強い実践的・政治的性格であつた。そうした特色がとくに顕著に現われたのは維新直後の文明開化から十年代の自由民権運動の時代にかけてである。そこでは認識論では経験論的＝実証主義的傾向、倫理思想としては功利主義あるいは進化論、政治思想としてはさまざまのニュアンスにおける自由主義と立憲主義が支配的であり、コント、ベンタム、ミル、ルソー、スペンサー、バックル、ダーウィンなどの翻訳紹介が喜ばれた。むろん一方では儒教、仏教、神道などの伝統的思想の側からの抵抗・反撃・妥協・折衷などの試みが不断におこなわれ、また官府の側からは保守的浪曼主義やドイツ国家学の紹介がなされたし、他方では中江兆民から幸徳秋水にいたる徹底した唯物論・無神論・民主主義（社会主義）の系列が存したけれども、主流を占めたのは右のような漸進的開明思潮であり、それは後半期における国粋主義や種々の国体論の復活にもかかわらず一貫して存続した。反動的あるいは「御用」思想家も進化思想や功利主義にあるていど依拠せざるをえなかった（例えば加藤弘之、井上円了、井上哲次郎ら）のがこの時代の特徴である。第二の実践的・政治的傾向は、儒教的な経国済民思想が国際環境の衝撃のもとにヨーロッパ的リアリズム（レゾン・デタとそれに対応する「実学」的思惟）と接合されたところに生まれたもので、それは種々の類型での明治ナショナリズム思想——民権論的国権論、富国強兵的国権論、国粋保存論、大アジア主義など——のうちに典型的に表現されている。もちろんこの点でも、天皇制権力による画一的な忠君愛国教育の注入と、日清、日露両戦争において急激に高まつた軍国的思潮とに対する思想的反動からして、明治三十年代以後、官能的個人主義、懐疑思想、コスモポリタニズムといつたさまざまの逃避的傾向が発生したことを看過できないけれども、全体としての明治の思想は「天下国家」の問題に対する熾烈な現実的関心に裏付けられていた。そこではインテリゲンツィアは顕在的でなくとも少なくとも潜在的な「政治青年」であつた。政治的実践に破れ、あるいは政治の現実に失望し、あるいは政治的価値の過剰な氾濫に反発して宗教や文学の領域に立籠つたものも、しばしば内面的価値の強調を現実政治に対する抗議として表現した（例えば内村鑑三、国木田独歩、北村透谷、夏目漱石ら）ことは、明治末期以後の宗教家や文学者のいわば即自的な非政治的傾向と顕著な対照を示している。

このように明治思想に「多様のなかでの共通性」をもたらした歴史的根拠は、明治の国家と社会自体の上向的・発展的性格にあつた。明治の天皇制権力の構成者はともかく維新革命の血しぶきを浴びて成長した人々であり、しかも多く青壮年期に外遊してヨーロッパ的進歩とアジア的停滞の対照から深刻な印象を受けている。彼らは「とつ国におとらぬ国になすよしもがな」という願望に駆り立てられて、仮借ない手段で絶対主義体制を確立していつたが、のちの時代に比べると自己の権力に対する神秘的な幻想や自己偽瞞からははるかに解放されており、歴史的発展の動向に対してリアルな感覚を持つていた。国際関係に対する冷徹な認識もまだ失われていなかつた。しかも日本資本主義は内に深く脆弱性と不均衡性の要因を刻しながらも、隆々として発展の一路を辿つた。こうした明治の支配層の相対的な開明性と社会機構の弾力性のために、後年とくに大正末期から露わになつたようなインテリゲンツィアの離反と分裂はまだここでは惹起されず、そのことが明治社会に全体としての思想的統一性を比較的無理なく保持させた。

もちろんその反面には天皇制による国民の強制的同質化過程の進行を無視することはできない。それは直接政治的には自由民権運動とくにその左派の弾圧からはじまつて、陰惨な大逆事件に終つているし、思想的には「三条の教則」から「教学大旨」を経て、教育勅語にいたつて完成する国民教化の基本線に表現されている。そうして一八八一年（明治十四年）の西園寺公望の東洋自由新聞参加取止めの問題、二十年代における久米邦武事件、内村鑑三事件、ついで延々と続く教育宗教衝突問題、三十年代における尾崎行雄の共和演説事件、四十年に入っての南北朝正閏問題などは、いずれも「国体」からの異化作用を直接間接に阻止する思想的役割を果した。その際一貫して天皇制国家から異質的なものとして排除される傾向があったのは、プロテスタンティズムのある要素と、ラディカルな民主主義およびその脈を引く無政府主義、社会主義の思想と運動であった。しかし上からの近代化のめざましい進展、国際政治の帝国主義化、国内プロレタリアートの未成熟といった種々の要因によって、こうした異質的な思想形態は少数者のサークルに限られ、ひろい社会的基盤を持ちえず、そのためにそれらの強制的排除はかならずしも国民的規模において恐怖の雰囲気を醸成せず、思想市場の流通をはなはだしく妨げることはなかった。明治末期に鋭く「近代化」の矛盾と破綻を見抜いていた漱石でさえ、「明治の歴史は即ち余の歴史である」といって自己の人格的発展と明治社会の発展とがぴったり寄り添っていたことを告白し、石川啄木のような急進的な文学者でも、一九〇九年（明治四十二年）伊藤博文の遭難に際して深い追悼の意を表し、その業績を称えた、ということは明治思想における公分母の相対的な大きさをよく示している。要するに天皇制が知性的に制約され、逆に知性が天皇制的に制約されていたという、この二つの条件が相まってそうした大きな公分母の存在を可能にしたのであった。

（「世界歴史事典」第一八巻、昭和二十八年十月、平凡社）

杉浦明平「ノリソダ騒動記」（昭和二十八年）

「三角四面の結晶物を砕て千分と為し万分と為し遂に細粉と為すも、其一分子は尚三角四面の本色を失はず又この砕粉を合して一小片と為し又合して一塊と為すも其物は依然として三角四面の形を保つが如し」とは嘗て福沢諭吉が権力の偏重という日本社会の分子構造を形容した言葉であつた。渥美半島の尖端にある、虫眼鏡で日本地図を探しても容易に見付からないような小さな町に起つたちつぽけな裁判沙汰をめぐるこの記録を読んだとき、私の頭にすぐ浮んだのがこの福沢の形容である。ここに描かれている福江町はまさに小文字で書かれた現在の日本国であり、逆に日本は大文字で書かれた福江にすぎないことを本書の読者の誰が疑うであろうか。

小唄や踊りがうまく、喧嘩の仲裁や結婚の仲人で勢力を扶植し食管法違反で刑務所入りをしても出て来るとすぐ町会議員に当選し、二十数貫の巨軀を揺ぶつて漁民を「信服」させる川口も、ゴリラみたいな獰猛な顔と蛇の様な執念とで畏怖されながら胸のポケットに孫のような恋人の子の写真を秘かに忍ばせる林も、五反百姓ながら部落きってのやり手としていつも自転車で飛び廻り、その三下やっこ的能力によって漁協組合長までのし上る万助も、いつも内緒話のようにボソボソ物を言いながら絶えず相手の目の色をうかがっている自治警の森警部補も、さらに若い頃の村芝居で鍛え上げた歌舞伎もどきのポーズで堂々とボスにつめよる熊三郎老人に至るまで一人として私達にとって馴染でない人物はいない。彼等の服装をもう少し上等に、彼等の言葉をもう少し上品に、彼等の関与する問題をもう少し「高級」なものに変えたならば、舞台を東京の真中の国会なり官庁なり会社なり、いやヒョットすると大学に移してもちっともおかしくなさそうである。

ただちがうのは東京の真中での出来事は実は極めて愚劣な非生産的なことでも天下の大事として喧伝されるのに対して、こうした片田舎の事件やその含むさまざまの問題は「一坪の窓もない掘立小舎の土間にアンペラ一枚を敷いて」文字通り手から口への生活に追われている零細漁民の死活の利害が絡まっているにも拘らず、むしろそれがあまりに日常的な事柄であるために、ニュース・ヴァリューもなくこの地方の人々以外には殆ど知られないというだけのことである。

著者はここで甕取りやミル貝突きの漁夫たちの挙げる怒罵や嘆息や歓声がどのようにしてボスの高笑いのなかに掻き消されてしまうか、ノリソダ地代金と入漁権設定の権利金との間の莫大な開きがどうして生れ、いかに中間搾取者が生長していくか、しかもこれらボスと警察・検事の三位一体がどのように完璧な支配網を町民の上にはりめぐらしているかといった核心的な問題を淀みない筆致で解き明かして行く。そのユーモラスな描写の向うには社会的不正義とそれに与する権力へのたぎるような憤怒がのぞいている。

しかし杉浦の観察眼はそうした憤怒によつて曇らされてはいない。一旦爆発した不満も結局「富士の白雪やノーエ」に終るような漁民の闘争の散発性、ボスを忌み嫌いながら選挙となると他部落との張り合いからやはり同じボスを担いでしまうような根深いセクショナリズム――こうした大衆のなかにある弱さとその因つて来る社会的基盤について彼は仮借なくメスを入れる。しかもその際にも袋小路のようなジメジメした印象にならないのは彼が本当に――感傷的にでなく――大衆の中に立つているからだろう。

杉浦は厳格にルポルタージュとしての約束を守つているように見える。例えば彼は明白に証拠づけられた事柄と、噂あるいは伝聞にとどまることをハッキリ区別している。これは本書のように書き手が同時に事件の当事者である場合には仲々困難なことで、このことも彼の知性の明晰さを物語つている。しかし私は本書を読み終つてから、これだけの興味ある素材を抱えながら、それに想像力の翼を付けて飛びまわることを固く慎しんだ杉浦の禁欲がむしろ怨めしくなつた。これはこれとしていいから、今度は是非ここに登場する大ボス小ボスを思い切つてフィクションの世界に遊ばせてほしい。

最後に一言――川口ボスは裁判所で顔を合せた杉浦らにこういつている、「おれの悪口なんか書かんでも書くことはいくらでもあるじやないか。もつと大きなことを書けよ」――時折上京する杉浦に会うといつも早く東京に出て来ることをすすめていた私は結局このボスと同じことを云っていたことになる。私たちが都の真中でいつも「大きなこと」を喋ったり書いたりして得意になっていた間に、杉浦は田舎町の窒息しそうな空気の中で敢て「小さなこと」のためにあの小軀からあらゆるエネルギーをふりしぼって闘っていたのである。私は改めて杉浦に脱帽し私の不明を詫びる。

（「日本読書新聞」昭和二十八年七月六日号）

「進歩派」の政治感覚

A　ちかごろは学術会議の選挙で毎日のように推薦状が舞い込むね。君ンところもそうだろう。

B　ところが僕は今度は登録してないもンだから選挙権がないんだ。お蔭で天下泰平だよ。

A　なんだい。日頃学者の政治的無関心を大いに慨歎しているくせに、いちばん身近な義務を怠るようじや言行不一致も甚しいね。それとも君もいつかの中野好夫先生のひそみにならつて、学術会議の選挙をめぐる政界顔負けの暗躍や取引に対するプロテストの意味で積極的に登録を拒否したわけか。

B　いや、僕のはそんなエライ理由じやなくて、正直のところ本当に登録の締切日を忘れちやつたんだ。だから何と叱られようと一言もない次第さ。ただね、この間一寸必要があつて会員の名簿を見たらどこを押したら「学者」の音が出るかと思うような官庁のお役人たちがずらりと顔を並べているのには呆れたね。もつとも今迄も工学関係なんかじや、会社の利益代表みたいなのが大勢入つているのは周知の話だし、大体登録基準そのものがあいまいなんだから、いまさら呆れる方がおめでたいのかもしれないが、ともかくあれを見たらいよいよアパシーを増したことは事実だな。

A　しかし今度の学術会議は下手をすると命取りになるような重大な状況に当面しそうだというじゃないか。

B　うん。その事なら僕も色々聞かないではないね。何でも例の総理府に直属する科学技術庁の構想がもう具体的な人選の段階まで内々進んでいるという話もあるくらいだし、そうでなくても政府筋の学術会議観がどんなものかということは大体見当がついているもの……。

A　とにかくMSAと防衛力の問題でとうとう政府もこれ以上ゴマカシがきかなくなつて本音を吐き出したし、ニクソンからは新憲法を作つたのはアメリカの不覚でしたという証文ももらつたし、まず来年は予算面でも政策面でも研究体制の上に非常にハッキリした線が出て来ることは素人眼にだつて明らかだからね。これで学術会議との関係が万事円満無事息災に行つたらむしろおかしいよ。それだけに新会員はよほど腰を据えてかかる必要があるし、なにより一般の学者には外部から絶えず会議を正しい強化の方向にバックアップする責任があるわけだ。君も登録問題はともかくとしてアパシーじや済まされないぜ。

B　それは分つてるつもりだ。だがね、僕はどうも是迄学術会議総会の議事録などを読むと、憂ウツならざらんと欲するも豈得べけんやという感じでやり切れないな。

A　学界保守反動勢力の頑強さにか。

B　いや、そう事が簡単ならまだいいんだ。つまり本当に政治的な意味で保守反動と進歩派との対決ならある意味では処理し易いんだが、そうスッキリしないところが厄介なのさ。大体学術会議に現われているような「保守反動」などは本ものの政治的反動とは質量ともに比べものにならないほど矮小なんだ。大体が学者や技術者には政治感覚がないから、その中でちよつとばかりセンスがあると、左右に拘らず目立つんだよ。しかもそのちよつとしたセンスという奴は相対的にはどうもいわゆる保守派の重鎮の方があるようだね。

A　そうかなあ。しかしあの何かというと学者は政治問題にタッチしないという公式論で押切る人は一体、過去のファシズムと戦争の体験からして何を学び、日本のこれまでの学問の在り方に対してどれだけ深刻な反省をしているかを疑うね。現在の日本が滔々として押流されている動向について危機感——むろん僕のいうのは学者としての立場からの危機意識だが——を大して感じないとすれば、よほどの社会的不感症か、でなければ過去の軍国体制の下でも格別不自由を感ぜず、むしろ結構うまくやつて来た連中かどつちかじやないかな。そりや何といつたつて「進歩派」の言い分の方が筋が通つてるよ。

B　そりや現在の状況での学問と政治の関係という事では、君のいう通りさ。そういう点の認識とか見透しとかでは僕だつていわゆる進歩派に軍配を上げるね。だが政治的認識と政治感覚とは必ずしも並行しないんだ。いわゆる「保守派」はたしかにあらゆる問題について視野を政治的領域にひろげることを意識的にか無意識的にか回避している。ところが奇妙なことには、学術会議の非政治性や政治的中立性をいつも議論のとりでにしている方が、実際の行動様式はきわめて政治的で、逆に学問と政治との不可避的な接触という現実に真正面から立ち向おうとする立場の学者は、行動様式の上ではかえつて往々政治的リアリズムに欠けているんだ。つまり現実の行動が建て前を裏切つている点では「右派」も「左派」もおんなじで、ただその関係が双方で逆になつているわけだ。むろん立派な例外もあつて一概にはいえないが、どうも「左派」の議論には、大義名分を大上段にふりかざすだけのが多くて、よかれ悪しかれ会員の多数を現に支配している価値構造や発想形式をわきまえた上で、これに何とかして大義名分をリンクさせようという行届いた配慮を感じさせる発言は寥々として乏しいな。もつともいわゆる「保守派」の方はそういう会員の伝統的な意識構造をソックリそのまま動員すればいいんだから仕事は楽といえば楽だが……。それにしても「左派」のふるまい方には、多数無意見組は正理正論を本当に理解すれば必ずついて来る——むしろ来るべきものだ、というオプティミズムが過剰だね。そんなに甘くないぞというかも知れないが、意識的には否定してもやはり下意識の世界はそういう素朴な合理主義が支配しているんだ。結局一方が正理正論を叫べば叫ぶほど、他方はいよいよ殻を固く閉ざすか、でなければ、例によつて憂国の志士気取りで上野の一角からほえているといつた風の心理的反撥となつて現われる。僕がユウウツといつたのはこの悪循環をあまりに屡々見せつけられるからさ。もつともこれは学術会議だけに見られる風景じゃないがね。

A　そんな事をいうと、この傍観者め何をいうか。文句があつたら自分で出て来てやつて見ろと一喝されるぜ。

B　それも承知の上でやつぱり言わないといけないと思うから言うんだ。今日はもつぱら「左派」に当るが、つい最近でも例のソ連との学術交流で学術会議から行くという問題ね、色々のいきさつがあつたようだが、ともかく政府も趣旨には異存がないから公用旅券を出してもいいというところまで漕ぎ付けたのはたいへん結構だと思うが、それにしても問題はあの顔触だよ。君はあれがベスト・メンバーと思うかい。むろん人格とか能力とかいうことじやなしに、事柄の重要性という点から見てだよ。

A　ああ、あれは僕も新聞で見たときにまずいなとすぐ思つたよ。大体どうしてあんなに誰が見ても筋金入りの先生方を多く入れたんだろう。それこそ学術交流ならそれにふさわしくあらゆる部門からイデオロギーに関係なく専門家を出したらよさそうに思うけれど。こないだ中国に行つた議員団だつて超党派的にメンバーを構成してそれが現に非常にいい結果を生んでるものね。いわんやこつちは学者なんだから。

B　それが結局希望者を募つたらああいう事になつちやつたらしいね。しかしたとえそうでも問題がここまで具体化して、先方は国賓待遇で呼ぶというし、政府もとにかく法的には国交関係のない国に公用旅券を出すという段取りになつたんだから、もう一度慎重に人選を練り直せないものかね。そりやあの人々が行きたい気持は重々わかるが、それこそ正しい意味で左派のステーツマンシップの発揮しどころじやないか。なんでも伝え聞くところでは茅誠司さんが岡崎外相と交渉した際に、外相は趣旨は結構と思うがやはり日米関係を考慮しなければ……という意味のことを言つたので、茅さんがメンバーに左派が多すぎる点が問題になるかときいたら、外相は笑いながら、「いやそれはむしろ左派が行つてくれた方がいいので、中立や右派の人が行つて来てソ連のいろいろ優れているような面を喋つたり書いたりするとその方が影響力があつて困る」と答えたという話だ。本当だとすれば残念ながら政治感覚において流石に岡崎は善意にして真摯なる左派諸先生より数枚上手じやないかね。

A　その話は考えさせられるね。しかしどうも君の口吻はすぐシニカルになつていかんよ。今の岡崎の言葉だつて事実とすれば随分怪しからんじやないか。いかに現在の支配層が真実を真実として素直に認めないで、強引に既成の偏見で押通そうとしているかの代表見本みたいなものだ。リンカーンの言いぐさじやないが、一時はそれで通つても結局は真実に復讐されるね。

B　シニカル云々は一寸保留を要求するがあとは君のいう通りだ。序でに茅さんとの会談でもう一つ付加えておくと、茅さんが「私もできたらソ連に行つて見たい」といつたら、外相は言下に「実は私だつて行きたい」と応じたんだそうだ。全くどこまで人を食つてるんだか見当がつかないが、存外本音もあるんじやないかな。ああいう利口な人だからメカニズムに嵌め込まれて動きのとれない現在の立場に対して時には自嘲も湧くだろうさ。それは余談だが、ともかく今度の学術会議では進歩派も何とかもう少し冷徹非情なリアリズムを身につけてほしいね。シニシズムだつて観想の立場においてこそ自家中毒を起しやすいが、広い意味での政治的行動者には本質的に必要な属性なんだ。

A　話が前に戻つたから君の悪循環論を蒸し返すが、僕はね、むろん一方で進歩派のまずさは認めるけれど、やはりそつちばかり責めちや片手落だと思うな。いわゆる多数派の態度も態度だよ。とくに僕のカンにさわることは——これは一般に新聞ジャーナリズムや一部の知識人にも共通する傾向なんだが、何か一つの問題や事件が起ると、その問題に対する当否や賛否の実質的な判断よりも、それに対する他の人間——とくに平素自分がイケすかないと思つている勢力や人々——の反応の仕方なり態度なりがまずピンと来て、それが逆に問題自身に対する一つの価値判断を形成して行くという現象が実に多いことだね。これは本質的には御殿女中や井戸端会議での行動様式につらなつてると思うんだが、講和問題でも再軍備問題でも破防法でも松川事件でもみなそういう傾向があるじやないか。しかもさらに悪質な部類になると、ちやんとそういう心理を計算しておいて、人々の眼を問題の内容そのものへの関心からそらすような報告や報道をするんだ。むろん学術会議にはこんな悪質なのはいないと思うが、進歩派の言い分がなかなか通らない理由の一つには、会員に無意識的にしてもそういつた心理過程があつて、それがますます問題のザハリヒな判断や態度決定を棚上げする結果になつているる。もつと簡単な「触らぬ神」式の非政治的態度が基底になつていることはむろんとしてさ。

B　そういうところは確かにあるね。なにしろ日本人の異常なまでの対人的敏感さは世界的に有名だから。しかしそもそも僕が始めから問題にしていることは「進歩派」と「保守派」とを秤にかけてどつちがいいとか、どつち側が反省すべきだといつたようなことじやないんだ。第一そんな審判者のような立場から僕が言つてるんなら、それこそ無責任で傲岸な傍観者といわれても仕方がないさ。そういう「客観的」判定は後世の——というと大げさだが——歴史家が下してくれるんで、今はそんな呑気な是非論をやつているような状況じやないだろう。学術会議が生きるか死ぬかという瀬戸際なんだから、もし前にのべたような悪循環があるんなら、それを何としてでも打開してできるだけ大きな幅で会員を会議の強化の方向に結集して行かなけりやならない。そういう観点に立てば、悪循環を破るイニシアティヴはどうしたつていわゆる左派の側に期待せざるをえない。だからもつぱら左派に辛い点をつけ、いかにも意地悪いような批判や注文を出すことになるんだ。それに君はさきほど進歩派のまずさといつたが、そのまずさというのが、僕にいわせると単に技術的な意味だけじやないので、もつと奥深いところから出てると思うね。何ていうか日本の進歩主義の全思想構造に関係してくる問題なんだな。だけどそれを論じだすと此処じや収拾がつかなくなる恐れがあるからこの辺で切り上げるよ。

A　何だか天ぷららしきものの臭だけ嗅がされたような感じだが、まあその話は次の機会にしよう。しかしもう一度最後に引導をわたしておくが、登録を忘れたなどとはもつての外だぜ。小さな事のようだが、君の中における最悪なるものの集中的表現だ。

（思想の言葉、「思想」昭和二十八年十二月号、岩波書店）

1955

一療養患者としての意見

私は最近ある国立療養所から退所したばかりだが、附添婦をなくする案を厚生省が考えているという話はもうかなり前から耳にしていた。しかし五年、十年先にあるべき療養所の理想的形態の問題として今からボツボツ準備をしておくという程度の話なのだろうくらいに考えていたが、いつの間にか事態は進展して、伝え聞いていた厚生省案なるものと大差ない計画がもうちやんと目下衆議院で審議中の予算案のなかに組み込まれているのである。しかも私の知る限りにおいて、この案の作成と決定に関して、結核治療の第一線に立つて苦闘している国立療養所の現場の医者はほとんど全く聾桟敷に置かれ、その意見が予め十分に聴かれないままに既成事実を突きつけられた恰好になつている。どうも分らないことだらけである。

生活保護法と健康保険（共済組合も含む）による患者に看護券を発行して附添婦に看護させるという制度は、それ自体としてみれば医療面からいつても病院管理の上からも、決して理想的な仕組みではなく、現にいろいろな弊害や欠陥もあろう。しかし療養所の医者も患者も看護婦も、いな当の附添婦自らも必ずしも合理的とは思つていないのに、この制度が今日まで維持されて来たのは、それが日本の国立療養所の現実に置かれた諸条件のなかに深く根ざしている仕組みだからにほかならない。その「現実」がどんなに恐るべく劣悪なものか、結核治療の進歩と療養施設の停滞——むしろ腐朽による悪化といつた方がいいかもしれない——との間のギャップがどんなに甚しいかは、ここで百万言を費すよりも手近な国立療養所に、せめて一週間でも生活してみれば、一番てつとり早く分るだろう。（ただし何日も前から療養所をあげての大掃除や見かけをよくするだけの修理をしたあと、サッと二、三時間案内されたところを「視察」してお帰りになる名士やお役人に患者の生活の実態をどこまで知つて貰えるかということになると、話は別になる。）つまり、こうした劣悪な施設・患者の経済的条件・患者の家庭の実情——一言にしていえば、現在の貧しい日本人の生活のなかでもまた一段とみじめで、しかも社会の片隅におき忘れられたような療養所の生活といわばワンセットになつた形で、この附添婦制度というものも存在して来たわけである。だから、かつて占領軍当局がこのあまりにも日本的な生活条件と密着した制度の存在理由がどうしても呑みこめなかつたのも当然で、現に昭和二十五年の暮には一部の療養所をモデルとしてアメリカ式の「完全看護」を強行しようとしたのだが、僅か数ヵ月の実験で取止めになつたことがある。その時も私は、たまたま療養所にいて附添廃止を強行した結果の混乱を目のあたりに見た。もう少しあの取止めが遅かつたなら、私の病棟だけでも確実に二人は不幸な転帰をとるところであつた。しかも、あの時には一応患者八人に対して看護婦一人、それに看護助手が一人といういわゆる「完全看護」の建て前がとられていたのであるが、今度の雑仕婦案では厚生省も完全看護ということは少しも謳つていないし、あの予算案では完全看護どころか、現在の看護労働力の実質的低下が真剣に考えられている有様である。附添制度の不合理ということは実は国立療養所の、広くいえば日本の社会保障制度の話にならない貧困さから来る、もろもろの不合理と離れがたく結びついているのであつて、他の諸条件を変えることなしに、それを単に附添制度は筋が通らないといつた役所のデスクの上で生れ易い一種の「合理主義」からして、急速に問題を処理しようとすれば、結果はヨリ大きな不合理となつてハネかえつて来るのは目に見えている。

むろん厚生省の当局から見ればこの問題に対する療養所患者や附添婦たちの反応は神経過敏であり、取越し苦労が過ぎるというであろう。また例によつて一部の政治的策謀として片づけるような傾向も見受けられる。私は自分自身療養者の一人として、療養所の世界に特有の被虐者心理や善意の自己中心的傾向がこの問題に対する反響のなかに絶対にないとは言い切れない。けれども同時に私が前後二回にわたる療養所生活の経験からして断言することは、少くもこれまでいわゆる一部患者の取越し苦労とか思い過ごしとかいわれて来たことは、決して取越しでも思い過ごしでもなかつたどころか、療養所にいち早く伝わり恐れられた悪いニュースは、多少テンポと現われ方のちがいはあつても、大抵は着々と現実化して行つたということである。もしこの苦い経験がなかつたら、もしベッドに寝たきりの重症者が当局の「心配するな」という言明にかくもしばしば裏切られることがなかつたら、どんなにいわゆる外部の煽動があつたところで——実際は当局の心配するような「煽動」などは個々のベッドに届いていないのだが——ベッドに寝たきりの重症者や激労に明け暮れする引揚者や戦争未亡人の附添婦たちが、たどたどしいペンをとつて下手な文筆ででも世間に訴えようと、あれほど必死なエネルギーをふりしぼることはないであろう。思い過ごす方が無理か、それとも医療行政の衝に当る人人があまりにベッドの実情から浮き上つている点に問題があるのか、その辺を当局にも世人にももう一度よく考えて頂きたいものである。多忙な健康者の世界には病人の当面している問題は観念的には理解できてもなかなか現実にピンと来ない。況んやことは国立療養所という特殊の世界の、そのまた一角の問題である。問題があまりに小さいと考えてか、それとも訴え方の拙劣なためか、大新聞の投書欄などにも、附添問題の投書が多数あつたという報告だけで、あまり取上げられず、まして事態の核心は一向に報道されない。しかし、それでいいのだろうか。このあまりにも小さな問題のなかに、日本の社会保障の疎い網の目からこぼれ落ちて行く犠牲者たちのうめき声がきこえないだろうか。ある附添婦は私に言つた、「いつそ誰か私達の一人が、身投げでもすれば新聞も書くでしように。」もう一度いおう、これでいいのだろうか。

（「婦人公論」昭和三十年七月号、中央公論社）

松田道雄「療養の設計」（昭和三十年）

結核の療養書を書くということはなかなかむつかしいものです——というと患者のくせに生意気を言うなと叱られるかもしれませんが、実は有効な療養知識を与えることがどんなに困難かということを身に沁みて知っているのは、私のような療養学校の落第坊主——再発患者——ではないかと思うのです。

伊藤仁斎がたしか『童子問』の中と記憶しますが、こういっています——道徳盛なれば議論低く、道徳衰うれば議論高し（手許に本がないので言葉は不正確かもしれません）。こういう逆比例的関係は道徳と道徳論の間だけでなく、いろいろな領域で成立するのでしょうが、とくに結核患者についてはこの病気の特殊な性格も手伝つて、「（病理の）議論高くして病状愈〻悪し」ということになりがちなのです。療養所のようにあらゆる種類と程度の結核患者が集団生活をしているところでは互の知識と経験が語り合われ交換されるという点でたしかにいい面もあるのですが、下手をするとそうした知識は文字通り単なる知識にとどまつて、具体的に自分の療養生活を規制し回復への途を速める武器として一向に生かされないことになります。肺の生理と病理についてそこらの開業医を瞠若たらしめるようなガイ博な知識の所有者はしばしば所謂「処置なし」といわれる長期療養者です。気胸の適応と限界についてウン蓄を傾けているのが、胸膜のべつたり癒着してしまつた患者であつたり、化学療法の使用法に精通している御本人がすでに強度のストマイ耐性の出ている患者であつたりする例は決して少くありません。すべては「後手の」知識というわけです。汗牛充棟もただならぬ結核療養関係の書物も、もしそれがこういう意味で患者をいたずらに博学にするにとどまるならば、たとえいかに正確かつ高度な知識が与えられようと、空しい教養でしかありません。むろんこのように病気の知識がとかく後向きになりがちな原因は人間性の弱点に深く根ざしていることかもしれませんが、一つにはそうした知識の与え方にも問題があるような気がします。つまり病理を説くにしても治療法を述べるにしても、たんに医者の知識を平易な言葉で解説するというだけでは、たとえその「解説」がどんなに著者のヒューマニスティックな熱情に裏打ちされていても、いざ具体的にある状況に直面した際の患者にとつての指針として生きて来ないのです。それが生かされるためには、著者の思考法自体が患者に即していること——つまり抽象的原則の個別的適用ではなしに、病気のあらゆる段階に応じて一個の人間としての患者が当面する問題や自然に湧く疑問ないし懐疑から出発することが必要です。とかく科学的な療養書にはそのようないわば「下からの」発想が十分でなく、他方どこまでも病人に寄り添つて書かれた書物は科学性が低くてしばしば人生論的談義に堕するというディレンマがなかつたでしようか。私が今度の松田さんの新著で何より感心したのは、病人の側からの発想を昇華させてこれを最新の医学の示す治療法の溝に流し込んで行く手際の鮮かさでした。これは決して単に狭い意味の筆の巧みさの問題ではありません。

この書物には結核患者が自分の病状に対して、主治医に対して、また家族に対して抱く迷い・悩み・不満・希望などが驚くほどいきいきと、しかも深い共感をもつてとらえられています。松田さんの示す断層写真は空洞や結核腫だけでなく、患者の心理のさまざまの襞をも照し出してくれます。ですからたとえば、長期療養者の訴える「神経症」的症状に対する著者の考え方（一九〇頁以下）や食事のカロリー表に対する痛烈な批判（七九頁）や従来の絶対安静の万能視は「病人に近づこうとしない医者が一切の治療の責任を病人におわせてしまう口実になつていた」というズバリとした発言などは、療養の経験者なら誰でも思わず膝を打つて同感するでしよう。その反面こういう遠慮のない批判は一部の「先生」や「博士」に苦い顔をさせるかもしれません。松田さんの書かれるものはどうも患者を甘やかしていけないというような声もその辺から出て来るのでしよう。しかし真に良心的なまた本当の意味で自信をもつた医者ならここに提出されているような問題を率直に認める筈ですし、現に認めています。またこの書物が正しい医療と正しい主治医に対する患者の信頼を高めるためにどんなに細心の配慮をしているかということもすなおな読者には容易に感じ取られると思います。患者を甘やかすどころか、松田さんは締めるべきところではピシリと締めるのを決して忘れていません。むしろたとえば恋愛論（二三八頁）で「異性に対しては敢えて非情緒的にふるまえ」と書いていられるところなどはいかにも著者のピューリタニズムが出ていて微笑ましくなりますが、若い患者にはちよつと厳しすぎる感じがする位です。

右に一寸触れた絶対安静の問題には「治癒能力は人間の全身的な生活機能である」という松田さんの根本の考え方が興味深く現われていて本書の中の圧巻だと思いました。つまり本書には生活の停滞→精神の停滞という一方交通の「安静」ではなくて、「病巣をひろげないための運動の制限と治癒能力を促すための精神の活動化」（五八頁）の間に絶えずバランスを維持するという積極的で動的な考え方が絶えず底流をなしています。結核は全身病だとよくいわれますが、これは単に結核が血行性に拡がり易いといつた単純な生理的意味でなく、もつと本質的な意味に理解さるべき事柄だと思います。ほかの病気に比べてとくに結核は肉体と精神と、それに加えて社会との三つの次元にまたがる病気です。この三面の病理のいずれにも偏することなしに綜合的でしかも具体的な診断と療法を指し示すのが本当の結核医ではないでしようか。私は何も現実離れのした要求を出しているわけではありません。たとえば主婦の結核や学生の結核についてせめて本書に述べてある程度にバランスのとれた考え方が全国のお医者さんたちの常識になつてくれれば、それだけでもどれほど結核の治療面が明るくなることでしよう。最近は流石に結核患者にザルブロとヴィタミンを毎日打つてすましているような先生は殆ど見かけなくなりましたが、それでも中央と地方、都市と農村とでは医療設備の面だけでなく、最新の医学的成果の吸収度という点でもまだまだかなり落差があるようです。さらに一般社会人の結核に対する常識は近ごろ集団検診やB・C・Gの普及によつて相当向上したとはいいながら、他面昔ながらの結核観も執拗に残存しています。(例をあげて悪いですが、最近某大新聞に連載された石川達三氏の『自分の穴の中で』という小説には結核の病気と病人が思いきりきたならしく醜悪に描かれていました。あれを読んで石川氏が社会党左派の支持者で、行動的にも進歩的立場をとつている作家とはどうしても思えない、と泣いて憤慨した患者を一人ならず知つています。) 無知はいつの場合でも極度の無関心と極度の恐怖の双生児を生みます。そういう意味で私は右に述べた結核の三次元的拡がりを見事な平衡感覚でとらえた松田さんの新著がこうした色々の落差やデコボコを少しでも均らす方向に役立つことを望まずにはいられません。本当は政治家が読むと一番いいのですが、どうも実際問題として政治家は読みそうもありませんから、せめて会社や学校の経営者、官庁や工場の人事管理者のように、総じて大勢の人を使う立場にいる人々には是非この本を読んで頂きたいと思います。

(「図書」昭和三十年八月号、岩波書店)

1956

戦争責任論の盲点

知識人の戦争責任問題が最近またあちこちで提起されるようになつた。この動きのなかに或る人は一見もつともらしい大義名分を掲げたジャーナリズムの商略を読みとり、また或る人は意識的無意識的に反動勢力の意図に乗るものとして警戒している。そのいずれにも根拠がないわけではない。しかし戦争責任をわれわれ日本人がどのような意味で認め、どのような形で今後の責任をとるかということは、やはり一度は根本的に対決しなければならぬ問題で、それを回避したり伏せたりすることでは平和運動も護憲運動も本当に前進しないところに来ているように思われる。むしろ知識人に問題をはじめから限定するところに誤解や曲解が生れるのであつて、あらゆる階層、あらゆるグループについて、いま一度それらにいかなる意味と程度において戦争責任が帰属されるかという検討が各所で提起されねばならぬ。政界・財界では戦争責任という言葉は廃語になつたといわれている（大熊信行氏の中央公論三月号論文）が、こうした事態を見過して知識人の、とくに「進歩的」なそれの責任だけをあげつらうならば、それは明らかに平衡を失しており、悪質な狙討ちに結果的に力を藉すことになる。それへの対抗は問題を伏せることでなく、逆に問題を拡げ深める方向において行われるのが本当である。

　敗戦後間もなく放送された一億総ザンゲ説の正体が、緊急の場面に直面した支配層の放つたイカの墨であつたことは疑いを容れない。けれども一億総ザンゲ説のイデオロギー性に反撥するあまり、戦争責任の問題を白か黒かの二分法で片付けることは、歴史的理解として正確でないばかりか、責任問題を今後のわれわれの思考ないし行動決定に積極的にリンクさせる上に必ずしも有効ではなかろう。総ザンゲの論理は押しつめると「五十歩百歩説」に帰着する。五十歩百歩説は五十歩と百歩のちがい、況んや一歩と百歩の巨大なちがいに目をつぶることによつて、結局、最高最大の責任者に最も有利に働らくことになる。しかし他方、「白黒」論理は全体主義と総力戦の実体をあまりに単純化するために、しばしば四十九歩が免責されて、五十一歩が糾弾されるという奇妙な結果をもたらすばかりか、心理的効果として一方の安易な自己正義感と他方のふてぶてしい居直りとの果しない悪循環を起す。戦争責任の国民的規模での検討はむろんゼミナールの課題ではないから、憤怒・怨恨・嫉妬などの感情が論議に入りこんで来るのは避け難いけれども、今後のわれわれの方向決定にとつて少しでも生産的なものにするためにはやはり泥試合に導き易いような問題の立て方はなるべく慎んだ方がいゝ。

　問題は白か黒かということよりも、日本のそれぞれの階層、集団、職業およびその中での個々人が、一九三一年から四五年に至る日本の道程の進行をどのような作為もしくは不作為によって助けたかという観点から各人の誤謬・過失・錯誤の性質と程度をえり分けて行くことにある。例えば支配者と国民を区別することは間違いではないが、だからとて「国民」＝被治者の戦争責任をあらゆる意味で否定することにはならぬ。少くも中国の生命・財産・文化のあのような惨憺たる破壊に対してはわれわれ国民はやはり共同責任を免れない。国内問題にしても、なるほど日本はドイツの場合のように一応政治的民主主義の地盤の上にファシズムが権力を握ったのではないから、「一般国民」の市民としての政治的責任はそれだけ軽いわけだが、ファシズム支配に黙従した道徳的責任まで解除されるかどうかは問題である。「昨日」邪悪な支配者を迎えたことについて簡単に免責された国民からは「明日」の邪悪な支配に対する積極的な抵抗意識は容易に期待されない。ヤスパースが戦後ドイツについて、「国民が自ら責任を負うことを意識するところに政治的自由の目醒めを告げる最初の徴候がある」といっているのは平凡な真理であるが、われわれにとつても吟味に値する。

しかしすぐれて政治的な意味で戦争責任が帰属するのはいうまでもなく権力体系に座を占めた人および種々の政治的エリットである。それに比較すれば知識人が知識人として——という意味は政治家や役人としてではなく——負う戦争責任などは現実の役割において問題にならぬ。さて政治的エリットの責任を論ずる場合に、二つの点に注意したい。第一は、政治家と実業家、政務官と事務官といったような職名や地位から連想される政治性の濃淡を、現実の政治的役割の大きさと混同してはならぬということ。職業政治家の構成する「政界」は実質的な政策決定の場としてますます重要性を減少して行ったのが軍国日本の現実であった。

第二に、具体的な政治力学はつねに「体制」勢力と「反体制」勢力との対抗関係——そのいずれが国民をつかむか、によって変動すること。したがって「体制的」勢力が国を戦争に引込んで行く可能性は逆にいえば、反体制指導者とアクティヴがどこまで有効に抵抗を組織するかにかかっている。この二点に注意しながら、我が国の戦争責任とくに政治的な責任問題の考え方をふりかえってみるとき、そこに二つの大きな省略があったことに思い至る筈である。一つは天皇の戦争責任であり、他は共産党のそれである。この日本政治の両極はそれぞれ全くちがった理由によって、大多数の国民的通念として戦争責任から除外されて来た。しかし今日あらためて戦争責任の問題を発展的に提起するためには、どうしてもこの二者を「先験的に」除外するドグマを斥けねばならぬ。天皇はいうまでもなく「体制」の最後の拠点であり、共産党はまた、反体制のシンボルである。両者の全くちがった意味での責任をとりあげることは、この両極の間に色々のニュアンスを以て介在する階層やグループの戦争責任を確定し、その位置づけを明らかにする上にも大事なことのように思われる。ここではごく簡単に問題の所在だけを示して見よう。

天皇の責任については戦争直後にはかなり内外で論議の的となり、極東軍事裁判のウェッブ裁判長も、天皇が訴追の対象から除かれたのは、法律的根拠からでなく、もっぱら「政治的」な考慮に基づくことを言明したほどである。しかし少くも国内からの責任追求の声は左翼方面から激しく提起された以外は甚だ微弱で、わずかに一、二の学者が天皇の道義的責任を論じて退位を主張したのが世人の目を惹いた程度である。実のところ日本政治秩序の最頂点に位する人物の責任問題を自由主義者やカント流の人格主義者をもつて自ら許す人々までが極力論議を回避しようとし、或は最初から感情的に弁護する態度に出たことほど、日本の知性の致命的な脆さを暴露したものはなかつた。大日本帝国における天皇の地位についての面倒な法理はともかくとして、主権者として「統治権を総攬」し、国務各大臣を自由に任免する権限をもち、統帥権はじめ諸々の大権を直接掌握していた天皇が――現に終戦の決定を自ら下し、幾百万の軍隊の武装解除を殆ど摩擦なく遂行させるほどの強大な権威を国民の間に持ち続けた天皇が、あの十数年の政治過程とその齎した結果に対して無責任であるなどということは、およそ政治倫理上の常識が許さない。事実上ロボットであつたことが免責事由になるのなら、メクラ判を押す大臣の責任も疑問になろう。しかも、この最も重要な期間において天皇は必ずしもロボットでなかつたことはすでに資料的にも明らかになつている。にも拘らず天皇についてせいぜい道徳的責任論が出た程度で、正面から元首としての責任があまり問題にされなかつたのは、国際政治的原因は別として、国民の間に天皇がそれ自体何か非政治的もしくは超政治的存在のごとくに表象されて来たことと関連がある。自らの地位を非政治的に粉飾することによつて最大の政治的機能を果すところに日本官僚制の伝統的機密があるとすれば、この秘密を集約的に表現しているのが官僚制の最頂点としての天皇にほかならぬ。したがつてさきに注意した第一の点に従つて天皇個人の政治的責任を確定し追及し続けることは、今日依然として民主化の最大の癌をなす官僚制支配様式の精神的基礎を覆す上にも緊要な課題であり、それは天皇制自体の問題とは独立に提起さるべき事柄である。(具体的にいえば天皇の責任のとり方は退位以外にはない。) 天皇のウヤムヤな居据りこそ戦後の「道義頽廃」の第一号であり、やがて日本帝国の神々の恥知らずな復活の先触れをなしたことをわれわれはもつと真剣に考えてみる必要がある。

共産党——ヨリ正確には非転向コンミュニストが戦争責任の問題について最も疚しくない立場にあることは周知のとおりである。彼等があらゆる弾圧と迫害に堪えてファシズムと戦争に抗して来た勇気と節操とを疑うものはなかろう。その意味で鶴見俊輔氏が非共産主義者にとつて戦争責任をとる、具体的な仕方として、あらゆる領域で共産党を含めた合議の場を造る必要を説いているのは正論と思う。しかしここで敢てとり上げようとするのは個人の道徳的責任ではなくて前衛政党としての、あるいはその指導者としての政治的責任の問題である。ところが不思議なことに、ほかならぬコンミュニスト自身の発想においてこの両者の区別がしばしば混乱し、明白に政治的指導の次元で追及さるべき問題がいつの間にか共産党員の「奮戦力闘ぶり」に解消されてしまうことが少くない。つまり当面の問いは、共産党はそもそもファシズムとの戦いに勝つたのか負けたのかということなのだ。政治的責任は峻厳な結果責任であり、しかもファシズムと帝国主義に関して共産党の立場は一般の大衆とちがつて単なる被害者でもなければ況や傍観者でもなく、まさに最も能動的な政治的敵手である。この闘いに敗れたことと日本の戦争突入とはまさか無関係ではあるまい。敗軍の将はたとえ彼自身いかに最後までふみとゞまつたとしても依然として敗軍の将であり、敵の砲撃の予想外の熾烈さやその手口の残忍さや味方の陣営の裏切りをもつて指揮官としての責任をのがれることはできない。戦略と戦術はまさにそうした一切の要素の見透しの上に立てられる筈のものだからである。もしそれを苛酷な要求だというならば、はじめから前衛党の看板など掲げぬ方がいゝ。そんなことは夙くに分つているというのなら、「シンデモラッパヲハナシマセンデシタ」式に抵抗を自賛する前に、国民に対しては日本政治の指導権をファシズムに明け渡した点につき、隣邦諸国に対しては侵略戦争の防止に失敗した点につき、それぞれ党としての責任を認め、有効な反ファシズムおよび反帝闘争を組織しなかつた理由に大胆率直な科学的検討を加えてその結果を公表するのが至当である。共産党が独自の立場から戦争責任を認めることは、社会民主主義者や自由主義者の共産党に対するコンプレックスを解き、統一戦線の基礎を固める上にも少からず貢献するであろう。

（思想の言葉、「思想」昭和三十一年三月号、岩波書店）

断　想

（編輯部のM君へ。何かもう少しまとまつたテーマで書くつもりでしたが、久しくペンをとらないでいたために、生来の遅筆がいよいよ進まなくなり、仕方なく今年の日記の中から感想めいたところを、二、三拾い出してお茶を濁すことにしました。それにしても日記はモノローグで、いわばフチョウのような言葉で書いてありますから、いろいろ直しているうちに、御覧のように日記とも随筆ともつかぬ妙なものになつてしまいましたが、もう期日がないので、このままお渡しします。まあ御無沙汰している読者諸君にいくらか近況報告の意味にでもなれば幸いです。）

一月×日　午前、恒例のベッド払いのあと診察。文化部の回覧でまわつて来た『ディスク』誌の新年号に、先般来朝したチェリストのピエル・フルニエとのインタヴューが載つている。その中でこういう言葉が僕の注意を惹いた。曰く、「昔から私は一つの信条を守りつづけています。それはどんな時でも事態に直面するということ。ドイツ軍が占領中私はずっとパリに止まってパリの民衆と共にすべてを受けすべてに耐えました。ある人々のごとく非占領地区に行って『華々しいレジスタンス』をやっておいて、さて占領が終ると凱旋将軍のように威張って帰ってくることもしませんでした。家財を売りながら巴里にとどまって勉強したあの日々を、私は今、誇りをもって想い出すことができるのです」——そういえばやはり、この間来たケンプも、惨憺たる戦禍に見舞われたベルリン郊外に最後までふみとどまって非常な窮迫を経験したが、その貴重な体験が自分を人間的にも芸術的にも高めてくれた、といい、これに反して戦火の遠く及ばぬアメリカなどに亡命して暖衣飽食していた作曲家や演奏家は、その間一体どんな偉大な曲を作ったというのか、と激しい言葉で語ったということが、たしか『芸術新潮』に出ていた。

ドイツとフランスの置かれた立場や環境の少からぬちがいにもかかわらず、ここには疑いもなくある共通した姿勢が感じられる。さきほど行われたこの二人の来日演奏家の協演は——両者の音楽的感性はむしろ相反しているのに——驚くべき感興を生んだようだが、それも一つには、右のような芸術家としての生き方について二人の間に冥々の裡に相通うものがあったからかもしれぬ。フランスの知識人の間でも、ヴィシー政権への積極的な協力者は論外としても、亡命レジスタンス派と残留派との間の心理的な疎隔や反撥は、恐らくこちらでは想像もできないほど深いのではないだろうか。ただちよっと気をつけねばならぬことは、日本では亡命とかレジスタンスというと、すぐ直接的に政治的なものが連想され、反対に、芸術や学問に「専念」するという考えはとかく現実の政治的支配を容認する保守的態度と結びつくことが多いが、フルニエなどの考え方では、ふみとどまる根拠と誇りが、どこまでも「パリの民衆とともに」という点にハッキリ求められていて、逆に亡命派がカッコ付の芸術「擁護派」として非難されていることだ。だから、「事態に直面する」という言葉のなかには、たとえば日本で多くの知識人が「中に入ってすこしでもよい方向に」といった言訳をしながら（あるいはそうした言訳すらなしに）、翼賛会に入ったり軍に関係したりした場合とは比較にならないような激しい内面的な抵抗感がこもっているので、その点安易な類比はできない。

それにしても、ああいう危機的な状況において文化創造にたずさわる者がどう行動すべきかという問題はなかなか難しく、必ずしも無条件にフルニエ＝ケンプ派（？）に軍配を上げるわけには行かぬだろう。亡命したり、非占領地域へ逃げれば、程度の差こそあれ、自分が育くまれた生活環境と切断され、精神的にも根なし草《エントヴルツエルト》になる危険はあるが、すくなくも政治的立場や思想的節操の上ではスッキリと反ファシズムの線を貫ける。これに対してファッショ治下にとどまつて、「事態に直面」しつつ、文化活動を続けようとすれば、広汎な民衆との接触を維持できるかわりに、どうしたつて言動はアイマイになり、政治的態度もそれだけもたついて来ることになる。

だから上の二人の場合は問題ないとしても、この間亡くなつたフルトヴェングラーとなると、どうだろう。彼だつて、いや彼こそドイツ楽壇——というより文化界の指導的地位からして必然にかぶさつて来る重責を果すために「事態に直面」した典型ではないだろうか。しかもフルトヴェングラーの歩んだ政治的な途はナチの文化統制に対する断乎たるプロテストから、ズルズルと「事態」に妥協し屈服して行く過程をまざまざと示している。(そういえば、戦争中、短篇ニュース映画で、例の「クラフト・ドゥルヒ・フロイデ」の催しとて、フルトヴェングラーがベルリン・フィルハルモーニカーを率いて、どこかの軍需工場の労働者を前に棒をふつているのを見たときの印象は忘れられない。もつともその時は痛ましいとかいつた感じなどよりも、流石に本場のファシズムはちがうわい、という羨しさの方が切実だつたが。)フルニェはやはり上の記事のなかで、「彼はどんな外的環境にもかかわりなく、絶対的に芸術家であつた……。彼のように素直な、純粋な心持の人間がわずらわしい不潔な政治の世界と何の関係があつたというのでしよう」といつて、フルトヴェングラーの態度を弁護している。おそらく彼の主観的心情はそれに近かつたろう。「内面的世界では全き自由、外面的世界では全き隷従」というルッテルの定式は、またナチ支配下においてこの不世出の大指導者の胸奥を往来していたかもしれない。

フルトヴェングラーが終始芸術家の立場に立つて、ドイツ音楽をどこまでも全人類の共有財産とする考え方をとつていたことは、いろいろの言説からも窺われる。けれども疑いないことは、彼が「政治」との対決を回避したまさにそのゆえに、不潔ななかでもとび抜けて「不潔な政治の世界」を代表するヘルマン・ゲーリングは、この指揮者の名声と資質とを百パーセント動員し利用できたということだ。戦争責任によるパージの際に、フルトヴェングラーの場合には、メニューヒンなどが強力な擁護に乗り出したりしてとくに激しい論議の対象になつたのは、単にそのあまりに偉大な才能が惜まれたというような個人的理由だけではあるまい。そこに芸術家の社会的政治的責任ということに包蔵されるあらゆる問題性が、ギリギリの極限状況として現われていたのではないか。それともあるいは、彼の「罪」がドイツ的思惟の宿業——政治と芸術、いや政治と文化に対して、あれかこれかという択一の論理しか知らず、従つて直接的な政治への従属と、逆に全く非政治的という意味で「純粋」な芸術至上主義とが、歴史的にも同一人格の内面でも急激に交替する伝統——にあまりに深く根ざしていたという事なのか。正直なところ僕などもメンゲルベルクやコルトーの追放をきいても、気の毒だがまあ当然だと思つたし、カラヤンなどがさして問題になつた様子もなしに、益々隆々たる名声を博しているのはかねがね不審で、あの男なかなか要領がいいな、という印象を消し難い〔後記、もつともそのカラヤンも今夏アメリカへの演奏旅行の時には一もめあつたようだ〕けれども、フルトヴェングラーのケースに対しては、どこまでもパセティックな感じしか湧いて来ない。その彼もとうとう亡くなつた。ともかくスケールの大きさという点だけでなしに、ドイツ・ロマン主義の「粋」を骨の髄まで吸いこんだ大指揮者という点で、彼に比肩する人はもはや生れそうもない。（ブルーノ・ワルターなどは資質的にもコスモポリタンで、豊醇な味はするが灘の生一本というわけに行かぬ。）その意味でフルトヴェングラーなどは、ドイツ的であることがそのまま世界的でありえたような良き時代の最後の生き残りだつたのかもしれない。
しかし、政治に対する距離感が政治からの逃避ではなしに、かえつて政治的世界への積極的な監視と批判のテコとして働くような精神的伝統が確立せぬ限り、彼の悲劇は彼だけのものに終らぬであろう。

二月×日　ちかごろはもつぱらトクヴィル一辺倒。といつても安静時間は別だし、八時半に消燈では一日にいくらも読めない。はじめは福沢との思想的関係をもつとハッキリつきとめる必要から取りついたのが、だんだん引きずりこまれて、そんな問題意識などどこかにおき忘れた恰好である。しかしものも扱いようで、この間読んだN・バルトの書物〔N. Barth, Die Idee der Freiheit und der Demokratie bei A. de Tocqueville, 1953〕などにかかると、この興味津々たる思想家もひどく平板で常套的になつてしまうからおそろしい。まるでどうしたら思想家の分析を無味乾燥にやれるかと苦心惨憺して書いたとしか思われぬ。
トクヴィルのものを読んで何より感心させられるのは、政治家としての鋭い日常的な感覚と学者としての異常な抽象能力が彼の内部で渾然一体となつていることだ。眼前に渦まく七月王政下の政治的社会的諸潮流に対して自身きわめて明確な好悪と選択を持ちながら、一たび「観察」の平面に立つと、そのような価値判断と実践的意欲とをいわばそつくり棚上げして、薄気味悪いほどの冷徹さで全局面の正確な展望を与える点——歴史的事象の豊饒さとニュアンスに行届いた目をそそぎながら、他方本質的なものを瑣末なものからえり分け、個別的なケースを通じて普遍的な動向を抽出する手際の鮮かさなど、思わず唸り声を上げたくなる個所がいたるところにある。

こういうタイプの思想家は、シュプランガーの例の人間類型みたいなものでいうと、どういうカテゴリーに入るだろう。まず「理論人」というところだろうが、理論人というと、とかく事実へのセンスに乏しくて抽象的な図式化にだけ長けているようなタイプが連想されて、どうもピッタリしない。むしろ強いていえば「認識人」というところか。つまり自分ないしは自分たちも巻き込まれた時代の激動する事象、混沌として帰趨のさだかでない問題を対象として、あたかも後世の歴史家が行うような detached〔距離をおいた〕な観察と分析のできる人だ。むろん detached な観察といっても、その質にいろいろあるのは、「実践的」といったってピンからキリまであるのと同じこと。認識人のにせものは、あるいは弥次馬的傍観者として、あるいは政治的インポテントとして、あるいは歴史的な方向感覚を喪失した「リアリスト」として、そこらにザラにころがっているが、トクヴィルなどはまさしく本もの、むしろ稀有の珍品にちがいない。

彼については、やれ自由主義者だの、やれ保守主義者だの、明白な君主主義者だとか、いや本当は共和主義者だとか、実にさまざまの性格規定が下されて来たが、当時の相争ったイデオロギーのどれかに彼の思想を編入するのはもともと無理なのだ。そうした既成のイデオロギーのそれぞれ何ほどかの要素を分有しているが、同時にどれからもはみ出すからである。それは彼の思想なり立場なりの日和見性ということとは全くちがう。彼の観方には彼なりの偏向《バイアス》、あるいはもつとドギつくいえば党派性があつた。彼自身それをすこしも隠そうとしていないし、重大な問題についての態度決定を「中立」や「不偏不党」の名において曖昧にすることは決してなかつた。けれども同時に彼の「認識」への異常な情熱は、彼自身の立場からは必ずしも「好もしからざる」事態や諸傾向のなかに含まれている論理的歴史的な意味をその最後の帰結までつきつめねばやまなかつた。トクヴィルを大衆デモクラシー時代の予言者とみることには問題があるが、すくなくも彼のいわゆる「不可抗的な民主的革命」(révolution démocratique irrésistible) の分析と問題提示が、彼の党派性を超え、縦横に錯綜するイデオロギーの分厚い層を貫いて今日でもなお新鮮な断面を切りひらいているのは、どこまでもものにつきながら同時に自由にものを離して見る彼の異常な能力と無関係ではあるまい。トクヴィルの思想と考察は進歩派からも保守派からも、それぞれの立場を基礎づけるために盛んに採用されたが、どうも、思想史をみてもすぐれた「認識人」の著作は、彼の「敵」の思想的武器としても有効性を発揮しうるような両刃的性格をもつものらしい。マキアヴェリやホッブスやヘーゲルなどが好例である。

　こういうタイプの思想家に対しては、進歩的とか反動的とかいつた政治的な規定を下すよりも、要するにそこから吸いとれるだけの養分を吸いとつた方が勝ちなのだ。日本などには残念ながらそういう思想家はあまり多くないが、それにしても近代日本の思想家を論ずる場合にでも、誰は民主主義者だつた、いや絶対主義者だつたという式の規定づけが少々多すぎやしないか。そういう規定が無意味だというのではなく、とくに政治思想史では、政治的役割の正確な追求も大事な課題の一つだが、思想家の党派性と思想や認識自体のなかに含まれる普遍的な要素とを見分ける眼だけは持ちたいものである。（その点芸術は社会理論に比べてヨリ楽な位置にある。いかなるイデオロギー的還元論も鷗外の作品の芸術的な高さを彼の政治的な反動性に解消することはできないから。）いや実は日本のようなところでは、一般に旗印としてのイデオロギーと思考様式との間に、あるいは日常的な行動様式と狭義の政治的実践との間に、必ずしも整合的な関係がなく、いわゆる自由主義者が発想の上では権威主義的だつたり、政治行動でのラジカリストが日常行動ではおそろしく伝統的だつたりするので、思想家の社会的機能の評価もそんな簡単にはできない筈だ。とくに今日の進歩的歴史家には、シャイロックではないが、「憎むべき反動家」からさえも、およそ栄養となるものは一滴たりとも見逃さずに汲みとる貪らんな眼と旺盛な食欲が要求されるだろう。「イデオロギー」をリトマス試験紙に浸すような操作ばかりやつていると、過去の思想史の大部分は単に「清算」さるべき対象とはなつても、到底生きた伝統として現代に蓄積されない。

　トクヴィルの全集版にラスキが長い序文を寄せていることは、あたり前といえばあたり前だが、やはりわれわれから見ると羨ましい風景である。

五月×日　朝十時半ごろ、約束通り近くのNさんのお宅に寄って、録音機をかけながら十二時すぎまでかかって、療養所の付添婦廃止問題と、療養所の実情などについて話す。既に同じようなテーマをNさんだけに向っても三、四回喋っているので、どうもテレ臭さが先に立って滑らかにはこばない。なるべく抽象的なアピールを避けて、若干のデータと僕自身のなまの観察と経験を中心に話をすすめるのだが、ともすればあの国電の中でぶつかる傷痍軍人と乗客とのシチュエーションが頭を掠めてうんざりしてしまう。療養所に何らか直接のつながりを持たないで、しかもこうした問題の意味と重要さを理解する感覚を具えた評論家といえば、Nさんなどは誰でも思い付く一人なのだが、そのNさんに対してさえ、療養所生活の実態におおよその見当をつけてもらう迄にこれほど「長口舌」を要するとはどういうことか。なにしろ、僕自身は、現実に付添婦がなくなったらあの患者はどうするだろう、こういう場合にはどうなるだろうというような具体的なヴィジョンで問題を考えているのだが、「外部」の人にそういうヴィジョンを共有してもらうのはもともと無理だし、しかも個別的な悲惨さとか気の毒さということではまだまだひどい例がいくらもあるのだから余計に話がしにくくなる。

しかし実はこの問題に限らず、およそ中小企業の問題にしても、工場福利施設の問題にしても、明治以来日本の社会問題の解決をはばみ、あるいは社会政策のいわゆる慈恵型を打ち出したものは、まさにこうした悲惨さの無限のヒエラルヒーなのだ。その地盤の上に「上を見ないでいつも下を見る」論理と倫理がいつまでも大手を振って通行することになる。そうして戦後健康保険を中心とする社会保障が日本としては画期的に進展したにもかかわらず、今度はその社会保障の構造の内部での落差がますます甚しくなろうとしている。つまり社会保障の底辺をなす生活保護法はもともと適用の規準が殆ど非常識といっていいほど苛酷な上に、最近は一兆円予算のあふりを食って打切りが続出している（僕が今度療養所へ再入所して驚いたことは、僅か三年前とで、健保患者と生保患者との比率が完全に逆転していることであった。）のに、他方いわゆる陽のあたる企業では私立大病院とタイアップしてどんどん専用ベッドを増し、スポーツ・娯楽施設を強化し温泉地などに競って豪華な保養所を作っている。国立療養所でさえも、患者の環境差の拡大からして、かつての「運命共同体」的色彩はすでに著しく薄れているのが現状である。社会保障一般の貧しさは誰でもいうが、その内部での裾野と頂点のひらきと、その胎む重大な問題は比較的看過されているのではなかろうか。

それにしても、僕は今度の問題などを通じて、ひとの「身になつて」みるということが現実にはいかに困難かをあらためて覚つた。だから現に僕自身、療養所の「外」の人に対してはいつぱし内側の住人として語つているけれども、一たび長期療養者や重症患者の前に立つと、この人々の生活の内面には、僕などのなまじつかな「同情」ではどうしても入り込むことのできない領域があり、その精神には到底外から体験できないリズムと起伏があるように思われて、自分の療養者としての発言がそらぞらしく感じられて来る。ラスキが『グラマー』などで口をすつぱくして一人一人の経験のかけがえなさ（uniqueness）ということを説いているのが、何かいままでより切実な重みを持つて思い出される。

つまり各人の経験は結局彼自身だけのもので、他人によつて代弁されたり、簡単に同感されたりできる性質のものでないからこそ、あらゆる人にはユニークな経験を自ら語る権利と、その経験に基づく要求を自ら主張する資格が平等に承認されねばならぬというデモクラシーの要請が本当に意味をもつわけだ。それに反して他人の経験への安易な同一化は一方では官僚的なパターナリズム（親心！）の、他方では不寛容の精神的土壌にほかならない。患者は当局や医者に信頼して黙つて安静にしていさえすればよいという考え方などには、それが善意の表現であればあるほど、その底にはこのような安易な同一化がひそんでいる。経験の個体性でなしに素朴な人間性の共通を前提とするヒューマニズムは、他人の行動様式に対するひとりぎめの期待が裏切られると、忽ち可愛さあまつて憎さが百倍のイントレランスに急転する。いとも容易に「肝胆相照」したり、りんごの気持が透視できたりする国には、それだけ画一的な多数の暴力や啓蒙専制が生れやすいわけである。

十月×日　O君から借りた『ニュー・ステイツマン・アンド・ネイション』誌の九月二四日号に出ているポール・ローブスン物語（“The World Well Lost”）を読んでいろいろ考えさせられた。いままで断片的にしか知らなかつたこの世界的に著名な黒人歌手のイメージがこれで大分はつきりした。彼はハワード・ファーストの「ピークスキル事件」のなかにも登場して来るし、スターリン平和賞を受けたり、彼のパスポート申請が拒否されたことが度々新聞に報道されたりして、今日ではレッキとしたコンミュニストとして通っているが、（もっともこの記事によると誰も彼の党員証を見たものがないという。）彼の「左翼化」はどうやら車窓から眺める外の風物と同じで、彼自身の動きよりもむしろ「世の中」の逆方向への進行で一層めだつた傾きがある。だから『スティツマン』の記者も、冒頭に戦前に聴いたロープスンのマディソン・スクウェアでの演奏会の模様を描いて、戦後の演奏会も、その光景といい、目的《コーズ》といい、すこしもかわらないが、「ただちがうのは、戦前、スペイン人民戦線のために歌つたときは、自分がコンミュニストかどうかということを決める必要がなかつたことだ」といつている。ところが魔女狩りが歩一歩拡大し、かつて三〇—四〇年代に国際的なファシズムと色々な形での人種的迫害とに抗するための各種の組織や集会で手を携えた人々が、あるいは情勢の困難に耐えかねて脱落し、あるいは誘惑にやぶれて密告者となつて彼から離れて行けば行くほど、ポールの態度はますます鮮明になり、その発言はいよいよ大胆になつた。

——というと、いかにも峻烈孤高な、筋金はたしかに通っているけれど、筋金だけのようなある種の人柄を連想するかもしれないが、この記者のポートレイトから窺われるのは、おおらかで人懐つこくて親切な、つまりよくアメリカ映画でわき役として出て来る、あの好意がはちきれそうな体軀のすみずみまで溢れているような黒人のタイプに近い。むろんロープスンは重大な問題、とくに黒人解放問題では激しく非妥協的な態度を貫いているが、それは彼自身の蒙つた迫害の経験から来ているのではなく、むしろその点では彼の幼時から育つた環境は、ニグロとしてはあらゆる点でめぐまれていたようだ。だから彼の思想の急進化はフロイド派などでいう欲求挫折や価値剝奪（deprivation）の結果ではない。もつともこの記事によると、彼が大学時代蹴球部の新人になつたとき、猛練習にことよせてチーム全員からクタクタになるまで暴行を受けたというし、また彼が歌手として揺ぎない名声をかちえた後でも、ロンドンでさえ彼の「オセロ」公演の時、デスデモーナ役の歌手は最初の二週間というもの観衆の気持に気がねしてどうしても彼に近寄ろうとせず、この哀れなオセロは「広間《パーラー》に入つた植木職人のように」始終彼女から距離を保つていなければならなかつた、というエピソードもあつて、彼は彼なりの体験があるようだが、それにしてもローブスンの引続く華々しい成功は彼に巨万の富と高い社会的評価をもたらしたから、個人としてはもはや皮膚の色によるハンディキャップをほとんど最低限にまで押しさげたわけだ。彼がもつとも恐れ、反発したのは自分に対する世間の扱いではなくて、逆に富と成功と安定のもたらす自己満足感であり、社会的差別と不正に対する感覚の鈍麻であつた。だから他の多くの成功した黒人のように、良心への申しわけとしても穏健で「上品」な解放組織を支援するやり方は、ポールの眼にたまらなく不潔に映つた。こうして彼は情勢が困難になればなるほどますます非妥協的な途を歩み、それがまた一層「アメリカ生活の主流」はむろんのこと、ニグロ指導者からも彼を孤立させる結果になつた。

　現在ローブスンにはモスコーをはじめ、ロンドン、パリ、ローマ、プラーグなど海外からの熱心な出演希望に応ずる途がいずれも閉されているだけでなく、国内の一般共演や放送・レコードなどから完全にボイコットされている。だからたとえば彼のレコードは一枚もL・Pではきけない。『ニュー・ステイツマン』誌は、「良風（Good taste）と是非の弁別が彼を番組編成から除くことを強くサジェストしている」というサンフランシスコ放送局長の言葉を伝えて、こうつけ加えている。「ポール・ローブスンは彼が去ることもできない国で、（法の）正当な手続によつて裁かれずに〝良風〟によつて失業を宣告された。」

この記事の筆者はローブスンに同情的ではあるが、彼の思想と立場には与しない。だから彼は疑いもなく勇気はあるが政治的な判断を誤つたと評している。たしかにホワイトハウスに乗込んでトルーマン大統領に面と向つて、「ニュルンベルクの軍事裁判にかけられている人たちの犯罪と最近のアメリカのリンチ事件とは、どつちもどつちだ」などというところを見ても、政治的に十分練れているとはいい難い。おそらく彼の嘗ての友人たちは、「あいつはまつたくいい男なんだが、どうもあまり政治的なセンスがなさすぎる。あれじやついて行けないよ」などと苦笑いしながら、彼の許を離れて行つたにちがいない。僕などもそういう場に居たら、きつとそんな意味のことを言うだろう。けれども、そういいながら、ローブスンの前に立つたなら、やはりまぶしさを覚えずには彼の顔を見上げられないだろう。

（「世界」昭和三十一年六月号、岩波書店）

〔後記〕

この稿の最後のポール・ローブスンに関する記述のなかに「彼のレコードは一枚もL・Pではきけない」とある。ところが、雑誌『世界』にこの稿が掲載されて程ない頃、私の留守の間に未知の人が拙宅に来訪し、「自分は最近アメリカから帰つた者だが、ローブスンのレコードは現在でも手に入る」という趣旨の鄭重なメッセージとともに、ローブスンの黒人霊歌その他を入れたレコードを贈つて帰られた。私の不注意からして、その方の住所氏名のメモを失つてしまい、気になりながら御礼をのべる機会を失つて今日に至つた。もしこの書物がその方の目にとまるならば、あらためて深甚の謝意を表したい。私が「一枚もL・Pではきけない」と書いたのは、もつぱら『ニュー・ステイツマン・アンド・ネイション』に拠つたものであり、当時はすでに発売リストから除かれていたのかもしれないが、事実ローブスンのL・Pを購入して帰つた人がいる以上、この表現は正確とはいえない。以上、未見の人の好意に対する遅まきの挨拶をかねて訂正を加えておく。なお、今年一月、私がプリンストン在住中にポール・ローブスンは、七七歳の波瀾に富んだ生涯を終えた。彼の死と生涯の歩みが『ニューヨーク・タイムズ』に大きく報道されたこと自体が、この二十年の歳月がアメリカと世界にもたらした変貌を物語つていた。

（一九七六年）

1957

E・ハーバート・ノーマンを悼む

無名のものへの愛着

毎日新聞社学芸部からノーマンのことについて書くように依頼されたのはもう一週間以上も前であるが、私は伊豆の旅先で真夜中にかかつてきた電話によつて、彼のいたましい死を知らされたときに陥つた衝撃の谷間から、いまだにはい上ることができないでいる。あれから数日というものは、手当りしだい新聞を買つて、ノーマン関係の記事ばかりむさぼるように読みあさつたきりで、ほかの見出しにはまるで関心が向かなかつた。こうしてペンをとつてみたものの、私の脳裏に幾重にも映る彼のイメージは、たえまなく寄せる錯雑した感情の波に洗われていつこうに明確な焦点を結びそうもない。はなはだまとまらぬ感想になることを最初にお断りしておく。

私は戦前にはただ一度ノーマンと会つただけであるが、その折の印象は今も昨日のように鮮かである。四一年の何月かはおぼえていないが、すでに戦争気構えのうつろな叫喚がちまたに満ち、重苦しい雲が「帝都」の空にたれこめていた。私は「敵性」国の外交官に招かれることにちよつとした緊張と昂奮を感じながら、高木八尺先生に伴われてノーマンの私宅を訪れた。(彼は当時カナダ公使館のランゲージオフィサーでまだ三〇そこそこであつた。)昼餐の御馳走になりながら、私は太平洋問題調査会(I・P・R)から出版されたばかりの彼の新著『日本における近代国家の成立』について生意気な感想をのべ、ノーマンからも私の研究テーマであつた徂徠や宣長についていろいろきかれた。ノーマン夫人も同席されていたため、会話は自然英語で行われ、高木先生のあざやかな話しぶりに対して、私の方はときおりドイツ語が飛び出して夫妻を笑わせるというていたらくだつたので、ノーマンの日本語のお手並のほどはついにこの時は十分知る機会がなかつた。いまでもよく覚えているのは話題が音楽に移つた時のことである。私がトスカニーニの指揮するベートーヴェンはレコードで聞くかぎりではどうもテンポを急ぎすぎるような気がする、というと、ノーマンは、それはトスカニーニのリズムが鋭いから、せかせかしているように聞えるのじやないか、といつて、やおら席から立上ると奥から大きな辞書をとり出して来て、しきりに頁をくつていたが、やがてある個所を指で示した。見ると著名な指揮者がエロイカを演奏する時間の比較がでていて、それによるとトスカニーニの演奏時間は何十分とあつたか忘れたが、ともかく他の人に比べて決して早い方ではなかつた。辞書の名もおぼえていないが、きつとグローヴの音楽大辞典のようなものだつたにちがいない。こんなちよつとした事にさえ、しつかりした文献で確かめるという歴史家の本領を発揮されたのには少からず驚いた。

戦後、私が復員してふたたび研究室に通い出したある日、書庫から室に戻ろうとすると、ドアの前に軍服をきた大柄の外人がニコニコしながら立つていて、私が近づくと「しばらくでした」と日本語で言つて手をさしのべた。それがノーマンだつた。私は正直にいつて一瞬懐しいというより、おもはゆい気持を抑えることができなかつた。しかしノーマンの態度や話し方はいささかのこだわりもまたわざとらしい心遣いも感じられず、その笑顔はまるでこの五年の間、お互の置かれた運命やそれぞれの属する祖国の関係になにごともなかつたかのように自然な親しみがあふれていたので、こんどはおもはゆさを感じたこと自体がはずかしくなつた。ノーマンはその折に尨大なタイプ原稿を持参していて、それには『日本政治の封建的背景』という標題がつけられていた。これは仮題で内容もまだこれから勉強していろいろ直さなければ……と彼は例の謙遜な口ぶりで言つていたが、その一部が玄洋社の研究として発表されたほか、ついに完成の日を見るに至らなかつたのはかえすがえすも残念なことである。

私が最後にノーマンと会つたのは、二年前の五月であつた。そのときノーマンは休暇をとつて、ごく短かい期間日本に滞在した。私はまだ療養所から出たばかりで、自宅に静養していたので、彼はニュージーランドへの帰任の直前に寸暇をさいて、大窪さんと一緒に私を見舞つてくれた。近所の中野好夫さんも合流して久しぶりに楽しいおしやべりをした。

五〇年に別れたころにくらべると、ノーマンはかなりふとつて血色もよく、みるからに現在の境遇をエンジョイしているふうであつた。勉強の方はどうですかというと、ちかごろはもつぱらディレッタントになりました、といつて、お得意のルクレチウスの逸話やらルネッサンス時代の教会異端派の活動などについて、例によつて興趣に富んだ歴史のこぼれ話をいろいろきかせてくれた。外交官がいよいよ象牙の塔にこもり、大学教授がいよいよ行政的な仕事に追われるようになるといつて皆で大笑いした。ただ日本語を話す機会が乏しいので、だんだん下手になります、とほほえむノーマンの表情には、やはり一まつのさびしさと諦観が宿つていた。

また長期間日本にいられるようになる日は、いつのことか見当がつかないという話であつたが、このあわただしい滞在が、彼のあんなにも愛した国土に印した最後の足跡になろうとは……。その折に、現代イギリスの長老作家E・M・フォースターの随筆・詩・批評などを集めた『アービンガー・ハーヴェスト』をおもしろいから読んでごらんといつてみやげにくれた。私にはねこに小判の形見であるが、西欧的自由の最良の伝統を継承し、しかも東洋へのヒューマニスティックな愛情と理解によつて知られるこの作家を愛読していたことは、いかにもノーマンの晩年にふさわしい気がする。

外国人の日本研究者とのつき合いは、たいていの経験者は覚えがあると思うが、少なくも学問に関する限り、事柄の性質上どうしてもこちらからの一方的サービスになりがちである。だから無精者の私などはつい面倒になつて、なるべく敬遠する、ということになる。

ところがノーマンは、戦後、続々とわが国にやつて来たヨーロッパの文化や歴史のこともロクに知らないような日本あるいは東洋「専攻」の学者などとは同日の談ではなかつた。彼は日本史研究者である前に文字どおり、世界史家であり、話をうまくひき出すと、その学殖からはほとんど無尽蔵に学ぶことができた。しかもトロントとケンブリッジ仕込みの古典の深い素養が、片々たる会話の底にいつもいぶし銀のような光を放つていた。私は誇張なしにそこにJ・S・ミルのいう完璧な「教養人」を見たのである。

ノーマンは歴史の幹線から離れた入りくんだ路地や、そこに人知れず咲く野草にも似た雑録、あるいはエピソードのたぐいに飽くことない興味をいだいており、そうした話題の豊富さは、彼を知るすべての人の舌を巻かせた。一体にノーマンは史上の人物にしても、表通りを堂々とカッポする政治家・将軍・あるいはオーソドックスな碩学などよりは、その時代の異端者やちよつとひねくれた遁世の諷刺家など、歴史のあわただしい授業の中ではとばされてしまうような傍役に、より多くの関心と嗜好を示した。プラトン、アリストテレスよりもエピクロス、ルクレチウスを、クロムウェルよりもレヴェラーズを、孔・孟よりも墨・荘を、朱・陽よりも李卓吾を――これが彼の一貫した個人的選択であつた。安藤昌益に対するノーマンの早くからの着目と共感も、たんに昌益の論理や主張というようなことだけでなしに、まさに昌益が「忘れられた」、しかも異端の思想家であつたところに根ざしていたように思う。『クリオの顔』（岩波新書）という随筆集のなかに出て来るジョン・オーブリなども、もっともノーマンの愛好した人物で、食卓の話題にしばしば登場したのを覚えている。

ノーマンは温厚醇正な紳士として知られているが、偽善的なところは少しもなく、気のきいた艶笑譚などの方面でも相当の蘊蓄があった。彼は前述のようにエピクロスを愛読したが、ノーマン本来の面目が、もっとも正しい意味でのエピキュリアンではなかったろうか。音楽などの好みも、激情的なロマン派やリズムの強烈な現代音楽よりも、典雅なバロック音楽にひかれていた。いつか療養所にくれた手紙にも、ラモーやヴィヴァルディやモーツァルトのあまり知られない――ここにも無名への愛着がある！――小品のレコードを収集して激務の暇にきいて楽しんでいるとあった。

彼の心は歴史の神クリオのように、いつも謙虚で繊細な神経が働いていたが、いわゆる内向性の性格とはむしろ反対で、陽気で上品な社交的な雰囲気を好んだ。もしノーマンがもともと孤独で沈うつなタイプであり、あるいはS・ツヴァイクのようにみるから虚無のかげをただよわせた人物であったら、いやせめてもう少しドクトリネアの面を持っていたならば、彼の最後の報道がこれほどまでに私たち友人にたえがたい思いを感じさせなかったであろう。ノーマンを日ごろ「静かな楽天家」として、どこまでも人生や歴史の明かるい側面や発展的なモメントを見失わぬ心構えの持主として知っていただけに、死の断崖の前に行きつ戻りつした際に彼の心を占めたものを追想すると、顔をおおわずにはいられないのである。

不寛容にとり巻かれた寛容

ノーマンの歴史観や世界観というようなことはここで立ち入つて論ずる限りでないし、また彼自身がそうした一般的な史観のようなものをあげつらう趣味も持たなかつた。ノーマンの嗜好はいつも「哲学というような寂しい学堂に参入する」よりも「歴史という親しみやすい門をくぐる」ことにあつた（『忘れられた思想家』岩波新書）。彼はむろんアカデミシャンにありがちな、牡蠣のように史料にへばりつくだけで想像力の羽ばたきを頑くなに拒む「実証」史家ではなかつたが、他面において、プロクルステスの寝台のような「法則」でもつて歴史を裁断するには、その豊かさを愛撫し多様さをいとおしむ情があまりに深かつた。彼はこう述べている。「歴史はすべての糸があらゆる他の糸と何かの意味で結びついているつぎ目のない織物に似ている。ちよつと触れただけでこの繊細に織られた網目をうつかり破つてしまうかもしれないという恐れがあるからこそ、真の歴史家は仕事にかかろうとする際にいたく心をなやますのである。」（『クリオの顔』）むろん他方「大きな統一的なテーマ」をとりあげる場合、歴史家はつねに複合する諸契機のなかでより本質的なものと派生的なもの、決定的なものと付随的なものを選りわけなければ、木を見て森を見ない結果におちいつてしまう。歴史叙述にとつて不可避的なこうしたディレンマ、「つぎめのない織物を引きさく」ことのツラサを自らのうちに感じないような粗雑な神経の持主は、それだけで歴史の神クリオに仕える資格を欠いている――これがノーマンがケンブリッジ時代の師メイトランドにたたきこまれた教えであり、またノーマンの本来のはだ合いでもあつた。

歴史的対象へのこうした繊細な気くばりは、思想家や作家のスタイルに対する彼の関心にも通じている。「文章を吟味することはいばらの茂みに花を求めてそれをつむに等しい。……花をつんで人の前にさし出すときは、やぶのうす暗い物陰に咲いていたときほどに美しく見えはしない。文章もまた同じである。熱心な崇拝者から……ある作家の詩的形象や言葉の選択のニュアンスを鑑賞させられるときは、これまで知られなかつた作家の特有の味わいを自分でもつて見付け出す場合ほどには感服する気になれないものである。」（『忘れられた思想家』）彼の著『日本における近代国家の成立』（岩波現代叢書）に代表されるような本格的な歴史叙述のあざやかな手ぎわにだけ着目して、織物の裂け目からこぼれ落ちる一すじ二すじのほつれ糸のゆくえに対するノーマンの執着と、そのよつて来るものを理解しなければ、人間ノーマンはもとより、歴史家ノーマンの本当の姿はとらえられないであろう。

歴史観察においてもまた政治的事象に対する考え方でも、ノーマンはすべてを「黒と白にぬりわける」ような単純化や、問題の一挙な解決の仕方に対してほとんど本能的に警戒、いな嫌悪を抱いていた。彼は少年の時にアレクサンダー大王がゴルディウスの結び目を一気に切断した話に反感を覚えたことを語り、それは「代数学の難問題を解くのに、巻末についている答を調べてかかるのに似ていた。

問題を解く過程にこそ代数学の本質はあるのだ」（『クリオの顔』）といつている。同じところから「歴史の審判」というようなドギつい言葉も彼はきらつた。しかし、その半面、彼が田沼時代の政治的気候を叙述する際のように「すべての役人が賄賂をとつていたわけではないが、たまたま清廉な役人は清廉以外にとりえがなかつた」というような寸鉄の警句のうちに体制の堕落をいきいきと表現するすべを心得ていた。これは一つには彼の教養目録の少なからぬ部分を占めたフランス百科全書家からの影響もあるように思われる。

ノーマンの歴史観が英仏の史学の伝統に深く根ざしていたように、その政治的思考にもJ・ロック以来の経験論の血筋がくつきりと現われていた。かつて『展望』誌上でノーマンと都留重人氏と私と三人でやつた座談会（「歴史と政治」昭24・6）の中でも、彼は日本の近代化過程をイギリスと比較しながら、日本の場合はシチュエーションの複合性と移行性が少なく、選択の可能性が狭かつたので、明治の政治的指導者に「デモクラティックでなかつたことについて道徳的な非難を浴びせることは適当でない」といい、自分の観点にとつては「もつぱらある政治的な決断がある状況に適合していたかどうかだけが問題」だと語つている。一般に封建制についても彼は絶対に悪いとか暗いとか判断せずに、ただそれが「現実に必要であつた以上に長く生きのびた」ところに種々の病理が生まれたとみるのである。彼がバークやトクヴィルをひきながら、歴史における皮肉や悲劇は「大きく抗いがたくなつた変化を暴力によつて押えつけようとする場合」に起こると述べている（『クリオの顔』）のも右の考え方とつらなるわけである。アングロサクソン国家の伝統として誇った政治的叡智と成熟した判断力が恐怖と憎悪によってくらまされようとしているまさにその時に、ノーマンがアジア・アラブ民族主義のあらしのただ中にあって「大きく抗いがたくなった変化」に対する適応能力を西欧側に取り戻させるために渾身の精力を傾けたと推察しても、おそらく彼の霊を冒瀆することにはなるまい。

ノーマンの自殺を一つの「事件」としてその原因や背景を穿さくすることは、いまの私にはそれ自体何かたまらない抽象化のように感じられるし、こんどのアメリカ上院国内治安委員会の報告や、いわんや都留証言を一直線に彼の死に結びつける気にもなれない。が、それにしてもアメリカのマッカーシーないしその亜流の数年にわたる執拗な、しかも遠巻きの攻撃がノーマンの名誉をはなはだしく傷つけ、彼の心身をさいなんだことは否定できない。はだ合いからいっても、思想からいっても、彼に共産主義者のレッテルをはることがどんなにバカバカしいかは以上の拙いポートレートからでも察しがつこう。しかし問題は共産主義者とは客観的に何を意味しているかというようなことではない。モリス、ジェンナー（上院国内治安小委員会における査問議員——後註）の徒輩がある人を共産主義者というときにどういう意味を含ませているかということなのだ。彼らによるとそれは第一に通常の品位さえ欠いた人間、つまりギャングやゴロツキと同義であり、第二にソ連のスパイということにひとしい。およそジェントルマンの道を解する者にとって、またおよそ一国を代表する外交官にとって、こうした呼ばわりがどのように悪質な人格的ざんぼうであるかは言葉に尽せない。昔なら即座に決闘というところであるが、当の相手こそまさにカナダのピアソン外相の言をかりれば、ただ「彼らにふさわしい軽べつの念をもつて遇する」ほかない、つまり、決闘にも値しない政治ゴロなのだ。人間性の美しさをあのように愛し、知性による説得の可能性にあのように信頼をかけていたノーマンが、その長からぬ生涯の最後を、狂信と偏見と不寛容にとりまかれながらその命を断つたとするならば、残された我々は何をすればよいのか。

（初稿、「毎日新聞」昭和三十二年四月十八日・十九日、本稿は「わが友」（東京出版株式会社）からの転載）

〔後記〕

この追悼文はE・H・ノーマンの自殺の直後、『毎日新聞』に載り、同文が雑誌『世界』に、また、R・P・ドーア氏の翻訳によつて、「太平洋問題調査会」の機関誌“Pacific Affairs”に転載された。しかし、初めて発表された際には新聞紙面の制約からして、戦前におけるノーマンとの初対面から、戦後の再会に至る個所（六二一頁から六二二頁、一二行目まで）はカットした。この部分はのちに『わが友』という書物に収録される際に復元されたので、ここには全文を収める。なお、文中の二つの副題は、新聞に二日にわたつて載つた折の、毎回の見出しをそのまま生かしたものである。

「みすず書房」の元来の編集では、一九五六年の「断想」が末尾になつていたのであるが、この追悼文で区切りにしたのは、私の希望である。そのために、私の結核療養期間を収録の下限にする、という本書の方針からはみ出る結果となつた。私が昨年秋にアメリカ東部に行つてまもなく気付いたのは、日本あるいはアジア研究の若手の間にあるノーマンへの再評価、もつと露骨にいえば「名誉回復」の空気であつた。「名誉回復」といっても、もともとノーマンはアメリカ国籍の人でないから、法的な意味でいうわけではない。ただ、彼は嘗てハーバード大学に学び、又「太平洋問題調査会」を通じて、アメリカの日本あるいはアジア研究者と密接に交流し、そのことがまた外国人の彼をマッカーシィイズムの旋風にまき込んで悲劇的な結末に導く背景になっていた。それだけに、私のもっとも敬愛したこの友人にたいする評価が、六〇年代初頭に私がハーバードに赴いた頃と一変していたことは、私にとって大きなよろこびであった。私が今春、ペンシルヴァニア大学に立寄った折に、旧知のコンロイ教授は、この文のなかから、「無名のものへの愛着」という句を引用して若い人々に私を紹介した。「みすず書房」から本書のゲラがアメリカに届いたとき、私はすぐこの稿のことを思い出して、収録稿の時期下限が一年長くなっても、これを末尾に置くことを提議した次第である。

（一九七六年）

あとがき

これは私の学生生活の最終学年（一九三六年）から、戦後、私が肺患による長い療養生活を経て漸く社会復帰するに至るまでのほぼ二〇年間に、私が発表した論稿を集めたものである。ただしその間発表したもののすべてではない。旧著『日本政治思想史研究』（東大出版会）に含まれた三論文、また『現代政治の思想と行動』（未来社）に収められた右該当期の論文はすべて除かれている。対談や座談会はもちろん入れない。さらに、暗黙の了解にしても、すでに再版又は改稿について、特定出版社と話があつたり、ペンディングになつているもの——具体的に例示すれば、戦後の福沢諭吉についての諸論文とか、『政治の世界』という小冊子とか——についてもこの際は収録を見合せた。まだ他にも短文で脱落しているものがあるかもしれないが、前掲時期に関しては、とくに戦時中のものについては、既刊分と一緒にすれば、まずこれで尽きていると思う。

こういう書物が出来るについては、著者としてはどうしても曰く因縁を附け加えないわけに行かない。前述したように、私は一九五一年初頭から肺結核を病んで中野療養所（現中野病院）に入り、一旦退所したが、一九五四年に再発の結果、左肺上葉切除、下葉成形の手術を受けた。その長い療養生活の間に、正確な月日は記憶にないが、「みすず書房」から、戦時中も含めて私の書いたものを集めて出したい、という話があり、私がナマ返事をしているうちに、せつせと私の旧稿を集め出した。とくにおどろいたのは、私自身が持ち合せていないだけでなく、当時でも古本市場では殆んど入手不可能であつた、昭和十一年度の『緑会雑誌』とか、私の「神皇正統記に現はれたる政治観」が載つている『日本学研究』という雑誌の号まで、どこからか探し出して来て、同書房の高橋正衛氏が療養所に持参したことであつた。当時、私も重病で弱気になつていたせいもあり、すくなくも「みすず書房」にたいして明白に拒否の返事をしなかつたことは確かである。ところがそのうちに療養生活も一段落して社会復帰するようになると、私はこの企劃に消極的になつた。「みすず書房」の方はしびれを切らせて、あとで分つたことだが、いつの間にか、全部を組版にしてしまつた。長期作戦の構えというわけである。私も責任を感じて、その後、何か註釈をつけてこの企劃を生かそうという気を起したこともあつたが、結局その儘になり、ずるずると一〇年以上の歳月が流れた。そうして昨年私が渡米する直前に、小尾俊人氏から、ふたたびこの企劃について打診された。きいてみると、以前の版はすでにくずしてしまつたので、新たに組み直すということである。私は書物製作の技術的知識に乏しいが、二〇年前の組みまで遡れば、この間、私が「みすず書房」に与えた負担は、たかだか一冊の書物のためにしては決して些少とはいえまい。加うるに、小尾氏は敗戦直後からの長いつき合いで、今も十年一日のごとく、風呂敷を小脇にかかえ国電とバスに揺られて拙宅を訪れるが、「多田《ただ》の本屋の親爺にあらず」と江戸文学の耆宿をして感嘆させたほど不断の勉強を怠らぬ編輯者であり、しかも世間の転変を通じて、私にたいする信頼をすこしも揺がせなかつた出版人の一人である。「士は己れを知る者のために死す」という古言がある。私は士ではないから死ぬのは真平御免であるが、渝らぬ信頼にこたえ、かつ多年「みすず書房」にかけた迷惑を思えば、こうした曰くつきの書物の出版くらいはせめて応じねば、というのが、現在の私の正直な心境である。なにしろ、前記の二文だけでなく、他にも私自身が執筆したことを忘れていた稿まで集めてくれただけでも、個人用として有難い私家版を作つてくれたようなものである。

そういう由来からして、むろん著者としての責任は私にあるが、これは実質的には「みすず書房」が編者として作つた一つの記録である。その意味で、一度は私の念頭に浮んだ、私の精神史のようなものをあとがきに附けることもせず、ただ、書房が集めてくれたものを、そのまま年代順に配列するにとどめる。敗戦後、どういう状況のなかで、私が本来の専攻である日本政治思想史の研究に集中するかわりに、現代政治の諸問題について広く店を張る始末になつたか、についてもこの際、一切自慰的な弁解はしない。一つ一つの論稿についても、補記すればキリがないので、成立事情について最少限度述べることが、読者の理解のために必要と思われるものに限つて、簡単な「後記」を附けることにした。それも、いやしくも内容についての釈明にわたらぬように配慮し、また、最後のE・H・ノーマン追悼文への「後記」を除いては、感傷的回想に耽溺することを避け、資料としての体裁を損わぬようにしたつもりである。

本書の題名についても格別の「思入れ」があるわけではない。昨年の暮に亡くなつたハンナ・アーレント女史の著作の一つに、『過去と未来の間』(Between Past and Future) というのがある。内容は到底比較にならないが、せめてこの尊敬する思想史家に、象徴的な題名なりともあやかりたいという気持が籠められているのは事実である。

一九七六年初秋

丸山真男

著者略歴

（まるやま・まさお　1914-1996）

1914 年大阪に生まれる．1937 年東京大学法学部卒業．1940 年助教授，1950 年教授，1961-62 年ハーバード大学特別客員教授．1962-63 年オックスフォード・セント・アントニーズ・カレッジ客員教授．1971 年退官．1975-76 年プリンストン高等学術研究所員．1996 年 8 月 15 日没．主要著作『政治の世界』（1952）『日本政治思想史研究』（1952）共編『政治学事典』（1954）『日本の思想』（1961）『増補版 現代政治の思想と行動』（1964）『「文明論之概略」を読む』（1986）『忠誠と反逆』（1992）『丸山眞男集』全 16 巻・別巻 1（1995-97）『丸山眞男座談』全 9 冊（1998）『自己内対話』（1998）『丸山眞男講義録』全 7 冊（1998-2000）『丸山眞男書簡集』全 5 巻（2003-04）『丸山眞男回顧談』全 2 巻（2006）『丸山眞男話文集』全 4 巻（2008-09）『丸山眞男話文集 続』全 4 巻（2014-15）『丸山眞男集 別集』全 5 巻（2014-）『丸山眞男講義録別冊』全 2 冊（2017）．

丸山真男

戦中と戦後の間

1936-1957

1976年11月30日　初　版第1刷発行
2018年12月7日　新装版第1刷発行

発行所　株式会社 みすず書房
〒113-0033 東京都文京区本郷2丁目20-7
電話 03-3814-0131(営業) 03-3815-9181(編集)
www.msz.co.jp

本文印刷所　三陽社
扉・表紙・カバー印刷所　リヒトプランニング
製本所　松岳社

Printed in Japan
ISBN 978-4-622-08778-6
[せんちゅうとせんごのあいだ]